Problem-Solving Therapy
A Treatment Manual

문제해결치료 매뉴얼

Arthur M. Nezu · Christine Maguth Nezu · Thomas J. D'Zurilla 공저
이혜선 역

학지사

Problem-Solving Therapy: A Treatment Manual

by Arthur M. Nezu PhD ABPP, Christine Maguth Nezu PhD ABPP,

and Thomas J. D'Zurilla PhD

ISBN: 978-0-8261-0940-8

역자 서문

　문제해결치료는 인지행동치료 범주로 분류되는 치료법으로, 삶 속에서 만나게 되는 크고 작은 스트레스 문제에 대처하는 개인의 능력을 기르는 데 초점을 둔다. 따라서 문제해결치료에서는 문제해결에 관한 긍정적 관점과 기술훈련을 강조한다. 문제해결이라는 개념은 1950년대 창의성에 대한 관심이 증가하면서 주목을 받기 시작했으며 창의적 문제해결능력에 관한 연구와 프로그램 개발을 비롯하여 교육장면이나 산업장면에서 다양하게 활용되었다. 한동안 임상이나 상담영역에서는 문제해결의 잠재적 가치를 인정받지 못하였으나 심리치료에서 통찰보다 적극적인 임상적 개입이 강조되는 분위기와 맞물려 문제해결치료는 점차 효과적인 개입법으로 대두되었다. 문제해결치료는 1960년대 말에 개발되어 1970년대부터 주목을 받기 시작했고 개인이나 집단상담, 가족치료 등의 임상장면뿐만 아니라 예방 및 유지를 위한 개입법으로 여러 장면에 적용되었고 현재는 다양한 임상집단에 대해 그 효과성이 입증되고 있다.

　이 책, 『문제해결치료 매뉴얼』은 2012년에 출간된 『Problem-Solving Therapy: A Treatment Manual』을 번역한 것이다. 이 책의 저자인 Arthur M. Nezu와 Christine Maguth Nezu, Thomas J. D'Zurilla는 사회적 문제해결 및 문제해결치료와 관련된 다수의 논문과 저서를 출간하였고 Thomas D'Zurilla와 Arthur M. Nezu는 『문제해결치료(Problem Solving Therapy: A positive approach to clinical

Intervention)』를 공동으로 저술하기도 하였다. 이 책은 학지사에서 2008년에 『문제해결요법: 임상적 개입에의 적극적 접근』이라는 제목으로 출간되었는데, 문제해결치료의 이론적 근거와 배경, 사회적 문제해결과 모형을 상세히 설명하고 있어서 『문제해결치료 매뉴얼』의 학문적 맥락을 이해하기 위해 참조할 수 있을 것이다.

이 책은 문제해결치료의 이론이나 관련 연구보다는 치료자들이 상담장면에서 활용할 수 있는 실제적이고 구체적인 기술과 기법을 중심으로 단계별 치료지침을 제시하고 있다. 이 책의 초반부에는 문제해결치료의 간단한 역사와 모델, 그리고 문제해결치료의 효과성을 지지하는 연구결과들이 간략히 제시되어 있고, 그다음부터는 치료의 첫 회기부터 종결까지의 과정과 문제해결치료의 구체적인 기법들이 포함된 네 개의 도구세트가 제시되어 있다. 이 책의 부록에는 상담 시 활용할 수 있는 문제해결 활동지들과 양식, 환자 배부용 유인물들이 포함되어 있어서 상담자와 내담자가 유용하게 사용할 수 있다.

사람은 꽤 복잡한 존재다. 내담자가 하는 호소가 어느 순간 충분히 이해되었다고 생각했는데 한참 시간이 지나고 보면 그것은 전혀 다른 의미가 있었던 것으로 밝혀지는 경우도 있고, 내담자의 문제가 처음에는 간단하고 단순한 것으로 보였는데 좀 더 탐색을 해 보면 수많은 요인이 복잡하게 상호작용하여 현재의 문제를 만들어 내는 것으로 나타나기도 한다. 그렇기 때문에 어느 순간에는 상담자들이 길을 잃고 헤매거나 어느 방향으로 움직여야 할지 막막한 순간을 경험하기도 한다. 그런 면에서 볼 때, 문제해결치료는 분명한 구조와 단계를 제시하고 있다는 장점이 있다. 상담자는 어디에서 어떻게 다시 작업을 시작해야 할지에 대해 쉽게 파악할 수 있다. 어떤 내담자들은 어렵게 상담을 시작하기는 했지만 불안과 두려움으로 인해 정작 중요한 문제에 대해서는 다루지 못하고 장황하게 엉뚱한 이야기를 꺼내 놓다가 돌아가는 경우가 있는데, 문제해결치료는 내담자와 협력하여 문제 정의부터 차근차근 이야기를 풀어 나갈 수 있게 해 준다.

문제해결치료는 내담자가 치료자와의 작업을 이해하는 데도 큰 도움을 준다.

상담초기에 내담자들은 때로 "무슨 이야기를 해야 할지 잘 모르겠어요." 또는 "이렇게 계속 제 이야기를 하면 되는 건가요?" 하고 묻고는 한다. 상담에서 현재 내담자와 하는 작업에 대해 설명할 때 문제해결치료의 구조는 다른 그 어떤 이론보다 쉽고 일상적인 용어로 치료과정에 대해 전달할 수 있게 해 준다. 내담자가 전체적인 개념틀을 쉽게 이해하고 지금 어떤 단계를 밟고 있는지를 파악할 수 있기 때문에 상담과정에서 느낄 수 있는, '지금 제대로 가고 있는 걸까?' 또는 '이렇게 해서 치료가 될까?' 하는 불안과 걱정을 조금은 덜 수 있을 것이다. 문제해결치료는 내담자와 함께 문제를 정의하고 문제를 해결하기 위한 단계를 찬찬히 밟아 나갈 수 있도록 돕는다. 상담 및 심리치료의 수많은 이론이 각기 다른 용어와 방식으로 치료과정을 설명하지만 궁극적으로 내담자가 겪고 있는 어려움, 즉 '문제'를 파악하고 그 문제를 해결하기 위해 개입한다. 내가 보기에 문제해결치료는 상담에서 하는 매우 복잡하고 정교한 작업들을 아주 간단하고 쉬운 용어로 잘 요약해 놓은 지침서 같다.

　문제해결치료는 건설적인 문제해결 태도 및 방식을 전수하는 데 초점을 둔 치료법이다. 따라서 현재 당면하고 있는 문제를 해결하도록 돕는 것뿐만 아니라 치료 이후에 경험하게 되는 어려움에도 보다 나은 방식으로 문제해결을 할 수 있도록 돕는다. 머리가 복잡하고 생각이 많아질 때, 조용히 "지금 뭐가 문제지?" "그럼 지금 내가 할 수 있는 것은 뭐지?" 하고 되뇌는 것이 나에게는 마음을 진정시키는 효과가 있었다. 이 치료 매뉴얼이 어려운 세상에서 고군분투하는 이들을 돕고자 하는 치료자들에게 도움이 되길 바란다.

　이 책의 출간을 가능하게 해 준 학지사 김진환 사장님과 이 책이 마무리되기까지 여러 번 교정과 편집을 도와주신 학지사 편집부 관계자 분들께 깊은 감사의 마음을 전한다.

서 론

문제해결치료(Problem Solving Therapy: PST)는 일반적으로 인지행동치료에 속하는 심리적 개입으로 간주된다. PST는 현재 경험하고 있는 정신적 건강과 신체적 건강상의 문제를 완화시키기 위해 경미한 스트레스(예: 만성적인 일상적 문제)와 심각한 스트레스(예: 외상적 사건) 모두에 효과적으로 대처할 수 있는 개인의 능력 강화에 초점을 맞추고 있다.

이 책의 목적은 PST나 사회적 문제해결에 관한 최신의 이론적이고 경험적인 문헌자료를 제시하려는 것이 아니라 정교한 치료 매뉴얼을 제공하고 이 접근법을 효과적으로 사용하는 데 필요한 현대(contemporary) PST의 일반적인 개입전략들을 상세히 묘사하는 것이다. 현재의 판본(우리가 현대 PST라고 부르는 이유가 이것이다.)은 이 접근의 이전 판본과 비교했을 때 주요한 개념적 그리고 임상적 개정을 거쳤다. 이는 부분적으로 저자들의 임상적 경험과 광범위한 치료성과에 대한 문헌들, 심리학의 관련된 영역들(예: 결정이론, 정신병리학)과 신경과학(예: 신경생물학, 스트레스, 정서)의 진보에 따른 것이다.

이 책은 기본적으로 치료 매뉴얼이기 때문에 임상적 지침을 제공할 뿐만 아니라 여러 사례와 예시 그리고 작업 기록지, 환자용 양식지, 치료 보조 자료로 사용할 수 있는 다양한 교육 자료를 제공할 것이다.

이 책은 심리치료와 기술훈련의 지시적 접근에 관심을 가지고 있는 다양한 분야의 전문가들(예: 심리학자, 정신과 의사, 사회사업가, 의사, 상담가, 간호사, 교사)을 위해 저술되었다. PST는 다양한 집단과 임상적 문제에 적용되어 왔기 때문에 전문가들은 이 매뉴얼이 외래환자나 입원환자, 그리고 일차의료장면을 포함한 여러 장면에서 다양한 내담자에게 적용할 수 있는 것임을 알게 될 것이다. 우리는 이상행동, 정신병리, 긍정심리학, 스트레스와 대처, 예방, 개인의 적응, 창의성, 의사결정, 그리고 사회적 문제해결에 관심을 가진 임상 연구자들이 이 책의 유용성을 인식하게 될 것이라고 믿는다. 마지막으로 이 치료 매뉴얼은 비록 매우 임상적으로 지향된 것이지만, 대학원 과정뿐만 아니라 고급 수준의 학부 강의에서도 교재로 사용될 수 있을 것이다.

우리는 해를 거듭하면서 알게 모르게 우리의 생각을 강화시켜 준 우리 연구자들과 임상 동료들, 이 책과 관련된 여러 연구 프로젝트를 도와준 우리 대학원 조교들 그리고 이 접근법을 사용하여 작업을 할 수 있는 영예를 베풀어 준 환자들과 내담자들에게 감사를 전하고 싶다. 또한 스프링어 출판사(Springer Publishing Company)의 셰리 수스먼(Sheri W. Sussman)에게 감사를 전한다. 그녀가 없었더라면 이 책은 절대 출간되지 못했을 것이다.

PROBLEM SOLVING THERAPY

차 례

3부 문제해결치료: 구체적인 치료 지침

PROBLEM
SOLVING
THERAPY

1부

개념적 그리고
경험적
고려사항

소개, 간략한 역사,
그리고 사회적 문제해결의 구성

문제해결치료(PST)는 일반적으로 인지행동치료에 속하는 심리적 개입으로 간주된다. PST는 현재 경험하고 있는 정신적 건강과 신체적 건강상의 문제를 완화시키기 위해 경미한 스트레스(예: 만성적인 일상적 문제들)와 중대한 스트레스(예: 외상적 사건) 모두에 효과적으로 대처할 수 있는 개인의 능력 강화에 초점을 맞추고 있다.

PST의 주요한 치료 목표는 다음과 같다.

1. 삶의 문제에 대한 적응적 세계관 또는 지향의 선택(예: 낙관성, 긍정적인 자기 효능감, 살면서 문제가 생길 수 있다는 사실에 대한 수용)
2. 특정한 문제해결 행동의 효과적인 실행(예: 정서조절과 관리, 계획적 문제 해결)

전반적으로 PST는 우울, 불안, 정서적 고통, 자살생각, 암, 심장질환, 당뇨병, 뇌출혈, 외상적 뇌 손상, 요통, 고혈압, 그리고 외상 후 스트레스 장애(광범위한 성과에 관한 자세한 연구결과는 D'Zurilla & Nezu, 2007 참조)를 포함하는 다양한 정신적 건강 또는 신체적 건강상의 문제를 겪고 있는 사람들을 돕는 데 효과적이다.

또한 정신분열증과 지적장애를 가진 사람들에게 효과적으로 적용될 뿐만 아니라 특정 취약 집단, 예를 들면 전투지역에서 복귀한 군인들에게 문제를 유발하거나 악화시키는 정서적 어려움을 예방하는 수단으로 사용되어 왔다. 더 나아가 PST는 다른 형태의 의학적 또는 심리학적 처치의 효과를 증진하기 위한 부가적인 전략으로서, 사랑하는 사람을 돌보는 능력을 향상시킬 뿐만 아니라 보호자의 삶을 향상시키기 위한 수단으로서, 그리고 부부치료와 커플치료의 주요한 치료적 구성요소로서 경험적으로 평가받아 왔다.

이 책의 목적은 기본적인 치료 매뉴얼을 제공하는 것이며, 현대 PST를 효과적으로 실행하는 데 필요한 일반적 개입전략들을 기술하고자 하는 것이다. 현재의 판본(우리가 현대 PST라고 부르는 이유가 이것이다.)은 이 접근의 이전 판본(예: D'Zurilla & Nezu, 2007; Nezu, Nezu, Friedman, Faddis, & Houts, 1998)에서 저자들의 임상적 경험과 광범위한 치료 성과에 대한 문헌들, 그리고 심리학의 관련 분야(예: 결정이론, 정신병리학)와 신경과학(예: 신경생물학, 스트레스, 정서)에서의 진보에 바탕을 둔 주요한 개념적, 임상적 개정을 거쳤다.

현대 PST의 많은 기본적인 측면들이 이전의 판본과 동일하게 유지되고 있지만(예: 스트레스가 되는 문제를 해결하거나 대처하기 위한 구체적이고 합리적 문제해결 단계의 사용), 이번 매뉴얼은 효과적인 문제해결에 주요한 장애물이 되는 정서 조절에서의 문제(emotional dysregulation)를 보다 잘 관리할 수 있도록 돕기 위해 고안된 치료적 전략을 특히 강조하고 있다. 예를 들면, 이전 매뉴얼에 제시된 것처럼 스트레스 상황에 대처하기 위한 시도를 할 때 '멈추고 생각하기(STOP and THINK)'를 하도록 단순히 주의를 주는 것이 아니라, 그러한 문제가 스트레스를 특히 심하게 유발하거나, 분노, 우울, 그리고 불안 같은 강한 정서적인 각성과 연합되어 있을 때 사람들이 경험하게 되는 심각한 어려움을 좀 더 이해하게 한다. 우리는 이제 스트레스 대처에 'SSTA' 기법을 사용하도록 교육할 것을 주장한다. 여기에서 'SSTA'는 '멈추다(STOP)' '속도를 줄이다(SLOW DOWN)' '생각하다(THINK)' '행동하다(ACT)'를 의미한다(이 모델에 관한 자세한 설명은 8장에 제시되어 있다).

PST는 심리치료의 체계(Nezu & Nezu, 2009)일 뿐만 아니라 단기적인 기술중심의 훈련 프로그램(예: 문제해결 기술훈련) 체계로 개념화되고 실행되어 왔다. 후자의 접근 방법은 긍정적인 문제해결 지향을 발전시키거나 정서조절 기술을 증진시키기 위한 치료적 요소들을 덜 강조하는 경향이 있었다. 기술만을 훈련하는 접근법에서도 프로그램이 효과적인 것으로 나타났지만, 더 광범위한 모델을 포함하는 PST 프로토콜(Nezu, 2004가 옹호)은 결과에 관련된 부분들을 좀 더 잘 처리하고 있다(3장 참조. Malouff, Thorsteinsson, & Schutte, 2007; Nezu & Perri, 1989). 그러나 이 두 접근법 모두 효과적이었기 때문에 우리는 4장에서 PST 치료의 사례개념화 접근을 제시할 것이며 거기에서 다양한 집단과 상황에 대한 PST 치료 계획을 위한 지침을 제시할 것이다.

매뉴얼의 구조

이 장의 주요한 목적은 PST를 효과적으로 실행하기 위한 구체적인 치료 지침을 제공하는 것이다. 그러나 다음의 두 가지 이유로 이 접근의 개념적 그리고 경험적 근거를 먼저 제시하는 것이 중요하다고 생각한다. 첫째, 그러한 정보는 임상가들이 PST에 내재한 근본적인 원리를 보다 잘 이해하도록 도울 수 있고, 그리하여 다양한 상황과 사람들에게 좀 더 효과적으로 적용할 수 있게 한다. PST에 관한 연구문헌들은 다른 모든 심리치료적 접근과 마찬가지로 연령, 인종, 성적 지향성, 사회경제적 지위, 공존장애 등과 같은 모든 인구통계학적 요인이나 특성(그리고 그러한 특성들의 조합)을 다룰 수 없다. 따라서 모든 사람들 또는 조건에 완벽하게 들어맞는 지침을 제공할 수 있는 매뉴얼은 없다. 이 매뉴얼에서 구체적인 활동, 연습문제, 대본, 과제 부여 등에 대해서 기술하고 자료를 제공하기는 하지만, 그보다는 PST의 성공에 중요한 원칙들과 치료 목적의 이해와 활용에 기본적인 초점이 있음을 강조하고자 한다.

둘째, 우리는 환자나 내담자가 우리의 접근법을 보다 잘 이해할수록 치료가 효과적일 가능성이 커진다고 확신한다. 달리 표현하면 대부분의 경우에 내담자가 우리의 치료적인 세계관(예: PST가 왜 중요한지, 문제해결이 어떻게 고통과 연관되는지, 내담자가 경험한 것과 유사한 문제에 대해서 PST가 효과적임을 알려 주는 이전 기록이 있는지 등)을 이해한다면, 치료에서의 활동이나 목표를 좀 더 이해하고 명료하게 정의하는 과정에서 일치된 의견을 가질 가능성이 크다. 따라서 우리는 임상가가 뒷주머니에 그러한 정보를 넣어 두고 있다가 PST의 목적을 설명하거나, 특정 환자와의 관련성이 왜 중요한지(즉, 치료를 받으러 찾아온 사람에게 왜 이 방법이 적절한가)에 대한 논리적 근거를 설명할 때, 그리고 이 접근법과 PST를 사용하는 치료자에 대한 확신을 불어넣기 위해 PST가 효과적이라는 근거를 보여 줄 때 치료자에게 필요할 것이라는 생각에서 배경자료를 제공한다.

그런 맥락에서 우리는 매뉴얼의 첫 부분에 PST에 내재된 이론에 대한 개관을 간략히 제공할 것이며(2장), 다양한 대상과 임상적 문제들에 대한 효과성을 지지하는 연구결과를 제시할 것이다(3장). 그 다음으로 문제해결 평가와 치료계획에 관한 개관(4장) 및 일반적인 임상적 고려사항(5장)을 제공할 것이며, 3부(6~11장)에서는 PST를 시행하기 위한 상세한 임상적 지침을 제시할 것이다. 또한 적절한 곳에서 우리는 PST를 사용하는 데 도움이 될 수 있도록 개발한 다양한 양식과 활동지의 예시를 제공할 것이며, 다양한 전략을 사용하는 방법을 보여 주는 예시대본, 임상적 대화록, 그리고 사례를 제공할 것이다. 부록 2, 3에 있는 환자용 유인물을 포함한 부록은 미국 출판사의 웹사이트에서 다운받을 수 있다. 정보가 좀 더 필요하면 www.springerpub.com/nezu를 방문하기 바란다.

문제해결치료의 간략한 역사

1971년에 토머스 데주릴라(Thomas D'Zurilla)와 마빈 골드프라이드(Marvin Goldfried)는 실생활의 문제해결[이 용어는 이후에 사회적 문제해결(social problem solving, SPS)이라고 명명되었다. D'Zurilla & Nezu, 1982; Nezu & D'Zurilla, 1989]에 관련된 연구와 이론에 관한 광범위한 문헌연구를 발표했다. 실생활의 문제해결은 창의성, 이상행동, 실험심리학, 교육, 그리고 산업을 포함한 광범위한 학문적이고 전문적 영역을 망라한다. 이런 문헌고찰에 바탕을 두고 행동적으로 지향된 심리학자들은 문제해결의 지시적 모델을 발전시켰는데, 이는 서로 연관이 되어 있기는 하지만 다른 두 가지 요소인 (1) 일반적 지향(이 용어는 이후에 문제 지향[problem orientation]으로 다시 명명됨)과 (2) 문제해결기술로 구성되어 있다. **일반적 지향**은 동기적 기능(즉, 사람의 일반적 지향이 긍정적일수록, 그는 살면서 경험하는 어려운 문제를 다루거나 해결하려는 시도를 좀 더 많이 하게 될 것이다.)으로 주로 기능하는 메타인지적 과정으로 정의된다. 이 과정은 사람의 일반적 인식과 일상의 문제에 대한 평가를 반영하는 상대적으로 안정적인 인지정서적 도식 세트뿐만 아니라 그의 문제해결능력(예: 도전에 대한 평가나 자기효능감 신념, 긍정적 결과기대)과 관련된다.

문제해결기술은 일련의 인지행동적 활동을 의미하며 이것을 통해 사람들은 실생활의 문제에 대처하고 효과적으로 해결하는 방법을 찾아 나간다. 이러한 초기 모델에 따르면, 네 가지 문제해결기술은 (1) 문제의 정의와 공식화, (2) 대안생성, (3) 의사결정, (4) 해결책의 이행과 검증으로 확인되었다. 데주릴라와 골드프라이드(D'Zurilla & Goldfried, 1971)는 이후에 이 모델의 구성요소에 덧붙여 스트레스가 되는 문제에 효율적으로 대처하는 능력의 결함을 극복하도록 돕기 위한 기술 훈련절차와 지침 초안을 제시하였다.

아트 네주(Art Nezu)는 후에 데주릴라(D'Zurilla)에게 지도를 받는 임상심리 대학원생이 되면서 이 접근의 임상적 적용에 대해 특별히 흥미를 가지게 되었다. 그는 처음에 사회적 문제를 좀 더 분명하게 정의하도록 사람들을 훈련시키는 것의 긍정적 이득이나(Nezu & D'Zurilla, 1981a, 1981b) 대안을 형성하고(D'Zurilla & Nezu, 1980), 그러한 문제에 관한 효과적인 의사결정을 하는 것(Nezu & D'Zurilla, 1979) 등 PST 모델에 관한 몇 가지 이론적 견해를 검증하고자 했다. 효과적인 문제해결대처의 스트레스 완충적 특성에 관한 연구(예: Nezu & Ronan, 1985, 1988)에 바탕을 두고 데주릴라(D'Zurilla)와 네주(Nezu)는 이후에 스트레스에 대한 문제해결 모델의 이론적 근거를 발전시켰다. 이 부분은 2장에서 다룰 것이며(Nezu & D'Zurilla, 1989), 광범위한 문제와 대상집단에 걸친 PST의 폭넓은 적용가능성을 지지하는 개념적인 틀을 제공할 것이다.

1980년대에 네주(Nezu)와 동료들은 연구활동의 초점을 문제해결과 임상적 우울증 사이의 관계에 두었고 그러한 노력의 결과, 우울증의 개념적 모델(Nezu, 1987)과 우울증에 적합하게 변형된 PST(Nezu, Nezu, & Perri, 1989)를 발전시켰다. 주요 우울장애에 대한 PST의 효과성을 평가하는 네주(Nezu)의 초기 연구결과들(예: Nezu, 1986a; Nezu & Perri, 1989)은 PST를 우울증에 대한 효과적인 근거기반의 심리사회적 치료적 대안으로 볼 수 있게 해 주었고 이들 문헌에 대한 최근의 메타분석(예: Bell & D'Zurilla, 2009b; Cuijpers, van Straten, & Warmerdam, 2007)도 이를 지지하고 있다.

그 이후 우리뿐만 아니라 많은 다른 연구자들이나 임상가들도 광범위한 심리적 문제와 환자 집단을 치료하기 위해 초기 모델을 채택해 왔다. 노인 우울증(예: Areán et al., 1993; Areán et al., 2010), 일차 진료기관의 환자들(예: Barrett et al., 2001; Mynors-Wallis, Gath, Day, & Baker, 2000), 다양한 의학적 질병을 앓고 있는 성인의 간병인[예: Rivera, Elliott, Berry, & Grant, 2008; Wade et al., 2011(외상적 뇌 손상), Bucher et al., 2001(암)], 암(예: Allen et al., 2002; Nezu, Nezu, Felgoise, McClure, & Houts, 2003)과 당뇨병(예: Hill-Briggs & Gemmell, 2007; Toobert, Strycker, Glasgow, Barrera, & Bagdade, 2002)을 포함한 다양한 만성적 질병을 앓고 있는 사람들, 우울

하고 소득이 낮은 비주류 계층의 사람들(예: Ell et al., 2010; Ell et al., 2008), 지적장
애자(예: Nezu, Nezu, & Areán, 1991) 및 성격장애(예: Huband, McMurran, Evans, &
Duggan, 2007; McMurran, Nezu, & Nezu, 2008), 일반화된 불안장애(예: Dugas et al.,
2003; Provencher, Dugas, & Ladouceur, 2004), 그리고 성적인 문제를 가진 사람들
(예: Nezu, D'Zurilla, & Nezu, 2005; Wakeling, 2007)이 주요한 예라고 할 수 있다. 그
러한 적용은 목표로 하는 문제가 실생활 문제의 비효율적인 해결과 밀접한 관계
가 있다는 가설에 바탕을 두고 있다(Nezu & Nezu, 2010a; Nezu, Wilkins, & Nezu,
2004). 달리 표현하자면, 비효율적인 SPS는 광범위한 심리적 장애와 문제를 지속
시키는 취약성으로 기능할 수 있다는 것이다. 스트레스취약성 모델은 2장에서
상세하게 설명할 것이다.

구성요소의 정의

다음에 제시하는 세 가지 주요한 개념들, 즉 문제해결, 문제, 해결책은 PST를
이해하는 데 필수적이다.

문제해결

실생활 문제해결(real-life problem solving, 종종 문헌에서는 대인관계 맥락이나 사
회적 맥락에서 전형적으로 발생하지 않는 문제해결 유형과 구분하기 위해 사회적 문제
해결이라고 지칭한다.)은 일상생활에서 만나게 되는 갑작스럽거나 만성적인 문제
에 대해 적응적인 대처방법을 확인하거나 발견하거나 발달시키려는 시도다. 좀
더 구체적으로 설명하자면 사람들이 다음의 사항을 바꾸고자 시도하는 과정을
나타낸다.

1. 더 이상 문제가 나타나지 않도록 상황의 특성을 바꾸려는 시도[문제중심적 목표(problem-focused goals)라고 불림. 예를 들면, 목표달성을 가로막는 장애물을 극복하는 것, 두 가지 목표 사이의 갈등이 감소되는 것]
2. 그러한 문제에 대한 부적응적인 반응을 바꾸려는 시도[정서중심적 목표(emotion-focused goals)라고 불림. 예를 들면, 부정적 정서적 반응을 감소시키는 것, 문제를 정상적인 삶의 일부분으로 수용하는 능력을 고양시키는 것]
3. 상황 그 자체와 문제에 대한 부적응적 정서적 반응을 바꾸려는 시도

우리 모델에서 SPS는 단일한 유형의 대처행동이나 활동을 나타내는 것이 아니라 주어진 스트레스 상황의 특정한(그리고 잠재적으로 고유한) 양상을 효과적으로 다루기 위해 수행하는 일련의 대처반응을 선택하고 확인하는 다차원적인 메타 과정으로 본다. PST는 그러한 노력이 궁극적으로 성공적으로 마무리될 가능성을 증가시키기 위한 문제해결활동 과정에서의 효율성을 강화하는 것이다. 따라서 어떤 사람에게 효과적인 해결책이 동일한 또는 유사한 문제를 겪고 있는 또 다른 사람에게는 효과적인 해결책이 아닐 수 있다는 것을 기억해야 한다. 더 나아가, 과거의 어느 시점에서 어떤 사람에게 효과적이었던 해결책이 이후에 유사한 상황에서 같은 사람에게도 더 이상 효과적이지 않을 수 있다. 사람이나 상황이 변할 수 있는 것이다. 그러므로 효과적인 문제해결의 중요한 한 가지 측면은 주어진 시점에서 다양한 외적 그리고 내적 요인들을 고려하면서 주어진 문제의 요구에 적합한 적응적 반응을 하는 능력이다.

우리가 특히 문제해결의 개념과 해결책의 실행을 구분하고 있음을 주목하라. 이 두 과정은 개념적으로 다르며 다른 기술 세트를 요구하는 경향이 있다. 문제해결은 특정한 문제에 대한 해결책을 발견하거나 발전시키는 과정을 의미한다. 반면에 해결책의 실행은 실제 상황에서 그 해결책을 실천에 옮기는 과정을 의미한다. 문제해결기술은 일반적인 것으로 개념화되는 데 반해서 해결책의 실행은 문제의 유형과 해결책의 유형에 따라 주어진 환경에 특정적일 것으로 기대된다.

가능한 해결책 실행기술의 범위는 특정한 개인의 주어진 환경에서 효과적으로 기능하는 데 필요한 인지행동적 수행기술을 포함한다. 사람마다 다르기 때문에 문제해결기술과 해결책 실행기술 사이에 늘 강한 상관이 있는 것은 아니다. 그러므로 어떤 사람들은 문제해결기술은 빈약하지만 해결책의 실행기술은 뛰어날 수 있고 또 그 반대일 수도 있다. 효과적으로 기능하기 위해서는 두 세트의 기술이 모두 필요하기 때문에, 긍정적인 결과를 극대화하기 위해서는 PST와 다른 사회적 기술이나 행동적 기술(예: 자기주장기술, 의사소통기술) 훈련을 결합하는 것이 필요할 수 있다.

문 제

문제는 다음과 같은 상황이 나타나거나 나타날 것으로 예상되는 삶의 상황이다.

1. 즉각적이거나 장기적인 부정적 결과를 예방하기 위해 적응적 반응이 요구되는 상황(예: 실제적인 또는 정서적인 평정상태를 유지하기 어려움)
2. 다양한 장애물이나 장벽 때문에 상황을 경험하는 사람에게 효과적인 반응이 즉시 분명하게 떠오르거나 이용가능하지 않은 상황

문제가 야기하는 요구는 사람의 사회적 또는 물리적 환경(예: 이별, 재연재해)으로 인한 것일 수 있고, 내적 갈등 또는 심리적인 요인(예: 좀 더 돈을 벌고자 하는 욕구, 인생의 목표에 대한 혼란, 사회적 지지의 부족으로 인한 슬픔) 때문일 수도 있다.

어떤 사람 또는 사람들에게 상황을 문제로 만드는 장애물에는 다양한 요인들이 포함된다. 그러한 요인들에는 다음과 같은 것들이 있다.

1. 낯섦(예: 새로운 환경으로의 이사)

2. 모호함(예: 관계가 어떻게 진행되는지에 대한 혼란스러움)

3. 예측불가능성(예: 자신의 경력에 대한 통제권 상실)

4. 목표에 대한 갈등(예: 집을 살 것인지에 대한 견해 차이)

5. 수행기술의 결함(예: 직장동료와의 의사소통에서의 어려움)

6. 자원의 부족(예: 할부금을 갚을 자금의 부족)

사람은 문제가 있다는 것을 즉각적으로 인지할 수도 있고, 효과적으로 대처하고자 하는 반복된 시도가 실패로 끝난 다음에야 인지할 수도 있다. 문제는 한시적인 단일사건(예: 출근길에 지하철을 놓치거나 엘리베이터의 문틈에 자동차 열쇠를 빠트리는 일)일 수도 있고, 일련의 유사하거나 관련된 사건들(예: 상사의 반복되는 불합리한 요구들, 10대 자녀의 반복적인 통금시간 위반) 또는 만성적이고 계속 진행되는 상황(예: 지속적인 통증, 지독한 외로움, 심각한 질병)일 수도 있다.

우리가 정의한 바와 같이 문제는 환경이나 개인 둘 중 하나의 특징이 아니다. 그보다는 개인과 환경 사이의 관계로 보다 잘 특징지어질 수 있는데, 이것은 실제적이거나 지각된 불균형, 또는 환경의 요구와 개인의 대처 능력 및 반응 사이의 불일치로 드러난다. 그러므로 문제는 환경과 개인 또는 그 둘의 변화에 따라서, 시간이 지남에 따라 그 어려움과 중요성이 변화할 것이라고 예상할 수 있다. 문제에 관한 이런 관계적 관점은 문제해결 평가에 주요한 함의를 가진다. 이는 문제가 매우 표의적(ideographic)이라는 것을 암시한다. 다른 말로 표현하자면, 어떤 사람에게 문제인 것이 다른 사람에게는 문제가 되지 않을 수 있다는 것이다. 더 나아가 어떤 사람에게 어떤 시점에서 문제인 것이 같은 사람에게 다른 시점에서는 문제가 아닐 수도 있다.

해 결

해결은 상황-특정적인 대처반응 또는 반응패턴으로, 그것이 특정한 문제상황에 적용되었을 때 나타나는 문제해결과정의 결과 또는 성과다. 효과적인 해결책은 문제해결 목표나 일련의 목표들을 성취하는 것이며(즉, 상황이 더 나아지게 변하거나 상황이 유발하는 스트레스를 감소시키는 것) 동시에 다른 긍정적인 결과를 극대화시키고 부정적인 결과를 최소화시키는 것이다. 중요한 성과에는 자신뿐만 아니라 다른 사람에 대한 결과, 장기적 영향과 단기적 결과가 포함된다. 그러한 맥락에서 어떤 특정한 해결책의 질이나 효과성은 각기 다른 사람들 또는 각기 다른 상황에 따라 크게 다를 수 있다. 그것은 문제를 해결하려는 사람이나 그의 해결책이나 대처기술을 평가하는 데 책임이 있는 중요한 타인의 기준, 가치, 목표에 달려 있다.

사회적 문제해결의 개정된 모델

수십 년간 지속된 연구와 프로그램 개발에 근거하여, 우리는 지난 몇 년간 데주릴라와 골드프라이드(D'Zurilla & Goldfried, 1971)의 원래 문제해결모델을 개정해 왔다. 현대 사회적 문제해결이론에 따르면, 스트레스가 되는 문제에 대처하려는 시도는 두 가지 일반적이지만 부분적으로는 독립적인 차원, 즉 (1) 문제 지향(problem orientation), (2) 문제해결 양식에 의해 대부분 결정된다고 한다(D'Zurilla, Nezu, & Maydeu-Olivares, 2004). 이 기본적 모델은 다양한 인구집단과 문화, 그리고 연령집단에서 반복적으로 검증되어 왔다(D'Zurilla & Nezu, 2007).

문제 지향

문제 지향은 상대적으로 안정적인 일련의 인지정서적 도식으로서 삶의 문제와 그러한 문제에 성공적으로 대처할 수 있는 자신의 능력에 대한 일반화된 신념, 태도, 그리고 정서적 반응을 의미한다. 이것은 데주릴라와 골드프라이드(D'Zurilla &

Goldfried, 1971)가 원래의 모델에서 제시한 바와 같이 양쪽 극단이 있는 연속선이라기보다는 직각으로 기능하는 두 가지 유형의 문제 지향, 즉 긍정적 그리고 부정적 지향인 것으로 후속연구에서 확인되었다.

긍정적인 문제 지향은 다음과 같은 경향성을 포함한다.

1. 문제를 도전으로 평가
2. 문제를 해결가능한 것이라고 믿는 낙관성
3. 문제에 대처하는 능력과 관련된 강한 자기효능감
4. 성공적인 문제해결에는 시간과 노력이 필요하다는 것을 이해함
5. 부정적인 정서를 궁극적으로는 성공적으로 문제에 대처하는 데 도움이 될 수 있는 전반적인 문제해결과정의 일부로 바라봄

부정적인 문제 지향은 다음과 같은 경향성을 포함한다.

1. 문제를 위협으로 봄
2. 문제를 해결할 수 없을 것으로 예상
3. 성공적으로 문제에 대처할 자신의 능력에 대한 의심
4. 문제에 직면하거나 부정적인 감정에 맞닥뜨렸을 때 현저하게 좌절감을 느끼거나 당황함

개인의 문제 지향은 문제를 해결하기 위한 시도에 초점을 맞추어 실제적으로 개입을 할 수 있는 능력과 동기에 강력한 영향을 미칠 수 있기 때문에 치료에서 이러한 차원을 평가하고 다루는 것의 중요성은 언제나 매우 강조되어 왔다 (Nezu, 2004; Nezu & Perri, 1989). 이를 지지하는 연구결과들이 있는데, PST와 관련된 무작위 통제연구들에 대한 광범위한 연구를 메타분석한 최근의 두 문헌연구에서 이러한 지향 차원에 특별한 초점을 두지 않은 것이 다양한 집단에서 유의

미하게 덜 효과적인 결과와 연관이 있었다는 것을 보여 주었다(Bell & D'Zurilla, 2009b; Malouff et al., 2007).

우리는 사람들이 모든 삶의 문제에 대해서 둘 중 한 가지의 지향을 배타적으로 가지고 있다고 주장하는 것이 아니다. 그보다는 사람들이 어떤 유형의 문제들에 대해서 특정한 관점으로 바라보는 일반적인 경향을 가지고 있다고 보는 것이다. 예를 들면, 성취와 관련된 문제(예: 직업이나 경력)를 다룰 때는 긍정적인 지향을 가진 것으로 보이는 사람이 애정이나 대인관계 문제(예: 데이트나 양육 문제)를 다룰 때는 부정적인 지향을 보이는 것은 얼마든지 가능한 일이며, 우리의 임상경험에 비추어 보았을 때도 흔한 일이다. 이것은 미셸과 쇼다(Mischel & Shoda, 1995)의 성격의 인지체계이론, 즉 개인차를 상황에 따른 행동적 다양성의 예측가능한 패턴으로 설명한 것과 맥락을 같이한다. 예를 들면, 어떤 사람이 상황 A(예: 관계문제)에 직면한다면 그는 그것을 부정적인 문제 지향을 가지고 접근할 가능성이 높다는 의미에서 안정적인 상황-행동 관계가 존재한다는 것이다. 그러나 같은 사람이 다른 유형의 문제(예: 일이나 경력과 관련된 어려움)를 포함하는 상황에 처했을 때는 긍정적인 문제 지향을 가지고 그 문제에 접근할 수 있다는 것이다. 그런 의미에서 우리는 이러한 상황-행동 양상을 평가하는 것(즉, 상황의 유형에 따른 강점과 약점을 정확히 확인하는 것)이 성공적인 치료에 결정적이라고 믿는다.

문제해결 양식

SPS의 두 번째 주요한 차원은 문제해결 양식이다. 이것은 스트레스가 되는 문제에 대처하거나 문제를 해결하기 위해 시도할 때 사람들이 사용하는 일련의 인지-행동적 활동을 의미한다. 우리의 연구에서 (1) 합리적 문제해결(현재는 계획적 문제해결(planful problem solving)이라고 표현한다.), (2) 회피적인 문제해결, (3) 충동적이고 부주의한 문제해결(D'Zurilla, Nezu, & Maydeu-Olivares, 2002; D'Zurilla et al.,

2004)이라는 세 가지 다른 양식을 확인했다. 합리적 문제해결이나 계획적 문제해결은 스트레스가 되는 문제에 대처하기 위한 구성적 접근(the constructive approach)이며 다음에 제시하는 특정기술의 체계적이고 사려 깊은 적용이 필요하다.

1. 문제의 정의(즉, 문제의 성격을 분명히 밝히고 현실적인 문제해결의 목표나 일련의 목표들을 명시하며 그러한 목표에 도달하는 데 방해가 되는 장애물들을 확인한다.)

2. 대안 생성(즉, 확인된 장애물을 극복하기 위해 고안된 가능한 해결책들에 대해 생각한다.)

3. 의사결정(즉, 이러한 다양한 대안들의 가능한 결과에 대해 예상하고 확인된 결과에 기초하여 손익분석을 수행하며 문제해결 목표를 성취하기 위해 설계된 해결계획을 발전시킨다.)

4. 해결책의 실행과 검증(즉, 해결계획을 실행하고 계획의 결과를 감찰하고 평가하며 문제해결 시도가 성공적인지, 지속적인 시도가 필요한지를 판단한다.)

우리가 다시 한 번 강조하고자 하는 것은 연구자들이 때로 합리적 문제해결과 사회적 문제해결을 동등하게 취급하는 오류를 범하고 이 장에서 제시한 지향 변인들을 포함하는 좀 더 복잡한 모델에 내재된 중요한 임상적 함의를 무시하는 경향이 있다는 것이다(Nezu, 2004).

후에 계획적 문제해결(planful problem solving)에 더해 두 가지 양식, 즉 역기능적 그리고 부적응적 양식이 확인되었는데, 이는 둘 다 계획적 문제해결과 대조적인 것이다. 일반적으로 두 양식은 모두 비효과적인 문제해결과 연관되어 있다. 더 나아가 이런 양식을 사용하는 사람들은 기존의 문제를 더 악화시키거나 새로운 문제를 발생시키는 경향이 있다.

충동적/부주의한 양식(An impulsive/careless style)은 문제를 해결하는 데 있어서 충동적이거나 부주의한 시도를 하는 문제해결접근이다. 그러한 시도는 성급하고 불완전하며 불충분하다. 이러한 반응양식을 자주 사용하는 사람들은 문제해결을 위한 대안이 매우 제한되어 있으며, 종종 머릿속에 맨 먼저 떠오르는 아이디어를 충동적으로 행동에 옮기려고 한다. 게다가 대안적인 해결책과 결과를 재빨리, 성급하게 그리고 비체계적으로 훑어보고 해결책의 결과물에 대해서 충분하고 적절한 주의를 기울이지 않는다.

회피적 양식(Avoidant style)은 또 다른 역기능적 문제해결 패턴으로, 지연, 수동성, 나태, 타인에 대한 의존이 특징이다. 이 양식으로 문제를 해결하는 사람은 문제에 직면하기보다는 문제를 회피하고, 가능한 한 문제해결을 지연시키며, 문제가 저절로 해결될 때까지 기다리고 자신의 문제에 대한 책임을 다른 사람에게 떠넘기려고 시도한다.

문제해결치료: 치료 목표

이 장의 첫 부분에서 기술한 바와 같이 치료의 목적을 달성하기 위해서, PST의 구체적인 치료 목표는 다음과 같다.

1. 긍정적인 문제 지향을 강화한다.
2. 부정적인 문제 지향을 감소시킨다.
3. 계획적 문제해결을 촉진한다.
4. 회피적 문제해결을 최소화한다.
5. 충동적/부주의한 문제해결을 최소화한다.

문제해결치료: 치료의 구성요소

이러한 치료 목표에 도달하고자 시도할 때, 몇 가지 주요한 장애물이 있을 수 있다. 다음에 제시한 것들 중 일부나 전부가 있을 수 있다.

1. 인지적 과부하, 특히 스트레스를 받을 때
2. 효과적인 정서조절을 할 수 있는 능력의 부족이나 제한
3. 다양한 정서 관련 정보에 대한 왜곡된 인지적 처리(예: 부정적 자동적 사고, 빈약한 자기효능감, 부정적 기분에 수반되는 자서전적 기억으로부터 벗어나는 데 어려움이 있음)
4. 절망감으로 인한 동기 부족
5. 비효과적이거나 부적응적인 문제해결 양식

이러한 치료 목적과 목표를 달성하기 위하여, PST는 내담자들에게 네 가지 주요한 문제해결 도구세트를 연습시키는 데 초점을 맞춘다. PST를 배우는 학생들은 이전의 치료매뉴얼과 비교했을 때, 현재의 PST가 몇 가지 부분에서 개정되고 최신화되었음을 알 수 있을 것이다(예: D'Zurilla & Nezu, 2007; Nezuet al., 1998; Nezu et al., 1989).

네 가지 도구세트는 다음과 같다.

1. 문제해결 다중과제처리
2. 문제에 접근하는 멈추고, 속도를 줄이고, 생각하고, 행동하기(SSTA) 기법
3. 건강한 사고와 심상
4. 계획적 문제해결

이 매뉴얼의 3부에서는 이들 네 가지 도구세트에 대해서 기술하고, PST를 효과적으로 수행하기 위한 상세한 임상적 지침을 제공할 것이다.

요 약

PST는 현존하는 신체적·정신적 어려움을 감소시키고 미래에 발생할 수 있는 어려움을 감소시킬 수 있는 수단으로서, 일상생활의 스트레스에 효과적으로 대처하기 위한 개인의 능력을 강화하기 위해 고안된 심리사회적 개입법이다. 데주릴라와 골드프라이드(D'Zurilla & Goldfried, 1971)의 원래 모델이 발표된 이래 다양한 변형이 이루어졌고, 광범위한 임상집단과 문제에 적용되었다. 더욱이 이 원래 모델은 신경과학과 심리학의 다른 관련 영역의 발전과 PST를 직접적으로 다룬 연구결과에 따라 개정되어 왔다. 중요한 개념들의 정의는 이 장에서 제공된 것과 같이 문제해결(더 이상 문제를 나타내지 않도록 상황의 특성을 변화시키고자 하는 대처 노력의 과정), 문제(효과적인 행동이 무엇인지 금방 분명해지지 않은 상황에서 적응적인 반응을 해야 할 필요가 있는 삶의 상황), 해결(문제해결과정이 특정한 상황에 적용되었을 때 결과로 나타나는 대처반응)이다. 개정된 PST 모델은 문제 지향(실생활의 문제와 문제에 효과적으로 대처할 수 있는 자신의 능력에 대한 개인의 일반화된 신념, 태도 그리고 정서적 반응)과 문제해결 양식(삶의 문제에 대처하거나 해결하기 위해 적용하는 인지적 그리고 행동적 활동)이라는 두 가지 차원을 포함하고 있다. 연구에서는 두 가지 지향 유형(긍정적, 부정적)과 세 가지 문제해결 양식(합리적 또는 계획적 문제해결, 회피적 문제해결, 충동적/부주의한 문제해결)을 지속적으로 확인해 주었다. PST 치료 목표의 달성은 다음의 과정을 포함한다. (1) 계획적 문제해결뿐만 아니라 긍정적인 문제 지향을 강화한다. (2) 부정적 치료지향과 회피적 문제해결, 충동적/부주의한 반응을 최소화한다. 이러한 목적을 달성하는 데 있어서 주요한 장애물은 (1) 인지적 과부하, (2) 빈약한 정서조절기술, (3) 왜

곡된 인지적 처리, (4) 절망감, (5) 비효과적인 문제해결기술이다. 이러한 맥락에서 PST는 다음과 같은 세 가지 도구세트에 맞는 많은 기술을 훈련시킨다. 즉, 문제해결 다중과제처리, SSTA 기법, 건강한 사고와 긍정적 심상, 그리고 계획적 문제해결기술이다. 이 매뉴얼의 3부에서 이들 기술의 구체적인 지침을 제공할 것이다. 다음 장에서는 PST의 기반이 되는 개념적 모델을 설명할 것이다.

정신병리의 이해를 위한 문제해결 접근: 스트레스 취약성 모델

이 장에서는 개념적 모델에 대해 전반적으로 설명하고, 사회적 문제해결(SPS)이 중대한 스트레스 사건과 경미한 스트레스 사건 모두에 어떤 역할을 하는지 적응적 반응과 부적응적 반응을 대조하며 설명할 것이다. 이는 우리의 선행연구(예: D'Zurilla & Nezu, 2007; Nezu, 2004)의 일부인 스트레스의 관계적/문제해결모델(the relational/problem-solving model of stress)에 기초하고 있지만 보다 광범위한 사회생물학적 맥락에서 바라볼 수 있도록 그 특성이 좀 더 확대된 것이다. 특히 스트레스, 정서, 대처, 그리고 적응과 관련된 심리사회적 그리고 신경생물학적 변인들 사이의 상호작용에 초점을 맞춘 최신의 연구들을 고려했다. 이 모델의 여러 측면들이 경험적 지지를 받고 있지만 또 다른 측면들은 좀 더 충분한 연구가 이루어져야 한다. 그런 의미에서 우리는 이 모델을 잠재적으로 이론과 치료적 결정 모두를 알려 줄 수 있는 발견법(heuristic)으로 제시하고자 한다. 또한 이 모델은 문제해결치료가 어떻게 잠재적으로 도움이 될 수 있는지를 내담자가 보다 잘 이해할 수 있도록 도울 수 있는 세계관을 제공해 줄 것이라고 생각한다.

스트레스에 대한 우리의 문제해결모델은 다양한 체계 간의 상호작용을 포함하며, 그 각각의 체계에서 어떤 심리사회적, 신경학적, 그리고 생물학적 요인들이 부정적이거나 긍정적인 정신적·신체적 건강상의 성과를 도출해 내기 위해 어떻게 서로 영향을 미치고 상호작용하는지를 기술한다. 각 체계는 다음 체계에 영향을 미치는 특정 변인들 간의 역동을 상징한다. 이것은 이들 관계의 잠재적인 매개자로 문제해결이 어떻게 기능하는지 뿐만 아니라 어떻게 스트레스가 건강상의 결과에 영향을 미치는지에 관한 원위의, 근위의, 그리고 즉시적인 수준의 분석자료를 기술한다는 점에서 그 특성상 발달적이다. PST와 특별히 관련지어 설명하자면, 이 모델은 이 접근이 다양한 임상적 문제와 어려움에 어떻게 그리고 왜 효과적인지를 보다 잘 이해하도록 돕는 맥락을 제시한다.

문제해결, 스트레스의 체계모델, 그리고 적응

이 모델은 관련된 세 개의 체계 사이의 상호작용을 기술하는데, 그 각각은 스트레스 사건, 문제해결, 그리고 신체적/정신적 건강상의 성과에 관한 수준 분석자료를 제공한다. 체계 1은 원위체계이자 분석의 첫 번째 수준이며, 유전적 요인과 초기 아동기의 생활 스트레스 사이의 관계에 초점을 맞춘다. 이 조합은 스트레스 민감성을 증가시키는 생물학적 취약성을 유발할 수 있다. 체계 2는 근위체계로서, 아동기 이후(청소년기, 성인기)와 중대한 부정적 생활사건들(예: 이혼, 전투 외상, 사랑하는 사람의 상실) 간의 상호작용, 일상생활 스트레스(예: 만성적인 자원의 부족, 직장 동료들과의 문제, 결혼이나 관계에서의 문제), 그리고 현재 경험하는 고통과 생태학적으로 관련된 다양한 신경생물학적인 체계에 초점을 둔다. 체계 3은 분석의 좀 더 즉시적인 수준으로, 스트레스 자극, 대뇌의 다양한 구성요소와 정서 사이의 상호작용에 초점을 맞춘 좀 더 미시적인 분석적 관점을 의미한다. 체계 1은 체계 2의 결과를 위한 기초를 제공하는 것으로 여겨지지만, 이들 체계 모두는 체계 3의 결과에 영향을 주고 체계 3은 역으로 체계 2에 영향을 미친다. 이런 체계들의 결과들은 주어진 시간에 주어진 사람에게 나타나는 신체적 그리고 정신적 건강상의 결과를 예측한다.

체계 1. 유전적 영향, 생애초기 생활스트레스, 그리고 초기 생물학적 취약성

[그림 2-1]은 체계 1을 그림으로 나타낸 것이다. 이것은 어떻게 한 사람의 유전자형이 생애초기의 생활스트레스와 결합하여 특정한 생물학적 취약성을 가지게 할 수 있는지를 보여 주는 것이다. 이 취약성은 청소년기나 성인기에 발생하는 스트레스에 대한 개인의 반응성에 영향을 미친다.

연구에서 기본적으로 제시하는 바는 특정 유전자형을 가진 사람이 어린 시절에 스트레스 사건을 경험하면 청소년기나 성인기에, 특히 스트레스를 받는 조건 하에서 부정적인 결과를 경험할 가능성이 있다는 것이다. 예를 들어, 가트와 동료들(Gatt et al., 2010)은 두 가지 유전적 요인들, 즉 뇌 유래 신경성장인자(brain-derived neurotrophic factor) Val66Met(valin66 to methionine)와 세로토닌 수용체 유전자 3a(HTR3A)가 존재하고 이것이 초기의 생활스트레스와 결합되면, 다양한 우울증의 위험요인을 유의미하게 예측할 수 있다는 것을 발견했다. 그 요인들에는 뇌전도(EEG)의 비대칭성, 정서유발 심박수(emotion-elicited heart rate), 스스로 보고한 부정성 편견(즉, 자신과 세상을 부정적으로 보는 경향) 등이 포함된다. 동물 모형은 또한 초기의 생활스트레스가 전전두엽에서의 유전자를 매개로한 전사(gene-mediated transcription)의 활성화를 통해 이후의 삶에서의 유기체의 취약성을 증가시킨다는 증거를 제시하고 있다(Uchida et al., 2010).

덧붙이자면, 캐스피와 동료들(Caspi et al., 2003)은 세로토닌 수송체 유전자인 5-HTT 다형성의 단형 대립유전자(short-form allele, SS)를 가진 성인은 장형 대립유전자(long-form allele, LL)를 가진 사람과 비교했을 때 스트레스가 되는 사건을 경험한 후 주요 우울증을 발달시킬 가능성이 좀 더 높다는 결과를 보고했다. 단형 대립유전자(SS)는 5-HTT의 발현과 세로토닌 재흡수를 감소시키는 것으로 나

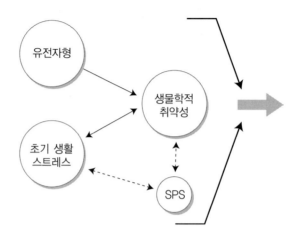

[그림 2-1] 체계 1의 변인: 생애초기의 생활스트레스, 유전형, 사회적 문제해결, 생물학
적 취약성 사이의 관계

타나며, 정서조절과 밀접한 관련이 있는 편도체에서의 활동을 활성화하는 것과
관련이 있는 것으로 알려져 왔다. 이후에 쌍생아 연구에서 5-HTT의 유전적 변이
성은 생활스트레스의 부정적 영향과 완연한 우울증을 경험할 위험성을 중재하
는 것 같다고 제안했다(Wichers et al., 2009). 좀 더 구체적으로 설명하면, 이 연구
들은 장/단형의 대립유전자는 일상생활의 영향에 대한 완충역할을 하는 반면에
단/단형과 장/장형은 우울증의 위험성을 증가시키는 것 같다고 제안했다.

이 모델에 특별히 흥미로운 부분은 빌헬름과 동료들의 연구(Wilhelm et al.,
2007)다. 그 연구의 주요 목적은 스트레스에 대처할 때 세로토닌 운반체 유전자
형(serotonin transporter genotypes)의 차이에 따라 사람들이 사용하는 문제해결전
략을 측정하는 것이었다. 종단연구에 참여하는 학생집단을 10년 동안 조사하여
스트레스 대처를 측정했다. 연구자들은 5-HTT 유전자형을 알아보기 위하여 유
전자 검사를 실시했다. 그 결과 5-HTT promoter 다형성(polymorphism)의 단형
변형이 더 적은 문제해결전략의 사용과 연관되어 있다는 것을 보여 주었다. 이
는 이후의 정서적 어려움에 미칠 수 있는 유전적인 영향이 있으며, 스트레스 사

건을 다룰 때 단형 변형을 가진 사람은 다양한 문제해결전략을 도출하는 능력에 제한이 있을 수 있음을 암시한다.

유전적 요인들은 스트레스가 있을 때 부정적 정서적 상태에 대한 민감성을 유발할 수 있는 반면에 스트레스 그 자체는 면역체계를 포함한 특정 생물학적 체계에 부정적인 영향을 미칠 수 있다. 예를 들면, 페이스와 동료들(Pace et al., 2006)은 생애초기에 생활스트레스를 많이 경험한 우울증 환자들은 심리사회적 스트레스에 대해서 염증반응을 더 많이 보인다는 것을 발견했다. 이에 덧붙여, 하임과 네메로프(Heim & Nemeroff, 2001)는 청소년기 이후의 기분장애와 불안장애의 신경생물학에 대한 아동기 외상의 역할에 관한 문헌고찰을 통해, 생애초기의 생활스트레스가 다양한 신경생물학적 체계(예: corticotropin-releasing factor)에 만성적이고 지속적인 과잉활동과 민감화를 유발하고 있다는 것을 강력하게 시사하는 광범위한 연구결과들이 있다고 결론지었다. 그 신경전달체계는 내분비계, 자율신경계, 그리고 행동적 스트레스 반응성을 증가시킨다. 지속적인 생활스트레스를 받는 조건하에서 이러한 취약성은 성인기의 우울증과 불안장애를 유발할 수 있다.

또한 [그림 2-1]에서 보여 주는 것은 이 체계 안에서의 SPS의 관계다. 이 시기의 발달단계 동안에 아동은 여러 원천의 조합의 함수로 스트레스에 대처하는 방법을 배우기 시작할 가능성이 있다. 그 원천에는 부모가 스트레스에 대처하는 방법, 다른 사람들이 스트레스에 대처하면서 받는 보상과 처벌, 그리고 아동이 스트레스를 실제로 경험한 정도가 포함된다. 발달적으로 아동은 추론을 할 수 있는 능력이 부족하기 때문에(달리 말하자면, 이들의 전두엽이 아직 충분히 발달되지 않았기 때문에), 구체적인 대처기술을 배울 수 있는 기회는 제한되어 있고 그런 학습을 제공하는 역할모델의 특수성에 매우 의존적이다. 다른 말로 표현하면, 부모나 보호자나 학교체계가 생활기술을 가지고 대처하는 방법에 대한 지침을 제공하지 않는다면, 아동은 그러한 기술을 숙달할 수 있는 최소한의 기회만을 얻을 수 있을 것이다. 특히 어떤 기술을 배워야 할 것인지(예: 계획적 문제해결 대

회피적 문제해결)를 알기 힘들 것이다.

　생애초기의 생활스트레스는 정서적 학대나 성적 학대 같은 매우 외상적인 것일 수도 있고 잔병치레나 부모님이 직장을 옮김에 따라 여러 번 이사를 하는 것 등의 상대적으로 경미한 것일 수 있다. 낮은 사회경제적 지위, 인종차별, 물질적 자원의 부족, 자연재해, 놀림을 당하는 것이 또 다른 예일 수 있다. 아동기에 그러한 스트레스에 어떻게 대처하는지는 그 당시에 그러한 스트레스의 부정적인 영향을 완화하는 데 기여할 뿐만 아니라 SPS를 포함하여 아동의 대처기술의 질에 영향을 미친다. 예를 들어, 스트레스 반응성이 높은 특정 유전자형을 가진 사람이라 하더라도 어떤 스트레스에 효과적으로 대처한다면, 면역계에 대한 부정적인 생물학적 영향이 경감되는 것이 가능하다는 것이다. 그러나 아동의 뇌는 계속 발달하는 것이기 때문에 그러한 대처반응은 여전히 발달 중에 있는 것이고 그렇기 때문에 매우 제한적이다. 따라서 이러한 능력에서 SPS의 역할은 매우 작다(그래서 [그림 2-1]에서 약한 관계성을 설명하기 위해 SPS와 연결된 선이 점선으로 표시되어 있다). 게다가 만일 스트레스원이 매우 강한 것일 경우(예: 부모의 상실/성적 학대) 그것은 한 사람의 대처 범위를 넘어서고, 개인의 대처능력에 부정적인 영향을 미칠 뿐만 아니라 부정적인 생물학적 결과를 초래할 위험성을 증가시킨다(말하자면, 비효과적인 문제해결).

　한편으로 생애초기의 어떤 스트레스는 아동이 부정적인 사건에 대처하는 법을 배우는 기회를 줄 수 있다는 점에서 꼭 필요한 것이라는 점을 기억할 필요가 있다. 예를 들어, 시리(Seery, 2011)는 최근에 아동기에 경험한 어떤 스트레스는 중대한 생활스트레스를 경험한 경우나 생애초기에 부정적인 사건을 경험하지 않은 경우와 비교했을 때, 건강 관련 변인에서의 좀 더 양호한 수준과 관련된다는 것을 발견했다. 이러한 발견은 일반적으로 사람뿐만 아니라 원숭이를 대상으로 한 연구(Parker, Buckmaster, Schatzberg, & Lyons, 2004)에서도 지지되었다. 사람을 대상으로 한 또 다른 연구에서 거너와 그의 동료들(Gunnar et al., 2009)은 아동기에 중간 수준의 생활스트레스를 받은 아동은 낮은 수준이나 높은 수준의 스트레스를 받은 아동보다 더 적은 신체적 스트레스 반응을 보였다고 했다. 이상의 연구결과들과 관련하여, 주목해야 할 것은 부모나 보호자의 양육방식이 아동의 문제해결 및 다른 대처기술의 발달에 영향을 미칠 수 있다는 것이다. 예를 들어, 가족의 문제를 다루는 부모의 방식이 아동이 경험하는 스트레스의 양을 축소시키는 것(예: 아동에게 울지 말라고 하거나 과잉보호하거나 아동의 정서적 부분을 받아 주지 않는 것)이라면, 아동은 문제를 해결하는 기회를 가지지 못했기 때문에 효과적인 문제해결방법을 배우지 못할 가능성이 있다.

요약하면, 체계 1은 특정 유전자형이 초기 생활스트레스와 결합되면 어떤 부정적인 신경생물학적인 취약성을 가지게 한다는 것이다. 이는 어떤 사람이 청소년기나 성인기에 스트레스 상황에 처했을 때 부정적인 신체적 그리고 심리적 증상들을 경험할 가능성이 증가된다는 것을 의미한다. 사실 유전자와 초기 생활스트레스와의 관계에 관한 문헌들을 전반적으로 고찰해 보면, 그러한 상호작용은 생의 후기의 우울증과 불안장애에 대한 위험성에 분명하고 유의하게 영향을 미친다는 결론을 내리고 있다(Nugent, Tyrka, Carpenter, & Price, 2011). 이와 같이, 우리는 체계 1이 체계 2에 미치는 주요한 영향은 생물학적 취약성(말하자면, 스트레스에 대한 증가된 예민성)과 심리적 취약성(예: 빈약한 문제해결능력) 모두를 유발하는 것이라고 제안한다. 이러한 맥락에서, 내담자의 좀 더 완전한 임상적 양상을 파악하기 위해 이런 좀 더 원위의 취약성을 측정하는 것(예: 스트레스와 대처의 과거사)은 중요한 일이다.

체계 2: 중대한 부정적 생활사건, 일상적 문제, 그리고 신경생물학적 반응들

[그림 2-2]는 중대한 부정적 생활사건과 경미한 또는 일상적 문제들, 그리고 그런 스트레스원에 대한 신체의 신경생물학적인 반응 사이의 상호적 관계를 보여 준다. 또한 사회적 문제해결이 이러한 요인들을 매개한다는 것을 확인해 준

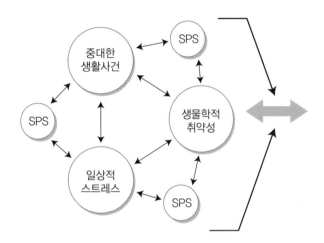

[그림 2-2] 체계 2의 변인들: 중대한 부정적 생활사건들, 일상적인 문제들, 사회적 문제
해결, 그리고 신경생물학적 반응성

다. 이 체계는 스트레스 촉발자극(체계 2)에 대한 개인의 즉각적 반응에 대해 중
대한 영향을 미치고, 그것이 궁극적으로 건강과 관련된 결과를 예측해 준다는
것을 보여 준다([그림 2-3] 참조).

체계 2에서 확인된 첫 번째 경로는 중대한 부정적 생활사건의 경험(예: 이혼,
사랑하는 사람의 상실, 배우자나 연인의 만성질환 진단)이 스트레스가 되는 일상적
문제들이나 경미한 스트레스원(예: 보호감독 문제에 관한 법적 다툼, 비탄 반응을 극
복하는 데 어려움이 있음, 가족을 부양하게 됨)을 경험할 가능성을 증가시킨다는 것
을 암시한다. 반대로 일상적인 문제(예: 동료나 상사와의 갈등)를 지속적으로 경험
하는 것은 중대한 부정적 생활사건(예: 해고)의 발생을 야기할 수 있다. 게다가 이
두 스트레스원은 독자적으로 그리고 결합해서, 주요 우울장애나 불안장애와 같
은 임상적 수준의 고통을 경험할 위험성을 증가시킬 가능성을 높인다(Monroe,
Slavich, & Georgiades, 2009; Nezu & Ronan, 1985). 이러한 스트레스원 사이의 관계
(체계 2의 변인들)와 부정적 건강 관련 결과들([그림 2-3]에서 보여진 것과 같이 체계
3에서도 종착점으로 나타남)은 부분적으로는 신경생물학적인 점화와 종종 스트레

스 민감화(stress sensitization; Post, 2007)라고 불리는 행동적 민감화에 의해 중재되는 것으로 보인다. 이것은 [그림 2-2]에서 신경생물학적인 반응에 영향을 미치는 화살표로 나타나고 있으며 다시 체계 3의 궁극적인 부정적 건강 관련 결과들에 직접적인 영향을 미친다.

수십 편의 연구들이 스트레스가 직접적 그리고 간접적으로 건강과 심리적 변인들에 영향을 미친다는 사실을 확인했다. 예를 들면, 업무 관련 스트레스는 우울이나 불안(Melchior et al., 2007)뿐만 아니라 신체적 문제(예: 통증, 관상동맥심장질환, 고혈압)와 행동적 문제(예: 소진, 공격, 이인화) 등 광범위한 문제의 주요한 원인인 것으로 밝혀졌다(Pandey, Quick, Rossi, Nelson, & Martin, 2011). 예를 들어, 켄들러, 칼코우스키와 프레스콧(Kendler, Karkowski, & Prescott, 1999)은 한 달 동안 경험한 스트레스 생활사건은 궁극적으로 주요 우울증을 앓게 될 가능성을 5배나 높인다는 것을 발견했다. 또한 스트레스 민감화와 관련하여 스트레스 특정적인 결과를 확인했는데, 예를 들어 슬라비크, 먼로와 코틀립(Slavich, Monroe, & Gotlib, 2011)의 연구에서는 어린 시절에 부모를 여의거나 이별한 사람들이 대인관계와 관련된 상실에 대해서 예민하게 반응하며, 성인기에 덜 취약한 사람들(말하자면, 아동기에 상실을 경험하지 않은 사람들)과 비교했을 때 전반적으로 더 낮은 수준의 생활스트레스를 경험할 때도 대인관계와 관련된 상실에 예민하게 반응하는 것으로 나타났다.

초기의 연구들은 중대한 부정적 생활사건(예: 사랑하는 사람의 상실, 실직)의 견지에서 생활스트레스를 정의한 반면에, 1980년대에 시작된(그리고 지금까지 이어지는) 연구들에서는 일상적인 생활사건(종종 경미한 생활사건, 만성적 스트레스, 성가신 일 또는 일상적 문제들로 언급되었다.)의 영향에 좀 더 초점을 맞췄다. 그런 연구들은 오랜 시간에 걸쳐 일상적인 스트레스 문제가 누적되면 중대한 생활사건을 경험하는 것 이상으로 심리적, 사회적, 그리고 건강의 측면에서 중대하고 독립적인 영향을 미칠 수 있다는 것을 보여 주었다(예: Hammen, Kim, Eberhart, & Brennan, 2009; Monroe, Slavich, Torres, & Gotlib, 2007; Nezu & Ronan, 1985;

Weinberger, Hiner, & Tierney, 1987).

한 연구는 주요 우울삽화로 고통받는 사람들이 왜 일생 동안 반복적으로 우울을 경험하게 되는지를 살펴본 결과, 만성적인 일상적 스트레스가 그 관계의 잠재적인 매개변인으로 기능한다는 것을 확인하였다. 좀 더 구체적으로는 중대한 부정적 생활사건은 우울증의 반복적인 삽화가 아니라 첫 번째 우울삽화의 발병과 연관이 있었다. 반면에 만성적인 스트레스(예: 대금청구서를 처리하는 데 어려움을 겪음, 외도, 배우자와의 지속적인 다툼)는 초기 우울증 삽화의 발병과 관련된다기보다는 좀 더 빈번한 전 생애에 걸친 삽화와 연관된다(Monroe et al., 2007). 더욱이, 먼로와 동료들(Monroe et al., 2006)은 오랜 시간 동안 그런 일상적인 스트레스를 만성적으로 경험하게 되면 덜 심한 형태의 생활스트레스도 점진적으로 우울삽화를 촉발할 수 있게 된다는 것(말하자면, 스트레스 민감화)을 증명했다.

[그림 2-2]에서 체계 2는 궁극적으로 체계 3에서 보여 주는 정신건강과 신체적 건강 관련 결과들과 상호적인 연관성이 있음을 보여 준다. 다른 말로 표현하면, 스트레스에 의해 야기된 부정적인 건강 관련 결과들이 커질수록 기능저하가 스트레스를 증가시키는 데 기여할 가능성이 커진다(예: 신체적 또는 정서적 건강이 좋지 않으면, 직무수행능력이 저하되고 이는 직장에서의 문제를 증가시키고, 결과적으로 해고를 당하게 될 수 있다.). 이러한 과정은 종종 스트레스 생성 가설(stress generation hypothesis)이라고 불린다(말하자면 건강이 나쁠수록 스트레스가 증가된다는 것이다.). 스트레스 생성 가설에서 업무는 스트레스 민감화 과정과 결합된다고 제시한다. 달리 말하면, 지속적인 일상적 스트레스는 궁극적으로 부정적인 건강 관련 결과를 촉발하는 데 필요한 역치를 낮출 수 있다는 것이다(즉, 시간이 갈수록 더 적은 스트레스로도 건강의 문제가 유발될 수 있다. 스트레스 민감화 가설). 반면에 건강이 나빠지는 것은 스트레스로 이어지거나 추가적인 스트레스원(예: 증가된 일상적 문제 또는 좀 더 심각한 만성질환)이 될 수 있다(스트레스 생성 가설).

[그림 2-2]로 돌아가면, 신경생물학적인 반응에 영향을 미치는 두 가지 스트레스원에서 나온 화살표는 스트레스 반응의 기본적인 생물학이라고 한다. 이는

스트레스 자극을 맞닥뜨렸을 때 안전한 결과를 최대화하기 위한 생리학적이고 생물학적인 체계의 진화적 반응이다. 신체는 둘로 분리되었지만 상호연결된 체계, 즉 교감신경부신수질계(the sympathoadrenal medullary[SAM] system)와 시상하부-뇌하수체-부신(HPA) 축을 활성화시킨다는 것이 핵심이다. SAM 체계는 투쟁-도주 반응을 활성화시키며 에피네프린과 노르에피네프린을 방출시킨다. HPA축은 중추스트레스 반응체계의 일부이며 신경 펩티드, 부신피질 자극호르몬 방출인자(CHF)로 정의되는데, 이것은 스트레스 반응의 결정적인 매개변인이다.

두 체계 모두의 활성화는 신체가 위험을 피할 수 있도록 준비시킨다. 그러나 너무 많이 활성화되면 신체에 해로운 영향을 미친다(Dallman, Bhatnagar, & Viau, 2000). 만성적인 스트레스는 당질 코르티코이드(glucocorticoid) 분비(사람에게는 코르티솔[cortisol])를 증가시킴으로써 HPA축의 조절능력이 점차 손상되도록 바꿔 버릴 수 있다. 예를 들어, HPA축의 기능장애는 정신과적 장애, 특히 우울증을 유발할 수 있다는 것을 수십 편의 연구에서 지지하고 있다(Gutman & Nemeroff, 2011). 체계 1에서 제시한 바와 같이, 초기 아동기의 심한 스트레스의 영향은 이후의 삶에서 발생한 스트레스 사건에 대한 HPA축의 역치 또는 설정점을 낮추어서 잠재적으로 비정상적인 스트레스 반응패턴을 유발할 수 있다(예: Heim, Mletzko, Purselle, Musselman, & Nemeroff, 2008). 또한 HPA축의 과잉활동이 우울증과 다양한 의학적 조건들, 예를 들면 당뇨병, 치매, 심장혈관질환, 그리고 골다공증의 위험성 증가와 연결되는 것 같다는 연구가 있다(Stetler & Miller, 2011).

스트레스 반응과 연관된 또 하나의 중요한 생물학적 체계는 면역체계다. 예를 들어, 스트레스는 신체적 그리고 심리적 문제에 대한 취약성을 증가시키는 것으로 잘 알려져 있다. 스트레스는 일반적으로 감염이나 다른 자극에 대한 신체적 반응을 조직화하는 면역기능을 억제한다(Dhabhar, 2011). 만성적 스트레스는 면역체계를 교란시킬 수 있으며 건강에 부정적인 영향을 미친다. 예를 들어, 인터류킨-6(IL-6)와 C 반응성 단백질(C-reactive protein) 같은 염증전구 사이토카인

(proinflammatory cytokines)의 상승은 심장혈관질환, 2형 당뇨병, 천식, 알츠하이머병, 암, 그리고 치주근막 장애의 발병가능성을 증가시키는 데 결정적인 역할을 한다(Kiecolt-Glaser, McGuire, Robles, & Glaser, 2002). 일상적인 스트레스원의 누적 효과 또한 염증표지에서의 상승을 촉진하는데, 이는 건강을 악화시킨다는 연구결과가 발표되어 왔다(Gouin, Glaser, Malarkey, Beversdorf, & Kiecolt-Glaser, 2012). 더 나아가 만성적인 스트레스는 연령과 관련된 면역기능의 정상적인 기능저하 속도를 촉진할 수 있다(Kiecolt-Glaser & Glaser, 2001). 체계 1 요인들의 이해가 중요한 것과 같은 맥락에서, 초기 생활스트레스 역시 인생의 후반기에 스트레스에 대한 부적응적인 면역반응을 보일 가능성을 증가시킬 뿐만 아니라 신경계나 생리적 측면에 부정적인 영향을 미치는 것으로 가정된다(Graham, Christian, & Kiecolt-Glaser, 2006; Pace et al., 2006).

만성적 스트레스도 해마, 즉 대뇌변연계의 일부이며 단기기억에서 장기기억으로의 기억의 응고화에서 중요한 역할을 담당하는 기관에 손상을 준다는 것이 발견되었다. 그러나 손상은 직접적이기보다는 스트레스가 해마 뉴런의 글루코오스(주요 에너지원)를 고갈시키고, 이로 인해 효과적으로 기능하는 것을 어렵게 하는 것인데, 이는 스트레스를 받는 경우에 특히 그러하다(LeDoux, 2002). 해마는 코르티솔의 방출조절에 관여하는데, 코르티솔은 우울증의 위험성을 증가시키는 주요한 화학물질이기 때문에 만성적 스트레스로 인해 손상을 입으면 혈류의 코르티솔 수준이 증가되고 이는 잠재적으로 스트레스 호르몬의 증가와 관련되는 기억의 문제와 우울증을 막을 수 없게 된다.

어떤 형식적 개입(예: 의학적 처치 또는 심리치료)이나 비형식적 개입(예: 사회적 지지의 증가, 물리적 또는 사회적 환경의 변화) 또는 변화 없이 이러한 체계 2와 체계 3 사이의 지속적인 상호적 관계는 정서적 그리고 심리적 역기능이 지속적으로 반복될 가능성을 크게 만든다. 여기에서 SPS는 중요한 역할을 하는 것으로 가정된다. 즉, 사람의 개인적 가변성(variability)을 설명할 수 있는 한 가지 심리사회적 요인은 처음에 스트레스에 반응하고 그것을 다룬 방식에 의해 상당 부분 결정될 수 있다는 것이다(Nezu, 2004; Olff, 1999). 이는 SPS가 스트레스와 정서적 고통 사이의 관계에 중요한 매개변인 또는 조절변인으로 기능할 수 있다는 가설을 세우게 한다. 이러한 주장을 지지하는 연구들은 두 가지 다른 유형의 연구형태를 띠는데, 첫 번째 연구들은 비효과적인 문제해결이 심리적 고통과 관련된다는 것을 다룬 것이다. 두 번째 유형의 연구들은 문제해결이 스트레스의 해로운 영향에 완충역할을 할 수 있는지를 직접적으로 탐색한 것이다.

만일 SPS가 중요한 일반적 대처전략이고 스트레스의 부정적 영향을 막아 주거나 감소시킬 수 있다고 가정한다면, SPS는 광범위한 적응적 그리고 부적응적 반응 및 결과와 중요한 연관성을 가진다고 할 수 있다. 이러한 문헌들의 상세한 기술은 이 장에서 다룰 범위를 넘어서는 것이기 때문에 독자들은 다양한 자료에서 그 개관을 참조할 수 있을 것이다(Chang, D'Zurilla, & Sanna, 2004; D'Zurilla & Nezu, 2007; Nezu, 2004; Nezu, Wilkins, & Nezu, 2004). 일반적으로, 이 연구들은 문제해결을 다른 방식으로 측정했고 다양한 대상집단에 초점을 맞추었는데 비효과적인 문제해결과 다음의 변인들, 즉 우울, 불안, 자살생각 및 행동, 심각한 정신장애, 절망감, 비관주의, 분노경향성, 음주, 물질남용, 범죄, 전반적인 낮은 자존감, 불안전 애착, 직무스트레스, 자살생각이 없는 자해, 그리고 성범죄와의 관계에 중점을 두고 있다.

부적절한 문제해결은 심부전, 암, 당뇨병, 뇌졸중, 만성피로증후군, 그리고 시각장애로 고통받는 사람들을 포함해서 다양한 우울한 환자집단에서 발견되는 것으로 나타나고 있다. 또한 암, 척추손상, 뇌졸중, 당뇨병, 외상성 뇌손상, 근위축성축삭경화증, 실명한 사람들을 돌보는 이들을 포함하여 가족을 돌보는 다양한 집단들에 있어서 우울증, 소진, 그리고 정서적 고통을 예측해 준다. 또한 부적절한 문제해결은 비심인성 흉통, 만성요통, 강박장애, 외상 후 스트레스장애, 경계선 성격장애와 관련이 있는 것으로 나타나고 있다(이 부분에 관한 문헌연구는 D'Zurilla & Nezu, 2007 논문 참조).

상대적으로, 효과적인 SPS는 좀 더 효과적인 전반적 대처, 높은 수준의 낙관성, 동료가 평가한 대인관계 유능성, 사회적 적응, 대학생 집단에서의 더 좋은 학습습관, 효과적인 양육행동, 높은 수준의 지각된 통제, 긍정적 기분, 긍정적 특성 정서성, 더 높은 수준의 삶의 만족도, 더 높은 수준의 자제력과 희망, 높은 공감수준, 높은 동기수준, 긍정적인 주관적 안녕감과 밀접한 관련이 있는 것으로 나타나고 있다(이 부분에 관한 문헌연구는 D'Zurilla & Nezu, 2007 논문 참조).

덧붙이자면 문제해결은 신체적 활동, 알코올 소비, 그리고 사회적 지지보다는 신체적 건강을 보다 잘 예측하는 것으로 나타났다(Largo-Wight, Peterson, & Chen, 2005). 또한 실행능력(즉, 추론, 개념형성, 인지적 유연성)과 외상성 뇌손상을 겪은 아동집단에서의 사회적 성과 사이의 관계를 문제해결이 매개하는 것으로 나타나고 있다(Muscara, Catroppa, & Anderson, 2008). 삶의 문제를 위협적이거나 해결 불가능하다고 지각하는 것(높은 부정적 문제 지향)이나 충동적 문제해결 양식은 노인의 자살위험성을 높이는 것으로 나타났다(Gibbs et al., 2009).

두 번째 유형의 연구들은 스트레스 사건들과 심리적, 그리고 신체적 고통 간의 관계에서 직접적으로 SPS가 매개변인 또는 조절변인으로 기능하는지에 관한 가설을 검증하고자 했다. 초기에 수행된 연구에는 네주와 로넌(Nezu & Ronan, 1985)이 대학생을 대상으로(그리고 이후에 주요 우울장애 환자들을 대상으로 반복연구를 함) 연구한 것이 있는데, 여기서 다음과 같은 연관성을 지지하는 것으로 나타났다. (1) 중대한 부정적 생활사건은 일상적 문제의 수를 증가시켰다. (2) 높은 수준의 일상적 문제는 높은 수준의 우울증상과 연관되었다. (3) 문제해결은 일상적 스트레스와 우울증 간의 관계를 중재한다. 또 다른 유형의 연구는 대학생을 대상으로 했는데, 유사한 수준의 높은 스트레스를 받는 조건에서 효과적인 문제해결자들은 비효과적인 문제해결자들에 비해 더 낮은 수준의 우울증상을 보고했으며, 이는 문제해결이 스트레스에 대한 중재효과 때문에 그런 높은 수준의 스트레스 경험의 부정적 영향을 경감시켜 주는 역할을 한다는 것을 암시한다 (Nezu, Nezu, Saraydarian, Kalmar, & Ronan, 1986). 이러한 결과들은 이후에 불안 (Nezu, 1986b), 종단연구(Nezu & Ronan, 1988), 주요 우울증으로 진단받은 성인환자(Nezu, Perri, & Nezu, 1987), 그리고 성인 암 환자(Nezu, Nezu, Faddis, DelliCarpini, & Houts, 1995)에 초점을 맞춰 반복 연구되었다.

또한 다른 연구자들은 여러 가지 문제들, 예를 들면 대인 간 갈등과 불안 (Londahl, Tverskoy, & D'Zurilla, 2005), 중년과 노년기의 지역주민의 우울과 불안 (Kant, D'Zurilla, & Maydeu-Olivares, 1997), 중년층의 심리적 안녕감(Chang, D'Zurilla, & Sanna, 2009), 초등학교 학생의 적응(Dubow & Tisak, 1989), 비행청소년 집단에 서의 아동학대와 자살성(Esposito & Clum, 2002), 대학생들의 일상적 스트레스와 적응(Bell & D'Zurilla, 2009a), 비심인성 흉통과 지각된 스트레스(Nezu, Nezu, & Jain, 2008), 여대생의 우울(Brack, LaClave, & Wyatt, 1992), 중국 성인의 완벽주의와 우울 증상(Cheng, 2001), 청소년기 여자의 우울증(Frye & Goodman, 2000), 아동기 우울 증(Goodman, Gravitt, & Kaslow, 1995), 불안과 분노(Miner & Dowd, 1996), 대학생들 의 절망감, 우울, 그리고 자살생각(Priester & Clum, 1993; Yang & Clum, 1994), 영국 대학생들의 적응, 건강, 그리고 학업수행(Baker, 2003), 자살생각을 하는 사람과 자살시도자(Rudd, Rajab, & Dahm, 1994), 대학생들의 자살성(Clum & Febbraro, 1994), 그리고 청소년기 우울증(Spence, Sheffield, & Donovan, 2003)에 있어서 SPS 가 유사한 스트레스 완충역할을 한다는 것을 발견했다.

이상의 축척된 연구결과들은 우리 모델에서 가정한 바, 즉 SPS가 중요한 대처 기제이며 다양한 스트레스원의 부정적 영향을 경감시킬 수 있다는 가정과 부합 한다. 그런 면에서 이러한 결과는 SPS를 통해 스트레스 상황에서 더 나은 대처방 법을 가르치는 것이 광범위한 정신병리를 경감시키고, 스트레스에 대한 회복력 을 증가시키며, 미래에 있을 신체적 그리고 정신건강상의 어려움을 예방할 수 있는 효과적인 수단으로 기능할 수 있음을 암시한다. 다른 말로 하자면, 스트레 스에 대한 보다 효과적인 대처방법의 학습은 중대한 부정적 생활사건과 만성적 인 일상적 문제의 경험을 감소시킬 뿐만 아니라 그런 스트레스가 개인의 면역기 능, 생리적 상태 및 신경생물학적 상태에 미치는 영향을 잠재적으로 경감시키는 역할을 할 수 있다.

흥미롭게도, 때로 스트레스에 대한 부정적인 신경생물학적인 영향을 견디는 능력의 부족은 그 자체로 좀 더 빈약한 문제해결과 연관된다. 예를 들어, 1장에서 기술한 바와 같이, 부정적인 문제 지향의 특징 중 하나는 부정적인 정서를 경험하는 데 어려움을 겪는다는 것이다. 더 나아가 회피적 문제해결 양식은 회피적 행동(예: 음주)이나 충동적 행동(예: 부정적인 정서를 경험하지 않기 위해서 문제를 재빨리 처리해 버리려고 함)을 함으로써 부정적 정서의 경험을 성공적으로 회피하는 것을 부정적으로 강화할 수 있다. 이러한 시나리오의 특히 심각한 사례가 녹과 멘데스(Nock & Mendes, 2008)에 의해 제시되었는데, 자살생각이 없는 자기손상(non-suicidal self-injury, NSSI, 예: 손목 긋기) 행동을 빈번하게 하는 청소년이 그렇게 하는 이유는, (1) 이들이 스트레스 사건 이후에 높은 수준의 신체적 각성을 경험하기 때문이며, (2) 정서적 고통을 조절하기 위해 NSSI를 사용하고, (3) 특히 의사결정과 관련된 문제해결기술에 결함이 있고 좀 더 적응적인 사회적 반응을 확인하고 실행하는 능력을 제한하는 부정적 문제 지향을 가지고 있기 때문이라는 것이 확인되었다.

요약하자면, 체계 2는 두 가지 스트레스원, 즉 중대한 부정적 생활사건과 만성적 일상적 문제가 어떻게 궁극적으로 주요 우울증 같은 임상적 수준의 문제와 증상을 경험할 가능성을 증가시키는지를 전체적으로 보여 주는 데 초점을 맞추고 있다. 이런 일이 발생하도록 하는 방식은 SAM 체계, HPA축, 그리고 면역체계를 포함하는 다양한 생물학적 체계에 미치는 스트레스의 영향과 관련된다. 이러한 경계체계를 가지는 것의 진화적 이점은 생존력을 증가시키는 것, 즉 주어진 위험에 맞서 싸우거나 도망치도록 신체를 보다 잘 준비시키는 것인데 이 체계가 과하게 작동하면 해로운 영향을 미칠 수 있는 것이다. 체계 1 과정의 결과는 스트레스 민감성을 증가시키기 때문에 정상적인 수준의 일상적 스트레스라 할지라도 중대한 정신병리를 촉발할 수 있다. 다른 말로 하면, 중대한 부정적 생활사건은 일상적 문제를 증폭시킬 수 있으며, 반대로 만성적인 일상적 문제는 중대한 부정적 생활사건을 유발할 수 있다. 두 가지 과정(스트레스 민감화와 스트레스 생성)은 어떤 형식적 또는 비형식적 개입이나 변화가 없을 때 지속적으로 발생할 수 있는데, 이는 다양한 건강 그리고 정신건강상의 어려움을 경험하게 할 가능성을 증가시키는 것으로 가정된다.

체계 3: 스트레스, 정서, 뇌, 그리고 사회적 문제해결

[그림 2-3]에 제시된 체계 3은 체계 2와 독립된 체계가 아니다. 그보다는 뇌의 구성요소들이 어떻게 의식적으로나 무의식적으로 스트레스에 반응해서 정서적 반응을 산출하는지에 대한 좀 더 미시적인 분석이며 직접적 제시다. 정서적 반응은 그 강도와 만성성에 따라 빈약한 건강 및 심리적 결과를 산출할 수 있다. 그러므로 이 분석은 우리의 이전의 스트레스에 대한 관계적 문제해결모델의 또 다른 주요한 출발점을 보여 준다. 우리는 전에 정서를 본질적으로 인지적이고 의식적인 특성을 가진 것으로 기술한 라자러스(Lazarus, 1999)의 주장에서 출발했다. 현재 모델에서 우리는 천분의 몇 초 사이에 일어나는 신체적 각성이 종종 인지적 평가 없이도 부정적 정서적 반응을 유발할 수 있다고 본다(Damasio, 1999; LeDoux, 1996). 사실 스트레스가 되는 실생활 문제를 해결하는 데 있어서의 어려움은 정서적 반응에 대한 인지적 명명(예: 슬픔, 분노, 불안 같은)을 할 수 없거나 알지 못하기 때문에 발생하는 것이다. 비록 그런 반응이 이후에 정서적 반응과 행동적 반응 모두를 하게 하더라도 말이다(예: 군중 속에서 공황발작을 할 것처럼 느끼게 되면 사람들을 밀면서 그 자리를 피하다가 심한 불안증상을 경험할 것이다. 이때 이전의 전투사건에 비추어 보았을 때 군중 속에서 느껴지는 특정 자극 단서들이 유사하기 때문에 공황발작이 일어난다는 식의 반응에 대한 명명을 하지는 않았을 것이다.). 다른 말로 표현하면, 우리는 종종 어떤 감정이 경험하는지 알지 못하는 중에도 감정을 경험한다(Damasio, 1999).

이러한 즉각적 정서적 반응과 이에 뒤따라 나타나는 행동 사이의 분리(특히 스트레스가 되는 생활사건을 해결하거나 대처하려고 시도할 때)는 스트레스를 받는

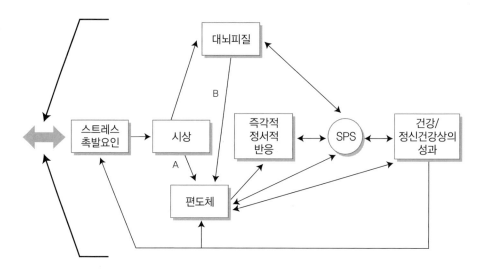

[그림 2-3] 체계 3의 변인들: 스트레스, 감정, 뇌의 구성요소, 사회적 문제해결, 그리고 건강상의 성과 사이의 관계

상황에서 종종 비효과적이 되도록 할 수 있는데, 이는 치료에 시사하는 바가 크다. 예를 들어, 즉각적, 부정적 정서적 반응을 보다 잘 다루기 위한 치료 프로토콜(8장 문제해결의 '멈추고 속도를 줄이고 생각하고 행동하라' 기법을 참조)은 스트레스하에서 문제를 해결하기 위해 어떤 전략을 사용해야 하는지에 관한 보다 현명한 의사결정을 하도록 돕기 위해 부분적으로는 자신의 정서적 반응을 보다 잘 이해하는 방식으로 광범위하게 확장되었다.

부분적으로 [그림 2-3]은 특별히 뇌기능과 관련되는데, 체계 2에서 신경생물학적 반응 박스에 대한 미시분석체계라고 볼 수 있다. 덧붙이자면, 스트레스 촉발요인이라고 지칭된 박스는 외적 자극(예: 시끄러운 소음, 화가 난 상사)과 내적 자극(예: 고통에 대한 신체적 감각, 임박한 비즈니스 미팅에 대한 생각) 모두를 나타내는데 그것들은 당사자에게 정서적 반응을 촉발할 수 있다. [그림 2-3]에 묘사된 바와 같이, 그런 스트레스 자극이나 위협적 자극에 대한 정보는 직접적으로 시상의 감각경로를 따라 그리고 대뇌의 간접적 경로를 통해 편도체에 전달된다. 계속 설명하기 전에, 이러한 뇌기능(뇌기능과 정서와의 관련성에 대한 상세한 기술은 이 책의 범위를 넘어서는 것이기 때문에, 우리는 독자들에게 몇 가지 자료를 추천하고자 한다. Damasio, 1999; LeDoux, 1996, 2002 참조)에 대해 다시 한 번 상기시킬 필요가 있을 것 같다.

시상은 뇌의 일부분으로 대뇌피질과 중뇌 사이에 위치하고 있으며 감각 및 운동 신호를 뇌의 다른 부분, 특히 대뇌피질로 전달하는 역할을 한다. 뇌의 배전반이라고 생각할 수 있을 것이다. 편도체는 변연계의 일부로 아몬드 형태의 신경다발이며 내측 측두엽의 깊숙한 곳에 위치하고 있다. 편도체는 정서의 기억 및 처리와 가장 밀접하게 관련된 신경구조로 간주된다. 대뇌피질은 대뇌(회백질)의 가장 바깥 부분의 조직이며, 기억, 주의, 지각, 사고, 언어, 그리고 의식과 같은 높은 수준의 인지기능 처리에 핵심적인 역할을 한다.

이 논의와 관련하여, 편도체의 손상이 실험실 과제(예: Bechara, Damasio, Damasio, & Lee, 1999)뿐만 아니라 실생활 장면(Tranel & Hyman, 1990) 모두에서 의사결정에서의 손상과 연관되는 것으로 나타났다는 것을 주목할 필요가 있다. 이는 어느 정도는 효과적인 판단을 촉진하는 정서의 중요성에 대해 추가적으로 지적하는 것이라고 할 수 있다(Damasio, 1999). 이것은 PST의 중요한 측면이며 그런 점에서 우리는 이성과 감정 모두가 효과적인 대처와 문제해결에 중요하다고 믿는다.

[그림 2-3]은 정서적 자극(즉, 스트레스 촉발요인)이 뇌의 각 부분을 경유하여 어떻게 처리되는지를 보여 줄 뿐만 아니라 좀 더 중요하게는 그러한 처리가 어떻게 즉각적 정서적 반응을 유발하는지를 보여 준다. 르두(LeDoux, 1996, 2002)는 [그림 2-3]의 경로(자극이 시상으로 갔다가 편도체로 가는 것을 'A'라고 지칭함)를 '아랫길'이라고 불렀는데 이 길은 좀 더 짧고 빠르다. 이런 감각입력은 매우 빠르게 일어나기 때문에 위협에 대해 우리가 적시에 반응할 수 있으며, 이는 생존 가치를 지닌다. 그러나 이 아랫길은 너무 빠르기 때문에, 불행하게도 위협에 대한 불완전하고 부정확한 정보를 편도체에 제공한다. 두 번째 경로(시상에서 대뇌

피질로 갔다가 다시 편도체로 가는 것을 [그림 2-3]에서 'B'라고 지칭함)는 느리지만 대뇌를 통해 여행을 하기 때문에 정서적 자극에 대해 좀 더 정확하게 제시할 수 있다. 르두(LeDoux)는 이것을 '윗길'이라고 불렀다.

정서에 대한 이 두 가지 경로의 함의를 보다 잘 이해하기 위해 르두(LeDoux, 1996)는 숲길을 걷고 있는데, 바스락거리는 소리를 들은 장면을 상상해 보라고 제안했다. 그 소리는 들어오는 자극을 의미하는데, 그것은 시상으로 들어와 곧장 편도체(아랫길)로 간다. 이전의 경험을 바탕으로 편도체는 그 소리를 방울뱀이 꼬리를 흔드는 것으로 해석할 수 있다. 그러나 소리자극은 또한 시상에서 대뇌피질로 전달되는데(윗길) 그 소리가 우리가 숲을 걸을 때 나는 마른 가지 밟는 소리라는 것을 결국은 인지할 수도 있다. 그러나 르두(LeDoux)가 계속 설명하는 것과 같이 "…… 대뇌가 그것이 무엇인지 알아내기 전에 편도체는 뱀에 대한 방어를 이미 시작한다. 시상을 통해 들어온 정보는 여과되지 않고 편향된 채 반응을 유발한다. 대뇌피질의 업무는 적절한 반응을 산출하는 것이 아니라 부적절한 반응을 예방하는 것이다"(p. 165). 이러한 분석이 윗길이 실제적으로 편도체로 가는 의식적인 경로라는 의미는 아님을 주목할 필요가 있다. 편도체는 감각정보 전달경로와 상관없이 암묵적 처리에 관여할 뿐이다(LeDoux, 2002). 정서적 자극은 작동기억과 관련된 뇌 신경망을 통해 정보가 처리될 때만 우리의 의식에 도달한다.

그러므로 좋든 나쁘든 행동을 지시할 수 있는 것은 이러한 비의식적(nonconscious) 정서적 반응성이다. 르두(LeDoux, 1996)의 일례에서 언급한 바와 같이 어떤 소리에 대한 개인의 비의식적 반응이 때로는 두려움을 유발할 수 있고(아랫길을 통해 뱀이라고 처리한 경우) 때로는 중립적인 차분함을 유발할 수도 있다(윗길을 통해 나뭇가지가 부러지는 소리라고 처리한 경우). 위협의 진짜 속성(예: 뱀일까, 마른 가지일까, 또는 늑대가 마른 가지를 밟으며 다가오는 것일까)을 정확하게 평가하기 위해서 정서적 자극은 좀 더 의식적인 처리를 할 필요가 있다. 페소아(Pessoa, 2010)가 주장한 바와 같이, 본질적으로 편도체는 두 가지 질문, 즉 (1) "그것이 무엇인가"(즉, 이 정서적 자극이 무엇인가, 뱀인가 나뭇가지인가), (2) "어떻게 해야 하는가"(즉, 뱀과 싸워야 하나? 뱀은 너무 무섭고 위험하니까 도망쳐야 하나? 아니면 그저 나뭇가지이므로 아무것도 하지 말아야 하나?)에 대한 대답을 하기 위해 노력하는 뇌 구조물로 볼 수 있을 것 같다. 이런 질문에 답을 하려고 노력하면서 편도체는 환경으로부터 추가적인 정보를 얻기 위해 신체를 구동하는 기능을 한다. PST의 관점에서는 (1) 정서적 반응이 처음에 반응을 촉발한 정서적 자극에 적절하거나 효과적일 수도 있고 그렇지 않을 수도 있다는 것을 보다 잘 이해하고, (2) 만일 그런 반응이 효과적이지 못하다면(즉, 문제가 해결되지 않으면) 스트레스가 되는 어려움에 보다 효과적으로 대처하는 방법을 찾아내거나 만들어 내거나 확인하는 것을 돕는 것(즉, 보다 나은 문제해결자가 되는 것)이 개인에게 중요할 수 있다는 것을 함축한다. 달리 표현하면, 편도체가 좀 더 효과적인 반응을 선택하도록 돕는 것이 중요하다는 것이다. 특히 정서적 자극이 빈번히 목표달성 행동을 방해하는 등의 인지적 수행을 손상시키는 경우에 그러하다(Dolcos & McCarthy, 2006).

또한 만성적인 일상적 스트레스는 '뱀 또는 나뭇가지 소리' 같은 단발성 사건과 비교했을 때 뇌와 신체에 훨씬 더 광범위한 영향을 미친다는 것을 강조하려고 한다. 지속적인 일상적 스트레스(예: 부부문제, 열악한 근무환경, 재정적 자원의 부족)는 편도체의 지속적인 활성화를 유도하는데, 이는 멈추고 생각할 수 있는 기회가 제공되지 않는다면, 윗길 처리와 좀 더 관련된 능력에 부정적인 영향을 미칠 수 있다. 어떤 사건이 발생했을 때 환경적(예: 직장 상사의 요구) 또는 내적(예: 부정적인 반추적 사고) 정서적 자극이 편도체를 지속적으로 활성화시키면, 그런 자극에 대한 즉각적 정서적 반응은 효과적인 대처전략이 부재한 상태에서 다루기가 어려울 수 있다.

모델의 이러한 측면과 관련하여 또 다른 중요한 연구가 데이비드슨(Davidson)과 동료들에 의해 수행되었는데 회복력에 관한 것이다(Davidson & Begley, 2012 참조). 본질적으로 데이비드슨(Davidson)은 역경으로부터 회복되는 데 심각한 어려움이 있는 사람들은 전전두엽 피질에서 편도체로 가는 신호가 좀더 미약한 특징을 보인다는 것을 제시했다. 이는 대뇌피질 자체의 낮은 활동성 때문일 수도 있고 좌측 전전두엽 피질과 편도체 사이의 실제적 신경연결이 부족하기 때문일 수도 있다. 회복력이 특별히 높은 사람들은 그 반대인 것으로 나타났다. 즉, 좌측 전전두엽 피질의 강한 활성화가 역경에 대한 반응으로 나타났고 대뇌피질과 편도체 사이가 강하게 연결되어 있었다. 이 과정의 함의는 중요한데, "편도체를 진정시킴으로써 전전두엽이 부정적 정서와 연관된 신호를 억제하고, 뇌가 부정적 감정에 주의를 빼앗기지 않으면서 효과적으로 계획하고 행동할 수 있게 해 준다"(p. 72).

비록 서로 100% 들어맞는 것은 아니지만[르두(LeDoux, 2002)가 윗길은 의식적 경로가 아니라고 강조했던 것을 기억하기 바람], 다양한 의사결정 연구자들이 이중체계모델을 제안해 왔다는 것은 흥미로운 일이다. 그 성질이 물론 생물학적인 것은 아니지만 사람의 판단(human judgment)에서 좀 더 암묵적 그리고 명시적 경로 사이의 구분을 하고자 시도했었다. 예를 들어, 스타노비치와 웨스트(Stanovich & West, 2000)는 인지적 기능의 두 가지 체계를 제안했는데, 이는 르두(LeDoux)의 모델과 놀랍게 유사하다. 이 의사결정 연구자들은 두 개의 다른 체계를 구분했는데 체계 1은 직관체계다. 직관체계는 빠르고 자동적이고 노력을 들이지 않으며 암묵적이고 정서적이다(르두의 아랫길과 유사). 한편, 체계 2는 추론경로를 반영하는 데 좀 더 느리고 의식적이고 노력을 들여야 하고 명백하며 논리적이다(적어도 기능상에서는 르두의 윗길과 유사한 면이 있다). 또한 르두(LeDoux, 2002)의 뇌경로에 대한 기술과 유사하게, 스타노비치와 웨스트(Stanovich & West, 2000)는 이러한 체계들은 모두 주어진 선택이나 판단을 하는 데 관여할 수 있다고 제안했다. 더 나아가 체계 2는 충동적인 체계 1의 판단의 산물을 향상시킬 수 있으며, 더 나은 결정을 하도록 할 수 있다(이 기능은 윗길이 정서적 자극이나 촉발요인의 정확한 성질을 인지하는 데 있어서 정확성을 향상시키는 것과 일치한다.). 그러나 사람이 압박이나 스트레스하에서 의사결정을 한다면, 또는 체계 2 기능에 과도한 부담이 있다면, 그때는 체계 1이 우선권을 가지게 될 것이다.

게다가 때로는 아랫길의 정보가 매우 중요할 수 있는 것과 마찬가지로(즉, 뱀과 같은 위험이나 부정적인 자극이 나타났을 때 사람에게 경고를 하려는 경우) 체계 1의 정보도 생존에 도움이 될 수 있다. 예를 들어, 그 소리가 뱀이 내는 소리인지 아닌지를 판단할 시간이 충분치 않다면, 그 장소를 피하는 것이 아마도 최선의 선택일 것이다. 비록 그것이 단지 나뭇가지 부러지는 소리였다면 위험의 회피에 대한 비용-손실 정산을 해 보았을 때 그 소리가 들리기 전까지는 아름답고 평화롭게 느껴졌던 숲에 오랫동안 머무르지 못하는 것이 위험회피보다 손해일 수 있지만 말이다.

종합해 보면, 앞에서 제시한 신경과학과 결정이론(decision theory)에서 나온 연구는 스트레스가 되는 실생활의 어려움을 해결하기 위해 시도할 때 개인의 성공률을 최대화하기 위해서 두 개의 다른 체계로부터 정보를 얻는 것의 중요성을 강조하는 것으로 보인다.

[그림 2-3]으로 다시 돌아가면, 어떤 개입이나 형식적 또는 비형식적 변화가 없는 상태에서 우리는 체계 1, 2, 3의 누적 과정이 궁극적으로 부정적인 건강상의 그리고 정신건강상의 결과를 가져올 것이라고 제안한다. 체계 2 요소들의 상호적 관계 때문에 그런 부정적 증상의 경험은 개인의 대처 또는 문제해결능력을 포함하는 이 모델의 다른 구성요소에 스트레스 생성과 스트레스 민감성을 통해 더욱 부정적인 영향을 미친다. 예를 들면, 레이킨, 로버츠, 드루바이스(Leykin, Roberts, & DeRubeis, 2011)는 높은 수준의 우울증상을 경험한 사람들은 문제해결 시도에 도움이 될 수 있는 정보를 덜 찾아보고, 더 적은 자원을 사용하고, 애매한 상황을 해결할 수 있는 의사결정을 더 적게 하는 것 같고, 전반적으로 좀 더 빈약한 의사결정을 한다는 것을 발견했다. 또한 케이난(Keinan, 1987)은 스트레스를 받는 사람들은 그 스트레스가 어느 정도 통제가능하다고 지각되는지와 관계없이 좀 더 충동적 결정을 하고, 보다 나은 의사결정을 할 수 있게 하는 광범위한 대안들을 고려하지 않는 경향이 좀 더 많다는 것을 발견했다.

한편, 우리 모델에 따르면, 어떤 사람이 효과적인 문제해결자라면, 그가 스트레스 상황에서 스트레스의 부정적인 영향을 감소시킬 수 있는 방식(즉, 효과적으로 스트레스 문제를 해결하는 것)으로 반응하는 것이 가능하다. 이는 이전에 기술한 연구들에서도 지지를 받은 바 있다(예: Bell & D'Zurilla, 2009a; Nezu et al., 2008).

요 약

이 장에서는 스트레스에 대한 문제해결모델을 제시하였다. 여기에는 세 가지 체계가 있는데, 특성이 원위인 첫 번째 체계(초기 아동기), 좀 더 근위인 두 번째 체계(현재의 스트레스), 그리고 좀 더 즉시적이고 미시분석적인 세 번째 체계가 있다. 이 모델은 발견적 구조로 제시되었는데, (1) 어떻게 초기의 생활스트레스가 어떤 유전자형과 결합하여 개인의 스트레스 민감성을 증가시킴으로써 청소년기와 성인기 동안에 부정적 생활사건이나 일상적인 문제에 대한 반응성에 부정적인 영향을 미칠 수 있는지, (2) 어떻게 두 가지 스트레스원(중대한 사건과 일상적 문제)이 스트레스 발생과정을 통해 서로 상호작용하는지(즉, 중대한 사건은 일상적 문제들을 야기하거나 발생시킬 수 있으며 일상적 문제는 중대한 생활사건을 유발할 수 있음), (3) 통상적인 상황에서 생존잠재력을 증가시키는 데 기여하지만(즉, 신체가 부정적인 정서적 자극으로부터 맞서 싸우거나 도망치도록 준비시킴) 과부하가 되면(즉, 심각한 외상이나 만성적인 일상적 스트레스 또는 이 모두의 형태로 심한 스트레스를 경험하거나 개인의 대처능력이 그런 스트레스를 효과적으로 다루기에는 충분치 못한 경우) 부정적이고 해로운 건강상의 결과(예: 우울, 불안, 만성질환)를 산출할 수 있는 다양한 신경생물학적 체계에 그런 스트레스가 어떻게 영향을 미치는지, (4) 정서적 자극이 편도체에 의해 암묵적으로 처리되거나 다양한 행동적 그리고 정서적 반응을 유도할 수 있는 이중체계(아랫길과 윗길)에서 어떻게 처리되는지, (5) 세 가지 체계에 걸쳐 다양한 수준의 안녕감에 대한 스트레스의 부정적인 영향을 잠재적으로 경감시킬 수 있다고 하는데 SPS가 이런 관계들을 중재하는 데 어떻게 기여하는지를 설명해 준다. 이 모델의 어떤 측면들은 이미 경험적으로 지지되고 있지만(예: 문제해결은 신경생물학적 변수에 직접적인 영향을 미치는가) 중대한 또는 경미한 스트레스 사건에 대해 문제해결이 중재역할을 하는지에 좀 더 초점을 맞추어 보면, 실제적인 연구들은 효과적인 문제해결의 완충적 특성을 지적하고 있으며, 따라서 PST를 효과적인 개입으로 보는 데 대한 논리적 타당화는 지지되고 있다고 할 수 있다.

문제해결치료:
경험적 지지와 유연한 적용

이 장에서는 먼저 문제해결치료(PST)의 효용성을 지지하는 경험적 자료들을 간단히 개관할 것이다. 앞서 언급했듯이, 일반적으로 이러한 유형의 정보를 내담자들에게 상세히 제시하는 것은 아니지만 이 접근법이 충분한 과학적 근거를 가지고 있다는 확신을 가지는 것은 치료자에게 중요한 일일 수 있다. 이 장의 두 번째 목적은 PST가 다양한 임상적 문제와 집단에 적용될 수 있고 다양한 장면에 적용될 수 있으며 방법상 매우 유연한 접근법이라는 것을 증명하는 것이다.

문제해결치료에 대한 경험적 지지

데주릴라와 골드프라이드(D'Zurilla & Goldfried, 1971)의 교육모델에 관한 초기 저작이 발표된 이래로, 임상연구자들은 PST를 다양한 성인 환자집단과 문제에 대한 단일 개입전략과 좀 더 큰 치료패키지의 일부로 적용해 왔고 이를 평가했다. 〈표 3-1〉은 일부이기는 하지만 여러 집단에 대해 진행된 연구목록을 제시하고 있다. 각 연구에 대한 상세한 기술은 이 책의 범위를 넘어서는 것이기 때문에,

관심이 있는 독자들은 데주릴라와 네주(D'Zurilla & Nezu, 2007)가 이 문헌에 대해 좀 더 광범위하게 기술한 자료를 검토해 보길 권한다. 좀 더 중요한 것은 다음 부분에 기술한 바와 같이 이런 문헌에 대한 최근의 메타분석 결과는 PST의 효용성에 대한 일반적 요약과 일련의 결론을 제공해 준다는 것이다.

〈표 3-1〉 진단 및 문제 영역에 따른 성인대상의 문제해결치료의 성과연구

알츠하이머병(우울증 동반)
- Teri, Logsdon, Uomoto, & McCurry (1997)

관절염
- DeVellis, Blalock, Hahn, DeVellis, & Hockbaum (1987)
- Lin et al. (2003)

암 환자
- Allen et al. (2002)
- Audrain et al. (1999)
- Doorenbos et al. (2005)
- Fawzy et al. (1990)
- Given et al. (2004)
- Mishel et al. (2002)
- Nezu, Nezu, Felgoise, McClure, & Houts (2003)

다음에 제시된 환자의 보호자
- Berry, Elliott, Grant, Edwards, & Fine (2012): 심각한 장해를 가진 성인(TBI, 뇌졸중, 뇌성마비)
- Cameron, Shin, Williams, & Stewart (2004): 성인 진행암 환자
- Demeris et al. (2012): 호스피스 거주자
- Elliott, Brossart, Berry, & Fine (2008): 척추 손상을 입은 성인환자
- Gallagher-Thompson et al. (2000): 신체적/인지적 손상을 보이는 노인
- Gendron, Poitras, Dastoor, & Pérodeau (1996): 치매 환자
- Grant, Elliott, Weaver, Bartolucci, & Giger (2002): 뇌졸중 환자
- Rivera, Elliott, Berry, & Grant (2008): 외상성 뇌손상 환자
- Sahler et al. (2002): 소아 암 환자
- Wade, Wolfe, Brown, & Pestian (2005): 외상성 뇌손상을 입은 아동

(계속)

우울증

- Dowrick et al. (2000)
- Lynch, Tamburrino, & Nagel (1997)
- Nezu (1986b)
- Nezu & Perri (1989)
- Robinson et al. (2008)
- Warmerdam, van Straten, Twisk, Riper, & Cuijpers (2008)

우울/불안/업무 관련 스트레스

- van Straten, Cuijpers, & Smits (2008)

우울증(협력의료모델)

- Ell et al. (2010): 당뇨병 동반
- Ell et al. (2008): 암 동반
- Katon et al. (2004): 당뇨병 동반
- Unützer et al. (2001)
- Williams et al. (2000)
- Williams et al. (2004): 당뇨병 동반

심장혈관질환을 동반한 우울증

- Gellis & Bruce (2010)

우울증(노인)

- Alexopoulos, Raue, & Areán (2003)
- Areán et al. (1993)
- Areán, Hegel, Vannoy, Fan, & Unuzter (2008)
- Areán et al. (2010)
- Ciechanowski et al. (2004)
- Gellis, McGinty, Horowitz, Bruce, & Misener (2007)
- Williams et al. (2000)

우울증 예방

- Feinberg et al. (2012)
- Rovner, Casten, Hegel, Leiby, & Tasman (2007)

당뇨병 환자

- Anderson et al. (1995)
- Glasgow, Toobert, & Hampson (1996)
- Halford, Goodall, & Nicholson (1997)
- Toobert, Strycker, Glasgow, Barrera, & Bagdade (2002)

(계속)

범불안 장애

- Dugas et al. (2003)
- Ladouceur et al. (2000)
- Provencher, Dugas, & Ladoucher (2004)

고혈압

- García-Vera, Labrador, & Sanz (1997)

부부치료

- Jacobson & Follette (1985)
- Kaiser, Hahlweg, Fehm-Wolfsdorf, & Groth (1998)

정신지체/지적장애

- Benson, Rice, & Miranti (1986)
- Castles & Glass (1986)
- Loumidis & Hill (1997)
- Nezu, Nezu, & Areán (1991)
- Tymchuk, Andron, & Rahbar (1988)

신경증

- Stillmaker & Kasser (2012)

비만

- Black (1987)
- Black & Threlfall (1986)
- Murawski et al. (2009)
- Perri et al. (1987)
- Perri et al. (2001)

범법자

- McGuire (2005)
- Nezu, Fiore, & Nezu (2006)
- Ross, Fabiano, & Ewles (1988)

통증

- van den Hout, Vlaeyen, Heuts, Zijlema, & Wijen (2003)

성격장애

- Huband, McMurran, Evans, & Duggan (2007)

외상 후 스트레스장애

- McDonagh et al. (2005)

일차 진료기관 환자(우울)

- Barrett et al. (1999)

(계속)

- Barrett et al. (2001)
- Katon et al. (2002)
- Mynors-Wallis, Gath, Day, & Baker (2000)
- Mynors-Wallis, Gath, Lloyd-Thomas, & Tomlinson (1995)

일차 진료기관 환자(불안/우울 혼합)

- Catalan, Gath, Bond, Day, & Hall (1991)
- Hassink-Franke et al. (2011)
- Kendrick et al. (2005)
- Lang, Norman, & Casmar (2006)
- Mynors-Wallis, Davies, Gray, Barbour, & Gath (1997)
- Schreuders et al. (2007)

정신증/정신분열증

- Bradshaw (1993)
- Falloon et al. (1982)
- Glynn et al. (2002)
- Hansen, St. Lawrence, & Christoff (1985)
- Liberman, Eckman, & Marder (2001)
- Liberman, Falloon, & Aitchison (1984)
- Liberman, Wallace, Falloon, & Vaughn (1981)
- Marder et al. (1996)
- Tarrier et al. (1998)
- Wallace & Liberman (1985)

사회불안

- DiGiuseppe, Simon, McGowan, & Gardner (1990)

외상성 뇌손상

- Rath, Simon, Langenbahn, Sherr, & Diller (2003)
- Wade et al. (2011)

자살과 자해

- Biggam & Power (2002)
- Fitzpatrick, Witte, & Schmidt (2005)
- Lerner & Clum (1990)
- McLeavey, Daly, Ludgate, & Murray (1994)
- Salkovskis, Atha, & Storer (1990)

설명되지 않는 의학적/신체적 증상들

- Wilkinson & Mynors-Wallis (1994)

메타분석 결과

말루프, 소스테인슨과 서트(Malouff, Thorsteinsson, & Schutte, 2007)는 처음으로 PST에 대한 메타분석연구를 발표했는데, 이 연구는 32개의 연구를 포함하고 있으며 포함된 연구 대상자들은 총 2895명이었다. 이 연구는 다양한 정신적 그리고 신체적 문제에 대한 PST의 효용성을 평가하는 무선통제연구를 포함시켰다. 메타분석 연구결과, 다른 개입법과 비교했을 때 PST가 우세한 경향이 있는 것으로 나타났으나 그 차이가 유의미한 정도는 아니었다. 달리 표현하자면, PST는 다른 형태의 심리치료와 비교했을 때 비슷하게 효과적인 것으로 나타났다. 더 나아가 치료를 받지 않거나 주의 위약 조건(attention placebo condition) 또는 일반적인 처치보다 더 효과적인 것으로 나타났다. 이러한 결과는 PST가 효과적인 임상적 개입법이라는 것을 강력히 지지한다. 이러한 주효과에 덧붙여 저자들은 또한 결과에 대한 다양한 매개변인들을 검증했다. 유의미한 매개변인에는 평가의 대상이 되는 PST 프로토콜에 문제 지향적인 요소에 대한 교육이 포함되었는지, 숙제를 내 주었는지, PST의 개발자[즉, 네주(Nezu)]가 특정 연구의 공동저자였는지 등이 있었다.

더 많은 시간 동안 치료를 받을수록 효과크기가 더 큰 편이었으나 통계적으로 유의하게 나타나지는 않았다. 다음의 변인들, 즉 연구 참가자들이 개인치료를 받았는지 집단치료를 받았는지 여부, 참가자들이 연구에 참여하기 전에 임상적인 문제가 있는 것으로 확인되었는지, 그 문제가 우울증을 포함하는지, 자기보고식 검사를 사용했는지 객관적인 측정치를 사용했는지 또는 둘 다는 사용했는지의 여부, 추후 평가의 기간 등에 대한 추가적인 분석에서도 결과와 유의미한 상관은 나타나지 않았다.

같은 해에 우울증에 PST를 적용한 연구만을 포함한 두 번째 메타연구가 발표되었다(Cuijpers, van Straten, & Warmerdam, 2007). 이 연구에는 우울증에 대한 PST의 효과를 평가하는 13개의 무선할당연구가 포함되었다(총 연구대상은 1133명).

연구에 따라 효과의 크기는 다양했지만, 우울증에 대한 PST의 효과는 전반적으로 중간에서부터 큰 편이었다. 말루프 등(Malouff et al., 2007)의 메타분석연구와는 대조적으로 쿠이퍼스(Cuijpers)와 동료들의 연구에서 개인으로 개입하는 경우에 비해 집단으로 개입하는 경우에 효과가 더 좋은 것으로 나타났다. 초기에 수행된 메타연구와 마찬가지로 이 저자들도 문제 지향에 대한 교육을 포함하는 연구가 그렇지 않은 연구에 비해 더 나은 효과크기를 나타난다는 것을 발견했다. 이후에 그들은 앞으로 추가적인 연구가 더 필요하며, 포함된 연구에 따라 결과가 다양하게 나타나기는 하지만, PST는 우울증의 치료에 효과적인 접근법이라고 결론지었다.

세 번째 메타분석연구도 우울증에 대한 PST에만 초점을 맞춘 것인데 쿠이퍼스 등(Cuijpers et al., 2007)의 메타분석연구에 포함된 전집에 일곱 개의 추가적인 연구를 포함시켰다. 이 연구도 PST가 우울증의 치료에 효과적이라는 이전 연구와 유사한 결론을 내렸다(Bell & D'Zurilla, 2009b). 덧붙이자면, PST는 대안적인 심리사회적 치료 및 약물치료와 동일한 정도로 효과적이었고, 지지치료와 주의통제집단보다는 더 효과적인 것으로 나타났다. 또한 치료결과에 유의한 매개변인은 PST 프로그램이 문제 지향 훈련(problem-orientation training)을 포함하고 있는지, 네 가지 문제해결기술 모두(즉, 문제정의, 대안생성, 의사결정, 해결책의 실행과 검증)를 포함시켰는지, 다섯 가지 구성요소(문제 지향과 네 가지 문제해결기술)를 포함시켰는지 등이다. 또 다른 결과에 대한 매개변인은 사회적 문제해결의 측정치를 포함시켰는지의 여부였다.

네 번째 메타분석연구는 PST에만 초점을 맞춘 것이 아니다. 케이프 등(Cape et al., 2010)은 일차 의료기관에서 실시된 불안과 우울에 대한 단기 심리치료(10회기 미만)에 관한 메타분석과 메타회귀를 실시하였다. 34개의 연구들은 다음 세 가지 범주, 즉 인지행동치료, 상담, 그리고 PST에 대부분 포함되었다. 세 가지 유형의 개입은 모두 효과가 있는 것으로 나타났고, 일차 의료 장면에서 우울과 불안을 동등하게 잘 치료하는 것으로 나타났다. 이 네 개의 메타분석연구는 다양한 신체적 그리고 정신적 건강문제 특히 우울에 PST가 효과적이라는 것을 지지하는 중요한 근거를 제시한다. 특히 중요한 점은 이 주제를 평가하는 세 개의 PST의 메타연구에서 모두 문제 지향 요인에 관한 교육을 배제하는 것이 그 효과와 효용성을 감소시키는 것으로 나타났다는 것이다. 이 특정 가설은 임상적으로 우울한 성인을 대상으로 한 한 연구에서 직접적으로 검증되었으며, 그 결과는 메타분석연구의 결론과 일치한다(Nezu & Perri, 1989). 이러한 연구결과를 고려했을 때, 환자에게 PST를 제공하는 치료자는 PST가 과학적인 근거를 가지고 있다는 데 대해 확신을 가질 수 있을 것이다.

문제해결치료의 유연성

PST의 효용성에 덧붙여, 우리는 여러 임상집단과 실행방법에 걸쳐 PST가 얼마나 유연하게 적용될 수 있는지에 대해서도 설명하고자 한다. 〈표 3-1〉에서 이미 PST가 광범위한 정신장애(예: 정신분열증을 앓고 있는 사람)와 지적인 기능(예: 지적장애/발달장애를 가지고 있는 사람) 및 신체적 제한(예: 뇌졸중이나 외상적 뇌손상, 또는 실행기능의 결함을 가진 사람)을 가진 사람들의 문제를 치료하는 데 적용될 수 있다는 것을 제시했다. PST는 또한 환자나 환자의 보호자 그리고 커플에게도 적용될 수 있다.

PST는 또한 다양한 실행 양식으로 변용할 수 있는 것으로 나타났다. 다음 부분에서 그러한 다양한 대상집단과 장면에 대해 간단히 살펴보겠다.

문제해결 집단치료

PST가 집단형태로 적용된 한 연구는 단극성 우울증으로 진단받은 성인을 대상으로 PST의 효용성을 측정한 것이다(Nezu, 1986a). 지역사회에서 외래진료를 받는 우울한 성인들을 다음의 세 조건, 즉 (1) PST, (2) 문제중심치료(problem-focused therapy: PFT), (3) 대기자 명단 통제집단(waiting-list control: WLC)에 무선할당했다. 두 치료조건에서 집단치료는 1.5시간에서 2시간 동안 8주간 진행되었다. PFT 프로토콜은 환자의 현재 문제에 대해서 치료적 논의를 하지만 문제해결 기술에 대한 체계적인 훈련을 포함하지 않았다. 전통적인 통계분석과 우울증상의 실제적인 감소를 나타내는 결과의 임상적 유의성 분석을 시행한 결과 모두에서 PFT 및 WLC 조건에 비해 PST 집단에서 우울증의 분명한 감소가 나타나는 것으로 확인되었다. 이 결과는 6개월의 추수기간 동안 유지되었다. 좀 더 진행된 분석결과들은 PST의 참가자들이 다른 두 집단 참가자들보다 문제해결 효과성에서 유의한 증가를 보였고, 통제소재 지향(즉, 외적 통제에서 내적 통제로 변화)에서도 유의한 향상을 보였다. 이러한 향상도 6개월의 추수회기 동안 유지되었다. 전반적으로 이러한 결과들은 PST가 문제해결능력을 향상시키고 개인적 통제기대를 강화한다는 기본적인 가정을 지지하는 것이다.

개인과 중요한 타인들을 위한 문제해결치료

암과 그 치료에 대한 적응과 연관된 스트레스를 일련의 문제로 개념화하여(Nezu, Nezu, Houts, Friedman, & Faddis, 1999), 암 환자의 삶의 질을 개선하는 방법으로 PST를 적용한 연구들이 수행되었다(Nezu, Nezu, Felgoise, McClure, & Houts, 2003). 대부분의 만성적 질병과 마찬가지로, 암 진단과 치료는 중대한 스트레스원이 되기 때문에 암 환자들은 상당한 수준의 심리적 고통을 겪을 가능성이 크다(Nezu, Nezu, Felgoise, & Zwick, 2003). 프로젝트 제네시스라고 알려진 이 연구는 PST가 개인치료와 커플기반치료에 어떻게 적용될 수 있는지를 보여 주었다. 이 연구에서 우울과 심리적 고통을 측정하는 검사에서 유의하게 높은 점수를 받은 성인 암 환자들은 다음 세 가지 조건, 즉 (1) PST(10회기), (2) PST 플러스(PST 10회기를 환자와 환자가 선정한 중요한 타인에게 실시했다. 이는 보호자를 문제해결 코치로 포함시키는 것의 효과를 평가하기 위한 것이었다.), (3) WLC 중 하나에 할당되었다. 자기보고식 평가, 임상가의 평가, 그리고 상호평정을 포함하는 여러 번의 측정을 사전·사후에 실시한 결과, PST는 이 집단에 전반적으로 효과적이라는 강력한 증거를 제공했다. 더욱이 그 결과는 6개월과 1년 후에 실시된 추수연구에서도 유지되었다. 추가적인 분석결과들은 치료에 중요한 타인들을 포함시킨 것은 PST 자체가 기여하는 측면에 긍정적인 효과를 보태어 주었음을 보여 주었다. PST 플러스 조건의 환자들은 두 번의 추수 측정시기에 몇 가지 측정치를 평가했을 때 PST 조건의 사람들보다 유의한 향상을 지속적으로 보이는 것으로 나타났다.

좀 더 큰 치료패키지의 일부로서의 문제해결치료

때로 PST는 중요한 구성요인으로서 좀 더 큰 인지행동치료 패키지에 포함된다. 하나의 일례로, 가르시아-베라, 라브레이더와 산츠(García-Vera, Labrador, & Sanz, 1997)는 고혈압 치료에 PST와 이완훈련 및 교육을 결합시켰다. 통제집단의 참가자들과 비교했을 때, 치료를 받은 집단은 치료 후에 혈압이 유의하게 낮아진 것으로 나타났다. 이러한 긍정적인 결과는 네 달 후에 시행된 평가에서도 유지되었다. 치료패키지의 효능을 평가하는 연구들은 포함된 구성요소들 중 특정 요소에 관한 자료를 따로 제공하지는 못했지만, 연구결과는 수축기 혈압 및 확장기 혈압 모두의 감소가 문제해결능력의 향상과 유의한 상관이 있다는 것을 보여 주었다(García-Vera, Sanz, & Labrador, 1998). 더욱이 문제해결은 전반적인 스트레스 관리 프로토콜의 고혈압 억제 효과를 매개하는 것으로 나타났으며, 이는 바로 PST가 주요하고 적극적인 치료요인이라는 것을 암시한다.

보호자를 위한 문제해결치료

만성화된 장애와 그 치료는 환자 자신에게도 많은 영향을 미치지만 환자 가족들, 특히 환자를 주로 돌보는 사람에게도 매우 큰 영향을 미친다(Houts, Nezu, Nezu, & Bucher, 1996). 간병을 하는 사람에게 미치는 영향은 고통의 심화, 신체적 증상들과 마음의 부담 등이 있다. 이러한 맥락에서 몇몇 연구자들은 다양한 의학적 장애를 가진 환자들의 간병을 맡은 사람들의 삶의 질을 향상시키는 수단으로 PST를 활용했다(C. M. Nezu, Palmatiere, & Nezu, 2004). 예를 들어, 살러 등(Sahler et al., 2002)은 최근에 소아암으로 진단받은 환자의 어머니를 대상으로 PST를 실시하고 그 효과성을 평가했다. 8주간의 개입 후에 치료조건에 속한 어머니들은 문제해결기술이 유의하게 향상되었으며 이는 부정적인 정서성의 유의한 감소와 관련된 것으로 나타났다. 이와 유사하게 그랜트 등(Grant, Elliott, Weaver, Bartolucci & Giger, 2002)도 뇌졸중 환자의 보호자에게 PST를 제공했는데, 문제해결과 보호자의 준비도가 강화되었을 뿐만 아니라 보호자의 우울증이 감소되는데 PST가 효과적인 것으로 나타났다.

치료적 개입의 충실한 이행을 촉진하기 위한 수단으로서의 문제해결치료

심리적 고통의 감소와 기능 향상을 위한 주요 치료양식으로 PST를 적용하는 경우 이외에, PST는 다른 인지행동적 중재전략의 효과를 촉진하기 위한 보조적인 도구로서도 사용되어 왔다. 예를 들어, 페리 등(Perri et al., 2001)은 PST가 체중감소를 위한 행동적 중재의 충실한 이행을 촉진하는 데 효과적인 도구라고 가정했다. 즉, PST가 일정을 정하는 데 있어서의 어려움이나 숙제의 완수나 심리적 고통으로 인한 저항감과 같은 다양한 장애물을 극복하는 데 도움이 될 수 있을 것이라고 보았다. 좀 더 구체적으로 설명하면, 20주간 집단으로 비만에 대한 표준적인 행동치료를 받은 80명의 여성을 세 조건, 즉 (1) 추가적인 접촉 없음(행동치료만 받음), (2) 재발방지 훈련, (3) PST 조건에 무선할당하였다. 17개월이 지난 시점에서 재발방지집단과 행동치료만 받은 집단에 할당된 여성 간에 체중감소에서의 차이는 나타나지 않았으며 재발방지집단과 PST 집단 간에도 유의한 차이가 나타나지 않았다. 그러나 PST에 참여한 환자들은 행동치료만 받은 집단의 참가자보다 더 유의하게 오랜 기간 동안 체중감소를 유지했고 행동치료만 받은 사람들보다 10% 이상 임상적으로 유의한 정도의 체중감소를 보였다(약 35% 대 6%). 이러한 연구결과들은 PST가 다양한 임상적 목표에 유연하게 적용될 수 있

다는 것을 보여 준다. 비만에 대한 생활양식 중재에 참여한 여성에 초점을 맞춘
또 다른 연구에서도 문제해결기술에서의 향상은 처치에 충실히 따르는 것과 체
중감소 결과 사이의 관계를 매개하는 것으로 나타났다(Murawski et al., 2009). 게
다가 체질량지수에서 10% 이상의 감소를 경험한 여성들은 5% 미만의 감소를 경
험한 여성들보다 문제해결에서 유의하게 큰 향상을 보인 것으로 나타났다.

이차 예방전략으로서의 문제해결치료

연구자들은 요통(LBP)을 경험하는 사람들의 문제 지향 변인과 기능장애 수준
간에 강한 상관관계가 있다는 것을 확인했다. 예를 들어, 반 덴 하우트 등(van
den Hout, Vlaeyen, Heuts, Stillen, & Willen, 2001)은 요통을 경험하는 사람들의 문제
에 대한 부정적 지향이 높은 정도의 기능장애 수준과 연관되어 있다는 것을 발
견했다. 또한 서 등(Shaw, Feuerstein, Haufler, Berkowitz, & Lopez, 2001)은 요통환자
들을 대상으로 했을 때, 낮은 긍정적 지향과 높은 충동성 및 회피가 기능 손상과
연관된다는 것을 확인했다. 이러한 연구결과를 바탕으로, 반 덴 하우트 등(van
den Hout, Vlaeyen, Heuts, Zijlema, & Wijen, 2003)은 업무 관련 장애와 연관되어 비
특이성 요통을 경험하는 환자들에게 PST가 행동적으로 평정하는 활동 프로토
콜에 보완적 가치를 제공할 수 있는지 평가하고자 하였다. 그 결과 개입 6개월
이후에 평가했을 때, 단계별 활동과 문제해결(graded activity and problem solving:
GAPS) 교육을 모두 받은 환자들은 단계별 활동과 집단교육을 받은 환자들보다
통증을 경험한 일수가 유의하게 더 적었다. 더 나아가 GAPS를 받은 환자들은
고용상태가 더 나았는데, 더 많은 고용인들이 직장으로 복귀했고, 치료 후 1년
간 장애연금을 받은 수가 더 적었다. 이러한 결과는 이차적 예방전략으로서의
PST의 잠재적 효능을 보여 주는 것이다.

협력의료접근의 일부로서의 문제해결치료

PST는 치료의 전반적인 협력의료모델(collaborative care model)의 일부로 빈번

히 평가받아 왔다. 이런 유형의 프로그램은 원래 일차 의료장면에서 우울증으로 치료받은 환자들의 욕구를 보다 잘 충족시키기 위해 개발된 것이었고(Katon et al., 1997), 좀 더 최근에는 우울증과 동시에 의학적 질환을 앓고 있는 환자들에게 적용되어 왔다. 본질적으로, 우울한 것으로 확인된 사람들은 부분적으로는 환자의 선택에 따라 특정 알고리즘을 따른다. 예를 들어, 엘과 동료들(Ell et al., 2010)이 수행한 연구에서 당뇨병을 앓고 있는 저소득층의 주로 히스패닉인 환자들 중에서 주요우울장애로 치료를 받은 사람들을 대상으로 우선 항우울제 치료(1~8주)나 PST 중 하나를 선택하도록 하였다. 9주에서 12주 사이에 초기 개입에 대해 부분적인 반응만 보이거나 또는 전혀 반응을 보이지 않는 환자들에게는 다른 항우울제나 항우울제의 추가, 또는 PST를 제공했다. 세 번째 기간 동안에 증상이 사라진 환자들은 월 1회의 유지 및 재발방지 전화 모니터링 프로토콜로 변경되었고, 치료에 반응을 보이지 않는 환자들은 추가적인 PST나 불면증에 대한 추가적 약물치료, 또는 정신건강전문의에게 의뢰하는 것을 고려했다. 연구 프로토콜은 이 협력의료접근을 강화된 일반적 진료와 비교했다. 비록 치료가 혈당치 수준에 유의한 영향을 미치는 것으로 나타나지는 않았으나, 협력의료 프로그램에 참여한 환자들은 우울과 불안, 당뇨증상, 그리고 다른 심리사회적 변인에서 유의하게 낮은 수준으로 나타났다.

문제해결치료와 전화상담

때로 대학이나 병원기반의 중재프로그램은 시골이나 인구가 적은 지역에 거주하는 사람들이 이용하기에 한계가 있을 수 있다. 게다가 자녀를 돌봐야 하는 등의 책임이나 해야 할 일들로 인해 그런 연구가 이루어지는 대학이나 주요 의료기관으로 찾아가는 것이 어려울 수 있다. 따라서 그러한 사람들이 이용할 수 있는 추가적인 방법을 찾아서, 중재의 임상적 적용가능성을 증가시킬 필요가 있다. 심리사회적 프로토콜을 실시하는 데 전화를 사용하는 것이 한 가지 접근방법이 되어 왔다. 앨런 등(Allen et al., 2002)은 중년기에 유방암 진단을 받고 고통스러워하는 여성들에게 힘을 불어넣어 주기 위한 수단으로, 전화로 PST를 전달하는 연구를 수행하였다. 구체적으로 설명하면, 6회기의 PST를 87명의 유방암 진단을 받은 여성에게 제공하였다. 두 회기는 환자와 직접 대면했고 중간의 4회기는 간호사가 전화로 전달하는 방식으로 제공되었다. PST는 일반적으로 효과적인 접근인 것으로 나타났으나, 모든 피험자에 대해 PST를 제공했을 때, PST의 효과성을 지지하는 결과는 나타나지 않았다. 좀 더 구체적으로 설명하면, 통제집단에 비해, 기저선에서 빈약한 문제해결자로 특징지어진 환자들은 PST를 받은 후 암과 관련된 어려움의 정도와 수에서 변화를 보이지 않았다. 그러나 기저선에서 평균 또는 좋은 문제해결기술을 가진 환자들은 통제 집단에 비해 정신건강에서 중재에 따른 향상을 보인 것으로 나타났다. 이러한 결과는 PST 방법을 부분적으로 지지하는 결과를 제공하지만 병전에 비효과적인 대처기술을 가지고 있던 사람들에게는 좀 더 집중적인 형태의 중재(말하자면, 치료회기의 연장, 좀 더 빈번한 면대면 접촉)가 필요할 수 있다는 것을 암시한다. 뇌졸중 환자를 돌보는 사람들을 대상으로 전화상담으로 PST를 실시한 그랜트 등(Grant et al., 2002)의 연구에서 이러한 양식의 적용을 지지하는 결과가 나타났다.

인터넷을 통한 문제해결치료

치료에 대한 접근가능성을 확대하는 또 다른 수단은 인터넷을 활용하는 것이다. 워머댐 등(Warmerdam, van Straten, Twisk, Riper, & Cuijpers, 2008)은 두 가지 중재 접근을 비교했다. 첫째는 인터넷기반의 CBT이고 다른 하나는 인터넷기반의 PST다. 우울점수가 높은 지역사회의 성인을 대상으로 했다. CBT는 8주간 진행되었고 교육, 연습, 시청각 보조도구 등을 통해 CBT의 원칙들을 적용하는 예시를 제공했다. PST는 시청각 보조도구를 포함하지는 않았으나 5주간 PST에 관한 정보, 연습, 그리고 원칙을 적용하는 사람들의 예를 제시했다. 12주의 평가시점에 두 조건 모두 통제집단에 비해 우울증상의 정도가 임상적으로 유의하게 저하되었다. CBT와 PST 간에 효능에서의 차이는 나타나지 않았으나 PST의 효과가 좀 더 빨리 나타났다.

영상회의/영상통화를 활용한 문제해결치료

영상회의와 영상통화는 치료에 대한 접근성을 강화하는 세 번째 수단으로, 연구자들은 이 방법을 통해 PST를 적용하고자 시도해 왔다. 예를 들어, 엘리엇 등 (Elliott, Brossart, Berry, & Fine, 2008)은 척수손상을 입은 환자들을 돌보는 가족구성원들에게 개별화된 PST를 실시했다. 첫 회기는 2~3시간 동안 보호자의 집에서 대면 면담 형식으로 진행되었다. 이후의 회기들은 1년간 매달 한 번씩 영상회의 형태로 실시되었다. 그 결과, 교육만 받은 집단에 비해 보호자가 PST를 받은 집단은 더 적은 우울감을 경험하는 것으로 나타났으며, 돌봄을 받는 환자들도 사회적 기능에서 유의미한 성과를 보고했다. 좀 더 최근에, 데머리스와 동료들(Demeris et al., 2012)은 호스피스 간병인을 대상으로 PST를 실시하고 비열등성 검정 (noninferiority trial)을 했는데, PST를 영상통화로 실시한 것과 직접 대면하여 실시한 것을 비교하였다. 두 조건의 참가자들은 영상통화이든 대면조건이든 모두 3회를 참석했다. 126명의 참가자로부터 얻은 결과는 실험조건에 따른 결과에서의 차이가 나타나지 않았다는 것이었다. 즉, 두 조건 모두에서 간병인들의 삶의 질은 향상되었고 우울감은 감소되었다. 이 두 연구들은 이런 형태의 치료 방식이 PST를 제공하는 효과적인 방법일 수 있다는 사실을 강력하게 지지한다. 따라서 이 방법은 접근장벽을 극복할 수 있도록 돕는 좋은 해결책일 수 있다.

예방전략으로서의 문제해결치료

최근에 우리는 미국 원호부(Department of Veterans Affairs)와 협력하여 전역 후 시민사회 생활에 적응하는 데 어려움을 경험하고 있는 퇴역군인들을 돕기 위하여 PST기반의 원칙들을 적용한 예방프로그램을 개발하였다(Nezu, Nezu, Tenhula, Karlin, & Beaudreau, 2012; Tenhula, 2010). 이 예비프로그램의 초점은 이라크와 아프가니스탄에서 정서적 고통을 경험한 퇴역군인들에 대한 조기 중재와 갈등 예

방에 맞추어졌다. PST 훈련은 심리적 회복력을 증진시키고 정신건강 관련 증상
의 악화를 막기 위해 설계되었다(Nezu, 2009; Nezu & Nezu, 2010b). 부분적으로는
정신건강 처치와 관련된 낙인을 최소화하기 위하여, 이 프로그램은 교실장면에
서 제공되었고, 일상생활 기술훈련이라고 전달했다. 무빙 포워드(Moving
Forward)라고 명명된 이 프로그램의 평가는 현재 진행 중이다. 그러나 이 프로그
램 평가분석의 예비연구 결과는 약 170명의 퇴역군인을 대상으로 했을 때 우울
감과 전반적 심리적 고통, 문제해결능력과 회복력에서 유의한 향상을 보일 뿐만
아니라 출석률과 치료수용도가 매우 높은 수준이라는 것을 보여 주었다.

요 약

데주릴라와 골드프라이드(D'Zurilla & Goldfried, 1971)의 훈련모델이 출간된 이
래로 광범위한 성인집단과 임상프로그램에 PST를 적용하려는 다각적인 시도가
있었다. 이러한 문헌들에 대한 세 개의 주요 메타연구 중 두 개는 우울증에 대한
PST의 적용가능성에 특별히 초점을 맞춘 것이었는데, PST가 근거기반의 중재라
는 것을 지지하고 있다. 특히 PST는 다른 심리사회적 처치(예: CBT) 그리고 의학
적 처치(예: 항우울제)와 동등하게 효과적인 것으로 나타났다. 우울과 불안으로
다양한 형태의 심리치료를 받은 일차 의료기관의 환자들을 대상으로 추가적인
메타분석 평가를 한 결과도 PST가 효과적인 중재라는 것을 보여 주었다. 이 장의
후반부에서는 다양한 심리적 장애에 PST가 얼마나 유연하게 적용될 수 있는가
를 보여 주었으며, 다양한 치료 방식을 제시했다. 예를 들어, PST는 개별적으로
나 집단으로, 그리고 보호자와 함께 참여하도록 제공될 수 있으며, 일차 의료기
관에서 다른 치료법을 강화하는 수단으로 제공될 수도 있고, 전화나 영상회의
또는 인터넷을 통해서 제시하는 것도 가능하다.

PROBLEM
SOLVING
THERAPY

2부

평가, 치료계획,
그리고 일반적인
임상적 고려사항

평가 그리고 치료계획에 관련된 문제

이 장에서는 첫 번째로 문제해결치료의 효과적인 적용과 관련된 실제적인 평가 관련 주제에 초점을 맞출 것이다. 사회적 문제해결의 구성개념 측정 및 평가와 관련된 좀 더 광범위한 개념적, 철학적 주제 및 연구주제에 관심을 가진 독자들은 다른 자료들을 참고하기 바란다(D'Zurilla & Maydeu-Olivares, 1995; D'Zurilla & Nezu, 1990, 2007). 두 번째로 이 장에서는 어떤 형식이나 판본(예: 완전한 PST vs 문제해결 기술훈련)을 주어진 환자에게 활용하는 것이 최선인지를 판단하는 데 도움이 되는 치료적 지침을 제공할 것이다.

문제해결 평가

문제해결에 관한 임상적 평가의 세 가지 기본적인 범주는 다음과 같다.

1. 문제해결 능력과 태도 평가
2. 현재의 문제해결활동 평가

3. 배정된 환자 또는 임상 집단이 경험하는 문제 평가

문제해결 능력과 태도의 평가

이 유형의 평가는 다음 세 가지 일반적 목적에 비추어 유용할 수 있다.

1. 배정된 내담자에게 PST가 유용한 중재방법인지 결정한다.
2. 내담자의 강점과 약점을 판단하기 위해 전반적인 문제해결능력과 신념, 그리고 구체적인 문제해결능력과 신념의 상세한 임상적 양상을 파악한다.
3. PST나 다른 형태의 치료가 진행됨에 따라 문제해결능력에서의 변화를 측정한다.

사회적 문제해결척도 개정판(Social Problem-Solving Inventory-Revised)

이상의 목표를 달성하기 위해 우리는 사회적 문제해결척도 개정판(SPSI-R; D'Zurilla, Nezu, Maydeu-Olivares, 2002)을 개발했다. 이 척도는 이론을 통해 도출한 70문항의 사회적 문제해결척도(SPSI; D'Zurilla & Nezu, 1990)의 후속판이다. 원래의 척도는 일련의 요인분석연구(Maydeu-Olivares & D'Zurilla, 1995, 1996)를 바탕으로 개정되었다. SPSI-R은 52 문항으로 구성되어 있고, 리커트 척도로 되어 있으며, 다섯 개의 주요 척도에 따른 척도점수뿐만 아니라 총점도 제공한다. 다섯 개의 주요 척도는 두 개의 문제 지향 차원과 1장에서 언급한 세 개의 문제해결 양식으로 구성된다.

- 긍정적 문제 지향 척도(Positive Problem Orientation Scale: PPO, 5문항, 예: "문제가 생길 때마다 나는 그것이 해결될 수 있다고 믿는다.")
- 부정적 문제 지향 척도(Negative Problem Orientation Scale: NPO, 10문항, 예: "어

러운 문제가 생기면 매우 당황한다.")

- 합리적 문제해결 척도(Rational Problem-Solving Scale: RPS, 20문항, 예: "문제를 해결하려고 시도하기 전에, 나는 성취하고자 하는 것을 분명하게 하기 위해 구체적인 목표를 정한다.")
- 충동성/부주의 양식 척도(Impulsivity/Carelessness Style Scale: ICS, 10문항, 예: "문제를 해결하고자 할 때, 나는 가장 먼저 마음에 떠오른 아이디어를 행동으로 옮긴다.")
- 회피 양식 척도(Avoidance Style Scale: AS, 7문항, 예: "먼저 문제를 해결하려고 시도하기 전에, 문제가 저절로 해결될 때까지 기다려 본다.")

더 나아가, RPS 척도의 문항들은 네 개의 하위척도(각 5문항)로 나뉘며, 네 개의 계획적 문제해결기술과 대응된다.

- 문제정의 및 개념화(PDF)
- 대안생성(GOA)
- 의사결정(DM)
- 해결책의 실행 및 검증(SIV)

SPSI-R은 강력한 심리측정적 속성을 가지고 있다(SPSI-R 검사 매뉴얼 참조. D'Zurilla et al., 2002). 예를 들어, 다양한 표집(N > 1800)에서 SPSI-R 총점에 대한 내적일관성 추정치는 .85~.96이다. 총점에 대한 검사-재검사 신뢰도는 .87로 나타났다. 또한 연구결과들은 SPSI-R이 구조적인 면이나 동시타당도, 예언타당도, 수렴 및 변별 타당도에서 높은 타당도를 가지고 있음을 보여 주었다. 이 척도는 PST 중재의 영향에 민감하며 지능의 일반적인 측정치와 상관을 보이지 않았다. 13세 이상의 남녀에 대한 규준자료(Normative data)의 사용이 가능하며 네 개의 규준집단, 즉 청소년, 청년, 중년, 노년기 성인 집단으로 나뉜다. 또한 이 척도는 정신 질환을 앓고 있는 성인과 청소년, 심리적 고통을 겪고 있는 암 환자, 우울증으로 외래진료를 받는 환자, 자살생각을 하는 입원환자를 포함하여 심리적 고통을 겪고 있는 집단에 대해 규준자료를 제공하고 있다.

SPSI-R에 덧붙여, 이 척도의 25문항 단축형(the SPSI-R:S)도 이용할 수 있다. 단축형은 다섯 개의 주요한 차원을 측정하는데 RPS척도의 구체적인 기술은 측정하지 않는다. 이 단축형은 연구목적에 따라 또는 척도 실시시간의 정도를 고려해야 하는 상황에서 사용할 것을 추천한다. 52문항형 척도는 척도 실시에 15~20분가량 소모되며, 단축형은 약 10분 정도 걸린다.

SPSI-R은 스페인어(Maydeu-Olivares, Rodríguez-Fornells, Gómez-Benito, & D'Zurilla, 2000), 중국어(Siu & Shek, 2005), 독일어(Graf, 2003), 그리고 일본어(Sato et al., 2006)로 번역되었다. 각각의 경우에 5요인 모델이 교차타당화되었고, SPS 모델이 보편적으로 존재함을 지지하는 결과를 보여 주었다. 더 나아가 다른 연구자들은 325명의 스페인어를 사용하는 북미 히스패닉 성인(De La Torre, Morera, & Wood, 2010)이나 219명의 호주 대학생(Hawkins, Sofronoff & Sheffield, 2009), 그리고 499명의 성폭력 가해자인 영국남성(Wakeling, 2007)을 대상으로 하는 등 추가적으로 선택한 표집에서도 이 모델을 타당화했다. 개인의 SPSI-R 점수는 매뉴얼(D'Zurilla et al., 2002)에 제시된 규준집단의 자료와 비교하는데, 원점수는 표준점수로 전환된다. 즉, 다섯 개의 주요 척도와 네 개의 하위척도 및 SPSI-R 총점은 평균 100, 표준편차 15로 변환된다. 이러한 방식으로 환자의 특정한 문제해결에 관련된 강점과 약점을 판단할 수 있다(예: 평균에서 1 표준편차 이상이거나 미만인 경우). 예를 들어, 환자가 부정적 문제지향 척도(NPO)에서 120점을 받았다면(NPO 척도에서의 높은 점수는 역기능적인 또는 빈약한 문제해결 태도를 가지고 있음을 의미함), 환자는 규준집단의 평균적인 점수 이상을 받았다는 의미이며 이는 문제해결에 잠재적인 약점이 있고, 이 영역에 초점을 맞춘 중재가 필요함을 의미한다. 진단규준에서 2 표준편차 이상 벗어난 점수를 받는다면 이는 명백한 약점임을 의미한다. 한편으로, 예를 들어 합리적 문제해결 척도(RPS)에서 132점을 받았다면, 환자의 비교집단의 평균보다 2 표준편차 이상의 점수를 받은 것이기 때문에 특별한 강점임을 의미한다.

원점수를 표준점수로 전환하는 것은 임상적으로, 환자의 현재 또는 미래의 기능에 영향을 미칠 수 있는 상대적인 강점과 약점 영역을 확인할 수 있도록 도와준다. 또한 다른 수준의 처치가 필요함을 암시하는 취약성의 존재를 판단할 수 있게 해 줄 수 있다. 예를 들어서, 어떤 두드러진 정신병리를 가지고 있거나 또는 강렬한 정서적 고통을 겪고 있지 않은 상태에서 SPSI-R 척도의 총점이 평균수준이라는 것은 환자에게 PST나 다른 형태의 치료를 받도록 추천하지 않아도 됨을 의미한다. 그러나 SPSI-R 점수 총점이 집단평균보다 2 표준편차 이상 낮고, 정서적인 측면이나 기능상에서 어려움을 겪고 있다면, PST를 받도록 추천하는 것이 적절할 것이다.

SPSI-R은 또한 PST나 다른 형태의 관련된 심리치료를 받는 동안 환자의 변화를 측정하는 수단으로 사용될 수 있다. 환자가 점차 나아진다면, 문제해결능력이나 기술에서 변화가 나타날 것으로 예측할 수 있다. 근거기반의 관점에서, 우울과 같이 목표로 하는 결과물에서의 향상이 나타나기 이전에 문제해결에서의 향상이 나타날 것으로 예상할 수 있다. 이런 식으로, SPSI-R 점수에서의 변화를 측정하는 것은 처치를 하는 동안 다양한 지점에서 중재가 성공적이었는지를 판단할 수 있도록 돕는다. 예를 들어, PST를 실시하고 몇 달이 지난 후에 궁극적인 결과(예: 우울증상) 또는 문제해결능력(예: SPSI-R 점수)이 향상되지 않는다면, 그때는 임상가가 현재의 접근법이 적절한지에 대한 재평가를 할 필요가 있다.

문제해결검사

우리가 개발한 문제해결검사(Problem-Solving Test)라고 부르는, 이 유사한 도구는 원래 실생활에서의 문제해결능력을 대략적으로 추정하기 위한 측정치를 얻기 위한 자조적 지침(self-help guide)으로 사용하기 위한 것이었다(Nezu, Nezu, & D'Zurilla, 2007). 이것은 어느 정도 SPSI-R에 기반을 둔 것이지만, 아직까지 어떤

심리측정적인 평가자료도 제시하지 않았다. 이 자기보고식 검사는 25문항으로
되어 있고 〈표 4-1〉에 제시되어 있다. 치료자가 환자에게 이 검사를 하도록 하
는 것이 도움이 될 것이라고 생각한다면, 검사 점수의 채점방식과 간단한 설명
은 이 책의 부록 1에서 얻을 수 있다. 그러나 임상가는 이 검사의 심리측정적인
속성에 대한 연구가 아직 부족하다는 것을 기억해야 하며, 점수를 해석할 때 신
중할 필요가 있다.

〈표 4-1〉 문제해결검사

1. 해결해야 할 중요한 문제가 있을 때 나는 두려움을 느낀다.
2. 의사결정을 할 때 나는 신중하게 많은 선택지를 고려한다.
3. 중요한 결정을 해야 할 때 나는 긴장되고 스스로에 대해 확신을 가지지 못한다.
4. 문제를 해결하려는 첫 번째 시도가 실패하면 해결책을 찾는 것이 너무 힘들기 때문에 금방
   포기한다.
5. 때로는 어려운 문제라 할지라도 내 삶을 긍정적인 방향으로 이끌어 줄 수 있다.
6. 내가 문제를 피하지 않는다면 문제는 스스로 해결될 것이다.
7. 문제해결에 성공하지 못하면 나는 매우 심한 좌절감을 느낀다.
8. 내가 열심히 노력한다면 어려운 문제를 효과적으로 해결할 수 있는 방법을 배울 수 있을 것
   이다.
9. 문제에 직면했을 때 무엇을 할지 결정하기 전에 나는 문제를 분류하고, 분석하고, 정의함으
   로써 왜 문제가 생겼는지를 이해하기 위해 노력한다.
10. 나는 내 인생에서 발생하는 문제들을 피하기 위해 내가 할 수 있는 일은 무엇이든 하려고
    한다.
11. 어려운 문제가 생기면 나는 매우 감정적이 된다.
12. 내가 결정을 내려야 할 때는 행동을 하기 전에 각각의 가능한 선택지의 긍정적 결과와 부정
    적인 결과를 예측하고 시도해 보기 위한 시간을 가진다.
13. 문제를 해결하기 위해 노력할 때 나는 종종 마음에 처음으로 떠오른 좋은 생각을 따른다.
14. 나는 당황하거나 흥분하면 도망치고 싶고 혼자 있고 싶다.
15. 나는 혼자서 중요한 결정을 내릴 수 있다.
16. 나는 종종 문제의 모든 사실을 확인하기 이전에 반응한다.
17. 어떻게 문제를 해결해야 하는지에 대한 의견이 떠오른 이후에 계획을 세우고 성공적으로
    이행한다.

18. 문제를 해결할 때 나는 매우 창의적이어서 여러 아이디어가 떠오른다.

19. 나는 실제로 문제를 해결하는 것보다 문제에 대해 걱정하는 데 더 많은 시간을 보낸다.

20. 문제해결에 있어서 나의 목표는 가능한 한 빨리 부정적인 감정을 느끼지 않도록 멈추는 것이다.

21. 나는 문제를 최소화하기 위하여 다른 사람들과 어떠한 문제도 생기지 않도록 피하려 한다.

22. 누군가 나를 화나게 하거나 마음에 상처를 주면, 항상 나는 즉시 같은 방식으로 되갚는다.

23. 내가 문제를 파악하려고 시도할 때 상황과 관련된 사실에 초점을 맞추는 것이 도움이 된다.

24. 내 생각에, 개인적 문제에 대해서 체계적이거나 계획적인 것은 너무 차갑거나 사업가 같아 보인다.

25. 감정은, 비록 부정적인 감정이라 해도 실제적으로 문제를 해결하는 데 있어서 도움이 된다는 것을 이해하고 있다.

1 = 전혀 그렇지 않다.
2 = 약간 그렇다.
3 = 그런 편이다.
4 = 그렇다.
5 = 매우 그렇다.

현재의 문제해결활동 평가

SPSI-R 이외에 PST를 실시하기에 앞서 광범위한 문제해결능력과 태도를 평가하는 또다른 방식은 실생활에서 발생하는 문제를 해결하거나 처리하고자 할 때 개인이 하는 실제적인 활동에 대해서 스스로 기술하도록 하는 것이다. 초기면접이나 평가를 하는 동안에, 임상가는 환자에게 문제해결 자기감찰(Problem-Solving Self-Monitoring: PSSM) 양식을 작성하라고 할 수 있다. 이 양식은 실생활에서 발생하는 특정한 문제에 대해서 질문에 답하는 방식으로 스스로 기술하는 것이다. 이 활동지의 복사본은 부록 2에 제시되어 있으며 환자에게 유인물로 제공할 수 있다.

▶ 무엇이 문제인가?
환자에게 문제상황에 대해 간략하게 기술하라고 요청하는데 어떤 사람들이 관계되어 있는지, 왜 그 상황이 문제라고 생각하는지, 그러한 상황에 대한 자신의 목표나 목적은 무엇인지를 구체적으로 기술하도록 요청한다.

▶ 문제에 대한 당신의 정서적 반응은 무엇인가?

문제가 처음 발생했을 때 당신이 맨 처음 느낀 감정이 무엇인지 기술하게 하고 그 일을 겪으면서 점차 어떤 감정을 느끼게 되었는지 기술하도록 요청한다. 또한 감정이 변했는지에 대해 기록하도록 한다.

▶ 문제에 어떻게 대처했는가?

문제를 어떻게 다루거나 대처했는지에 대해서 묘사하도록 요청한다. 또한 그 상황에서 어떤 감정을 느끼고 어떤 행동을 했는지에 대해서도 가능한 한 구체적으로 기술하게 한다.

▶ 그 성과는 무엇인가?

내담자에게 문제를 해결하려는 시도의 성과를 기술하도록 하고 그 성과에 대한 정서적 반응을 구체적으로 기술하도록 요청한다. 또한 성과에 대해서 만족하는지, 그리고 문제가 해결될 것이라고 믿었는지 아닌지에 대해서도 기록하도록 한다.

이러한 자료는 SPSI-R 결과와 함께, 내담자가 특정 문제에 대해 가지는 전반적 그리고 세부적인 문제해결 태도 및 반응이 어떠한지에 대한 중요한 정보를 치료자에게 제공해 줄 수 있다. 이 자료는 또한 관련된 문제에 대한 개인의 실제적인 문제해결 행동과 SPSI-R에 나타난 개인의 반응을 비교할 수 있도록 해 주기 때문에 자기보고와 실생활에서의 실제적인 시도가 얼마나 일치하는지에 관해 판단하고자 할 때 유용할 수 있다.

평가와 관련된 또 다른 중요한 주제는 하나 이상의 PSSM 양식을 작성하도록 요청하는 것인데, 다른 유형의 문제를 선택하여 작성하도록 구체적으로 요청한다. 1장에서 언급한 것처럼, 어떤 사람이 특정 문제(예: 직장, 경력개발, 또는 학교 같은 성취지향적인 상황)를 다룰 때는 긍정적인 지향(예를 들자면)을 가진 사람이

다른 유형의 문제(예: 연인관계나 친구관계, 또는 사회적 상호작용과 관련된 경우처럼 관계지향적인 상황)에 대해서는 정반대의 지향을 보일 수 있다. 이렇게 한 사람이 적어도 두 가지 다른 상황에 대한 PSSM 양식을 작성한 경우에, 즉 성취지향적인 문제에 대한 것과 대인관계 또는 관계지향적인 문제에 대한 양식을 완성한 경우, 이 자료들은 내담자의 문제−특정적인 문제해결 강점과 약점에 대한 통찰을 제공해 줄 수 있다.

현재 문제의 평가

평가의 세 번째 영역은 내담자가 현재 경험하고 있는 문제유형의 임상적 양상을 확인하는 것이다. 그러한 정보는 반구조화된 면담을 통해 얻을 수 있으며, 때로는 다양한 문제 체크리스트나 척도를 사용하는 것이 유용할 수 있다. 예를 들어, Mooney 문제 체크리스트(Mooney & Gordon, 1950)는 네 가지 다른 판본이 있는데, 무수한 연령−특정적인(즉, 중학교, 고등학교, 대학교, 그리고 성인기) 문제들을 포함하고 있으며 접수면접에서 정보를 수집하는 간략한 도구로 유용하게 사용할 수 있다.

의뢰된 문제가 구체적이거나(예: 고통을 겪고 있는 암 환자) 공통된 진단을 받은 사람들로 구성된 집단(예: 우울한 심장질환 환자들, 또는 외상성 뇌손상 환자를 돌보면서 힘들어하는 보호자들)에 PST가 적용되는 경우라면, 사용할 수 있는 다른 체크리스트들도 있고 진단이나 각 집단의 주제와 관련된 공통적인 문제를 포함하는 체크리스트를 제작할 수도 있다. 그러한 체크리스트의 예는 〈표 4−2〉(일반적 문제 체크리스트)와 〈표 4−3〉(업무 관련 문제 체크리스트), 〈표 4−4〉(암관련 문제 체크리스트. 이것은 성인 암환자와 작업할 수 있도록 수정됨, Nezu, Nezu, Felgoise, McClure, & Houts, 2003) 그리고 〈표 4−5〉(심장질환 관련 체크리스트. 이것은 심장질환으로 진단받은 성인환자들과 작업할 수 있도록 수정됨, Nezu et al., 2011)에 제시되어 있다. 내담자에게 이런 짧은 체크리스트를 완성하도록 요청하는 것은 치료자에게 시기적절하게 필요한 초기면담 정보를 제공해 주는 면도 있고, 다른 사람들도 비슷한 유형의 문제를 경험하고 있다는 자각과 안도감(문제를 경험하는 것에 대한 정상화와 타당화)을 환자에게 제공해 주는 면도 있다.

문제해결치료: 치료계획 시 고려할 사항

PST에 적절한 효과적인 치료계획과 임상적 의사결정을 하기 위해서, 다음 절에서는 이 접근법에 친숙하지 않은 치료자들이 자주 묻는 질문들을 정리하여 제시하였다.

〈표 4-2〉 일반적인 문제 체크리스트

직업 또는 경력 문제
약물 문제
부부 문제
시간관리 문제
자녀 문제
자기절제 문제
낮은 자존감
학업 문제
정서적 문제
직장과 가족에 대한 책임감 사이의 갈등
도덕적 갈등
종교적 문제
학업과 가족에 대한 책임감 사이의 갈등
법적인 문제
휴식이나 여가활동의 결여
가사나 가정 유지의 문제
출퇴근과 관련된 문제

부모나 다른 친척과의 문제
이웃 사람들에 대한 걱정
지역공동체에 대한 걱정
사회적 관계의 부족
환경에 대한 걱정
대인관계 갈등
사업 관련 문제
성적인 문제
수면 문제
전문적 서비스와 관련된 문제
재정 문제
질병이나 장애 문제
사회적 서비스나 정부의 서비스 관련 문제
운동부족
체중 문제
세계의 문제에 대한 걱정
음주 또는 약물 문제

PST는 내 환자에게 적합할까

이 문제에 대답을 하려면, 다음과 같은 주제에 대한 답을 고려해야 한다.

- 이 환자가 보이고 있는 문제유형(예: 우울증, 일반화된 불안장애, 요통 등)에 PST가 효과적이라는 연구결과가 있는가?
- 이 사람이 PST를 수용할 수 있을까?
- 이 사람은 심각한 건강상 또는 정신건강상의 문제를 경험하고 있는가?

〈표 4-3〉 업무 관련 문제 체크리스트

구직 문제

충분한 업무상 자율성이 보장되지 않음

구직면접에서의 문제

승진기회의 제한

부적절한 업무수행

지각이나 결근

안전하지 못한 작업

상사와 의사소통에서의 어려움

과도한 업무

업무 부족

충분한 도전이 되지 않는 업무

부하직원들과의 의사소통에서의 어려움

업무가 너무 어렵거나 복잡함

불분명한 직무요구

사람들과의 언쟁

서로 상충되는 직무요구

비효과적인 위임 또는 적극성의 부족

과도한 책임

과소한 책임

인식 부족

업무에 영향을 미치는 의사결정에 참여할 기회 부족

부정적이거나 건강에 해가 되는 업무환경

부적절한 임금 또는 혜택

지연

직무 안전성의 부족

비생산적인 회의

의사소통의 문제

시간낭비

너무 잦은 출장

3장에서는 PST가 광범위한 심리적 문제에 대해서 효과가 있다는 연구결과를 제시하였다(〈표 3-1〉 참조). PST는 정서적 문제를 다루는 데 적합한 중재방법으로 받아들여지고 있다(예: Kasckow et al., 2010). 특정한 환자에 대해서 이상의 질문에 확고하게 대답할 수 있다면, PST는 적절한 개입법이라고 할 수 있을 것이다.

어떤 형태의 PST를 사용해야 할까

이 질문에 답을 할 때, 임상적 의사결정에 사례개념화 접근을 사용한다면(즉, 개별화된 평가결과가 치료계획의 결정을 위한 정보를 제공하는 경우) 다음 세 가지 차원을 고려할 필요가 있다.

- 환자의 전반적 문제해결 강점과 필요
- 주요한 증상(예: 우울증, 불안, 우울)의 강도
- 최근의 중대한 부정적 생활사건 또는 외상경험

〈표 4-4〉 암 관련 문제 체크리스트

신체적 측면
- 나는 걷는 데 문제가 있다.
- 나는 집안일을 하는 데 어려움이 있다.
- 나는 더 이상 여가활동에 참여할 수 없다.
- 나는 체중이 줄고 있다.
- 일을 하는 데 문제가 있다.
- 통증이 심하다.

심리적 고통
- 내 몸에 대해서 부끄럽게 느껴진다.
- 나는 요즘처럼 걱정을 많이 한 적이 없다.
- 나는 혼란스러운 것 같다.
- 의사결정을 하는 데 어려움이 있다.

- 나는 친구들과 대화를 나누는 데 어려움이 있다.
- 대부분의 친구들이 나를 피한다.
- 나는 늘 슬프다.
- 잠을 자는 데 어려움이 있다.

부부 또는 가족

- 최근에 우리는 대화를 별로 나누지 않는다.
- 우리 사이에 애정이 거의 남아 있지 않은 것 같다.
- 가족들은 나를 혼자 내버려 두지 않을 것이다.
- 가족에서의 역할이 변했다.

건강관리팀과의 상호작용

- 내가 원하는 정보를 얻을 수 없다.
- 나는 의료팀과 의사소통을 하지 못하는 것 같다.
- 통제를 상실할 것 같은 느낌이 싫다.
- 나는 질문을 할 때 불편감을 느낀다.
- 나는 의사와 겨우 몇 분 이야기하려고 오래 기다리는 것에 대해서 매우 화가 난다.
- 나는 사람이 아니라 그저 환자인 것처럼 느껴진다.

성 생활

- 나는 성에 대해서 흥미를 잃었다.
- 성관계를 하기가 어렵다.
- 나의 파트너는 나와 더 이상 성관계를 하지 않으려고 한다.
- 나는 너무 매력적이지 않다고 느낀다.
- 이제 성관계는 너무 고통스럽다.
- 남편에게 나의 수술한 흉터를 보일 수 없다.

〈표 4-5〉 심장질환 관련 문제 체크리스트

나는 늘 피곤하다.

나는 의사에게 질문하기가 어렵다.

집안일을 하는 데 어려움이 있다.

나는 자주 어지러움을 느낀다.

심장에 문제가 생긴 이후의 내 모습이 싫다.

나는 치료제 복용에 따른 부작용으로 고생하고 있다.

의료진이 나에게 말해 주는 것들을 이해하기가 어렵다.

의사가 나에게 필요한 것들을 잘 설명해 주지 않는 것 같다.

내가 예전에 다니거나 여행했던 곳에 갈 수가 없다.

나는 몸을 움직이는 데 어려움이 있다.

나는 심장문제에 대해서 늘 걱정한다.

나는 내 심장의 상태 때문에 무력감을 느낀다.

나는 많은 시간 동안 분노를 느낀다.

나는 수면에 어려움이 있다.

나는 많은 시간 동안 슬픔을 느낀다.

나는 죽음에 대해서 걱정한다.

나는 성적으로 매력적이지 않다고 느낀다.

나는 기억력에 문제가 있다.

내 자신에 대해서 좋게 느껴지지 않는다.

나는 재정적인 어려움이 있다.

나는 건강식을 고수하는 데 어려움이 있다.

친구들이나 가족들과 나의 건강에 대해 이야기하는 데 어려움이 있다.

친구들이나 가족들이 내가 진단을 받은 이후로 나를 무시하거나 피하는 것 같다.

나는 사람들이 내 상황을 진심으로 이해하지 못한다는 느낌을 받는다.

내 인생이 더 나쁘게 변한 것 같다.

나는 더 이상 성관계를 하는 데 흥미를 느끼지 않는다.

나는 가족을 포함해서, 예전에 잘 지냈던 사람들과 잘 지내지 못한다.

나는 사람들에게 도움을 청하기가 어렵다.

나는 내가 가족이나 친구들에게 짐이 된다고 느낀다.

나는 종종 치료제의 복용을 잊어버린다.

나는 운동을 하는 데 어려움이 있다.

[그림 4-1]에 따르면, 내담자의 문제해결 결함이 중대하거나, 내담자의 정서적 고통 및 기능적 문제가 심각할수록, 좀 더 포괄적인 형태의 PST를 실시해야 할 가능성이 크다. 한 가지 예외상황은 지금 환자가 임상적으로 심각한 수준의 정서적 고통을 경험하고 있는 것은 아니지만 최근에 중대한 부정적 생활스트레스(예: 심각한 질병으로 진단을 받거나 이혼이나 실직, 가까운 친구나 가족을 잃는 경험 등)를 경험하여, 취약성이 증가되고 가까운 미래에 심각한 정서적 고통을 겪을 가능성이 있다고 판단되는 경우다.

이 후자의 접근의 일례는 네주 부부(Nezu & Nezu, 2012)가 개발한 4회기의 교실 친화적 프로토콜인 무빙 포워드(Moving Forward)다. 이 프로그램은 특별히 최근에 해외로 파병을 다녀온 퇴역군인을 위한 것이다(즉, Operation Enduring Freedom, Operation Iraqi Freedom, Operation New Dawn). 이 프로그램은 선택한 문제해결원칙을 바탕으로 했고, 예방적 접근으로 실행되었다. 좀 더 구체적으로 설명하자면, 이 프로그램은 퇴역군인들이 문제해결전략을 사용하여 스트레스가 되는 문제들을 다룸으로써 시민사회의 생활에 보다 수월하게 재적응하는 것을 도우려는 의도에서 개발된 것이다. 목적은 궁극적으로 퇴역군인들이 심각한 심

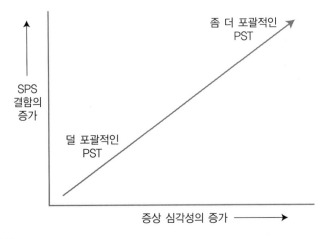

[그림 4-1] 내담자 특징과 내담자에게 적용할 문제해결치료의 양식에 대한 결정 사이의 관계

리적 문제를 경험하거나 일반진료나 정신과 치료를 받을 가능성을 감소시키는 것이다. 덜 포괄적인 형식의 PST는 독서치료[예: 무빙 포워드 프로그램이나 일반인들을 위해 쓰여진 이전 판본의 PST를 바탕으로 한 책자(Nezu, Nezu, & D'Zurilla, 2007) 등의 환자용 유인물과 자조 매뉴얼], 문제해결기술 훈련(치료요인의 지향에 대해 덜 강조함), 또는 PST 워크숍(예: 교실장면)을 포함한다. 이런 유형의 접근법은 일차 의료기관이나 또 다른 병원장면에 좀 더 적합할 것이다. 여기에서 처음에 PST 기반의 심리교육적 자료들을 제공하는 것은 환자들이 (1) 만성질환(예: 당뇨병, 심장질환)에 대해 좀 더 잘 적응할 수 있도록, (2) 복잡한 약물처방 같은 특정한 의학적 처치를 잘 따르는 능력을 증가시키도록 도울 수 있다.

　마지막으로, 만일 시간이 문제라면 환자의 문제해결 장점과 약점을 좀 더 형식을 갖추어 측정한 자료를 바탕으로, 부족한 영역을 중점적으로 다루고 문제해결의 강점으로 나타나는 영역을 덜 강조하는 식으로 PST를 조정할 수 있다.

PST를 집단형식으로 진행할 수 있을까

　3장에서 살펴본 바와 같이, PST는 집단장면에도 성공적으로 적용될 수 있다 (예: Nezu & Perri, 1989). 여러 내담자가 함께 참여하면서 문제해결기술의 습득이나 이행에 대해서 서로 피드백을 주고받을 수 있다는 점에서 집단치료를 선호할 수도 있다. 또한 집단구성원들은 사회적 지지와 강화의 근원이자 모델로서 기능할 뿐만 아니라 자신들의 경험과 아이디어를 공유할 수도 있다. 이 접근은 자신이 겪는 문제가 자신만 경험하는 것이라는 생각에서 벗어날 수 있도록 특정한 임상적 집단이나 임상적 문제에 대해 구조화된 경우에 특히 효과적일 수 있다. 집단형식으로 PST를 진행하는 것은 치료자나 촉진자의 활용이라는 측면에서도 좀 더 효율적일 수 있다. 집단형식은 일상생활에 대한 의미 있는 대화(즉, 수많은 대인관계 상호작용을 대표하는)를 나눌 수 있게 해 주고 새로운 방식으로 대처해 보도록 격려를 해 줄 수도 있다.

PST를 몇 번이나 해야 할까

다른 형태의 많은 직접적인 심리치료도 마찬가지이지만, 이런 유형의 질문에 대해 직접적인 대답을 할 수 있는 연구는 거의 없다. PST를 평가하는 무선할당연구에서 긍정적 결과가 나타난 연구들에서는 8회기에서 20회기가 진행되었다. 그 회기들은 대부분 1시간에서 한 시간 반 정도 소요되었다. 임상적으로, 부정적인 증상이 좀 더 심각할수록(예: 중등도의 우울증 대 심각한 우울증) PST 시간이 길어진다고 보는 것이 적합할 것으로 보인다. 어떤 환자집단(예: 만성질환, 외상성 뇌손상, 또는 발달장애)은 좀 더 긴 치료시간이 필요할 것이다. 대부분의 외래장면에서 일반적인 치료기간은 임상적 문제보다는 보험회사의 의견에 의해 좀 더 좌우되는 것 같다. PST는 다양한 장면과 현장에 걸쳐 효과적인 것으로 나타났다. 기본적인 치료과정은 대부분의 상황에서 다양한 치료장면의 한계 내에서 환자들의 욕구에 맞추어 적합하게 재단될 수 있다.

내 환자가 결혼생활에 문제가 있는 것은 아니지만, 배우자가 PST에 참여할 수 있는지 물어보았다. 괜찮을까

우리는 커플의 구성원들(예: 결혼한 부부, 동거 커플)이 원한다면 두 사람이 모두 참여하는 것이 잠재적으로 치료효율성을 증가시킬 것이라고 믿는다. 이러한 생각은 암에 대처하고 있는 성인들을 대상으로 수행한 연구에서 지지되었다. 이 연구는 제네시스 프로젝트(Nezu et al., 2003)라고 불렸는데, 중요한 타인이나 지지적인 사람을 치료에 포함시킨 경우에 암 환자 혼자 PST를 받는 경우보다 임상적으로 유의하게 더 큰 성과를 보였다. 어떤 경우에는 범위를 확장하여 다른 가족구성원이나 친구들도 초대할 수 있다고 생각한다. 중요한 타인들은 문제해결의 코치나 치어리더로 기능할 수 있다. 그런 사람들은 환자를 동기화하고 인도하며 지지하는 역할을 할 수 있다. 그들은 환자가 어떤 기술을 적극적으로 사용할 때 강화를 해 줄 수 있고, 정서적 고통을 겪거나 기술을 효과적으로 사용하지 못할 때 특정한 기술을 사용하도록 제안할 수 있다.

가장 중요한 초점은 중요한 타인들이 지지하는 사람의 역할을 하는 것이지만, 이 사람들이 PST로 개인적인 도움을 받을 수 있도록 해 주는 것도 중요하다. 따라서 가족구성원이나 지지하는 사람의 개인적 욕구를 절대로 가볍게 넘기지 않도록 주의해야 한다. 어떤 환자들은 자신이 경험하고 있는 기능상의 문제 때문에 가족들에게 짐이 된다거나 죄책감을 경험하며 치료받으러 올 수 있다. 환자에게 중요한 사람들, 간병을 하는 사람, 그리고 다른 가족들도 부담을 주고 있다는 느낌에 대해서 이야기하기를 꺼리거나 죄책감을 경험할 수 있다. 간병인이나 코치 역할을 맡은 사람도 숙제나 PST 중재의 다른 요구사항들로 인해 부담감을 느낄 수 있다. 따라서 PST에 참여하는 지지하는 사람과 의사소통을 하는 것은 그의 삶의 질을 향상시키는 데 도움이 될 수 있다. 때로는 치료에서 가족 간의 관계나 의사소통 방식을 향상시키는 데 초점을 맞출 수도 있다.

내 환자는 심각한 우울과 불안 문제를 가지고 있다. PST를 적용하고 싶지만 다른 인지행동적 접근을 사용하는 것이 좋을 것 같다. 괜찮을까

예리한 인지행동치료자라면 PST와 다른 인지행동치료의 개입에 상당한 공통점이 있다는 것을 쉽게 알아차렸을 것이다. 따라서 이 치료법들은 철학적 배경이나 일반적 양상, 그리고 때로는 구체적인 전략에서도 양립할 수 있는 면이 많다. 따라서 PST는 좀 더 포괄적인 치료계획하에서 많은 다른 유형의 CBT 접근과 쉽게 결합될 수 있다. 예를 들어, PST와 다양한 행동적 스트레스 관리 전략은 다양한 스트레스와 불안 관련 장애들을 다루는 데 효과적일 수 있다. 이때 PST는 환자가 광범위한 스트레스 문제와 사건들을 보다 잘 다룰 수 있도록 도우며, 스트레스 관리 전략은 스트레스에 대한 반응으로 일어나는 부정적인 신체적 각성을 감소시키는 데 기여할 것이다. 또 다른 예를 들자면, PST와 행동활성화 전략들은 두 가지 결정적인 우울 관련 문제들(즉, 스트레스 대처와 인생의 긍정적 사건을 이끌어 내고 즐기는 데 있어서의 어려움)을 동시에 다루기 때문에 임상적 우울증을 치료하는 강력한 도구일 수 있다. PST의 효과성을 지지하는 많은 연구가 사실은 더 큰 치료패키지의 효과성을 최대화하기 위하여 다른 치료 요소와 결합한 것이었다.

나는 아프리카계 미국인이나 라틴아메리카 내담자와 많이 작업을 하는데, PST가 이들에게도 효과가 있는 것으로 나타났나

많은 다른 근거기반의 심리사회적 중재방법들과 마찬가지로, PST는 다양한 인종적 배경을 가진 사람들에게 광범위하게 타당화되지 못했다. 그러나 히스패닉과 아프리카계 미국인들에게 적용된 몇몇의 연구에서는 효과가 있는 것으로 나타났다(Ell et al., 2010; Nezu et al., 2011). 따라서 비록 다양한 배경을 가진 사람들을 대상으로 수행된 연구가 아직은 부족하지만, 현존하는 연구들은 PST의 잠재적인 적용가능성과 효과성을 강조하고 있다.

계획적 문제해결의 어떤 전략은 내가 다양한 내담자들을 위한 치료계획을 준비하고자 할 때 치료자로서 무엇을 해야 하는지를 생각하게 한다. 좀 더 공식적으로 이런 원칙들을 사용할 수 있는 방법이 있을까

우리는 다양한 문제해결원칙을 바탕으로 임상적 의사결정과 인지행동치료의 사례개념화 모델을 개발해 왔다(Nezu, Nezu, & Cos, 2007; Nezu, Nezu, & Lombardo, 2004). 예를 들면, 환자가 사회적 문제를 보다 잘 정의할 수 있도록 돕는 다양한 원칙과 활동은 주어진 환자의 문제의 개별화된 사례개념화 모델을 발달시키기 위한 포괄적인 평가를 수행하는 것과 관련이 있다는 것을 쉽게 이해할 수 있을 것이다. 대안생성 과정은 측정(예: 임상적 정보를 얻는 대안적인 방법을 확인하는 것), 치료계획(예: 목표를 달성하는 것을 돕기 위해 대안적인 치료전략을 확인하는 것), 평가(예: 치료가 효과적인지를 판단하는 대안적인 수단을 확인하는 것)과정을 촉진할 수 있다. 환자에게 가르치는 의사결정 과제는 특정한 인지적 또는 행동적 전략을 사용했을 때 나타날 수 있는 가능한 결과를 예측하거나, 어떤 방법을 실행할지를 결정하기 위해서 치료적 대인들에 대한 비용과 이익을 분석하거나, 그런 결정을 바탕으로 전반적인 치료계획을 세우는 식으로 치료자도 사용할 수 있다. 해결책 이행 및 검증 단계들은 치료가 최적의 조건에서 수행되었는지, 그리고 예상한 결과가 나타나는지 판단하는 과정을 포함한다. 그러한 문제해결단계를 사례개념화와 치료계획에서 사용하는 것이 적절한지는 주어진 사례의 복잡성에 달려 있다. 같은 문제(예: 우울증)를 경험하는 환자들이라도 모두 다르기 때문에, 그러한 접근은 매우 추천할 만하다. 다른 말로 하면, 환경이나 사회적 맥락 차원과 뿐만 아니라 많은 개인적인 차이들도 환자 간에 유의한 차이가 나타나게 한다. 따라서 치료자는 PST를 특정한 환자에게 가장 적합하게 어떻게 재단할지 고민할 필요가 있다. 이런 맥락에서 문제해결원칙의 사용에 대해 좀 더 배우기를 원하는 독자들은 참고문헌을 참조하기 바란다.

요 약

이 장에서는 먼저 PST를 안내할 수 있는 주요한 세 가지 평가 과제에 대해서 기술하였다. 즉, 문제해결능력과 태도의 평가, 현재 문제해결활동의 평가, 그리고 환자가 현재 경험하고 있는 문제의 평가를 다루었다. 치료자가 이러한 평가를 하는데 있어서 SPSI-R, 문제해결검사, PSSM 양식, Mooney 문제 체크리스트, 다양한 문제-특정적 체크리스트 같은 다양한 척도와 질문지들이 도움이 되는 것으로 확인되었다. 이 장의 두 번째 목적은 PST가 주어진 환자에게 적합한 접근인지 아닌지를 임상가들이 확인할 수 있도록 돕고 치료계획과 관련하여 다양한 추가적인 질문들을 해 볼 수 있도록 돕기 위한 것이었다. 이 부분은 이 접근법을 배우기 시작하는 치료자들이 질문할 만한 질문을 '자주 묻는 질문들'에 대한 답을 하는 식으로 제시하였다. 2부에서 PST의 기본적인 사항들에 대해 설명하기 전에 다음 장에서는 일반적인 임상적 고려사항과 교육 이슈에 대해 다룰 것이다.

일반적인 임상적 고려사항

이 장에서는 문제해결치료를 효과적으로 실행하는 과정과 연관된 일반적인 임상적 문제나 치료적 주제를 다양하게 다룰 것이다. 첫째로 이상적인 문제해결 치료자에 대해 간단히 논의한 후 치료자와 내담자의 관계의 중요성에 대해 강조할 것이다. 둘째로 우리는 환자의 전반적인 문제해결 학습과 기술습득을 강화하기 위해 임상가가 사용할 수 있는 다양한 보조적인 치료전략과 안내지침에 대해 기술할 것이다. 경험이 풍부한 임상가들에게는 이런 자료들이 너무 기본적이라고 느껴질 수 있겠지만, 초보 치료자들이 이러한 기본의 중요성을 기억해 주기를 원하기 때문에 여기에 포함시켰다. 셋째와 넷째 주제로는 PST의 효과적인 이행과 관련하여 '할 일과 하지 말아야 할 일' 목록을 제시하였다.

문제해결치료와 치료자–내담자 관계

치료자의 특징

대부분의 임상가들은 일반적으로 내담자들이 치료자를 따뜻하고 공감적이며 믿을 만하고 진실하다고 지각하는 것이 중요하다고 주장할 것이다. PST의 경우도 마찬가지다. 그러나 PST의 맥락에서 그러한 유형의 특징들은 치료자의 기술 영역에서 그것으로 충분하다기보다는 기본적으로 요구되는 것으로 본다. PST 치료자들은 스트레스에 대처할 때 오래된 성공적이지 못한 행동패턴을 변화시키려고 시도하기 때문에, 내담자는 치료자가 자신의 성격을 공격하려고 하는 것(말하자면, '문제해결기술이 빈약한 것은 잘못이다.')으로 지각할 수도 있다. 따라서 PST 치료자들은 환자에 대한 수용과 존중을 바탕으로 의사소통을 해야 하며, 동시에 왜 어떤 습관이나 패턴이 그가 원하는 것을 얻을 수 없게 만드는지에 대해 설명하는 것이 중요하다. 또한 치료자들은 그런 학습되어 익숙해진 행동을 변화시키려고 시도할 때, 많은 사람들이 두려움과 좌절감, 그리고 분노를 경험할 수 있다는 것을 기억해야만 한다. PST의 철학을 실행할 때, 임상가는 이런 유형의 반응에 대해 관찰, 이해 및 분석 과정에서(즉, 효과적이고 적절한 문제 정의 기법) 객관적일 필요가 있다.

또한 PST 치료자는 사회적 문제해결, 스트레스, 정서조절, 뇌–행동 관계 등의 영역과 다양한 건강 및 정신건강 문제의 세부내용들에 대한 충분한 지식을 갖추는 것이 중요하다. 환자에게 전문성과 유능성을 전달하기 위해서는 이들 영역에 대한 합당한 양의 준비와 이해가 필요하다. 이는 또한 어떻게 해서 그러한 정서적, 신체적, 정신적 상태가 되었는지(즉, 왜 그가 현재 그런 어려움을 겪고 있는지)를 좀 더 이해할 수 있게 도울 것이다. 2장에서 언급한 바와 같이, 환자가 처한 생태학적 구조나 맥락에 대한 설명을 하는 것은 환자가 그의 문제의 특징과 원인을 좀 더 잘 이해하도록 도울 것이며 치료의 목적과 목적을 이루기 위한 방법에 대해 좀 더 분명하게 이해하도록 해 줄 것이다. 스나이더와 동료들(Snyder et al., 2002)은 희망이란 사람들이 자신이 원하는 목적지로 가는 길을 발견할 수 있다는 믿음이며, 그런 길을 찾으려는 동기를 가지게 되는 것이라고 정의했다. 이러한 맥락에서 환자에게 스트레스에 대한 문제해결모델에 대해 간단한 개관을 제시하는 것은 그에게 현재의 고통스런 상태에 이르게 된 경로를 알려 줄 뿐만 아니라 보다 긍정적인 목표를 이룰 수 있는 좀 더 효과적인 방법을 어떻게 찾을 수 있는지를 전달함으로써 희망을 가지게 할 수 있다.

부연하자면, 우리는 이 접근에 가장 적합한 치료자는 자신의 삶 속에서 스트레스 상황에 대한 대처수단으로 문제해결전략을 사용하는 사람들이라고 생각한다. 특히 스트레스 상황이 PST를 처음으로 시행하는 것과 실제적으로 연관된다면 좀 더 타당할 것이다. 예를 들어, 초보 상담자가 처음으로 어떤 문제 지향 변인을 다루려고 시도할 때 종종 서투른 모습을 보일 수 있다. 선택적 사고과정과 부정적 평가, 그리고 우울이나 불안 장애와 연관된 귀인유형에 관한 많은 지식으로 무장을 하더라도, 초보 치료자들은 종종 그런 신념의 변화에 대해서 환자가 저항하는 데 대해서 놀라고 좌절감을 느낀다고 보고한다. 이들은 자신의 내담자들이 왜 그렇게 완고하게 저항하는지에 대해 궁금해한다. 이들은 자신의 능력에 대한 스스로의 평가와 좀 더 도움이 되고 더 성공적으로 치료하고 싶은 욕구로 인해 괴로워한다. PST 관점을 사용하면 초보 치료자가 경험하는 그러한 두려움들이 그들이 수련을 받는 과정에서 나타날 수 있는 예측가능한 문제이며 해결이 필요하다는 것을 볼 수 있다.

마지막으로, 우리는 가장 좋은 문제해결치료자는 임상적 의사결정이나 판단을 할 때 이러한 전략과 원칙들을 지침으로 사용하는 사람이라고 생각한다. 이전 장에서 소개한 것처럼, 우리는 문제해결 개념화에 기초한 포괄적인 임상적 의사결정모델을 개발했다(예: Nezu & Nezu, 1989; Nezu et al., 2011). 이 모델에서 치료자는 모든 사람의 판단에 내재한 편견의 유형을 지각할 뿐만 아니라 개인에게 특화된 치료계획을 발달시키는 데 있어 유연할 필요가 있다는 것이 핵심이다. 비슷한 증상을 보이는 다른 환자들과 특정 환자 사이의 유사성을 바탕으로 판에 박힌 듯한 방식으로 반응하는 것이 아니라, 주어진 증상들과 주어진 환자에 대한 치료전략 목록을 브레인스토밍하는 등의 다양한 문제해결전략을 사용하는 것은 궁극적으로 치료가 효과적일 가능성을 증가시킬 것이다.

문제해결치료에서 치료자와 환자의 관계

다른 심리치료에서와 마찬가지로, 문제해결치료에서도 치료자–환자 관계가 중요하다. PST가 다양한 교육모듈로 구성되어 있다고 생각할 수 있겠지만, 치료자와 환자의 관계의 중요성을 무시하는 것은 이 접근의 전반적인 효과성을 심각하게 손상시킬 수 있다. 특히 내담자가 낮은 자기존중감 때문에 독립에 대한 두려움을 가지고 있다면, 자기효능감을 증가시키고 좀 더 독립적이 되도록 돕는 전략을 배우는 데 어려움을 보일 수 있다. 그런 사람에게는 치료자의 문제해결 능력에 좀 더 의지하게 하는 상담적 접근을 사용하는 것이 사회적 지지를 받는다는 느낌을 가지게 하고 불안감을 덜 느끼게 할 것이다. 환자에 대한 최고의 배려는 치료자가 전부 다 고쳐 주는 것이 아니라 관찰하고 의문을 가지며 검증하고 정보를 통합하는 과학자로서 확신을 가지고 사례에 접근하는 것이라고 본다.

여기에 덧붙여, PST 치료자는 적극적이고 지시적인 역할과 내담자와 협력하는 역할 사이에서 섬세한 균형을 이루려고 노력해야 한다. PST에 내재된 심리교육적인 특성 때문에, 우리는 PST 치료자의 역할을 교사, 코치 또는 교육자로 제시하곤 한다. 또한, 조사 연구원, 탐정, 또는 과학자 팀의 일원이 되는 것 같은 식의 설명이 협력적 관계의 특징을 설명하는 데 유용할 수 있다. 달리 표현하면, 치료자와 내담자가 함께 이야기의 밑바닥에 무엇이 있는지 찾아보거나 미스터리를 해결하거나 어떤 과학적 가설을 검증하는 것과 같은 목표를 달성하기 위해 함께 작업하는 팀의 일원이 되어 적극적으로 노력한다는 개념틀을 형성함으로써 치료자는 환자의 문제의 특성과 정서적 고통을 주는 경험에 대해 함께 탐색한다는 느낌을 전달할 수 있다.

긍정적이고 협력적인 교육관계의 형성

다음에는 긍정적인 치료자-환자 관계 발달에 도움이 되는 것으로 알려진 일반적인 지침이 제시되어 있다.

따듯함, 공감, 그리고 진실함을 보여라.

많은 심리치료자들이 이러한 긍정적인 치료적 특성들을 포함시키지만, 특히 중요한 것은 PST에 이를 적용하는 것이다. 환자의 웰빙에 대해서 진심으로 살피고, 아직은 새롭고 불확실한 대처방법을 친절하고 온화하게 인내심을 가지고 안내해 줌으로써 따뜻함을 전달하는 것은 환자가 아직 경험해 보지 않은 것이기 때문에 새로운 학습경험을 거부할 가능성을 상당히 줄여 줄 수 있다. 환자가 문제나 걱정거리에 대해 기술할 때, 조심스럽게 경청하고 그의 감정을 인지하며 그런 문제와 걱정에 대한 이해를 전달하는 과정에서 공감을 표현하는 것은 희망을 가지게 하는 중요한 단계이며, 그러한 문제해결기술을 학습하는 것이 그들에게 효과적이라는 것을 전달한다. PST 치료자는 환자의 강점을 확인하고 그 장점을 더 나은 기술을 구축하는 데 기여하게 하는 것이 중요하다. 치료자는 관계에서 진실함을 보여야 한다. 꼭 필요하고 적절한 시점이라면 자기노출을 사용하고(즉, 자신이 했던 문제해결의 실수나 성공담), 환자의 질문이나 걱정에 대해서 생색을 내거나 잘난 체하지 않으며 정직하고 존중하는 마음으로 반응한다. 문제해결이 그의 삶에 도움이 될 수 있는 현실적인 방법이 무엇일지 진심으로 고려하는 것이 중요하다. 예를 들어서, 좀 더 유연하고 창의적으로 대처하는 것이 상대방의 삶의 만족도를 (완벽하게가 아니라) 10%, 20%, 또는 50% 향상시킬 수 있다면, 전달해야 하는 기본적인 철학은 다음과 같은 것이다. "당신의 인생이 나아지게 할 수 있는 기회를 왜 거부하세요?"

중재 중에 열정과 믿음을 전달하라

치료에 참여하는 것이 도움이 될 것이라는 기대와 희망을 최대화하기 위해서는 문제해결훈련과 주어진 내담자의 인생과의 관련성 및 효과성을 강조하는 것이 중요하다. 따라서 PST 치료자는 관련된 PST의 성과에 대한 문헌을 어느 정도 파악하고 있어야 한다. 또한 이 접근에 대한 확신을 전달하기 위해서는 치료자가 실제로 문제해결을 사용하고 있고, 개인적으로 확신을 가지고 있음을 전달하는 것이 가장 좋다. 임상가는 이 접근이 스트레스가 되는 일상적 문제에 좀 더 효과적으로 대처하는 데 도움이 되고, 정서적, 신체적 건강에 미치는 부정적인 영향을 줄여 주며, 인생의 목표를 더 잘 성취할 수 있게 해 줄 것이라고 설명할 수 있다. 치료자가 내담자에게 PST는 문제를 잘 해결하지 못하는 사람만을 위한 것이 아니라는 점을 전달하는 것이 중요하다. 달리 표현하자면, 치료자는 PST가 문제를 잘 해결하는 사람이 문제를 더 잘 해결하도록 돕는다는 사실과 PST가 문제해결 강점을 새로운 문제에 어떻게 적용하는지를 배울 수 있도록 돕는다는 사실을 강조해야 한다.

참여를 격려하라

이 접근법은 많은 교수법을 포함하고 있지만, 치료자는 상호작용하는 방식으로 PST를 실행하고, 환자가 가능한 한 많이 참여할 수 있도록 격려할 필요가 있다. 참여를 격려하는 주요한 훈련방법에는 예행연습과 숙제가 있다. 예행연습은 연습회기에서 실제 문제나 가상의 문제를 해결하는 연습을 안내에 따라 이행하는 것이며, 숙제는 현재의 실제적인 문제를 실생활에서 해결해 보도록 연습하도록 하고 이를 지도감독하는 것이다. 중국의 오래된 속담 중에 가장 좋은 교수법에 관한 것이 있다.

나에게 말해 주세요, 그러면 나는 아마 잊어 버릴 거예요.

나에게 보여 주세요, 그러면 나는 어쩌면 기억할지도 몰라요.

내가 하게 해 주세요, 그러면 나는 이해할 겁니다.

보조적인 치료/훈련 전략

다른 많은 지시적인 형태의 심리치료나 상담, 특히 인지행동치료 계열의 치료법들과 마찬가지로, PST의 성공은 실제로 이행되는 방식의 효과성에 달려 있다. 그러므로 이 장에서는 PST를 가장 잘 실행할 수 있는 방법에 관한 몇 가지 일반적인 지침과 치료원칙에 대해 기술하겠다.

심리교육/교수법

PST는 구두로 전달하는 지시나 문서화된 자료들을 사용해서 상당한 심리교육적 지식을 전달하는 과정을 포함한다. 또한 소크라테스식 접근을 사용하는데 이는 질문이나 토론을 강조하며, 내담자가 자신에 대해 생각하고 스스로 추론하며 정교화하고 결론을 내릴 수 있도록 격려하는 것이다. 이러한 방법은 독립적인 생산적 사고를 촉진하는 문제해결의 목표와 일치한다.

코 칭

코칭은 주로 이끄는 질문을 하거나 제안을 하거나 지침을 제시하는 등의 언어적 촉진을 포함한다. 예를 들어, PST 치료자는 브레인스토밍 연습시간 동안에 대안적인 해결책을 생성하는 과정을 시작하도록 하거나 환자에게 스트레스 상황에서 주어진 문제해결기술을 적용했던 경험에 대해서 질문하는 등의 방식으로 내담자의 활동을 촉진할 수 있다.

모델링

이 방법은 내담자가 가지고 온 실제 문제나 가상의 문제를 사용해서 문제해결 사례를 정하고 치료자가 시범을 보이는 것이다. 모델링은 동영상이나 사진을 활용해서 가상으로 하거나 역할극을 통해 할 수도 있다. 때로 PST 치료자는 집단장면에서 짧은 영화나 동영상을 사용하여 어떻게 특정 주인공이 효과적으로 또는 비효과적으로 문제해결을 하고자 시도하였는지 보여 주기도 한다. 학습을 촉진하고 사람들이 좀 더 효과적으로 구분하도록 돕기 위해서는 다양한 문제해결원칙을 바르게 또는 잘못된 방식으로 사용하는 모델을 여러 번 보여 주는 것이 중요하다.

조 형

조형(Shaping)은 문제해결과정에서 점진적인 단계를 활용하는 독특한 훈련법이다. 각각의 새로운 단계들은 이전 단계에서의 성공적인 수행 여부에 따라 수반된다. 이 방법은 심각성이나 복잡성 차원을 바탕으로 내담자의 문제의 위계를 만들어 사용할 수 있다. 내담자가 문제해결기술의 어떤 전제조건을 숙달하고 나면, 좀 더 어려운 문제를 다룬다. 조형은 또한 중재의 초반에는 치료자가 좀 더 개입하여 안내를 하지만 점차 환자가 주어진 과제, 예를 들면 문제에 대한 대안적 해결책을 생성하는 과제에 좀 더 개입하도록 요구하는 것을 의미한다.

예행연습과 실행

이 기법들은 문제해결의 실행연습과 숙제 부여를 포함한다. 글로 쓰는 연습이나 숙제에 더해서 예행연습은 역할극, 상상으로 연습하기, 실제 문제해결상황에서 연습하기 등을 포함한다. PST의 기본적인 다중과제처리 기술 중 하나인 시각화의 사용은 새로 학습한 기술을 연습하는 데 적용할 때 매우 유용하다. 숙제는 어떤 기술습득에 있어서도 매우 중요하다. 연습을 하지 않으면 문제해결기술을 실생활에 적용하는 능력이 발달되기 어렵다.

실행 피드백

치료자는 내담자가 회기 안에서 한 활동이나 회기 이외의 시간에 한 활동에 대한 피드백을 늘 기본적으로 제공해야 한다. 피드백은 숙제나 연습 양식을 포함하여 자기감찰이나 자기평가 양식에 기록한 활동을 가지고 할 수 있다.

긍정적 강화

긍정적 강화는 완벽하지는 않더라도 다양한 문제해결기술을 적용하려고 시도한 것에 대해서 치료자가 칭찬하는 것이다. 주어진 행동에 대해서 일반적으로 또는 구체적으로 강화를 해 줄 수 있다. 예를 들어, 내담자가 문제에 대해서 여전히 걱정을 하거나 상당한 정도의 정서적 고통을 경험하는 식으로 반응하고 있지만(즉, 부정적 문제 지향), 그럼에도 불구하고 동시에 창의적인 해결책을 찾기 위해 브레인스토밍을 하려고 시도할 수 있다. 이때 대안을 만드는 특정한 행동을 강화해 주고, 좀 더 긍정적인 지향이 기술을 적용하는 것의 이점을 강화시킬 수 있을 것이라는 피드백을 준다.

비유와 은유의 활용

비유와 은유(적절한 경우에)를 사용하는 것은 다양한 핵심개념과 아이디어를 예시하는 좋은 수단으로 활용될 수 있다. 예를 들어, 치료자가 다양한 기술이나 지식(예: 운동, 요리, 운전, 취미)을 문제해결기술의 개념을 설명하는 수단으로 활용하여, 학습에는 시간이 걸리고 기술을 숙달하고 전문가가 되기까지 연습이 필요하다는 것을 전달할 수 있다.

문제해결치료에서 '할 일과 하지 말아야 할 일'

다음의 '할 일과 하지 말아야 할 일' 목록은 임상장면이나 연구장면에서 이 접근을 어떻게 실행하는 것이 가장 적절하고 효과적일지에 관해 오랫동안 고심한 결과를 바탕으로 제시하는 것이다.

1. 기계적인 방식으로 PST를 제시하지 마시오.

    PST는 가능한 한 상호작용 방식으로 제시되어야 한다. 이런 유형의 치료는 환자에게 발견하고 함께 나누고 학습하고 성장하는 기회라는 점을 고려하라. 다양한 문제해결기술을 '건조하게' 가르치면—비록 PST가 학습 경험이 중요하고, 순전히 학문적인 것은 아니어야 하지만—너무 빈약한 것으로 받아들여질 수 있다.

2. PST를 특정한 내담자나 집단에 연관시켜라.

    예를 들어, 교육할 때는 그 자리에 있는 사람들과 관련이 있는 구체적인 내용을 사용해야 한다. 주어진 사람들이나 집단의 생활과 동떨어진 정형화된 치료를 해서는 안 된다. 이것이 치료 초기에 포괄적인 평가를 충분히 수행하는 것이 중요한 이유다. 예를 들어, 처음에 문제해결 접근에 대해 설명하면서 내담자의 생활에서 적절하고 개인적인 예를 찾아 활용한다면 매우 큰 도움이 될 것이다. 이때 내담자의 가치관에 대해 존중하는 분위기에서 그러한 예시가 활용되어야 한다.

3. 회기 내에서나 회기 간에 기술연습을 하는 기회를 가져라.

　　앞서 언급했던 바와 같이 연습은 PST의 중요한 구성요소다. PST 회기 간에 가능한 한 많이 연습을 하도록 내담자를 격려해야 한다. 그러나 어떤 사람에게는 숙제라는 용어가 진절머리 나는 학교 숙제와 부정적으로 연합되어 있을 수 있다. 연습할 기회, 개인적 임무, 또는 과제라는 표현(또는 다른 창의적 용어들)을 사용하는 것이 좀 더 받아들이기 쉬울 수 있다.

4. 치료뿐만 아니라 환자에게 초점을 맞춰야 한다.

　　비록 정확하게 PST를 실행하는 것이 효과성을 확보하는 데 중요하지만, 언제나 환자에게 가장 초점을 맞춰야 한다. 항상 환자의 감정을 배려하고, 환자의 부정적인 감정들은 그들의 삶에서 중요한 것이 무엇인지를 분명하게 보여 주는 중요한 정보를 제공하는 것으로 활용할 수 있다는 생각을 길러 주어라.

5. 표면적인 문제에만 초점을 맞추어서는 안 된다.

　　치료자는 그들이 논의하는 문제가 실제로 주어진 환자에게 가장 중대한 문제인지 아닌지를 평가하기 위해 임상적 의사결정 기술을 사용할 필요가 있다. 그렇게 하지 않는다면 치료의 효과성은 제한될 것이다. 예를 들어, 내담자가 표면적으로는 데이트를 좀 더 자주하는 것을 도와 달라고 하지만 좀 더 중요한 문제 또는 좀 더 핵심적인 문제는 친밀한 관계를 맺는 것에 대한 두려움에 대처해야 하는 것일 수 있다.

6. 창의적이고 효과적인 해결책이라고 하더라도 그것을 실행할 수 있는 탄탄한 행동계획이 필요하다는 것을 기억해야 한다. 가능한 최선의 결과(즉, 문제해결)를 얻기 위해서는 내담자가 해결책에 관한 계획을 이행하도록 격려해야 한다.

7. 문제중심 대처와 문제해결 대처를 같은 것으로 보면 안 된다.

　　우리는 문제해결 대처를 스트레스 상황을 다루는 좀 더 일반적인 과정으로 정의하고 있다. 문제해결 대처는 문제중심 대처(즉, 더 이상 문제가 되지 않도록 상황의 특성을 변화시키는 전략들)과 정서중심 대처(즉, 문제와 연관된 정서적 고통을 최소화시키고 정서조절을 강화하는 전략들) 모두를 포함한다. 치료자는 정서가 자신의 목표나 중요한 가치와 관련된 유용한 정보를 제공한다는 것을 자각하도록 내담자를 격려할 필요가 있다. 또한 치료자는 상황의 특성에 따라 두 가지 형태의 대처 모두 권장할 만하다는 것을 전달할 필요가 있다. 예를 들어, 어떤 문제가 변함없을 것이라고 지각된다면(예를 들어, 대인관계 문제와 연관된 다른 사람이 변하려 하지 않는 경우) 그 다음으로 잠재적으로 실행가능하고 효과적인 문제해결 대안은 상황이 변하지 않을 것이라는 사실을 이해하고 수용의 관점을 가지려고 노력하는 것이다. 종종 문제는 두 가지 유형의 문제해결전략 모두를 요구한다. 예를 들어, 동료와의 관계에서 어려움을 겪고 있는 사람이 있다고 할 때, 그는 다음과 같은 몇 가지 목표를 확인할 필요가 있다. (1) 자신의 정서적 반응을 인식하고 관리한다. (2) 동료가 자신을 "가만두지 않는다."는 현재의 해석을 바꾼다. (3) 대인관계의 상호작용 특성을 변화시키기 위한 방법을 찾기 위해 브레인스토밍을 한다.

8. 치료에 보조적인 도구로서 유인물을 이용하라.

글로 쓰여진 유인물은 환자가 회기 사이에 기술을 기억하고 연습하는 데 도움이 된다. 파일을 사서 받은 유인물을 끼워넣고 현재 또는 미래에 필요한 경우에 사용하라고 권장하는 것도 좋다. 다시 한 번 강조하자면, 유인물을 준비할 때 내담자나 내담자 집단과 관련이 있는 내용으로 변용시키는 것이 중요하다. 우리 연구결과들이나 임상적 경험에 비추어 볼 때, 유인물은 매우 유용하고 효과적인 교육도구다. 환자들에게 배부할 유인물은 부록 2와 3에 포함되어 있다.

9. 내담자의 문제해결 장점과 약점을 평가하라.

모든 환자가 다 똑같을 것이라고 가정하지 말아라. 결과에 따라 PST를 실행하라(비록 임상연구를 시행하는 것이 아니라고 할지라도).

10. 집단형식으로 PST를 실시한다면, 각 참가자의 관심사를 다루어야 한다.

구성원 중 한두 명이 회기를 다 차지할 가능성이 있다. 다른 사람들은 매우 조용히 있고 참여를 꺼릴 수도 있다. 집단의 모든 구성원들이 동등하게 이득을 볼 수 있도록 집단을 관리해야 한다. 모든 구성원들이 참여하도록 격려하고 일부 구성원들이 회기를 주도하는 것은 제한하라.

요 약

우리는 '이상적인' 문제해결치료자에 대한 짧은 논의와 치료자—내담자 관계의 중요성에 대한 강조로 이 장을 시작했다. 그 다음에 우리는 내담자의 학습과 기술 습득을 강화하기 위한 많은 보조적인 지시적 전략들과 지침을 제시했다. 마지막으로 PST에 대한 우리의 연구와 임상적 경험을 바탕으로 이 접근법의 효율성을 강화하기 위해 '해야 할 일과 하지 말아야 할 일' 목록을 제시하였다.

PROBLEM
SOLVING
THERAPY

3부

문제해결치료:
구체적인 치료 지침

문제해결치료과정 개관 및
메건 사례의 도입 회기

이 장은 먼저 문제해결치료를 관통하는 구체적인 치료적 지침을 포함하는 치료매뉴얼을 상세히 설명하는 것으로 시작하겠다. 우리는 전반적인 문제해결치료과정의 구성요소를 기술하고, 내담자에게 PST 적용의 논리를 제공하는 도입회기에 대해 설명할 것이다. 마지막으로 우리는 메건 사례의 임상적 요약을 간단히 제시할 것이다. 메건은 27세의 환자다. 우리는 다양한 치료전략과 PST를 구성하는 도구들을 예시하기 위해 메건의 사례를 매뉴얼 전반에 걸쳐 인용할 것이다.

또한 이 장의 시작과 이 매뉴얼의 전반에 걸쳐 다양한 연구 및 임상 장면에서 우리가 사용하는 많은 환자용 유인물을 제시할 것이다. 이런 유인물의 사본은 부록 2와 3의 환자용 유인물 부분에 포함되어 있다. 이 자료들은 회기를 진행하면서 다양한 PST 훈련전략을 구두로 설명할 때 훌륭한 보조적 도구로 활용될 수 있다. 또한 이 자료들은 효과적인 학습 및 기술습득을 위해서는 회기 간의 적극적 활동과 노력이 필요하다는 기본방침을 강화하기 위해 내담자에게 배부하여 배운 내용을 집에서 복습할 수 있도록 활용할 수 있다.

문제해결치료의 과정

PST는 전반적인 치료과정에 걸쳐 다음의 주요한 중재를 포함한다.

1. 평가와 치료계획
2. 도입 회기
3. 도구세트 1의 교육: 문제해결 다중과제처리−인지적 과부하 극복
4. 도구세트 2의 교육: 스트레스 상황에서의 SSTA 문제해결방법−정서적 조절
   의 어려움과 비효과적인 문제해결 대처의 극복
5. 도구세트 3의 교육: 건강한 사고와 긍정적 심상−부정적 사고와 낮은 동기
   의 극복
6. 도구세트 4의 교육: 계획적인 문제해결−효과적인 문제해결의 함양
7. 안내에 따른 연습
8. 미래 예상 및 종결

4장에서 언급한 바와 같이, 치료자가 (1) PST가 주어진 내담자에게 유용한 중재방법인지 아닌지를 판단하기 위해서, (2) 내담자의 강점과 약점을 판단하기 위해 전반적 및 구체적 문제해결 능력과 신념의 임상적 양상을 구체적으로 파악하기 위해서, (3) PST가 실시되었을 때 문제해결능력의 변화를 측정하기 위해서 우리는 세 가지 유형의 PST−특정적 평가를 제안한다. 평가영역은 다음과 같다.

1. 문제해결 능력과 태도의 평가
2. 현재의 문제해결활동의 평가
3. 주어진 내담자와 내담자 집단이 경험한 문제의 평가

이러한 평가과정에서 나온 결과를 바탕으로, 그리고 추가적인 인구통계학적 그리고 임상적 영역(예: 개인의 정서적 고통의 존재 여부와 강도, 일상생활 기능수준, 치료목표)에 대한 평가결과와 결합하여, 임상가는 주어진 환자에게 PST가 적합한 치료적 선택인지를 결정할 수 있다(4장에 PST 관련 치료계획에 관한 고려사항 참조). 평가결과에 따라 치료자가 환자에게 PST를 추천하고, 내담자가 이를 받아들이면, 치료의 그 다음 단계는 긍정적인 라포를 형성하는 동시에 PST의 논리를 좀 더 자세히 설명하는 것이다.

도입 회기

도입 회기: 치료의 목적

PST 도입 회기(또는 회기들)의 목적은 다음과 같다.

- 긍정적인 관계의 형성
- PST의 개관 및 논리적 근거의 제시
- 낙관주의의 함양

긍정적 관계형성

새로운 내담자를 만난 첫 회기에 치료자는 이전 장에서 제시한 지침을 사용하여 긍정적인 치료적 관계를 형성하는 것이 중요하다. 치료자는 자신을 소개하고 (예: 자신의 전문적 배경과 환자의 치료 전반에서 자신이 현재 맡은 역할 등) 앞으로 할 활동에 대해 간단히 설명한다(예: "우리는 당신이 지금 경험하고 있는 정서적 어려움을 감소시키기 위해서 함께 노력할 것입니다."). 유용한 시작점은 내담자에게 그의 이야기를 해 보도록 요청하는 것이다. 다른 말로 하면, 현재 내담자의 삶에 무슨 일이 일어났기에 도움을 받으러 왔는지를 묻는 것이다. 우리는 초기 회기에서 다음과 같은 질문들을 하는 것이 도움이 된다는 것을 발견했다. "여기에 오시면서 어떤 일이 일어났으면 하고 바라셨나요?(즉, 전반적 목적)" "현재 당신의 삶에 무슨 일이 있기에 치료자의 도움 없이 해결하기 어렵다고 느끼게 되었나요?(즉, 그러한 목적을 달성하는 데 있어서의 장애물)" 이것은 PST을 실시하는 동안 반복될 맥락을 제공해 준다. 즉, 전반적 치료과정을 "내담자의 문제를 해결하기 위한" 상호적인 노력으로 개념화하는 것이다.

처음에 질문을 하는 또 다른 영역은 내담자가 경험하고 있는 최근의 중대한 스트레스 사건들(예: 이혼, 강간, 교통사고, 실직, 만성질환)을 확인하는 것이다. 만일 의료팀에서 신체적 질병과 관련된 심리사회적 문제(예: 우울증이나 통증) 때문에 의뢰한 경우라면, 내담자에게 그의 주관적인 경험에 대해 질문하는 것이 중요하다(예: "당신이 경험하는 것에 대해서 이야기해 주십시오. 그 일(예: 암)이 당신의 삶에 어떤 영향을 미치고 있나요?" 또는 "당신이 받고 있는 의학적 처치에 대해서 구체적으로 설명해 주시겠어요?"). 내담자들은 이러한 접근이 편안함을 느끼게 해 주었다고 보고했다. 많은 친구나 가족이 그런 주제에 대해서 이야기하는 것을 회피하거나 두려워하는데 누군가 암이나 심장 질환 같은 질병의 영향에 대해서 논의하고자 한다는 것이 안도감을 느끼게 해 준다는 것이다.

덧붙이자면, 내담자의 중대한 스트레스 사건 경험에 대해 논의할 때, 그 일이 내담자의 인생을 어떻게 변화시켰는지에 대한 질문을 하는 것이 중요하다(예: 그가 어떻게 반응했는지, 가족들의 반응은 어떠했는지, 직업이나 친구관계에 어떤 영향을 주었는지 등에 대해 질문한다.). 이러한 정보들은 이전에 마친 질문지나 척도, 특히 내담자가 현재 경험하고 있는 문제의 유형과 성격을 다루는 검사들(예: 문제 체크 리스트)을 통해 수집된 자료에 추가될 수 있다. 이 단계에서는 실직과 같은 중대한 스트레스 사건이 기존의 일상적 스트레스(예: 교통마비, 식료품점 계산대 앞의 긴 줄 또는 가족들과의 사소한 말다툼)에 대한 부정적 정서적 반응을 악화시키거나 스트레스를 주는 새로운 문제들(예: 가족들에게 줄 자원이 줄어듦, 월세를 내기 어려움, 자신에 대한 부정적인 이미지)을 양산하는지, 그리고 얼마나 그러한지에 대해 알아내는 것이 도움이 될 것이다.

내담자가 이런 유형의 질문에 대한 반응을 하는 동안 치료자-환자 관계를 강화하기 위한 도구로 상담전략(예: 내용과 감정의 반영-"그 일이 일어났을 때 당신의 모든 세계가 무너져 내리는 것 같은 느낌이 들었을 것 같습니다.")을 적용하는 것이 중요하다. 마지막으로 다른 거의 모든 치료적 접근과 마찬가지로, 임상가는 치료적 관계에서 온정과 지지, 진실한 관심, 그리고 환자에 대한 헌신을 보여 주는 것이 매우 중요하다.

내담자에게 공존하는 의학적 장애가 있을 때, 그가 단지 신체적 질병만을 가지고 있다고 지각한다면, '정신건강전문가'를 만나는 것을 꺼릴 가능성이 있다. 따라서 집중적인 심리치료나 정신분석을 받는 것과 비교했을 때, 치료자는 교사나 코치의 역할을 한다는 사실을 강조하는 것이 도움이 될 수 있다(즉, 질병에 대처하는 능력을 기르도록 하기 위해 환자가 자신의 경험을 구분하고 새로운 기술을 습득하도록 돕는다.). 또한 치료자는 팀워크와 상호존중(예: "당신은 당신의 삶이 어떻게 바뀌었는지, 당신이 직면한 문제가 무엇인지 내가 이해할 수 있도록 돕고, 나는 당신에게 이 질병으로 인해 생긴 문제들을 좀 더 효과적으로 해결할 수 있는 방법을 가르칠 것입니다.")의 개념을 강조해야 한다.

논리적 근거의 제시

치료 초반에 내담자의 이야기를 간략히 확인하면서 PST의 전반적 개관을 제시하는 것이 필요하다. 즉, 이 치료법이 내담자에게 왜 적합한지 그리고 왜 잠재적으로 효과적인지에 관한 논리적 근거를 제공하는 것이 중요하다. 논리적 근거를 제공하는 것은 치료자와 내담자가 '같은 곳을 바라볼' 가능성을 증가시키며(즉, 내담자가 PST의 철학과 내재한 개념을 이해하고 동의하는 것), 그리하여 치료

가 성공할 가능성을 높일 수 있다. 그렇게 하기 위해서는 치료자가 어려운 전문
용어를 사용하거나 혼자 떠드는 강사 같은 태도를 취하지 않도록 주의하는 것
이 필요하며 일상적 용어로 논리적 근거를 설명해야 한다. 대신에 PST와 잠재
적인 효과성에 관한 정보는 치료적 맥락에서 제공되어야 하며, 현실세계에서
얻은 많은 사례(예: 다른 환자들)뿐만 아니라 환자의 실생활(즉, 중대한 생활사건
이 어떻게 또 다른 문제들을 야기했는지와 같이, 이전에 환자가 예시했던 다양한 사례
들)에서 얻은 예를 제시하며 전달될 필요가 있다. 또한 치료자는 내담자의 발달
적, 교육적, 그리고 문화적 배경을 고려하여 적합한 용어와 표현을 사용할 필
요가 있다.

우리는 내담자에게 제공할 논리적 근거에 다음과 같은 개념과 주제가 포함되
는 것이 중요하다고 생각한다. 어떤 주제에 대해 어느 정도의 시간이 필요한지
는 특정인에게 적합한 정도에 달려 있을 것이다. 좀 더 구체적인 정보를 원하는
독자는 1장에서 3장까지 다시 한 번 살펴보기 바란다.

1. 초기 생활 스트레스가 어려운 문제에 대한 현재의 반응에 미친 영향(스트레
   스 민감성 가설의 강조)
2. 스트레스 사건, 즉 중대한 부정적 생활사건과 만성적 생활 스트레스원(原)
   모두가 개인의 건강 및 정신건강에 미치는 부정적 영향(스트레스 생성 가설
   의 강조)
3. 어떻게 신체가 현재는 생명을 위협하는 위험이 거의 존재하지 않음에도 불
   구하고 '투쟁 또는 도주' 반응 같이 스트레스(즉, 개인의 안녕에 대한 위협들)
   에 대해 반응하도록 진화해 왔는지에 대한 설명
4. 지속적인 스트레스가 모든 사람들의 몸과 뇌의 여러 부분들에 얼마나 중요
   한 부정적 영향을 미칠 수 있는지(즉, 그런 반응이 보편적임을 설명) 그리고 그
   런 궁극적인 반응들이 정서적 고통(예: 우울, 불안)의 임상적 수준을 증가시
   킬 수 있는지에 대한 강조

5. 어떻게 우리의 뇌가 때로는 오지각된 위협에 대해서도 내재된 방식대로 정서적 자극에 반응하는지에 대한 설명

6. 스트레스에서 벗어나 좀 더 잘 회복되기 위해서, 뇌가 새로운 학습경험을 통해 어떻게 재구조화될 수 있는지에 대한 설명

7. 어떻게 개인의 대처능력(즉, 문제해결기술)이 생활스트레스의 부정적인 영향을 감소시킬 수 있는지에 대한 설명

8. 개인의 대처능력을 향상시키기 위한 수단으로서 PST가 얼마나 강력한 과학적 지지 근거를 가지고 있는지에 관한 연구결과

9. 중재에서 가르치는 기술이 다른 유형의 기술들(예: 운전, 운동, 음악, 요리)과 마찬가지로 초보자일 때는 서투르고 불안정하며 잠재적으로 회의적인 마음이 들 수 있다는 것을 전달하고 유능해지기 위해서는(그리고 전문가가 되기 위해서) 그런 기술들의 연습이 필요하다는 설명

치료자가 제시하는 논리적 근거를 다음과 같이 예시할 수 있다. 다음에 기술된 내용은 여러 번에 나누어 전달하고 환자가 질문을 하거나 반응을 할 수 있는 기회를 자주 주어야 한다. 그러나 이 예는 치료자가 대본을 외워서 시행하라는 의미가 아니라는 것을 기억해야 한다. 그보다는 논리적 근거를 전달하는 데 중요한 정보를 어떻게 제시하는지에 대한 예시를 보이고자 하는 것이다. 부록 2의 환자용 유인물 부분에 '스트레스, 심부전, 그리고 우울증'이라는 제목으로 우울하거나 심장질환이 있는 내담자와 작업할 때 사용할 수 있는 잠재적으로 유용한 유인물의 일례가 있다. 이 자료는 환자가 집으로 가져가서 볼 수도 있고 회기 중에 치료자가 말로 설명해 줄 수도 있다. 임상가들은 치료장면에서 자주 만나는 다양한 환자집단의 특징에 알맞게 이 유인물을 변형하여 사용하는 것이 좋다.

　문제해결치료나 PST라고 불리는 이 접근법은 사람들이 오래 지속되는 우울, 불안, 분노, 그리고 다른 형태의 정서적 고통을 경험하는 주요한 이유가 보통은

신체나 정신 건강에 미치는 스트레스의 압도적인 영향과 관련이 있다는 기본적인 생각에 바탕을 두고 있다. 많은 연구들이 스트레스는 사람의 몸과 뇌와 정서적 안녕에 매우 중요하고 명백한 영향을 미친다는 것을 증명해 왔다.

스트레스는 최근에 직장을 잃은 것과 같은 중대한 사건의 형태(가능하다면 여기에서 내담자가 실제로 경험하고 있는 중대한 부정적 생활사건을 언급한다.)나 일상적인 걱정거리의 형태로 나타나는데 이러한 것들이 누적되면 결국 매우 큰 스트레스원이 된다. 종종 그런 중대한 스트레스 사건들은 새로운 일상적 문제를 야기하곤 한다. 예를 들면, 실직은 많은 추가적인 문제들, 즉 수입의 감소, 자존감의 손상, 새 직업을 구해야 할 필요 등을 야기한다.

한편으로, 배우자와의 말다툼, 재정적 어려움, 부모-자녀 사이의 갈등 같은 많은 일상적인 문제를 경험하는 사람들은 궁극적으로 이혼과 같은 중대한 부정적 생활사건을 경험하게 될 수 있다(다시 한 번 강조하지만, 가능하다면 치료자는 환자의 생활에서 직접적으로 언급된 예를 사용하려고 노력해야 한다.).

또 다른 예로 이혼에 대해 생각해 보자. 이혼은 어렵고 중대한 생활변화일 뿐만 아니라, 그 자체로 스트레스이고, 집을 이사해야 하거나 자녀를 위해 새로운 학교를 알아보거나 새로운 곳을 개척하거나(예: 은행, 식료품점, 약국 등), 외로움을 느끼고 교제할 사람들이 필요하다고 느끼게 하는 등 추가적인 스트레스 문제들을 야기한다. 더 나아가 종종 복잡하게 뒤섞인 감정을 느끼게 되고 많은 사람들과 불편해진다. 재정적인 문제나 친인척들과의 문제도 일반적일 수 있다. 그러한 일들도 매우 스트레스가 된다.

불행하게도 그러한 스트레스는 더 큰 정서적 고통을 경험하게 만든다. 게다가 정서적 고통의 증가는 스트레스가 되는 문제를 더 많이 경험하게 한다. 예를 들어, 이혼 때문에 화가 나 있으면 부적절한 양육행동을 하게 될 수 있고 그러한 행동은 추가적인 부모-자녀관계의 문제를 유발할 수 있다. 이러한 스트레스와 정서적 고통의 악순환은 결국 절망과 무망감을 느끼게 만들 수 있다. 고대 페르시아 속담에도 '행운이 당신에게서 등을 돌리면, 젤리를 먹어도 이가 상한다.'

는 말이 있다. 이 속담은 결국 스트레스가 더 큰 스트레스를 가져오고 더 심한 정서적 고통을 유발할 수 있다는 말이다. 이것을 '스트레스의 생성'이라고 부른다. 불행하게도 그런 스트레스를 효과적인 방식으로 다루는 데 어려움이 있다면, 좀 더 많은 스트레스와 문제를 겪게 된다(적절하다면 다음 이야기를 포함시킨다. 만일 중요한 사건이 암이나 심장질환, 또는 당뇨병 같은 심각한 의학적 질환의 발병이나 치료라면, 일반적으로 여러 가지 스트레스가 되는 문제들을 야기하기 때문에 특히 그러하다.).

우리가 성장하면서 어릴 때 얼마나 많은 스트레스를 경험했는지에 따라서 우리의 신체와 뇌는 이후의 스트레스에 좀 더 민감하게 되는 방식으로 반응할 수 있다. 예를 들어, 타박상을 입거나 다리가 부러졌을 때 때로는 그 신체부위가 접촉이나 추가적인 외상에 좀 더 민감할 수 있다. 이런 식으로 처음부터 찰과상을 입거나 다리가 부러지지 않은 경우와 비교했을 때, 적은 스트레스만으로도 화가 나고 긴장되고 짜증나고 불안정해질 수 있는 것이다. 이것을 '스트레스 민감성'이라고 한다. 다른 말로 하면 우리가 어린 시절에 많은 스트레스를 경험했다면, 나중에 우리의 신체와 뇌는 스트레스에 좀 더 민감하게 반응할 수 있다. 또한 현재 경험하는 스트레스가 그렇게 심각한 수준이 아니더라도 좀 더 강하게 반응할 수 있는 것이다. 달리 표현하자면, 어린 시절에 경험한 스트레스는 우리의 신체와 뇌를 좀 더 취약하게 만들고 더 적은 스트레스로도 우리를 화나게 만든다(만일 적절하다면, 치료자는 환자의 어린 시절의 경험에서 나온 예를 사용하여 설명하는 것이 좋다.).

이 말은 우리가 미쳤다거나 약하다거나 바보 같다는 것인가? 물론 아니다. 때로는 여러 가지 이유로 우리가 경험하는 스트레스가 너무 심해서 압도당하고 어떻게 해야 할지 갈피를 잡지 못하기도 한다. 때로는 도망치거나 숨어 버리고 싶고 때로는 우리를 힘들게 하는 대상을 충동적으로 '공격'하려고 시도하기도 한다. 이것은 모든 사람에게 공통적인 것이다.

우리의 뇌가 위협을 지각하면, 신체는 재빨리 위협에 대해 우리에게 경고하는 방식으로 반응하며, 위협에 대처할 준비를 하기 위해 다양한 변화를 나타내기 시작한다. 이것을 '투쟁 또는 도주 반응'이라고 부른다. 다른 말로 하면, 우리의 신체가 맞서 싸우거나 위험으로부터 도망칠 준비를 하는 것이다.

구체적으로 설명하자면, 심장은 온몸에 피를 공급하기 위하여 좀 더 빠르게 뛰기 시작하고, 우리의 면역체계는 특정 유형의 세포를 보내서 적들(예: 병원균)의 공격에 대비하며, 폐가 몸에 더 많은 산소를 공급하려고 하기 때문에 빠르고 얕은 숨을 쉬게 된다. 불행하게도 일상생활에서의 위협은 대개 전투상황이나 사자나 공룡이 우리를 잡아먹으려는 경우가 아니다. 그보다는 교통정체 때문에 좌절감을 느끼거나, 월세를 내거나 대출금을 갚을 돈이 부족하거나, 직장상사가 우리가 한 실수에 대해서 노발대발하는 것을 듣고 있어야 하거나, 동료나 가족이나 배우자와 늘 다투는 등의 심리적이고 정서적인 위협을 경험하는 경우가 더 많다.

이런 위협의 객관적인 특징은 다 다르지만, 우리의 신체는 똑같이 반응한다. 스트레스가 지속되면, 신체의 반응도 지속된다. 불행하게도 우리의 신체는 그러한 지속적인 스트레스 반응에 버틸 수 있도록 만들어지지 않았다. 지속적인 스트레스는 우리의 신체와 뇌에 커다란 상흔을 남긴다. 상황이 크게 변하지 않는다면, 부정적인 결과, 즉 심장질환 같은 건강문제와 우울, 불안 같은 정서적 문제가 발생할 수 있다.

그렇다면 우리가 할 수 있는 일은 무엇일까? 우리의 뇌가 좀 더 스트레스에 잘 저항할 수 있도록 하기 위해서 우리는 어떻게 해야 할까? 우리는 스트레스를 좀 더 잘 다루어서 더 이상 정서적 또는 신체적인 문제가 생기지 않도록 할 필요가 있다. 좋은 소식은 그것이 가능하다는 것이다. 달리 말하자면, 연구결과들은 여러 가지 학습경험을 통해서 우리는 실제로 스트레스에서 더 잘 회복될 수 있도록 우리의 뇌를 재설정할 수 있다고 한다.

이러한 스트레스를 감소시키는 데 도움이 되는 것은 무엇일까? 스트레스를 최소화시키고 예방하는 방법은 많다. 여기에 우리가 접근할 수 있는 자원의 유형을 포함시켰다. 예를 들면, 가족이나 친구가 있다는 것은 우리가 스트레스를 다루는 것을 돕는 사회적 지지체계의 강력한 원천이 된다. 사람마다 다양한 대처기술을 활용하는데 거기에는, 예를 들면 기도, 유머, 운동, 이완 등이 있다.

주: [그림 6-1]과 [그림 6-2]는 스트레스의 부정적인 영향을 시각화한 도구로 유용하게 활용될 수 있다. 그림을 제시하면서 다음과 같은 설명을 함께 할 수 있다.

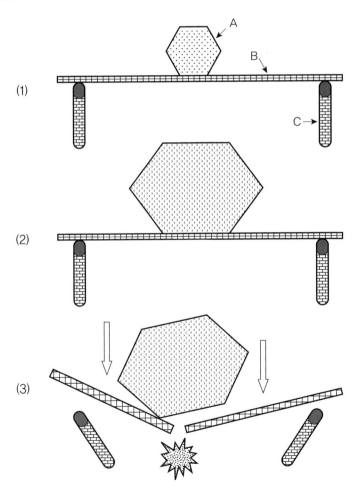

[그림 6-1] 스트레스

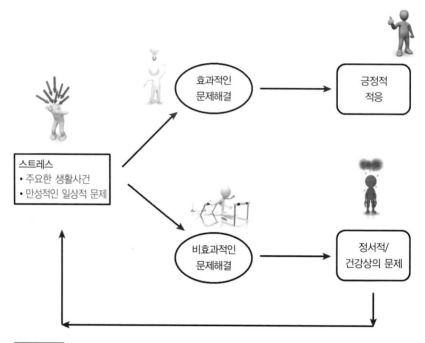

[그림 6-2] 스트레스의 문제해결 모델

지금까지 제가 이야기한 것을 그림을 통해 설명 드리겠습니다('스트레스'라는 제목이 붙은 [그림 6-1]의 복사본을 내담자에게 준다.). 유인물의 가장 위에 있는 (1)로 표시된 그림을 봅시다. 책상의 상판 또는 B를 사람이라고 해 봅시다. 그는 스트레스에 대처할 수 있는 능력을 가지고 있지요. A는 스트레스의 근원이고, C는 가족이나 친구, 재산과 같은 그의 외적인 자원을 의미합니다. 그림 (1)은 '정상적인' 수준의 스트레스를 나타내는데, 이때 개인의 기본적인 대처능력과 그의 자원이 결합되면 스트레스를 잘 대처하거나 다룰 수 있음을 의미합니다. 따라서 책상의 상판에는 아무런 손상도 나타나지 않습니다. 이제 가운데 있는 그림을 보시면, 스트레스가 훨씬 더 커져 있습니다. 이러한 상태가 지속되면 그 결과는 그림 (3)과 같습니다. 책상의 상판이 파손되었습니다.

다른 말로 하면, 스트레스가 그 사람(우울, 불안, 고통, 분노)뿐만 아니라 그의 기본적인 대처능력에도 부정적인 영향을 미쳤습니다. 이것은 단지 우리의 감정에 대한 것뿐만 아니라 우리의 뇌가 작동하는 방식을 포함하여 우리의 신체가 스트레스에 어떻게 반응하는지를 보여 주는 것이라는 점을 기억하십시오.

이 그림이 제시하는 것은 그러한 과정이 진행되는 것을 멈출 방법을 찾아야만 한다는 것입니다. 즉, 스트레스가 심할수록 고통도 심해집니다. 동시에 고통이 클수록 스트레스도 커집니다(좀 더 해결하기 어려운 문제의 형태로 말입니다). 그렇다면 어떻게 해야 할까요? 한 가지 전략은 자원을 증가시키는 것입니다. 즉, 책상을 지탱하는 다리를 강화하는 것입니다. 가족이나 대인관계 결속은 중요한 도움의 근원입니다. 그러나 때로는 스트레스를 가중시키는 문제이기도 합니다. 그래서 두 번째 전략은 책상의 상판, 즉 스트레스에 대처할 수 있는 개인의 능력을 강화하는 것입니다. 여기가 문제해결이 작동하는 지점입니다. 당신의 문제해결 말입니다. 또 다른 유인물을 드리겠습니다. 여기서 잠깐 그동안 우리가 논의한 중요한 것들을 다시 떠올릴 수 있도록 회기 간에 볼 수 있는 여러 장의 유인물을 이번 시간에 드릴 것이라는 말을 해야겠군요.

이 그림은 기본적으로 중대한 생활사건들(내담자의 인생경험과 연결시키기 위해 노력하라. 즉, 그가 최근에 어떤 질병으로 진단을 받았는지, 또는 최근이나 과거에 외상적 사건을 경험했는지 물어보고, 이 그림을 그의 특정한 경험과 연관시켜 활용하라.)과 지속적인 일상적 문제들이 유발하는 스트레스는 궁극적으로 긍정적인 적응으로 이어질 수도 있고, 우울, 불안, 분노, 관계문제 등의 정서적 문제나 다양한 건강상의 문제를 유발할 수도 있습니다. 스트레스가 심장질환, 당뇨병, 뇌졸중, 치주염, 골다공증, 치매 같은 다양한 의학적 문제를 유발할 수 있다는 상당한 연구가 있다는 것을 알고 있습니까? 적어도 스트레스는 기존에 가지고 있던 의학적 조건들을 악화시킬 수 있습니다.

이 그림에 따르면, 긍정적인 적응으로 가는 길은 효과적인 문제해결(즉, 가장 위에 있는 길)을 통하는 것입니다. 반면에 심리적, 그리고 신체적 건강문제로 가는 길은 효과적인 문제해결(아래에 있는 길)과 관련됩니다. 그렇다면 문제해결은 우리에게 어떤 의미일까요?

이 시점에서는 설명하면서 사회적 문제해결의 기술에 초점을 맞춘다.

　　문제해결은 일상생활에서 당면하게 되는 어려운 상황들을 해결하거나 대처하거나 다루기 위해 사람들이 사용하는 일련의 기술이나 도구들이라고 생각해볼 수 있습니다. 내가 여기서 이야기하려고 하는 문제해결의 유형은 학교에서 시험문제를 풀 때 우리가 해야 하는 지적이거나 순수하게 학문적인 종류의 문제해결보다는 사회적 문제해결이며, 나는 실생활에서 스트레스가 되는 문제들을 해결하려고 시도할 때 사용하는 다양한 기술들을 강조하려고 합니다. 그것은 스트레스가 되는 실생활의 문제들이 대개 강렬한 감정들과 연관되어 있기 때문입니다. 스트레스가 되는 문제들을 해결하는 데 필요한 뇌의 부분과 산수 또는 낱말퍼즐 문제를 푸는 데 필요한 뇌의 부분들은 다를 수 있습니다.

　　연구에 따르면 사회적 문제해결은 두 개의 주요한 요인으로 구성되어 있다고 합니다. 첫째는 문제 지향(problem orientation)입니다. 이것은 스트레스 문제와 그것을 다룰 수 있는 자신의 능력에 대한 신념과 태도를 말합니다. 어떤 면에서는, 이것은 그의 문제에 대한 세계관 또는 그가 세상을 보는 일종의 안경으로서, 그것을 통해서 세상을 보고 문제를 생각하는 것이죠. 두 가지 유형의 지향이 있는데 하나는 그 특성이 긍정적인 것이고 다른 하나는 부정적인 것입니다. 둘째 주요한 요인은 개인의 문제해결 양식입니다. 이것은 그가 스트레스가 되는 문제를 다루려고 시도하는 일반적인 방식을 말합니다. 가장 효과적인 양식은 계획적 문제해결이라고 부르는데, 이 접근의 특징은 대개 신중하고 체계적이면서 근본적으로는 계획적인 것입니다. 두 가지 다른 일반적 양식은—둘 다 부적응적이고 대개는 문제해결에 성공하지 못하게 하는—회피적 양식과 충동적 또는 부주의 양식입니다.

　　치료자는 이 시점에서 두 가지 다른 유형의 지향(〈표 6-1〉 참조)뿐만 아니라 세 가지 유형의 문제해결 양식(〈표 6-2〉 참조)을 기술할 수 있다.

〈표 6-1〉 긍정적 그리고 부정적 문제해결 지향의 특징

> 긍정적 지향('낙관주의자')은 다음과 같은 경향과 관련이 있다.
> - 문제를 도전이라고 평가한다.
> - 문제가 해결될 수 있다는 낙관적인 믿음을 가지고 있다.
> - 문제를 다룰 수 있는 자신의 능력에 대한 강한 자기효능감을 가지고 있다.
> - 스트레스 문제해결에는 시간과 노력이 필요하다는 것을 이해한다.
> - 부정적인 정서를 전반적인 문제해결과정의 일부로 바라보고 그것이 궁극적으로는 스트레스가 되는 문제에 대처하는 데 도움이 될 수 있을 것이라고 본다.
>
> 부정적 지향('비관주의자')은 다음과 같은 경향과 관련이 있다.
> - 문제를 위협으로 본다.
> - 문제가 해결되지 않을 것으로 기대한다.
> - 성공적으로 문제에 대처하는 자신의 능력에 대해 의심을 품고 있다.
> - 문제에 직면하거나 부정적인 감정에 직면하면 특히 좌절감과 분노를 느낀다.

〈표 6-2〉 세 가지 문제해결 양식의 특징

> **계획적 문제해결('계획적 문제해결자')**
> 건설적인 문제해결 양식은 다음과 같은 일련의 구체적인 기술들을 체계적이고 사려 깊게 적용하는 것을 말한다.
> - 문제 정의(문제의 특성, 현실적인 목표설정, 그런 목표에 도달하는 데 방해가 되는 장애물의 명료화)
> - 대안생성(확인된 장애물을 극복하기 위해 가능한 해결전략들을 다양하게 생각해 내는 것)
> - 의사결정(다양한 대안들의 가능한 결과를 예측해 보고, 파악된 결과물들을 바탕으로 비용-이득 분석을 실시하며, 문제해결 목표를 달성하기 위해 고안된 해결계획을 발전시킴)
> - 해결책의 실행과 검증(해결계획을 실행하고, 그 계획의 결과를 감찰 및 평가하며, 개인의 문제해결 노력이 성공적인지 또는 좀 더 노력이 필요한지를 판단함)
>
> **충동적인/부주의한 양식('성급한 해결자')**
> 부적응적인 문제해결 접근은 충동적이거나 부주의하게 문제를 해결하려고 시도하는 것을 말한다. 그러한 시도는 편협하고 성급하며 불완전할 수 있다. 전형적으로 단지 몇 가지의 대안적 해결책만을 고려하는 그런 사람들은 종종 머리에 처음 떠오른 생각을 가지고 충동적으로 일을 진행하곤 한다. 게다가 그들은 대인적인 해결책이나 그 결과들을 재빨리, 부주의하게, 그리고 체계적이지 않은 방식으로 훑어보고 그 해결책의 결과물들을 부주의하고 부적절하게 감찰한다.

> **회피 양식('회피자')**
> 이 역기능적인 패턴의 특징은 지연과 수동성, 비활동성, 그리고 타인에 대한 의존이다. 이 유형의 문제해결자는 문제에 직면하기보다는 회피하는 쪽을 선호하고, 문제해결을 가능한 한 뒤로 미루며, 문제가 저절로 해결되기를 기다리고, 문제해결에 대한 자신의 책임을 타인에게 떠넘기려고 한다.

대안적으로 치료자는 전반적인 '효과적인' 문제해결자(말하자면, 긍정적 문제지향과 주로 계획적 문제해결 접근을 사용하는 사람)와 전반적인 '비효과적인' 문제해결자(말하자면, 부정적인 문제 지향을 가지고 있고, 충동적 문제해결 양식이나 회피적 양식 또는 둘 다를 사용하는 사람) 사이의 차이를 기술할 수 있다. 이때 부록 3에 있는 '효과적인 문제해결이란 무엇인가?'라는 제목의 배부용 유인물을 내담자에게 나눠 주고, 이러한 설명을 할 때 보조자료로 사용할 수 있다. 어떤 접근방법이든, 요점은 사회적 문제해결의 주요한 요소들을 기술하기 시작할 때 그것이 어떻게 부정적인 건강상태나 정신건강문제와 연결되는지, 그리고 그것이 어떻게 광범위한 정서적 문제나 건강상의 문제를 감소시키는 수단으로서 스트레스를 좀 더 효과적으로 대처할 수 있는 개인의 능력을 향상시키기 위한 치료모듈로 전환될 수 있는지에 대해서 기술한다. 다음에는 치료자가 설명하는 예시가 제시되어 있다.

효과적인 문제해결자와 비효과적인 문제해결자 사이의 차이에 대한 연구를 살펴보면, 개인의 사회적 문제해결기술과 능력에 초점을 맞추는 것의 중요함을 쉽게 이해할 수 있을 것입니다. 기본적으로, 비효과적인 문제해결은 높은 수준의 우울, 불안, 자살생각 및 자살시도, 절망감, 비관주의, 분노 경향성, 물질사용, 범죄행위, 낮은 자존감, 업무 스트레스, 통증 그리고 의학적 증상의 악화와 강력한 상관관계가 있는 것으로 나타났습니다.

다른 한편으로, 효과적인 문제해결은 좀 더 효과적인 전반적 대처, 높은 수준의 낙관성, 사회적 적응, 긍정적 기분, 삶에 대한 보다 높은 만족도, 높은 수준의 희망, 좀 더 높은 동기수준, 좀 더 나은 웰빙과 연관되어 있습니다.

　　이러한 연구결과들을 바탕으로, 저는 당신이 보다 문제를 잘 해결하고, 당신 삶의 모든 스트레스들을 좀 더 효과적으로 다루기 위해 우리가 협력할 것을 제안하고자 합니다. 우리는 먼저 당신이 문제에 어떻게 반응하는지 살펴보고, 당신의 감정을 이해하도록 할 것입니다. 일반적으로 PST는 당신이 다음과 같은 것을 하는 방법을 배울 수 있도록 돕습니다. 즉, 문제를 혐오스런 위협이 아니라 도전으로 바라보게 하는 방법, 문제에 적응적인 방식으로 접근하는 방법(즉, 회피접근과 정면으로 대응하는 접근의 대조), 당신의 문제해결 양식을 향상시키는 방법(즉, 계획적 방식과 충동적이고 회피적인 방식의 대조), 문제를 정의하고 목표를 설정하는 방법, 왜 그 상황이 문제인지를 이해하는 방법, 주요한 장애물들을 정확하게 확인하는 방법, 현실적인 목표를 설정하는 방법, 문제에 대한 새로운 해결책을 고안하고 생각해 내는 방법, 효과적인 의사결정을 하는 방법, 해결책이나 행동계획을 실행하는 방법, 그리고 해결책의 결과물을 검증하는 방법들을 배울 수 있도록 도울 수 있습니다.

　　나는 이러한 기술이 인생의 문제에 성공적으로 접근하고 해결하는 중요한 방법이라고 봅니다. 가장 중요한 것은 당신이 이러한 일련의 기술들을 모든 유형의 문제에 적용할 수 있다는 것입니다. 당신이 지금 경험하고 있는 문제이든 미래에 만나게 될 문제에든 적용할 수 있습니다. 좀 더 확대하여 이야기하자면, 이것은 다음 속담과 같습니다. "물고기를 주면 그는 하루를 먹고 살 수 있다. 그러나 물고기 잡는 법을 가르쳐 주면, 그는 평생을 먹고 살 수 있다." 달리 표현하자면, PST는 물고기 잡는 법을 배우는 것과 같습니다. 당신은 이 기술들을 평생 동안 사용할 수 있을 것입니다.

당신은 어떤 유형의 문제해결자입니까

이 시점에서 치료자가 내담자에게 스스로 생각하기에 그의 과거와 현재의 신넘과 행동에 맞는 그의 지향과 양식은 무엇인지 그리고 어떤 상황-행동 가변성 (말하자면, 상황에 따른 그의 지향이나 양식에서의 차이)이 있는지에 대해서 이야기를 할 수 있도록 논의를 이끌어 가는 것이 도움이 될 수 있다. 이 과정은 내담자가 개념을 좀 더 정확하게 이해하도록 도울 수 있으며, 스트레스가 되는 문제를 다루는 자신의 방식을 확인 할 수 있도록 돕는다. 이러한 논의를 하는 동안에 다음 사항을 강조하는 것이 중요하다.

- 이 시점에서 개인의 지향과 양식을 확인하는 것은 개인의 강점과 좀 더 향상될 필요가 있는 부분을 보다 잘 이해하는 데 도움이 된다. 우리는 "지식은 힘이다(프랜시스 베이컨)."라는 표현을 자기평가의 중요성을 강조하는 수단으로 사용하는 것을 지지한다.
- 어떤 사람들은 문제의 특성에 따라 상이한 지향이나 양식을 가지고 있다. PST의 한 가지 측면은 그의 효과적인 대처전략을 다른 삶의 영역들에도 '전달' 할 수 있도록 돕기 위해 조정될 수 있다는 것이다.
- 현재 정서적 또는 심리사회적 어려움을 겪고 있다는 것이 그가 비효율적인 문제해결자라거나 항상 비효과적인 문제해결자였다는 의미는 아니다. 그보다는 때때로 스트레스가 너무 압도적이거나, 문제가 새로운 것이거나 복잡해서, 그런 스트레스에 어떻게 대처해야 하는지를 새로 학습하고 연습하는 것이 필요하다는 의미다.
- 한 사람의 문제 지향이나 양식은 그의 성격특질을 나타내는 것이 아니다. 그보다는 오래 지속되어 온 대처패턴을 보여 주는 것이며, 이것은 바뀌거나 나아질 수 있다.

이러한 논의를 할 때, 치료자는 내담자에게 이전에 교육용 보조도구라고 소개한, '효과적인 문제해결이란 무엇인가?'라는 제목의 환자용 유인물을 제공할 수 있다. 예를 들어, 내담자가 자신의 지향이나 양식을 확인하는 것을 도우려 할 때,

내담자에게 최근에 있었던 문제를 떠올리게 하고 그의 태도와 행동을 문제해결 차원에 맞춰 보는 도구로 사용할 수 있도록 안내한다.

여기서 도움이 되는 한 가지 활동은 내담자들에게 다양한 유형의 문제해결자들이 다양한 가설적인 상황(다음 예시문제들을 보시오.)에 대해서 어떻게 반응할지 이야기해 보라고 요청하는 것이다. 이러한 유형의 토론은 이러한 개념에 대한 환자의 이해에 대한 통찰을 심화시킬 수 있으며, 추가적인 학습기회를 제공하는 면이 있다.

예시용 문제들(치료자는 해당 내담자에게 꼭 들어맞는 예시문제를 추가적으로 생각해 보면 좋을 것이다.)은 다음과 같다.

- 미식축구: 상대적으로 방어가 약한 팀이 현재 레드존에 있고 점수는 동점이다. 상대팀은 수비력이 강한 것으로 알려져 있다. 지금은 네 번째 쿼터이고 세 번째 터치다운이며 시간은 거의 끝나 간다.
- 교통체증: 상담자 제인은 의학센터에서 90분 거리에 산다. 방금 전에 큰 교통사고가 나서 길이 막힌다. 직장까지 적어도 한 시간 이상 걸린다. 교통은 완전히 마비되었다. 오전 8시에 심각한 질병을 가진 환자와의 예약이 잡혀 있다.
- 임대료: 존은 내일까지 월세를 내야 한다. 하지만 그는 돈을 낼 수 있는 방법이 없다. 이번이 처음이 아니다. 그는 퇴거당할까 봐 걱정하고 있다. 길을 걷다가 그는 약 15만 원과 신분증이 들어 있는 지갑을 발견했다.

또한 이전에 실시된 공식적인 평가결과, 예를 들면 PSSM 양식, 사회적 문제해결척도-개정판, 문제해결검사 등을 이러한 논의에 더할 수 있다. 특히 중요한 점은 이러한 좀 더 객관적인 결과와 비교를 하면서 내담자가 자신의 현재 지향과 양식을 정확하게 알게 되었는지를 판단하는 것이다. 만일 심각한 불일치가 있다면, 이것은 왜 그러한 불일치가 생겼는지를 판단하기 위해 추가적인 논의를 해야 한다는 점을 지적하는 것이다.

네 가지 문제해결 '도구세트'에 관한 개관

논리적 근거 부분은 네 가지 문제해결 도구세트에 대한 간략한 개관을 포함해야 한다. 우리가 도구세트(toolkit) 또는 공구상자(toolbox) 같은 용어를 사용하는 것은 우리가 일련의 기술들을 가르치고 있으며, 스트레스가 되는 문제들에 좀 더 효과적으로 대처하고 광범위한 부정적인 증상들을 감소시킬 수 있도록 돕는 수단으로 일련의 도구들을 제공한다는 점을 강조하기 위해서다. 한편 치료자가 다른 언어를 사용하는 것을 좀 더 편안하게 생각한다거나 치료자가 판단하기에 내담자가 다른 방식의 표현을 좀 더 쉽게 받아들이는 것 같다면, 우리는 특정 용어만을 사용하라고 강요하지 않는다.

처음으로 이러한 도구세트를 언급할 때 치료자는 간략하게 왜 이러한 특정 전략들을 포함시켰는지에 대한 근거를 설명해 주어야 한다. PST는 다양한 스트레스 문제를 해결하는 것을 포함하여 일련의 목표를 달성하도록 돕기 위한 도구를 제공한다는 것이 핵심이다. 우리는 네 개의 도구세트를 사람들이 목표를 이루지 못하게 만드는 어떤 일반적인 장애물을 극복하도록 돕기 위한 수단으로 개념화한다. [그림 6-3]('A'에서 'B'까지: 효과적인 문제해결의 장애물들)을 내담자에게 배부하고 이 시점에서 사용할 수 있다(부록 2에 포함되어 있다.). 도구세트 지도에 있는 네 개의 주요한 장애물들은 다음과 같다.

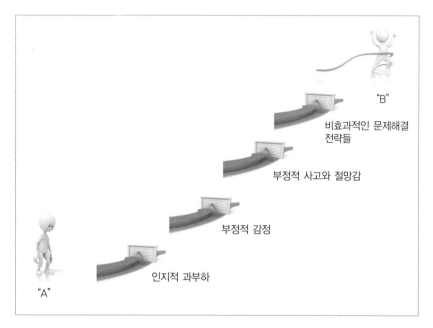

[그림 6-3] 'A'에서 'B'까지: 효과적인 문제해결의 장애물들

1. 인지적 과부하(도구세트 1: 문제해결 다중과제처리)
2. 스트레스하에서의 정서적 조절불능(도구세트 2: 스트레스하에서의 문제해결의 SSTA 기법)
3. 부정적인 사고와 낮은 동기(도구세트 3: 건강한 사고와 긍정적 상상)
4. 비효과적인 문제해결(도구세트 4: 계획적 문제해결)

이전에 4장에서 제시한 바와 같이, 모든 도구세트에 있는 모든 전략들을 다 가르칠 것인지, 그리고 강조할 것인지는 내담자의 문제해결 강점과 약점, 그리고 예상되는 치료기간, 부정적 증상의 심각도, 그리고 경과 같은 다른 관련 요인들의 적절성과 중요성에 대한 치료자의 임상적 판단에 달려 있다. 달리 표현하자면 네 가지 도구세트에 있는 모든 활동들을 교육시켜야 할 의무는 없다. 그보다는 치료자가 다양한 치료적 의사결정을 하는 데 정보를 제공해 주는 평가 및 결

과 자료들을 사용하면 된다.

덧붙이자면 여기에서는 설명을 하려는 목적으로 네 가지 도구세트 각각을 순서대로 기술할 것이다. 그러나 PST 치료자는 주어진 사례의 고유한 특징에 적합하게 그 순서를 달리 적용해도 된다. 예를 들어, 가능하다면 실제 회기들에서(그리고 가능한 한 표준화된 측정치 등을 통해서) 수집된 자료들을 바탕으로 살펴보았을 때, 내담자가 부정적 사고와 관련된 어떤 평가할 만한 경향성도 보이지 않지만 치료의 성공에 대해서 별로 희망이 없다고 느낄 수 있다. 이 경우에 임상가는 효과적인 문제해결을 가로막는 '부정적 사고'에 알맞은 도구세트 3 부분은 포함시킬 필요가 없다. 그러나 내담자가 강한 절망감을 느끼고 있기 때문에, 도구세트 3의 두 번째 부분인 '긍정적 심상'은 치료에서 이전에 초점을 맞추어야 할 특별히 중요한 치료적 구성요인이 될 것이다.

다음 부분에는 이 도구들에 대해 간단히 제시하는 방식을 기술하였다.

이제 PST가 실제적으로 어떤 과정을 거치는지에 대해 설명해 드리겠습니다. 수년간의 연구와 임상경험을 통해 우리는 실생활에서 벌어지는 스트레스 상황에 대한 성공적인 문제해결을 가로막는 네 가지 주요한 장애물을 확인했습니다. 달리 표현하자면, 이 요인들은 당신이 지금 서 있는 지점인 'A'에서 당신이 성취하고자 하는 지점—달리 말하면, 목표에 도달하는 것—으로 가는 것을 어렵게 만드는 것들입니다. 여기에는 인지적 과부하, 부정적 감정들, 부정적 사고와 절망감, 그리고 비효과적인 문제해결전략 등이 포함됩니다. PST는 당신에게 그러한 요인들을 다룰 수 있는 구체적인 도구를 제공함으로써 네 가지 장애물을 극복하도록 도우려는 목적으로 개발된 것입니다. 그래서 이제부터 몇 주 동안, 저는 여러 가지 역할—교사, 코치, 치료자, 상담자 그리고 문제해결 치어리더 역할—을 할 것입니다. 그동안에 저는 당신이 장애물을 극복하는 데 도움이 되는 일련의 기술과 전략을 가르쳐 드릴 것입니다. 앞서 언급한 바와 같이, PST는 엄격한 과학적 검증을 통해 광범위한 문제를 경험하는 많은 사람들에게 효과적인 것으로 알려져 있습니다.

낙관성과 통제감의 증진

이러한 초기 회기 동안에 환자의 낙관성과 자신의 삶을 통제할 수 있다는 믿음을 촉진하는 것은 매우 중요한 일이다. 치료자는 내담자가 이전에 했던 효과적인 문제해결 시도의 일례와 그 시점을 확인하려고 노력해야 한다. 문제에 대한 우리의 전반적인 반응이 때로는 효과가 있지만 때로는 그렇지 않다는 것을 강조해야 한다. PST의 목적은 우리의 문제해결 반응이 효과적일 가능성을 증가시키려는 것이다.

또한 PST에 낙관적인 태도로 참여하도록 하기 위한 동기를 증진시키기 위해서 삶의 다양한 영역에서의 내담자의 능력을 강화하는 것이 중요하다. 예를 들어, 치료자는 다양한 강점들을 강조하기 위하여 내담자가 현재 문제해결과 대처에 있어 효과적으로 처리하고 있는 영역을 짚어 줄 수 있다. 그러나 내담자가 처음에 매우 회의적이라면, 치료자는 도구세트 3으로 가서 치료 초기에 동기수준을 높이기 위해 긍정적인 시각화 활동을 먼저 할 수 있다.

기본 원칙과 치료에 대한 기대

도입 회기의 마지막 부분이다. 심리치료에서 지시적이거나 기술발달 접근을 취하는 것에 익숙한 사람들은 많지 않을 것이고 따라서 치료에 대한 기대도 불분명할 수 있다. 따라서 다른 표준적인 치료적 문제들, 예를 들면 비밀보장이나 동의서 작성 같은 부분을 다루면서, 환자와 이 접근의 몇 가지 기본 원칙들에 대해 논의하는 것이 중요하다. 우리는 회기 사이에 내 준 숙제를 연습할 것을 기대하는데 이것이 PST 기본 원칙의 일부라는 것과 회기의 시간과 빈도에 대한 논의를 포함시키는 것이 유용하다는 것을 발견했다. 환자와 함께 책임을 진다는 상호적 동의를 구하는 것 또한 유용할 수 있다. 그것은 다음과 같다.

치료자의 책임: 치료자는 환자를 가장 잘 돕기 위하여 모든 교육과 과학적 문헌
에 대한 지식 및 임상적 경험을 활용할 것을 동의해야 한다.

내담자의 책임: 환자는 회기 사이의 활동과 기술연습에 최선을 다해 참여하고,
예약한 상담일을 지키고, 치료에 문제가 생기거나 치료에 대해서 실망하는 경
우 치료자에게 알리는 데 동의할 필요가 있다.

'메건'의 사례

이 장에서 우리는 '메건'의 사례(비밀보장을 위해 신상과 관련된 모든 정보는 변
경하였음. 이 매뉴얼에 나오는 다른 모든 사례들도 마찬가지임.)를 소개하려고 한다.
메건은 이 책의 저자 중 한 사람에게 PST 접근의 처치를 받았다. 이 사례는 다양
한 PST의 전략들을 어떻게 적용하는지에 대한 의미 있는 임상적 기술과 예시를
제시하는 맥락에서 사용될 것이다. 우리는 먼저 초기 평가 회기들을 요약해서
제시할 것이고, 이 매뉴얼의 나머지 장에서도 이 사례를 활용할 것이다.

메건은 27세의 여성으로 다음과 같은 이야기를 하며 상담을 시작했다. "내 삶
의 방식을 다시 한 번 평가해 볼 시점에 이른 것 같아요. 나는 불안하고 혼자인
것 같아요. 나는 이게 나인지 과거의 알코올남용 때문에 이렇게 된 것인지 모르
겠어요. 때로 내가 느끼는 걱정이나 우울 그리고 소외감이 바뀔 수 있는지, 그리
고 내 삶이 좀 더 나아질 수 있는지 궁금해요."

그녀는 문제가 고등학교 때 시작돼서 대학시절까지 이어졌다고 말했다. 그녀
는 대학에서 '쉬운' 전공(이탈리아어)을 선택했고, 주말에는 술을 많이 마시고
사교모임에 많이 참가했다. 대학을 졸업한 후 그녀는 여러 직장을 전전했고 그

주에 해야 할 일들을 마치고 나면 관심사를 공유하는 친구들과 술과 음식을 많이 먹고 즐기는 패턴을 유지했다. 때로 그녀는 짧은 성적 만남을 가지기도 했는데 이는 술을 마실 때, 대개 술을 마시고 기억을 못할 때 일어나는 일이었다. 그녀는 술에 취하지 않은 상태에서는 성관계를 거의 맺지 않는다고 했고, 과거에 성폭행이나 외상을 경험한 것은 아니라고 했다. 그러나 성관계나 자위행위는 지루하고 즐겁지 않은 일이라고 했다.

첫 상담에 오기 약 3개월 전에, 술 마시고 의식을 잃은 이후 술을 완전히 끊었으며, 스스로 금욕적인 생활을 했다. 실신을 했던 날 이후 그녀는 분리된 느낌(detachment)과 놀라는 감각경험들(말하자면, 과각성과 시야 밖에서 뭔가 움직이는 것이 보인 것)을 경험하고 있었으며, 주의집중이 어려웠고, 공황발작을 경험했으며, 생각을 통제하지 못하게 될까 봐 두려워하고 있었다. 그녀는 '익명의 알코올중독자' 모임(역주: 중독치료를 위한 자조집단)에 몇 번 참석했으나 그 조직이 자신에게 잘 맞지 않는다고 여겼다. 그녀는 동생과 친한 친구들의 지지를 받으며 스스로 술을 끊었다. 치료를 시작하기 전 세 달 동안 공황발작이나 제한된 형태의 환각경험은 서서히 사라졌다. 그러나 그녀는 의식소실을 두려워했고 여전히 남아 그녀를 괴롭히는 무감동증(anhedonia), 낮은 동기, 분리된 느낌 때문에 불안해했다. 그녀는 또한 룸메이트에 대한 공포를 경험했는데, 이는 룸메이트가 지속적으로 술을 마시고, 그녀가 함께 사는 아파트에 데리고 왔던 남자와 성관계를 하고, 총기를 가지고 있다는 것을 알기 때문이었다(메건이 총을 본 적도 없고, 룸메이트가 총기로 위협을 했던 적도 없지만 말이다.).

메건은 현재 생명공학회사의 이사 비서로 일하고 있고, 업무를 잘 수행하고 있다. 그녀는 결근을 하는 일도 없었고 최근에 승진도 했다. 그녀는 그러나 최근의 성공에도 불구하고, 직장에서 일을 하는 데 어떤 즐거움이나 의욕도 느끼지 못했다. 또한 그녀는 사회적으로 만나는 사람들뿐만 아니라 동료들과도 동떨어져 있다는 느낌을 받았다. 우정은 여전히 유지되고 있었으나 금요일 밤에 친한 친구들 무리와 어울렸던 이웃의 술집에 더 이상 자주 가지 못하면서 외롭다고 느끼는 순간이 늘어났다.

메건은 사회적 지지가 부족하다고 보고했다. 그러나 그녀에게 도움을 줄 것이라고 거명한 사람들에게서 그녀는 안전감과 즐거움을 느꼈다. 그 사람들에는 언니와 남자인 한 친구도 포함되었다. 그녀는 가족 배경과 어린 시절 집안에서의 생활을 묘사할 때 자매들과 '좋은' 양육을 받았고 많은 활동을 하고 여행을 다녔다고 했다. 그녀는 처음에 어린 시절의 자신을 '기본적으로 행복한 아이'라고 기술했으며 학교에서의 많은 어려움들은 언급하지 않았다. 그러나 그녀의 집은 부모님 사이에 늘 긴장이 있었던 것으로 묘사했다. 예를 들면, 그녀가 고등학생이었을 때, 그녀의 부모님은 별거를 하다가 이혼을 했다. 부모님은 몇 년 동안 가까이 살았고 그 후 몇 년 지나서 재혼했다. 메건의 두 동생은 불안장애의 가족력이 있고, 언니는 양극성장애로 진단을 받은 적이 있다.

메건의 초기 평가에는 주치의와 의사소통하며 진행한 일련의 임상적 면담, 몇 가지 진단적 선별검사(양극성 장애를 포함하여 광범위한 임상적 문제에 대한), 심리검사, 증상 체크리스트, 그리고 SPSI-R이 포함되었다. 일반적으로 말하자면, 전반적인 평가결과는 메건이 일반화된 불안장애의 진단준거를 충족시키고 있으며 알코올남용의 과거사와 준임상적 수준의 우울증상을 보이고 있음을 나타내고 있다. 게다가 그녀는 폭식삽화와 유의한 수준의 알코올남용 과거사를 보고했다. 그녀의 주치의는 그녀의 현재 건강상태가 일반적으로 좋은 편이라고 보고했다. 그러나 그녀는 경도의 고혈압을 보였고 매일 약 한 갑의 담배를 피웠다. 그녀는 증상을 완화시키고자 하는 강한 욕구를 표현했으며 약의 도움을 받지 않고 삶을 살 수 있기를 바랐다.

표준화된 검사에서 메건의 검사점수는 불안장애를 확증해 주었고 성격장애의 진단준거를 충족시키지 않는다는 것을 보여 주었다. 다른 자기보고식 검사에 대한 반응들은 과각성과 정서적 억제에 관한 오래 지속된 부적응적인 도식을 가지고 있다는 것을 보여 주었다. 또한 집안 분위기는 감정이나 충동, 선택을 억제하는 것을 강조하는 경향이 있다는 것을 나타내 주었다. 그녀의 가족들은 경직

된 규칙과 기대를 다양한 영역에서 배양하고 지지하는 경향이 있었다. 그녀의 어린 시절에 대한 언어적 보고는 자기보고식 검사들의 결과와 일치했으며 그녀는 집안에 비관론과 걱정의 기류가 있었다고 보고했다.

SPSI-R은 일상적인 문제해결에서 그녀의 구체적인 강점과 취약점 영역을 보여 주었다. 구체적으로, 그녀의 긍정적인 문제 지향 반응은 정신과적 문제가 없는 규준집단에 속한 사람들의 점수와 일치했다. 이것은 그녀의 낙관성과 주요한 증상에 대해 도움을 받고자 하는 욕구 및 현재 그녀가 경험하고 있는 증상에 대한 두려움을 반영하는 것 같았다. 그러나 그녀의 부정적 지향에 관한 점수들은 규준의 평균점수보다 2 표준편차 이상이었고, 이는 그녀가 자신의 삶의 어려움에 잘 대처하지 못할 것이라는 두려움과 상당한 정도의 걱정을 하고 있음을 반영한다. 그녀는 주의집중의 어려움, 분리감, 이인화 경험, 그리고 술을 마실 때 룸메이트의 행동에 대한 지속적인 걱정은 그녀를 매우 긴장되고 늘 불안해하며 울게 했다.

계획적 문제해결의 다양한 구성요인들에 대한 점수들(말하자면, 합리적 문제해결척도 점수, RPS)은 그녀가 문제를 분명하게 정의하는 능력에 있어서 강점이 있음을 보여 주었다. 그러나 유연성이나 해결책을 생성하는 데 있어서의 창의성, 대안들의 비중을 판단하는 것, 그리고 의도한 계획을 사려 깊게 행동으로 옮기는 것과 관련된 능력은 제한이 있음을 나타냈다. 후자의 한 가지 예는 좀 더 잘 챙겨 먹고 집을 정리하고 운동을 하는 것이다. 그녀는 시작할 수만 있다면, 그녀에게 필요한 것을 할 수 있을 것이라고 믿었다. 그러나 그녀는 시작하려는 동기는 매우 낮다고 보고했다. RPS 척도 총점은 그녀의 문제해결능력과 관련해서 그녀가 가지고 있는 누적된 어려움을 보여 주었고, 정신과 외래 환자집단의 점수와 좀 더 유사한 점수대를 나타냈다. 충동적/부주의 반응과 관련된 점수는 비정신과 환자 집단의 평균보다 1 표준편차 이하로 낮게 나타났다. 마지막으로 회피반응에 관한 점수는 평균 이상이었으나 유의미하게 높은 것은 아니었다. 전반적으로 문제해결점수 총점은 비정신과 환자 표본에 비해 2 표준편차 이하인 것으로 나타났는데 이는 문제해결에서 유의한 결함과 제한이 있음을 나타낸다.

임상적 의사결정에 대한 우리의 문제해결 철학과 일치된 견해를 가진, 메건의 치료자도 그녀와 사례개념화를 공유했다. 치료자는 메건의 어려움에 대한 기술이나 진단적 명명에 초점을 맞추기보다 그녀의 '인생 이야기'에 설명을 제공하기 위해 사례개념화를 제시했다. 좀 더 구체적으로 설명하자면, 어린 시절의 정서적 학습경험이 어떻게 현재의 스트레스 사건에 대한 반응을 구성하는 내현적인 정서적 그리고 인지적 반응의 유형에 영향을 미치는지뿐만 아니라, 다양한 외현적인 걱정과 촉발사건, 학습된 행동, 그리고 변화의 욕구에 영향을 미치는지를 제시하고자 했다.

덧붙이자면, 치료자는 메건의 개인적 강점을 강조했는데, 이는 희망을 불어넣고 인생의 문제에 대한 건설적인 접근을 강화하기 위한 첫 번째 방법이었다. 메건의 '인생 이야기'에 대한 그녀의 이해를 공유하는 과정에서 치료자는 현재 궁극적인 치료목표에 가장 중요한 영향을 미칠 수 있는 가능한 변화의 표적들도 확인할 수 있었다. 그것은 불안을 좀 더 잘 관리할 수 있게 해 주고 대인관계에서 느끼는 소원함과 슬픔을 줄여 주고, 삶의 즐거움을 더 많이 경험하는 것이었다.

SPS가 스트레스와 고통과의 관계를 중재하는 중요한 요인이라는 것을 강조하는 것(예: [그림 6-2]와 같은 시각자료의 사용)뿐만 아니라, 환자와 사례개념화를 함께 공유하는 것, 그리고 현재의 고통수준에 영향을 미치는 요인들을 시각적으로 보여 주는 것도 주어진 환자에게 PST가 적합하다는 것을 강조하는 유용한 방법이다. 게다가, 이런 활동들은 치료적 동맹을 특별히 강화시켜 주는 역할을 하며, 메건과 같은 환자에게 효과적인 문제해결기술을 사용하는 방법과 다른 새로운 학습경험을 이해할 수 있는 기회를 제공해 줌으로써 인생의 문제들을 좀 더 효과적으로 관리하는 데 영향을 미칠 수 있다.

메건은 그녀의 사례개념화를 들을 때 이러한 태도를 공유하며 매우 긍정적으로 반응했으며, 그녀의 현재의 문제와 증상을 바라보는 '다른 방법'을 제공해 주었다고 말했다. 더욱이 그녀는 치료자가 자신의 이야기를 '경청해 주고 존중해 주는' 느낌을 받았으며, 그녀가 고통스런 상황을 어떻게든 헤쳐 나가려고 했던 것이 얼마나 힘들었는지와 그녀가 할 수 있는 한 최선을 다했다는 것을 치료자가 이해하는 것 같았다고 말했다.

사례개념화에 대한 논의를 하는 동안에 메건은 자발적으로 추가적인 정보를 꺼내 놓았고, 어린 시절에 부모의 갈등으로 인해 느꼈던 긴장과 불안정함이 '뭔가 나쁜 일이 일어날 것만 같지만' 그것이 무엇인지는 알 수 없는 느낌을 받게 했다는 것을 볼 수 있었다. 이러한 논의를 하면서 메건은 어린 시절의 스트레스 경험이 현재의 과각성과 스트레스를 받을 때의 반응(즉, 스트레스 민감성)에 기여한 것 같다는 것을 이해하기 시작했다. 더 나아가 그녀는 삶에서 발생하는 스트레스를 처리하기 위한 현재의 시도가 술을 지나치게 많이 마시는 것이었고 그것은 문제에 직면하게 하기보다 문제를 회피하는 것을 돕는다는 것을 볼 수 있었다. 또한 그녀는 그런 '비효과적인 해결책'이 그녀의 건강과 전반적인 안녕에 더 큰 걱정거리를 안겨 줄 뿐이라는 것과 새로운 문제들을 야기한다는 것(즉, 스트레스 생성)을 깨닫게 되었다. 절망감, 즐거움을 경험할 수 없는 것, 그리고 낮은 동기는 그녀의 준임상적인 우울의 주요 증상들이었다. 사례개념화의 일부로, 치료자는 메건에게 그녀는 너무 오랫동안 술을 마셔 왔기 때문에 걱정이나 과각성, 감정이나 사회적 직면의 회피, 그리고 현재 룸메이트의 행동에 관한 걱정 같은 문제들을 해결할 수 있는 다른 방법을 배우지 못했다고 설명했다.

앞서 제시한 바와 같이, 치료자는 메건에게 문제해결능력이 어떻게 스트레스와 관련된 것인지를 설명했다. 메건의 현재의 주요 생활스트레스 사건들과 일상적 문제와 관련하여 [그림 6-2]와 유사한 도표를 보여 주었고, 이런 기술들을 배우는 것이 어떻게 부정적 감정을 좀 더 잘 인식하고, 그 결과 좀 더 잘 관리할 수 있게 되며, 계획에 따라 생각하고, 궁극적으로는 좀 더 긍정적인 전략들을 실행할 수 있는 동기를 가지게 하는지를 제시했다. 이러한 작업은 메건 자신과 타인에 대한 반응행동에 관한 새롭고 전반적인 학습경험과 삶의 문제를 다루는 다른 방법을 포함하고 있었다.

이러한 논리적 근거에 대한 메건의 첫 반응은 긍정적인 것이었다. 그녀는 이러한 접근이 도움이 된다고 했다. 왜냐하면 어린 시절에 배운 것이어서 부적응적이기는 하지만 어떤 반응 습관을 가지고 있는 사람으로 자신을 바라볼 수 있는 관점을 제공해 주고, '내 DNA에 새겨진 것'이라는 관점과 비교해서 생각할 수 있게 되었다는 점에서 도움이 됐다고 했다. 그녀는 또한 술을 마심으로써, 인생의 어려움을 좀 더 효과적으로 다룰 수 있는 방법을 배울 많은 기회를 놓쳤는데 이 접근법은 그런 경험을 할 수 있는 새로운 기회를 제공해 줄 수 있다는 것을 깨달았다. 더욱이 그녀는 사례개념화가 그녀에게는 미래가 있으며 그녀는 '정신이 나가기 직전'이 아니라는 선고를 해 주었다고 했다.

메건의 초기 사례개념화에 관한 최종 기록에는 다음과 같은 것이 있다. PST의 논리적 근거를 제공하는 과정에서, 치료자는 전반적인 치료계획에서 추가적인 경험에 기반한 전략들을 사용하는 데 때로 인색했던 것 같다고 했다. 이것은 PST의 체계나 PST에 기반을 둔 개입이 실제 생활에 적용될 때, 배타적으로 매뉴얼에 바탕을 둔 실행을 요구하는 것이 아니라는 점을 강조하려는 것이다. 어쨌든 이 매뉴얼의 목적에 따라, 우리가 메건을 다시 방문했을 때 우리는 PST 전략들과 기술들에 관련된 구체적인 예시를 보여 주는 사례 자료만을 논의할 것이다.

요 약

이 장은 PST의 주요한 중재요소들, 즉 (1) 평가와 치료계획, (2) 도입 회기(들), (3) 도구세트 1의 교육(문제해결 다중과제처리), (4) 도구세트 2의 교육(스트레스 상황에서 문제해결의 SSTA 기법), (5) 도구세트 3의 교육(건강한 사고와 긍정적 심상), (6) 도구세트 4의 교육(계획적 문제해결), (7) 안내에 따른 훈련, (8) '미래 예상'과 종결을 기술하는 것으로 시작되었다. 내담자의 문제해결 강점과 제한점에 대한 임상적 평가 및 증상과 목표달성에서의 향상(또는 그 반대)의 지속적인 평가는 치료계획, 특히 다양한 PST 전략과 지침을 교육해야 하는 상황에서 선택과 강조와 시기에 관한 결정을 해야 할 때 중요한 정보를 제공해 준다.

초기 도입 회기(들)의 목적은 다음과 같다. (1) 긍정적인 환자−치료자 관계를 형성한다. (2) PST에 관한 논리적 근거와 이해할 수 있는 조망을 특정한 사람에 적합하게 만들어서 제공한다. (3) 낙관성을 가지도록 격려한다.

중대한 생활사건이든 만성적인 일상적 문제의 형태이든 간에 어떻게 스트레스가 건강과 감정에 부정적인 결과를 야기할 수 있는지를 예시하는 교육적 보조자료를 보여 주는 두 개의 그림을 제시했다. 이 그림들은 그런 부정적인 결과에 대한 주요한 완충재로서 효과적인 문제해결의 중요성과 연관성이 있음을 강조한다.

PST를 설명할 때, 치료자는 효과적인 문제해결을 가로막는 네 가지 주요한 장애물을 극복하는 것을 돕기 위해 고안된 특정 기술들과 지침을 포함하는 네 가지 PST 도구세트들, 즉 (1) 인지적 과부하, (2) 정서조절 불능, (3) 부정적 사고와 절망감, (4) 비효과적인 문제해결전략을 개관한다.

네 가지 장애물을 그림으로 보여 주는 환자용 유인물을 제공할 수 있다. 그러고 나서 PST는 치료적 중재방법으로서 이 네 가지 도구세트를 가지고 개인을 교육하는 데 초점을 맞춘다. 마지막으로 다양한 PST 연습과 전략들을 예시하는 맥락을 제공하기 위해서 우리는 불안과 우울, 미쳐 버릴 것 같은 두려움을 포함하는 다양한 걱정 때문에 고통을 겪고 있는 27세의 여성 '메건' 사례를 제시했다. 다음 장에서 우리는 메건의 사례로 돌아가서 PST 교육 활동의 관련된 예시를 제시할 것이다.

도구세트 1. 문제해결 다중과제처리: 인지적 과부하의 극복

문제해결 다중과제처리는 문제해결치료(PST)의 네 가지 도구세트 중 첫 번째 것이다. 이 모든 도구세트들은 스트레스 상황에서 효과적으로 문제를 해결하는 데 방해가 되는 주요한 장애요인들을 극복하는 것을 돕기 위해 고안된 일련의 전략으로서 내담자에게 제시하는 것이라는 점을 기억하기 바란다. 이 특정 도구세트는 사람 마음의 한정된 용량 때문에 제기되는 어려움을 다룬다.

도구세트 1의 논리적 근거

먼저 고대 불교에서 전해진 이야기를 하는 것으로 시작하고자 한다.

무술을 배우는 한 학생이 스승에게 물었다. "저는 무술기술을 향상시키고 싶습니다. 스승님께 배우고 있지만, 제 생각에 다른 기술도 배우려면 다른 선생님에게서도 배워야 할 것 같습니다. 이 생각이 옳은 것일까요?" 스승이 대답했다. "두 마리의 토끼를 동시에 쫓는 사냥꾼은 한 마리도 잡지 못한다."

이 이야기의 교훈은 한 번에 한 가지 이상의 과제를 하는 것은, 특히 과제가 복잡한 경우에, 과제를 정확하고 생산적으로 수행하는 데 부정적인 영향을 미친다는 것을 보여 주는 인지심리학의 연구결과와 일치한다(Rogers & Monsell, 1995). 의식적인 마음은 불행히도 한 번에 효율적으로 과제를 수행할 수 있는 활동의 양에 한계가 있다. 본질적으로 의식적인 마음은 문제해결을 하는 동안 세 가지 중요한 활동, 즉 (1) 환경으로부터 정보를 수용하기(즉, 정보가 내적 그리고 외적 원천에서 입력되고 수용됨), (2) 필요할 때 정보를 펼쳐보기(예: 마음은 문제를 다루기 위해 필요한 정보를 기억하려고 노력함), (3) 기억한 다양한 정보의 조각들을 조작하여 그 자료가 얼마나 잘 들어맞는지를 이해하기 위한 정보 처리하기(예: 다른 정보의 조각들을 결합하기, 정보를 더하거나 빼기, 다른 정보의 조각들을 논리적 순서에 따라 배열하기)에 관여한다.

그러나 의식적 마음의 용량은 상당히 제한적이어서 세 가지 활동을 동시에 효과적으로 할 수는 없으며, 정보의 양과 복잡성이 상당할 때 특히 더 그렇다. 아무런 도움 없이 앞에서 언급한 두 가지 활동을 동시에 하는 것은 매우 어려운 일이다. 종종 한 가지 활동이 다른 활동을 방해한다. 예를 들면, 어떤 문제에 대한 모든 중요한 정보를 기억하려고 노력하는 것은 정보를 이해하려는 시도나 그것들이 어떻게 통합될 수 있는지 이해하려는 시도와 관련된 정보처리를 방해할 수 있다.

게다가 사람이 스트레스를 받을 때에는 이런 정보처리가 점점 어려워진다. 예를 들면, 2장에서 정서적 자극의 처리에 관한 높은 부하 대 낮은 부하에 대한 르두(LeDoux)의 개념을 언급했던 것을 기억해 보기 바란다. 이 맥락에서, 뇌가 뱀이 지나가거나 또는 잔가지가 부러지는 소리와 연관된 소리를 들었을 때 서로 다른 위험을 처리하거나 해석하려고 시도하는 과정에서 상황에 따른 차이를 고려해 보라. 이제 배우자 또는 파트너와 몇 분 동안 심한 말다툼을 벌였거나, 또는 대출을 받아 새 집을 산 지 얼마 되지 않았는데 직장에서 해고통지를 받았거나, 또는 암 진단을 받은 상황(즉, 편도체의 지속적인 자극)에서 사람의 뇌가 어떻게 반응할 것 같은지 고려해 보라. 그러한 복잡한 상황들을 다루려고 시도할 때, 뇌는 무한한 기억 및 처리 용량을 가진 '슈퍼컴퓨터'가 아니기 때문에 생산성과 정확성은 심각한 손상을 입을 수 있다. 본질적으로 사람의 뇌는 과도한 다중과제처리를 수행하기 위해 만들어진 것이 아니며, 사람은 기계나 컴퓨터가 아니다. 따라서 우리는 컴퓨터 매장에 가서 메모리를 확장하기 위해 외장하드를 사다 끼울 수가 없다. 만일 우리가 낮은 용량의 메모리를 가진 컴퓨터(말하자면 우리의 뇌)에 수많은 자료조각들을 포함하는 많은 요구를 동시에 처리하도록 한다면, 컴퓨터는 금방 망가지고 말 것이다.

게다가 어떤 연구에서는 정상적인 다중과제처리(즉, 자극의 여러 원천에 동시에 주목하고 반응하도록 하는 시도)도 면역체계에 부정적인 영향을 미칠 수 있다는 것을 보여 주었다(즉, 면역글로빈 A 분비의 증가). 이는 그러한 방식으로 스트레스에 대처하려는 시도는 궁극적으로 부정적인 생물학적 영향을 미칠 수 있다는 것을 암시한다(Wetherell, Hyland, & Harris, 2004).

뇌의 이러한 한계를 고려했을 때, 사람이 문제에 대처할 수 있도록 돕는 추가적인 도구가 필요하다고 할 수 있겠다. 특히 그러한 문제가 스트레스가 심하고 부정적인 감정수준을 고조시킬 때 그러할 것이다. PST는 이러한 문제를 다루기 위해 사람들에게 세 가지 다중과제처리 전략을 가르치는 데 초점을 맞춘다(배부용 유인물인 문제해결 다중과제처리는 부록 3에 포함되어 있다. 이 자료는 지침으로 활용할 수 있도록 환자에게 제공할 수 있다.).

- 외재화
- 시각화
- 단순화

우리는 효과적인 문제해결을 하는 데 필요한 기본적인 도구로서 세 가지 지침 또는 전략을 개념화하였다. 많은 사람들이 수많은 이유로 이미 이들 중 하나 또는 모든 전략들을 사용할 것이다. 그러나 우리는 사람들이 이 도구들을 가능한 한 자주 사용해서 습관화되는 것이 중요하다는 것을 강조하고 싶다. 이런 도구들의 중요성은 조깅이나 경보에 관심을 가진 사람들을 가르칠 때 정확한 스트레칭과 호흡훈련이 부정적인 후유증 없이 적절히 달리는 데 요구되는 기본적인 활동이라는 것을 떠올리면 보다 쉽게 이해할 수 있을 것이다.

외재화

외재화(Externalization)는 가능한 한 자주 외적으로 정보를 나열하는 과정을 포함한다(예: 글로 적어 보기, 관계를 보여 주는 도표나 지도 그리기, 정보를 컴퓨터나 스마트폰, 또는 태블릿에 저장하거나 녹음기를 사용하기). 이 과정은 우리의 의식적인 마음이 기억한 정보를 적극적으로 떠올리는 활동을 하지 않고 쉴 수 있게 해 주며, 문제의 성격을 보다 잘 이해하고, 창의적으로 사고하며, 종이에 해결책을 적어 보고, 장점과 단점 목록을 작성하여 시각적으로 비교 검증하여 의사결정을 하는 등의 다른 활동들에 좀 더 집중할 수 있게 해 준다.

이 전략을 환자에게 설명할 때, 이런 도구들(예: 스마트폰, 할 일 목록, 포스트잇, 일정표)을 사용했던 일례를 들어 보라고 요청하고, 그것들이 생활에 도움이 되었는지를 물어보아야 한다. 잠재적으로, 유용한 비유는 집을 지을 때 시공계획서가 필요하고 새 카메라의 사용법을 배우고자 할 때 사용설명서가 필요한 것처럼 매뉴얼이 필요하다거나 PST에서 유인물을 배부하는데, 그게 바로 외재화 작업이라고 설명하는 것 등이 있다.

따라서 우리는 환자들이 작은 노트나 일기장을 사서 PST를 이행하는 동안 보조적인 도구로 사용할 것을 권장한다(또는 녹음이나 저장을 할 수 있는 전자기기를 가지고 있다면 그것을 사용하는 것도 좋다고 생각한다). 노트는 PST 과정 동안에 내주는 다양한 숙제나 연습을 할 때 반응을 기록할 수 있게 해 줄 뿐만 아니라 치료회기 동안 배운 정보를 보다 잘 기록할 수 있는(또한 이후에도 기억할 수 있도록 하기 위한) 유용한 도구가 될 수 있다.

이 도구의 원리는 심리학자이자 1980년대 이런 전략의 선구자인 제임스 펜네베이커(James Pennebaker)의 '표현적 글쓰기'라고 알려진 효과적인 개입법과 일치한다. 구체적으로 설명하자면, 이 접근은 사람들에게 다른 사람과 공유한 적 없는 외상적 경험에 대한 글을 쓰도록 요청한다. 이 접근은 자신의 깊은 내면을 탐색하고 그러한 정보를 종이에 적도록 한다. 이 개입법은 일주일 동안 3~4회 집중적으로 작업할 것을 권장한다. 연구에 따르면 그러한 표현적인 글쓰기는 면역기능과 전반적 안녕감 향상에 긍정적 효과를 보였다(Pennebaker, 2004). 어떤 환자에게는 치료자가 적절하다고 판단하는 경우에 이 개입법을 PST의 보조적인 도구로 사용할 수 있다.

시각화

시각화(Visualization)는 문제해결과정에 긍정적인 영향을 미칠 수 있는 다양한 목적을 위해 시각적 상상을 사용할 것을 강조한다. 거기에는 다음 세 가지가 포함된다.

문제 명료화

사람은 '마음의 눈'을 통해 문제를 시각화할 수 있는데, 문제의 여러 다른 부분들을 구분해서 문제를 한눈에 바라보기를 원할 때, 해결책을 찾기 위해 창의적인 새 아이디어를 내려고 할 때나 A에서 B까지 가기 위한 새로운 경로를 찾으려 할 때 그리고 그림형태로 문제를 기술하는 것을 돕는 시각적 도표나 그림을 그리기 위해 시각화를 사용할 수 있다(문제 정의와 관련하여 10장에 있는 연습참조).

심상을 활용한 예행연습

스포츠에서는 종종 심상을 활용하여 좀 더 시간 효율적인 방식으로 성공률을 증가시키기 위한 다양한 활동을 한다(예: 스키선수가 새로운 슬로프를 내려올 때 얼마나 무릎을 굽혀야 하는지를 시각화할 수 있다. 야구선수가 공을 어떻게 던져야 할지 시각화할 수 있다.). 이러한 형태의 시각화는 해결계획을 바로 이행하는 경우에 유용할 수 있지만 그것을 어떻게 행동으로 옮길 것인지에 대해서는 추가적인 연습이 필요하다.

스트레스 관리

'안내에 따른 심상 활용(Guided imagery)'이 이러한 형태의 스트레스 관리방법이다. 이 방법은 마음이 휴식을 취할 수 있도록 해서 스트레스와 불안수준을 낮춰 준다. 치료자는 '안전한 장소'로 여행을 떠나는 것을 보다 잘 시각화할 수 있도록 돕는 지시문을 자세히 제공한다. 환자에게 가장 좋아하는 휴양지 같은 안전한 장소를 의미하는 곳을 마음의 눈으로 생생하게 상상하도록 요청한다. 이 활동은 환자에게 일반적인 스트레스 관리 전략으로 가르치지만 도구세트 2의 일부이며, 중요한 PST 개념인 '속도 줄이기'를 돕는 도구이기도 하다. 이 스트레스 관리 도구를 묘사하는 환자용 유인물은 부록 3에 이런 유형의 시각화를 어떻게 사용하는지에 관한 구체적인 지침과 함께 제시되어 있다.

환자의 전반적인 문제해결능력을 강화하기 위한 수단으로 이러한 형태의 시각화의 전부 또는 일부를 환자에게 가르칠 수 있다. 추가적인 형태의 시각화(우리는 이것을 긍정적 심상이라고 부르는데)는 도구세트 3에 포함되어 있으며, 무력감을 극복하고 치료에서 계속 작업할 수 있는 동기를 증가시키기 위한 것이다. 본질적으로 이 접근법은 문제가 해결된 이후에 어떤 느낌을 받게 될 것인지를 시각화하도록 요구하며, 어떻게 문제를 해결하는 지점까지 갈 것인지에 대해서는 생각하지 않는다. 이것은 동기강화 수단으로 육상선수들이 '결승선을 통과하는' 장면을 시각화하는 것과 유사하다.

단순화

단순화(Simplification)는 크거나 복잡한 문제를 좀 더 다룰 수 있는 형태로 전환하기 위해 문제를 작게 자르거나 단순하게 만드는 것이다. 이 전략을 적용하기 위해 내담자에게 좀 더 연관된 정보에 초점을 맞추라고 지시하고, 복잡한 문제를 다룰 수 있는 하위문제로 나누며, 복잡하고 불분명하고 추상적인 개념을 좀 더 단순하고 구체적이고 실제적인 개념으로 바꾼다. 이 전략은 또한 목표를 달성하기 위한 더 작은 단계들을 확인하는 과정이며, 그 목표를 실제적으로 구체화하는 것이다. 예를 들면, 고등학교(또는 대학) 졸업을 3년간의 긴 과정을 거치는 것으로 지각하고 있을 때, 한번에 1년(또는 한 학기)을 마치는 것으로 개념화하도록 할 수 있다. 이것은 학업을 덜 끔찍한 일로 여겨지게 만들 수 있다(말하자면, "이번 학기를 마치려면 저는 어떻게 해야 하죠?"와 "대학을 졸업하려면 저는 어떻게 해야 하죠?"의 차이). 내담자가 모호한 생각과 개념을 좀 더 단순한 언어로 바꾸도록 돕는 한 가지 방법은 '다중과제처리 환자용 유인물'에 포함되어 있다. 이것은 환자가 문제를 서면에 기술하고 그 명료함에 대한 피드백을 받기 위해 친구에게 읽어 보게 하는 것이다.

다시 '메건'의 사례: 문제해결 다중과제처리

사례개념화를 메건과 함께 공유한 협력적 회기와 PST의 논리적 근거 설명을 마치고, 초기 치료회기에서 치료자는 치료과정 동안 사용할 일련의 전략들을 제공하고 그리하여 인지적 과부하를 좀 더 잘 다룰 수 있도록 돕기 위해 다중과제처리 도구세트의 개념을 설명했다. 이것은 메건에게 매우 중요한 과정이었는데, 예전에 과도한 음주를 했을 당시에 나타났던 건강상의 문제에 대한 걱정과 반추로 압도되면 '분리감' 증상이 나타나는 것 같았기 때문이다. 이 도구세트를 훈련시킨 것은 종종 문제를 회피하게 만들던 압도되는 느낌을 보다 잘 다룰 수 있는 기회를 그녀에게 제공해 주었다. 외재화와 단순화 원칙의 전략적 사용은 궁극적으로 대인관계에서의 단절감과 정서적 분리경험을 상당히 줄여 주었다.

문제해결 다중과제처리 도구의 사용을 통해 인지적 과부하를 보다 잘 다룰 수 있도록 다양한 방식의 교육을 받은 이후로 그녀는 한 주 동안 압도되는 느낌이나 인지적 과부하로 연결되는 생각과 감정을 경험하게 되는 일이 일어나면 그 경험을 일기에 쓰는 연습을 했다. 그녀는 치료자에게 노트를 보여 주고 치료회기의 전반부에 그것에 대해서 논의했다.

다음에 제시된 내용은 치료자가 어떻게 단순화 과정을 통해 메건이 자신의 감정을 명료화하고 인생의 변화를 위해 합리적이고 달성가능한 목표를 설정하도록 도왔는지를 보여 주는 일례다. 아래 제시된 부분은 메건과 치료자가 이 주제에 대해서 나누었던 짧은 대화다.

메건: 직장에 있을 때 글쓰기를 시작하려고 결심했어요. 나는 엉망진창이라는 생각과 '알코올중독자'라는 꼬리표가 계속 머릿속에서 맴돌면서 걱정과 근심에 압도되는 느낌을 받았어요. 몸이 떨리기 시작해서 화장실에 들어갔어요. 한쪽 구석에 앉아 일기장에 이걸 써 보려고 노력했지요.

치료자: 여기서 나와 함께 살펴보아도 되겠어요?

메건: 좋아요. (읽기 시작한다) "몇 가지 이유 때문에 엄마가 떠오른다. 엄마는 나에게 무슨 일이 있는지 모른다. 나는 엄마에게 말하고 싶지 않다. 나는 2주 후에 가족을 만나러 갈 것이다. 술을 마시지 않는 것은 이번이 처음일 것이다. 나는 엄마에게 술을 끊었다고 말하는 것을 상상할 수가 없다. 이모가 엄마에게 자녀들과 함께 있을 때 술을 마시지 않았으면 좋겠고, 우리 엄마가 심술궂고 빈정대는 투로 말하지 않았으면 좋겠다고 말했다. 엄마는 우리가 함께 있을 때는 언제나 술을 마시러 나갈 계획을 가지고 있고, 집에는 늘 맥주나 와인이 있다. (읽으면서 울기 시작한다) 나는 아직 거기에 있지 않기 때문에 여

기서 울고 있다. 나는 엄마에게 말을 꺼낼 생각조차 하지 못하고 있다."

치료자: 무슨 일이 일어날 것 같으세요?

메건: 모르겠어요…… 모르겠어요. (흐느낀다) 엄마는 실망할 거고, 화를 내고 아마도 거리를 둘 거예요…… (지금은 웃다가 운다) …… 나를 가족 중에서 제일 좋아해요. 와, 그건 힘든 일이에요.

치료자: 잠시 머물러 보세요. 메건. 감정과 걱정의 흐름을 여기에 내려놓고, 목표를 조금 단순화할 수 있는지 살펴봅시다.

메건: 알겠어요.

치료자: 당신은 엄마에게 당신이 술을 끊었다고 말하는 것에 대해 읽으면서 울기 시작했어요. 내가 보기에 당신은 술을 마시지 않는다는 구체적인 도전에 초점을 맞추기보다는 엄마에게 말을 한다는 것에 좀 더 초점을 맞추고 있는 것 같아요.

메건: 네…… 맞아요. 부모님이 하는 행동이 그거예요. 우리 가족은 술을 …… 많이 마셔요. 나는 내가 술을 끊는다고 말을 하면 우리 부모님이 실망하실까 봐 두려워요. 더 나쁜 건, 부모님은 자신들을 비난할지도 몰라요.

치료자: 어떤 점 때문에 그게 그렇게 끔찍하게 느껴질까요?

메건: 왜냐하면 나는 모든 사람들의 기분을 풀어 주어야만 한다고 느끼니까요! (자신의 팔을 붙잡고 웃는다) 이상한 것은 우리 아버지는 아마도 지지적일 것이고 우리 엄마는 궁극적으로 그걸 극복할 것이라는 점이죠. 문제는 나에게 더 많아요.

치료자: 메건, 이것이 당신에게 어려운 일이라는 것을 잘 알아요. 하지만 이 크고 복잡한 문제에 대해서 어떻게 바라볼 수 있을지 살펴봅시다. 당신이 쓴 글을 보면, 한 가지 문제는 당신의 술 문제를 인정하고 받아들이며 스트레스에 대처하는 새로운 방법을 발달시키는 것 같아요. 당신의 인지적 과부하의 또 다른 측면은 당신에 대해서 걱정하는 사람들에게 속마음을 드러내게 되면 그들을 실망시킬 것이라고 믿고 있기 때문에 경험하게 되는 걱정이나 슬픔과

연관되어 있어요.

메건: 정말 그래요. 그건 나에게 독약 같아요. 나는 그런 게 싫어요. 나를 아프고 불안하게 만들어요. 하지만 내가 절대적으로 해야만 하는 일이 두 가지가 있다고 생각해요.

치료자: 지난 한 주간 일기장에 당신이 쓴 것은 외재화와 단순화 도구를 사용하는 것이 어떻게 당신의 인생을 좀 더 나아지게 할 것인가 하는 당신의 목표 쪽으로 나아가게 도와주는지를 보여 주는 훌륭한 예라고 할 수 있어요. 다시 한 번 봅시다. 당신은 분리감, 걱정, 그리고 모호한 두려움을 경험했네요. 이러한 경험을 종이에 적고 당신이 했던 생각과 감정을 드러내도록 허용함으로써 당신은 치료에서 우리가 해야 할 세 가지 중요한 영역을 확인할 수 있었어요. 알코올에 대한 취약성을 받아들이는 것, 새로운 기술의 필요성, 그리고 다른 사람을 실망시킬 것이라는 과장된 두려움을 좀 더 합리적인 기대로 변화시키는 것 말이에요. 시작이 아주 좋아요.

메건: 정말 어렵게 느껴지지만 불가능할 것 같지는 않아요. 나는 이런 도구들이 좋아요.

치료자: 당신에게 도움이 된다니 기쁘네요. 이것은 문제해결과정에 걸쳐 적용할 수 있는 중요한 기본적 도구라는 것을 기억하세요.

요 약

이 장에서는 첫 번째 문제해결 도구세트인 문제해결 다중과제처리를 설명하였다. 다른 도구세트와 마찬가지로, 이 첫 번째 도구세트도 효과적인 문제해결과정을 가로막는 장벽들을 극복할 수 있도록 돕기 위해 PST에 포함시킨 것이다. 이 도구세트는 특히 복잡하고 정서적 부담을 주는 문제들을 다룰 때 다중과제를 효과적으로 처리하는 능력이 부족함을 걱정하는 경우에 적용할 수 있다. 우리는 그러한 장애물을 극복하기 위해 다음 세 가지 전략을 사용할 것을 제안한다. 외재화, 시각화, 그리고 단순화가 그것이다. 외재화는 목록, 도표, 지도, 그리고 녹음자료 같은 외적인 형태로 정보를 정리하는 과정을 포함한다. 시각화 또는 '마음의 눈'을 사용하는 것은 다음 세 가지 중요한 목적, 즉 문제의 명료화, 상상을 활용한 예행연습, 그리고 스트레스 관리 때문에 추천한다. 단순화는 복잡한 문제를 좀 더 작은 문제로 분리하는 것이다. 한 개의 전반적인 목표보다는 성취목표에 이르는 일련의 단계들로 기술하는 것이며, 문제와 목표를 기술할 때 단순하고 사용자에게 친숙한 언어를 사용하다. 우리는 문제해결 다중처리과제에 대해 예시하기 위해 메건의 사례를 다시 사용하는 것으로 이 장을 마무리했다. 나머지 도구세트 각각에 대해서도 마찬가지이지만, 다음은 구체적인 치료지침, 보조적인 교육도구로 사용할 수 있는 환자용 유인물 목록, 도구들을 배우고 나서 연습을 할 수 있는 과제나 다양한 숙제들을 추천하고 있다.

도구세트 1 훈련의 요점

1. 이 도구세트의 일반적인 목적은 목표를 달성하는 데 일반적으로 방해가 되는 장애물을 극복하도록 돕기 위한 것이라는 점을 강조하라.

2. 도구세트 1의 근거를 제시하라. 즉, 이것은 사람들이 어떻게 '인지적 과부하'를 다룰 수 있는지와 부정적인 감정을 경험할 때 어떻게 효과적으로 생각을 계속할 수 있는지를 알려 준다. 사람들이 흥분하면(예: 슬프거나 화가 나거나 겁에 질리는 등), 종종 부정적인 감정이 바르게 생각하는 능력을 저해하고 문제해결을 효과적으로 하지 못하게 한다는 점을 강조하라.

3. 적절한 시기에 관련된 환자용 유인물을 제공하라.

4. 외재화, 시각화, 그리고 단순화라는 세 가지 문제해결전략에 대해 설명하고 논의하라. 각각에 대해서 일반적인 예와 내담자에게 적합한 예를 들어 주라. 환자가 특히 현재의 문제와 관련하여 지금 이 기술을 적극적으로 사용

할 수 있도록 가능한 상황을 확인하라.

5. 연결이 되고 적절하다면, 다양한 다중과제처리 연습과 전략을 회기 안에 연습하라.

6. 내담자에게 이것은 네 가지 도구세트들 중 하나이고 나머지는 배우게 될 것이라고 상기시켜라.

도구세트 1 환자용 유인물(부록 3에 포함되어 있음)

• 문제해결 다중과제처리
• 시각화 – '안전한 곳으로의 여행'

추천하는 숙제 및 연습과제

• 다음 회기 전에 적어도 한 번은 PSSM 양식을 작성하여 논의하기
• PSSM 양식을 작성할 때 적어도 세 번의 다중과제처리 전략을 연습하기
• 작은 노트나 일기장을 사서 외재화 도구 연습하기(스마트폰, 컴퓨터, 태블릿 등을 사용할 수 있음)
• 배부받은 자료 검토하기

도구세트 2. SSTA 기법:
스트레스하에서의 정서 조절불능과
부적응적인 문제해결의 극복

그것은 아이러니다. 우리의 몸은 스트레스를 받을 적절한 이유가 있든 없든 상관없이 정확히 똑같이 스트레스에 반응한다. 우리의 몸은 우리가 옳은지 그른지를 신경 쓰지 않는다.

—D. Childre & H. Martin

우리를 죽이는 것은 스트레스가 아니라 그것에 대한 우리의 반응이다.

—Hans Selye

새로운 아이디어를 떠올리는 데 어려움이 있다면 천천히 하라. 창의성은 현재의 순간에 존재한다. 다른 곳에서 그것을 찾을 수는 없다.

—Natalie Goldberg

앞서 언급한 바와 같이, 효과적인 문제해결에 장애가 되는 두 번째 잠재적인 요인은 스트레스가 되는 문제를 다루려고 할 때 경험하게 되는 정서 조절에서의 어려움이다. 따라서 이 두번째 문제해결 도구세트는 오래 지속되면 점점 더 심해질 수 있는 부정적·정서적 반응을 예방하기 위해서 스트레스 자극에 대한 정서적 반응을 보다 잘 조절할 수 있도록 돕는 데 초점을 맞춘다. 우리는 기본적으로 이 방법이 '속도를 내며 출발하는 기차'를 막을 수 있도록 돕는다고 내담자에게 설명한다. 현대의 문제해결치료에서 그렇게 하는 것은 내담자들이 다음과 같은 작업을 하는 데 중요하다.

1. 자신의 정서적 반응의 실제적 특성을 좀 더 자각하고 마음챙김함(그러한 감정을 억누르거나 피하려고 하는 경우와 비교)
2. 그러한 감정들이 문제해결과정에 좀 더 정보를 제공할 수 있도록 허용함 (즉, 주어진 자극에 대해서 왜 그런 감정을 느끼고, 그렇게 반응하게 되었는지를 보다 잘 이해하게 됨으로써 궁극적으로 그 주어진 상황이 왜 실제적으로 문제가 되는지를 보다 잘 이해하게 됨)
3. 계획적 문제해결을 통해 좀 더 사려 깊고 차분한 태도로 스트레스 상황을 처리할 수 있게 됨(예: "내가 이 상황에서 할 수 있는 것이 무엇일까?" "내가 이 문제에 대해 무슨 일을 해야 할까?" "이 문제는 변화될 수 있는 것일까?" "이 문제가 해결될 수 없다는 것을 받아들이는 것이 내가 할 수 있는 최선일까?")

"흥분한 상태에서 중요한 결정을 내려도 괜찮을까요?"라고 질문을 한다면, 당신은 금방 "아니다."라고 답할 것이다. 사람들이 흥분했을 때 결정을 내리거나 문제에 반응을 하는 경우도 많지만, 대부분의 사람들은 당신의 대답에 동의할 것이다. 즉, 화가 나거나 슬프거나 실망하거나 긴장을 하게 되면 결과적으로는 해가 되는 방향으로 선택을 할 수 있다고 생각할 것이다. 따라서 문제상황에 대해서 초기에 강한 즉각적 반응을 했을 때, 그러한 감정들을 '조절'하려고 시도해서 우리의 문제해결에 부정적인 영향을 미치지 않도록 하는 것이 우리의 관심사다.

그러나 우리의 감정이 잠재적으로 우리를 다치게 할 수도 있지만, 한편으로는 슬픔이나 긴장, 분노와 같은 부정적인 감정들도 우리를 도울 수도 있다는 것을 전달하는 것 또한 중요하다. 일반적으로 정서는 다음과 같은 기능을 하기 때문에 중요하다. (1) 특정 방식으로 행동하도록 주의를 환기시킨다. (2) 의사결정을 미세하게 조정한다. (3) 어떤 사건들에 대해 기억하는 능력을 강화한다. (4) 대인간 상호작용을 촉진한다(Gross & Thompson, 2007). 그러므로 우리의 정서에 대해 좀 더 자각하는 것과 그것을 실제로 경험하는 것이 회피적이거나 충동적인 문제해결전략을 사용해서 감정을 억누르거나 부인하거나 최소화하는 것보다 낫다. 우리의 정서적 생활에 대해서 좀 더 마음챙김함으로써, 우리는 자신에 대해서 그리고 우리의 문제해결지향에 대해 좀 더 통찰을 가지게 되는 것이다. 이것이 현대의 PST의 중요한 목적이다.

도구세트 2의 논리적 근거

2장에서 정신병리의 문제해결 스트레스 모델에 대해 상세하게 설명한 바와 같이, 정서적 자극을 받는 것은 그 자극의 근원과 특징에 대한 인지적 해석뿐만 아니라 신체의 여러 신경생물학적인 반응을 촉발한다. 예를 들면, 뇌의 스위치보드(즉, 시상)에 스트레스 자극(예: 교통정체로 길이 심하게 막히거나 상사가 당신에게 소리를 지르거나, 비판을 당하거나, 시험에서 떨어지거나, 데이트 상대에게 차이거나, 극장에서 당신 뒷자리에 앉은 사람이 계속 당신 자리를 발로 차는 등)이 처음 인식되면, 1000분의 1초 안에 편도체(아랫길)와 피질(윗길)에 메시지를 보낸다. 이 정보는 작동기억을 담당하는 뇌의 부분(즉, 전두엽, 측두엽, 전측대상회, 그리고 기저핵의 일부)으로 전달되는데, 이곳은 마음이 추론과 이해를 하기 위하여 정보를 저장하는 곳이다(마치 컴퓨터의 하드 드라이브와 같다). 이 정보가 어떻게 해석되는지는 과거의 경험과 학습, 상황적 맥락, 그리고 현재상황에 대한 개인의 평가(이는 개인의 독특한 소프트웨어 프로그램과 유사하다)에 달려 있다.

그러나 편도체는 1000분의 몇 초 안에 촉발되기 때문에, 신체는 추론하고 이해한 바에 따라 반응하기보다는 과거경험을 바탕으로 자동적으로 반응하는 경향이 크다. 우리가 이 과정을 중단할 수 있는 능력과 시간이 없거나, 정서적 자극이 지속되거나(예: 길이 점점 더 막히고, 상사가 계속 당신에게 고함을 지르는 등) 또는 우리가 정말로 겁을 먹었다는 것을 인정한다면, 특히 반추적인 태도("상사는 언제나 나에게 고함을 질러. 나는 아마 직장에서 해고당하겠지, 나는 다른 직장은 구하지 못할 거야. 나는 대출금을 갚지 못할 거고, 나는 길거리에 나앉게 되겠지. 나는 실패한 사람이야.")로 생각한다면, 편도체는 지속적인 '폭격'을 당하고 우리의 정서적 반응은 좀 더 강렬해질 것이다. 그러한 만성적인 스트레스를 경험하는 것은 우리의 작동기억에 부정적인 영향을 미칠 수 있으며, 수상돌기 위축(dendrite atrophy) 같은 전전두엽의 변화나 척수 손실을 포함하는 실제적인 구조적 변화 등을 유발할 수 있다(Radley et al., 2006). 전전두엽 대뇌피질의 구조(예: 뇌세포의 연결성)와 기능(예: 정보의 통합, 처리, 폐기 및 인출에 관련된 능력의 약화) 모두에 대한 이러한 유의한 부정적 영향은 문제해결의 효과성에 심각한 영향을 미칠 수 있으며 스트레스가 정신적 질병을 유발하는 데 부분적으로는 책임이 있음을 보여 준다고 할 수 있다. 다른 말로 하면, 스트레스 민감성은 좀 더 많은 스트레스와 정서적 고통을 발생시키는 빈약한 대처를 낳고(즉, 스트레스 생성), 이는 궁극적으로 부적응과 정신건강상의 문제를 유발한다.

주어진 자극에 의해 재빨리 부정적 감정이 촉발될 수 있기 때문에 사람들에게 그 과정을 '멈추고, 속도 줄이기' 기술을 가르치는 것이 상당한 도움이 될 수 있다. 달리 표현하자면, 우리의 목표는 사람의 감정을 제거하는 것(이것은 뜨거운 냄비를 잡다가 손가락을 델 수 있으니까 그걸 막기 위해 손가락을 자르겠다는 것과 같다.) 이 아니기 때문에 실행기능이 작동하여 문제상황을 좀 더 차분하고 사려 깊게 다루도록 하기 위해, 즉각적인 정서적 반응에 대해 '멈추고 속도 줄이기'를 하도록 가르치는 것이 중요하다고 믿는다. 이러한 방식을 통해 스트레스의 부정적 영향이 최소화될 수 있고, 초기의 부정적 정서반응이 좀 더 강렬하고 오래 지속될 가능성이 경감된다. 이 장의 맨 앞부분에 있는 칠드레(Childre)와 마틴(Martin)의 인용글귀에서 제안하는 바와 같이, 내담자가 당황하거나 화가 나거나 상처받거나 실망하는 이유가 정당화되거나 교정된다고 해서(예: 상사가 실수로 당신에게 고함을 질렀다. 당신은 교통정체를 피하려고 아침에 일직 일어났기 때문에 막히는 길 위에 있을 필요가 없었다. 그러나 어쨌든 사고가 일어나서 길이 막혔다.) 달라지는 것은 없다. 어쨌든 간에 부정적인 결과는 나타날 것이다. 그렇기 때문에 우리는 개인의 스트레스 반응을 감소시키는 것이 스트레스의 근원이나 잠재적으로 임의적인 특징 및 인과관계와 상관없이 중요하다고 믿는다.

강력하고 오래 지속되는 정서적 반응을 예방하기 위하여, PST는 사람들에게 '기차역을 출발하려는 기차를 멈추도록 돕기 위해' 고안된 일련의 도구를 제공한다. 다른 말로 하면, PST는 사람들이 자신의 정서적 기저선(즉, 편도체가 자극을 받기 전의 정서적 상태)으로 다시 돌아가서, 정서적 반응을 즉각적으로 촉발하는 스트레스 문제에 좀 더 지혜롭게 대처하도록 도움으로써, 스트레스에 대한 개인의 회복력을 향상시키기 위해 고안된 것이다. 어쨌든 '멈추어라, 속도를 줄여라, 생각하라, 그리고 행동하라.'라고 이름을 붙인 이 도구세트를 자세히 기술하기 전에 좀 더 커다란 문제해결 맥락에서의 정서조절의 개념을 다루고자 한다.

문제해결치료와 정서조절

그로스와 톰슨(Gross & Thompson, 2007)에 따르면, 정서조절 과정 또는 전략은 다섯 가지 다른 범주로 구분할 수 있다.

1. 상황 선택(Situation Selection)
2. 상황 변화(Situation Modification)
3. 주의 배정(Attention Deployment)

4. 인지적 변화(Cognitive Change)

5. 반응 조절(Response Modulation)

현대의 PST를 살펴보면, PST는 실제적으로 이들 다섯 가지 범주에서 각각 치료목표와 구체적인 전략을 포함하고 있으며, 점차 그 범위를 확장하고, 개입법으로서의 견고함을 증대시키고 있다. 따라서 치료자는 이 다섯 가지 과정을 실생활의 문제를 해결하고 스트레스 상황에 적응해 보려고 할 때 정서적인 삶을 보다 잘 관리하는 방법을 가르쳐 주는 것이라고 내담자에게 강조해야 한다. 다른 말로 하면, 현대 PST의 주된 입장은 유연성과 선택을 중시하는 것이다. 강한 정서적 반응을 좀 더 잘 관리하는 방법을 확인하고 개념화하는 다양한 수단의 메뉴를 제공하는 것은 그러한 철학에서 나온 것이다.

상황 선택

이 활동은 정서조절에 대한 접근법으로서, 사람이 궁극적으로 괜찮거나 그렇지 않은 정서를 유발하는 상황에 연루될 가능성을 감소시키거나 증가시키는 행동과 관련된다. PST의 목표 중 하나는 자신의 행동의 결과를 보다 잘 이해하도록 돕는 것이며, 특히 일상생활 문제에 대한 반응으로 어떤 해결책이나 행동계획을 이행했을 때 나타날 수 있는 잠재적 결과를 이해하도록 하는 것이다(도구세트 4의 계획적 문제해결 부분을 참조). 좀 더 구체적으로 설명하면, 주어진 해결책이 효과적일 것인지에 대한 분석에 더해, 다음의 추가적인 준거, 즉 개인적 결과(예: 정서적 비용과 손실, 신체적 안녕감, 시간과 노력, 자신의 가치관과의 일치 여부), 사회적 결과(예: 배우자/파트너, 가족, 친구, 동료, 지역주민에 대한 영향), 단기적 영향과 장기적 결과를 지침으로 사용하여 해결책의 가능한 결과를 예측하도록 가르친다. PST는 사람들이 자신의 개인적인 스트레스 촉발요인과 그런 촉발요인에 대한 정서적 반응을 좀 더 잘 자각하도록 가르치고, 자신의 행동계획에 대한 결과를 예측하기 위해 노력하도록 가르치기 때문에(도구세트 4, 의사결정훈련) 이들 전략의 조합은 정서적 조절전략으로 개념화되어 사용될 수 있다. 이런 유형의 처리를 예를 들자면 현재의 직장에서 매우 불행하게 느끼는 사람을 들 수 있을 것이다. 불행감을 덜 느끼는 것(그리고 가능하다면 만족감을 느끼는 것)을 목표로 했을 때, 이 범주의 정서 조절전략은 이직(다른 회사나 회사 내의 다른 부서로 옮기는 것)일 수 있다. 그러나 그를 행복하게 할 수 있는 다양한 직업들과 업무, 그리고 그러한 기준과 일치하는 특정 맥락에 있는 구직활동에 대한 포괄적인 자기이해를 하고 행동해야 할 것이다.

상황 변화

정서 조절전략에서 이 유형과 관련된 목표는 상황의 특징을 수정하거나 변화시켜서 내담자가 바뀌기를 원하는 정서적 반응 유형이 더 이상 나타나지 않게 하는 것이다. 이것은 PST의 주요한 목적 중 하나로서, 상황을 변화시켜서 그것이 더 이상 문제가 되지 않도록 하는 방법(즉, 문제를 해결함)을 찾도록 내담자를 돕는 것이다. 우리의 불행감을 느끼는 직장인 사례로 돌아가면, 정서 조절접근법 중 한 전략은 부정적인 정서와 연결된 현재 직장의 여러 측면들을 확인하는 것(예: 낮은 급여, 너무 많거나 적은 책임, 물리적 직장환경, 발전 또는 승진 기회의 부족 등)과 이런 부정적인 측면들의 전부 또는 일부를 바꾸기 위해 전반적 해결계획을 수립하는 것이다.

주의 배정

이것은 정서에 영향을 미치는 수단으로, 주어진 상황에서 특정방식으로 주의를 기울이도록 하는 전략이다. 주의 배정의 한 가지 형태는 주의 분산인데, 그 상황의 어떤 측면이나 전반적 상황에 대해 주의를 기울이지 못하도록 주의를 다른 곳으로 돌리는 것이다. 이 장에서 기술한 SSTA 도구세트에서 다른 활동(예: 20에서 1까지 숫자세기)에 초점을 맞춤으로써, 사람들이 '속도 줄이기' 반응을 할 수 있도록(즉, 각성수준을 경감시키도록) 돕는 몇 가지 전략들을 제시하고 있다. 7장에서 기술한 바와 같이, 뇌는 다중과제처리를 하기 어렵다는 것을 기억하라(즉, 두 가지 활동을 동시에 하게 되면 생산성이 떨어진다.). 따라서 주의분산 전략을 사용하도록 가르치면, 정서적 자극이 아니라 다른 과제에 다시 주의를 기울이도록 하는 데 도움이 된다. 다시 불행감을 느끼는 직장인을 떠올려 보면, 현재 직장의 여러 가지 측면들이 절망감, 좌절감, 그리고 소진된 느낌 등의 부정적 반응을 촉발할 때, 몇 가지 '속도 줄이기' 활동 중 하나에 주의를 기울이게 하면, 부정적인 각성을 경감시킬 수 있고, 그의 감정을 문제해결과정에 좀 더 나은 정보를 제공하는 것으로 '사용'할 수 있게 된다.

인지적 변화

정서 조절과정의 네 번째 분류는 인지적 변화전략으로, 상황에 대해 생각하는 방식의 변화(예: 상황을 위협으로 평가하는 것과 도전으로 평가하는 것은 다름)나 위협의 요구를 충족시키는 데 필요한 개인의 능력에 대한 평가에서의 변화(예: "내가 이 문제를 적절하게 해결할 수 있을까?")를 포함한다.

이 기법들 중 상당수는 다양한 인지치료적 접근(예: 인지치료, 합리적-정서행동치료)에서 온 것이다. 앞서 언급한 바와 같이, 스트레스 상황에서 효과적인 문제해결에 가장 장애가 되는 것은 부정적 사고다. 따라서 PST는 도구세트 3(건강한 사고와 긍정적 심상)에서 다양한 인지적 변화기법을 포함하고 있다. 불행감을 느끼는 직장인 사례로 다시 돌아가 보면, 가능한 인지적 변화전략은 현재 상황에 대해 재평가하고, 현재 상황에서 남아 있는 시간 동안 부정적인 평가를 최소화하기 위해 직장의 긍정적인 측면들에 좀 더 초점을 맞추는 것이며, 동시에 계획적 문제해결을 사용하여 문제를 해결하고자 노력하는 것이다.

반응 조절

정서 조절에서 반응 조절은 정서적 반응 그 자체를 구성하는 생리적, 경험적 그리고 행동적 반응에 직접적으로 영향을 미치고자 시도하는 과정을 포함한다. 예를 들면, 이완, 운동, 또는 생리적 각성을 경감시키기 위해 유도된 심상을 활용하는 방법 등이 있다. 다음 부분에서 좀 더 상세히 설명하겠지만 SSTA 도구세트에 포함된 이런 활동 중 상당수는 정서적 반응의 강도를 감소시키기 위해(그런 반응을 억제하거나 제거하는 것이 아니라) 고안된 것이며, 정서적으로 덜 불안정한 맥락에서 계획적 문제해결을 할 수 있는 기회를 제공하려는 것이다.

스트레스하에서의 정서조절과 문제해결에서의 SSTA 기법

• SSTA의 각 글자는 다음을 의미한다.

S 멈추어라(STOP)

S 속도를 줄여라(Slow Down)

T 생각하라(Think)

A 행동하라(Act)

이 도구세트는 (1) 정서적으로 좀 더 마음챙김하기, (2) 특정한 촉발요인을 확인하기, (3) '속도 줄이기'라는 구성요소를 포함하고 있다. 이 도구세트가 SSTA의 '멈추고 속도 줄이기' 구성요인에 주로 초점을 맞추고 있기는 하지만, 우리는 치료에서 다음과 같은 안내를 하면서 이 용어를 내담자에게 소개할 것을 추천한다.

1. **멈춘다**는 것은 부정적인 반응을 최대로 끌어올리게 할 가능성이 있는 정서 적 반응을 경험하고 있다는 것을 자각하는 것이다.
2. 정서적 반응에 대해 **속도를 줄인다**는 것은 다음을 위한 것이다.
3. 부정적인 정서성(emotionality)으로부터 간섭을 덜 받는 상황에서 무엇을 해 야 할지를 좀 더 계획적으로 **생각하기** 위한 것이다.
4. 그러고 나서 스트레스 상황에 좀 더 효과적으로 대처하기 위해 생각해 낸 해결책이나 행동계획을 **실행한다.**

이 머리글자들은 특히 스트레스 상황에서 대처를 위한 노력을 할 때 기억할 수 있도록 돕기 위해 만들어진 것이다. 정서 조절불능을 극복하기 위한 SSTA 기 법을 간략하게 기술한 환자용 유인물은 부록 3에 포함되어 있다.

이전의 PST 치료매뉴얼(예: D'Zurilla & Nezu, 2007; Nezu et al., 1998; Nezu, Nezu, Felgoise, McClure, & Houts, 2003)에 익숙한 독자들은 이전에 추천한 구절인 "멈추 고 생각하라."와 비슷하다는 것을 알아차렸을 것이다. 그러나 좀 더 심각한 수준 의 고통을 경험하는 사람들을 포함하는 다양한 환자집단에 대한 우리의 임상적 경험을 바탕으로, 그리고 그렇게 하는 것(즉, 지속적으로 편도체에 자극을 받는 상황 에서 멈추고 나서 생각하는 것)이 왜 어려운지에 대한 신경생물학적인 설명을 확인 하고서, 우리는 효과적인 방식으로 대처하기를 바라는 사람들에게 '속도 줄이 기'의 구성요소를 덧붙이기로 결정했다. 마지막 부분에 '행동하기'를 첨가한 것 은 효과적인 대처에 있어서 "행동으로 옮기지 않는 생각은 아무런 가치가 없다 (H. Mackay의 유명한 인용구)."는 지적을 강조하기 위한 것이다.

이전 매뉴얼에서와 마찬가지로 PST는, 효과적으로 멈출 수 있기 위해서는 스 트레스 자극에 대한 자신의 반응을 구성하는 독특한 정서적, 인지적, 신체적 그 리고 행동적 반응유형을 자각할 필요가 있다는 점을 지속적으로 강조하고 있다. 자각을 함으로써, 멈출 필요가 있는 상황에 처해 있다는 것을 확인할 수 있다. 어 떤 사람들은 스트레스 자극에 대해 자신이 어떻게 반응하고 있는지 분명하게 지각하지만, 어떤 사람들은 그렇지 않을 수 있다. 그러나 '문제가 있다는 것을 알려 주는 단서'라는 차원에서 정서적 반응을 유지하는 데 덧붙여서, 정서 자체의 특징을 좀 더 자각하고 그것이 당사자에게 어떤 의미인지를 확인하는 것은 이후에 문제를 좀 더 분명하게 정의하려고 시도할 때 특히 큰 도움이 된다. 그러므로 적절하기만 하다면, PST는 내담자들이 '자신의 정서에 대해서 좀 더 마음챙김'을 하도록 훈련할 것을 추천한다.

정서적으로 좀 더 마음챙김하기

이 전략에서 좀 더 마음챙김하도록 훈련을 시킨다는 것은 다음을 위한 것이다.

1. 언제 멈춰야 하는지를 인식할 수 있게 하기 위해서 스트레스 자극에 대한 자신의 독특한 반응들을 좀 더 자각하도록 돕는다.
2. 그런 정서적 반응의 의미와 특성(예: 내가 왜 이 상황에 대해서 화를 내고 있지?")에 대해서 좀 더 귀를 기울이도록 돕는다.

또한 그러한 반응을 좀 더 자각하면, 개인의 독특한 '촉발요인'을 보다 잘 확인할 수 있다. 촉발요인은 상황, 사건, 사람, 생각, 외적 자극(예: 실연당한 상대를 떠올리게 하는 노래나 시각적 이미지)을 의미하며, 편도체가 잠재적으로 강한 부정적 정서적 반응을 하도록 자극한다. 개인적 촉발요인을 좀 더 잘 확인하기 위해서, 정서조절의 '상황 선택' 유형(앞부분 참조)과 관련된 능력을 향상시킬 수 있다.

다음에 제시된 예는 내담자의 활동을 기술한 것이다(이 대화는 이 자료를 제시하는 가능한 많은 방법들 중 하나라는 점을 기억해야 한다.).

이 연습에서 나는 감정에 대해 이야기하고 싶습니다. 사람들은 매일 마음을 어지럽히는 감정들을 경험합니다. 그러나 정서는 매우 복잡하고 교묘합니다. 때때로 우리의 감정은 단지 어떤 상황에 대한 반응이고 그래서 그것들은 그저 지나갑니다. 또 다른 경우에 우리는 좀 더 오랫동안 불편한 감정들로 인해 괴로워합니다. 우울, 불안, 분노, 그리고 애도와 같은 문제들은 고통스런 감정을 수반합니다. 그런 감정들이 좀 더 긍정적인 지향을 채택하는 데 장애물이 되거나 강한 정서적 반응이 특정문제를 좀 더 효과적으로 해결하는 능력을 가로막는다면, 이러한 도구를 사용하는 것은 당신에게 매우 중요한 일입니다. 자신의 부정적인 감정(여기에 주목하라. 만일 관련이 있다면 이 부분이 내담자가 치료를 받으러 찾아온 이유일 것이다. 만일 그렇지 않다면 계속 주의를 기울여라.)을 관리하는 데 도움이 필요한 것은 누구나 마찬가지입니다. 사람들은 종종 정서적 문제 때문에 상담자를 찾아가서 도움을 받습니다. 다음에 제시하는 지침은 감정의 힘을 적절히 사용하고 당신에게 도움이 되도록 하는 단계적 접근법을 제공하기 위해 설계된 것입니다. 이 단계들을 연습하면, 부정적인 감정들을 그냥 견디다가 점차 상황이 악화되는 것이 아니라, 부정적인 감정을 좀 더 잘 지각하고 문제가 있다는 신호나 단서로 활용할 수 있게 됩니다. 게다가 이 접근은 당신이 그러한 감정이나 고통의 원인이 되는 문제를 좀 더 잘 다룰 수 있도록 도울 수 있습니다.

부정적인 감정은 당신에게 주는 자연의 선물이라는 생각을 고려해 보십시오. 부정적인 감정을 완전히 나쁜 것으로 바라보는 것은 잘못입니다! 실제로, 부정적인 감정은 뭔가 잘못되고 있고, 뭔가 문제가 있다는 것을 당신에게 말해 주는 자연의 방식이라고 생각할 수 있습니다. 이러한 방식으로 그것은 궁극적으로 당신의 안녕을 돕습니다. 비록 한동안은 불쾌할 수 있지만 말입니다.

더 나아가, 한 연구에서는 부정적인 감정을 억누르려고 시도하는 것이 상황을 더 악화시킬 수 있다는 것을 보여 주었습니다. 사실 감정을 억누르면 감정의 강도는 세집니다! 그러므로 '감정을 단서로 활용하는 법'을 배우기 위해 다음에 제시된 단계를 따르십시오.

1단계. 하루 중 어느 때든 마음이 불편하거나 신체적으로 불쾌함을 느낀다면,

잠시 멈추고 당신이 느끼는 것이 무엇인지, 그 감정들의 강도는 어느 정도인지 주목해 보세요. 가장 먼저 어떤 감정이나 느낌에 주목하게 되었는지를 언어로 표현하려고 노력해 보세요. 슬픔인가요? 지루함? 분노? 긴장? 죄책감? 그것을 노트나 일기장이나 컴퓨터에 적어 보세요. 외재화를 기억하세요. 외재화는 당신이 느끼는 것을 분명하게 해 줄 뿐만 아니라 기억을 할 수 있도록 돕습니다.

2단계. 그 감정을 당신이 어떻게 경험하는지에 주목하세요. 심장이 뛰거나 목에 뭔가 걸린 것 같거나 얼굴이 화끈거리는 것 같은 어떤 신체감각을 느끼나요? 자신에게 "이걸 받아들일 수 없어." "이런 것은 필요 없어." "나는 이런 감정을 느끼는 게 싫어." "그에게 내가 어떤 감정인지 보여 줄 거야." 또는 "포기할까?" 같은 말을 자신에게 하고 있습니까? 당신은 어떤 감정을 느끼나요? 슬픔? 긴장? 분노? 당신의 정서는 무엇입니까? 당신은 다르게 행동하고 있습니까? 도망치고 있거나 누군가와 싸우고 싶거나 숨어 버리고 싶은 충동을 느끼나요? 당신이 자신의 감정을 어떻게 경험하는지에 익숙해지기 시작하면 이 모든 사인들, 즉 신체감각들을 당신에게 당신의 정서와 기분, 그리고 행동의 변화를 알려 주는 단서, 신호, 또는 "뭔가 벌어지고 있다."는 것을 알려 주는 것으로 간주하세요. 다른 말로 하면, "나는 뭔가에 대해서 마음이 불편해. 뭔가 문제가 발생하고 있고 나는 거기에 주목할 필요가 있어!"라고 말해 주는 것입니다. 그러고 나서 3단계로 가세요(지침을 제공하는 보조도구로 우리는 '스트레스에 대한 반응' 활동지를 포함시켜서 이러한 정보를 적는 데 사용할 수 있도록 했습니다. 또한 내담자에게 정서적인 변화를 가져온 사건을 표현해 보도록 요구합니다.).

3단계. '멈추고 속도 줄이기' 반응을 하세요! 정지신호 표지판이나 빨간불이 켜진 신호등을 상상하면 멈추는 데 도움이 될 수 있습니다. 이 단계는 비디오 플레이어나 촬영장치의 '일시정지' 버튼을 누를 때처럼 모든 행동을 멈추는 것을 의미합니다. 당신은 몇 초 동안 모든 행동(말을 하는 것도) 멈추고 감정을 좀 더 자각해야 합니다. 이러한 얼어붙은 순간은 당신이 감정을 경험할 수 있도록 허용해 주고 당신이 느끼는 것을 확인할 수 있게 해 줍니다. 당신의 경험에 대해서 좀 더 마음챙김하십시오. 당신이 진짜로 어떤 감정을 느끼는지 깨닫기 전에 좀 더 기분이 나아지게 하려는 경향을 억제하고 '그냥 두기' 위해 감정을 부인하려고 하지도 마십시오. 새로운 그림을 보여 드리겠습니다(그림 8-1). 이 그림은 교통정체 같은 일이 부정적 각성을 촉발할 때, 그 상태에서 벗어나기 위해 지속적으로 속력을 내거나 자신에게 '감속'할 수 있는 기회를 주기 위해 SSTA 기법을 사용하거나 하는 두 가지 중 하나를 선택하는 것을 보여 줍니다.

4단계. 이 단계는 '지혜롭게 되기 위한 학습'을 돕기 위해 고안된 것입니다. 다른 말로 하면, 당신의 감정이 '당신에게 말해 주는 것'을 좀 더 잘 이해할 수 있도록 해 준다는 것입니다. 당신이 감정대로만 반응한다면, 당신 마음속의 좀 더 논리적이고 이성적인 부분의 이야기에 귀를 기울이기 어려울 것입니다. 그런 경우에 당신은 감정에 따라 좀 더 충동적으로 행동할 가능성이 있습니다. 예를 들어, 어떤 일이 있어난 데 대한 반응으로 당신은 화가 날 수 있습니다. 그러나 어떤 사람들에게 분노는 당혹감을 유발하고 당혹감은 두려움을, 그리고 두려움은 좀 더 강한 분노를 유발할 수 있습니다. 이런 방식으로는 그러한 부정적인 감정으로부

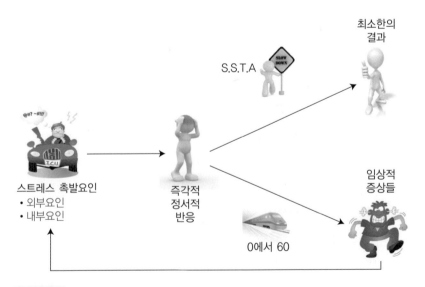

[그림 8-1] SSTA 기법

터 절대로 벗어날 수 없을 것이며, 왜 당신이 화가 났는지(그것은 자연스럽고 예상할 만한 것입니다.)에 대한 원래의 이유를 잃어버리게 할 것입니다.

한편, 당신이 논리적으로만 생각한다면(예: 당신이 스타트랙의 '스팍' 박사 같다면) 당신의 감정이 당신에게 말해 주는 중요한 정보를 무시하는 것이 될 것입니다. 예를 들자면, 당신이 외롭기 때문에 슬프다고 가정해 보세요. 당신의 논리적 사고는 당신의 감정의 가치를 깎아내리거나 신뢰하지 않으려고 할 수 있습니다("나는 그런 감정을 느낄 필요가 없어. 나는 괜찮아."). 그러면 다른 사람들과 우정을 나누거나 좀 더 지지를 받기 위해 노력하는 것의 중요성을 인식하지 못하게 될 것입니다. 우리가 정서와 사고를 함께 고려한다면 어떤 일이 생길까요? 일반적으로 지혜롭게 반응하기 위해서는 두 가지 유형 모두가 필요합니다. 달리 말하면, 감정이 무슨 일이 '실제로 벌어지고 있는지' 알려 주도록 하기 위해 당신이 두 가지 유형 모두를 받아들이는 것이 현명합니다. 그것은 어려운 일입니다. 왜냐하면 그렇게 하기 위해서는 감정이 당신에게 제공하는 중요한 정보가 무엇인지 알아내기 위한 시간과 노력을 들여야 하기 때문입니다. 그러나 이러한 새로운 지혜를 바탕으로 당신은 자신의 감정이 당신에게 이야기하는 질문들에 대해 답을 할 수 있을 것입니다. 이러한 정보를 가지고 있다는 것은 당신이 다음에 무엇을 해야 하는지 판단할 수 있게 해 줍니다.

5단계. 이 단계는 "내 감정이 나에게 말해 주는 것이 무엇인가?"라는 질문에 대한 답을 할 수 있도록 돕습니다. 우리가 감정을 느끼는 이유 중 하나는 정보제공이라는 것을 기억하십시오. 우리의 신체는 여러 가지 이유 때문에 어떤 감정에 대해 반응을 하도록 만들어져 있습니다. 감정에 관한 표를 보십시오(〈표 8-1〉은 환자용 유인물로 부록 2에 포함되어 있음.). 이 표는 당신의 감정이 '당신에게 말해 주는 것'을 확인하고자 할 때 당신이 원하는 정보를 포함하고 있습니다. 또한 어떤 정보를 알려 줄 것인지에 관한 몇 가지 일반적인 예시를 제공하고 있습니다. 감정이 '당신에게 말해 주는' 어떤 정보는 당신이 뭔가 해야 할 필요가 있는 실제적인 상황을 지적할 수 있습니다. 또한 이것은 당신이 받아들이기 어려운 당신 자신의 모습이나 상황에 대해서 뭔가 말을 해 주는 것일 수도 있습니다. 그러므로 감정으로부터 얻게 되는 정보는 변화를 하기 위해 초점을 맞출 필요가 있는 상황이 무엇인지, 비합리적이거나 과장되었거나 부정확한 자기진술이 무엇인지, 당신이 실제적으로 직면해야만 하는 상황이나 변화가 무엇인지를 알려 줍니다.

6단계. 인생에서 정서적 균형을 이루기 위해서는 바꿀 수 있는 일들은 바꾸기 위해 노력하고, 바꿀 수 없는 일들은 좀 더 현실적으로 생각하거나 받아들이도록 하는 것이 중요합니다. 참 지혜는 당신의 감정이 전달하는 바를 진심으로 '경청하고', 그러고 나서 당신의 논리적 사고를 적용하여 당신에게 필요한 것이 무엇인지를 판단하는 데서 나옵니다. 달리 표현하자면, 멈추고 속도를 줄이십시오. 멈추고 천천히 반응하는 것은 화물칸에 부정적인 감정을 싣고 고속질주 중인 열차에 브레이크를 걸어 이제 어디로 갈지를 결정할 수 있게 해 줍니다.

당신이 좀 더 차분한 상태가 되면, SSTA의 다음 단계인 '생각하고 행동하라.'로 갈 수 있을 것입니다. 노벨평화상 수상자인 알베르트 슈바이처는 다음과 같은 말을 한 적이 있습니다. "먼저 생각하고, 그러고 나서 행동하라." 달리 표현하자면, 당신이 멈추고 속도를 줄이지 못한다면, 부정적인 각성상태가 그대로 행동으로 옮겨지도록 허용할 수 있습니다.

천천히 반응함으로써, 당신은 자신에게 최선의 행동이 무엇인지에 대해 진정으로 생각해 볼 수 있는 기회를 줄 수 있습니다. '속도를 줄이는' 반응을 한다는 것은 말이 쉽지, 실제로는 어려운 일이라는 것을 잘 알고 있습니다. 그러나 이 도구세트는 다양한 구체적 기법들과 도구들을 포함하고 있으며, 당신은 이것을 활용하여 '멈추고 속도를 줄이는' 것을 배울 수 있다는 점을 강조하고 싶습니다.

〈표 8-1〉 감정에 귀를 기울이기: 당신의 감정이 당신에게 '말해 주는 것들'

정서: 두려움/불안

사람들이 이 정서에 대해 기술하는 방식: 긴장된, 초초한, '벼랑 끝에 몰린 듯한', 상처 입은, 불안한, 침착하기 어려운, 불편한, 걱정되는, 몹시 놀란

탐색할 정보: 금방이라도 위험에 처하거나 상처받거나 고통스럽거나 위협을 당할 것 같은 느낌, 불안하거나 신경증적인 생각, 땀을 흘리거나 입이 마르거나 속이 불편하거나 어지러움, 또는 얕은 숨을 내쉼, 이 상황에서 도망치거나 숨거나 피하고 싶음

드러날 수 있는 정보의 예
• 당신은 다른 사람이나 자신에게 신체적 또는 정서적 상처를 줄 것을 두려워하고 있다.
• 당신은 자신이 남들보다 열등하며, 자존감이 위협받고 있다고 생각하기 때문에 두려워하고 있다(자신의 지적 능력, 재능, 기술 또는 외모에 대한 걱정이 그 예가 될 것이다).

이 정보가 중요한 이유
• 이런 두려움을 피하려고 노력하기보다는 이를 좀 더 잘 다룰 수 있도록 작업할 수 있다.
• 두려워하고 있는 것들이 현실적인지 점검해 볼 수 있다.
• 두려움을 직면하고 그것을 줄일 수 있는 방법을 찾기 위해 작업할 수 있다. 학교에서 벌어지는 놀림에 대처하는 것과 마찬가지로, 두려움에 직면하는 것은 한두 군데 멍이 들지도 모르지만 자존감을 높여 줄 것이다.

감정유형: 분노

사람들이 이 정서에 대해 기술하는 방식: 실망한, 불안정한, 화가 난, 격분한, 폭발할 것 같은, 분노한, 다른 사람을 다치게 하거나 물건을 부수고 싶은 욕구를 느끼는 상태

탐색할 정보: 당신이 원하는 것을 얻지 못하게 제지당함. 그러한 제지는 상황이나 특정한 사람 때문일 수 있음

드러날 수 있는 정보의 예
• 당신은 성공이나 성취, 또는 최고가 되기를 원하지만 어떤 사람이나 상황이 그것을 가로막고 있음을 발견한다.
• 당신은 친밀한 관계를 원하지만 그것이 어렵게 느껴지거나, 어떤 사람이 문제를 유발하는 것으로 보인다.
• 당신은 사랑이나 존경을 받고 싶지만, 다른 사람들은 당신을 좋게 평가하지 않는다.
• 당신은 상황이나 다른 사람의 반응을 통제할 수 있길 바라지만, 상황이나 사람들에 대한 통제권을 크게 행사하는 것은 불가능하다.

이 정보가 중요한 이유
• 당신이 화가 난 것은 다른 사람에 대해서라기보다는 자기 자신이나 당신의 자존심, 또는 당신이 원하는 것 때문이라는 것을 발견할지도 모른다. 분노에 초점을 맞추기보다는 당신의 에너지를 당신의 삶을 좀 더 나아지게 하는 데 사용할 수 있다.
• 당신은 타인이나 자신에 대해서 비현실적인 기대를 하고 있을지도 모른다. 당신이 좀 더 현실적이 되어야 할 시간일 수 있다. 즉, 자신과 다른 사람들에게 그런 가혹한 기준을 요구하지 않는 것 말이다.

감정유형: 슬픔

사람들이 이 정서에 대해 기술하는 방식: 울적한, 실망한, 좌절한, 상처받은, 불행한, 우울한, 기운이 빠진, 비참한, 의기소침한, 비탄에 잠긴

탐색할 정보: 뭔가를 상실했거나 당신이 무언가를 또는 당신에게 중요한 어떤 사람을 잃었다고 믿음

드러날 수 있는 정보의 예

- 당신은 친구나 연인이나 파트너를 잃었다. 그 이유는 이사, 질병, 죽음, 갈등 또는 사이가 소원해지거나 그 사람이 다른 사람과 함께 하기로 선택했기 때문일 수 있다.
- 당신은 사람 이외의 다른 것을 상실했다. 그것은 실제적인 것(예: 돈, 직업, 건강, 여가시간 등)일 수도 있고 추상적인 것(예: 가족 내에서의 지위나 역할, 타인으로부터의 존경)일 수도 있다.

이 정보가 중요한 이유

- 당신은 상실을 치유하기 위해 당신의 삶에서 즐겁고 행복한 순간을 증가시키기 위한 작업을 시작할 수 있다.
- 당신은 당신이 잃어버린 것보다 더 가치 있는 존재라는 것을 깨달을 수 있는 기회를 가질 수 있다. 예를 들면, 당신의 재산은 당신의 자존감을 수치로 나타낸 것이 아니다. 당신의 신체적 힘은 당신의 영혼에 비견할 수 없다.

감정유형: 당혹감

사람들이 이 정서에 대해 기술하는 방식: 창피한, 약한, '쥐구멍에라도 숨고 싶은', 남의 이목을 피하는

탐색할 정보: 자신이 매우 취약하다고 느낌

드러날 수 있는 정보의 예

- 당신은 다른 사람들이 당신의 불완전함, 실수, 그리고 문제를 알게 될 것이라고 걱정한다.

이 정보가 중요한 이유

- 당신은 자신의 불완전한 부분에 주의를 덜 기울이고, 당신 자신을 있는 그대로 좀 더 수용할 수 있다.

감정유형: 죄책감

사람들이 이 정서에 대해 기술하는 방식: 부끄러운, '기분이 나쁜' '다 망쳐 버린', 실패한

탐색할 정보: 당신이 했던 뭔가를 후회함

드러날 수 있는 정보의 예

- 당신은 행동 때문에 다른 사람에게 상처를 입었다.
- 당신은 뭔가 잘못된 행동을 하지 않았지만, 누군가 당신에게 잘못했다고 말하고 당신도 왠지 그런 것 같다고 느낀다.

이 정보가 중요한 이유

- 당신은 자신의 후회에 대해 의사전달하는 방식으로 작업을 할 수 있고, 좀 더 나아지기 위해 어떻게 변화해야 할지 계획을 세울 수 있다.
- 자신에 대해 회의적인 경우, 당신은 언제나 타인의 인정을 바라던 마음과 같은 내면의 목소리를 변화시킬 수 있다.

고유한 촉발요인의 확인

특정한 정서적 반응(즉, 정서, 사고, 신체감각, 행동변화)에 대해서 좀 더 마음챙김하고 자각함으로써, 그러한 각성의 촉발요인으로 기능하는 자극이나 사건, 상황의 유형을 좀 더 잘 알아차릴 수 있다. '스트레스에 대한 반응' 활동지를 완성하는 동안 내담자에게 부정적인 정서경험을 하기에 바로 앞서 어떤 일이 일어났는지 탐색해 보라고 요청한다. 그런 정보를 가지고 있으면, 치료자는 내담자와 고유한 촉발요인을 보다 잘 확인할 수 있는 방법에 대해서 논의할 수 있게 된다. 우리는 또한 어떤 자극은 부정적인 정서적 반응을 유발할 수 있다는 것(즉, "전부인이나 또는 전부인과 비슷한 외모의 여자 사진이 슬픔, 후회, 그리고 회한의 감정을 불러일으키는 '스위치'로 기능한다." "예전의 경험 때문에, 이웃집 개가 짖는 소리를 들었을 때 분노버튼이 눌렸고 개가 당신의 정원으로 들어와 꽃밭을 망쳐 놓을 것이라는 생각에 사로잡혔다.")을 표시하기 위해 '빨간색 스위치'나 '비상버튼'이라는 문구를 사용했다.

〈표 8-2〉는 촉발요인으로 작용하는 개인적 그리고 환경적 자극 범주의 항목들을 제공하고 있다. 이런 정보를 확인하기 위해 내담자에게 제공하는 양식은 부록 2에 있는 환자용 유인물에 포함되어 있다('고유한 촉발요인 활동지'). 스트

〈표 8-2〉 잠재적인 고유한 촉발요인의 범주

개인적 촉발요인
정서: 슬픔, 불안, 분노, 죄책감, 당혹감, 걱정 등
갈등: 정서, 사고, 목표, 가치, 신념, 생각 사이의 갈등 등
인지: 생각, 플래시백, 기억, 내적 이미지, 예감 등
신체감각: 두통, 통증, 어지러움, 복통, 피로감, 땀흘림 등
다르게 행동하려는 충동: '도주', 싸움, 음주, 잠, 과식, 약물복용 등
환경적/사회적 촉발요인
대인관계: 비판적인, 고함을 지르는, 놀리는, 거부하는, 무시하는
물리적 요인: 소음, 덥거나 추운 날씨, 사람들, 음악, 그림, 냄새 등

레스에 대한 반응(예: 정서, 사고, 신체감각, 행동변화)은 그 강도를 증가시킬 뿐만 아니라 다른 반응을 촉발할 수 있다(예: 부정적인 생각은 또 다른 부정적 생각을 야기할 수 있다.).

행동적 연쇄의 관점에서, 그러한 내적(또는 외적) 자극은 좀 더 큰 정서적 반응을 구성하는 반응 네트워크의 일부다. 그것은 시상 → 편도체 → 피질 경로를 자극함으로써 발생되는 것 같다. 다른 말로 하면, 예를 들어 어떤 사람이 외적 자극(예: 비난을 당함)에 노출되고 몇 초 또는 몇 분 후에 불안을 경험한다는 것을 자각하게 되었을 때 외적 자극이 그런 반응을 촉발했을 가능성이 있다. 이와 같이 내담자가 경험한 정서 그 자체가 즉각적인 촉발요인이 될 수 있다. 이전에 고통스러운 경험에 대한 기억이나 불안을 자극하는 상사와의 회의가 임박했다는 생각 같은 다른 내적 자극도 촉발요인으로 기능할 수 있다.

촉발요인으로 기능하는 외적 자극을 확인하는 것도 중요한데, 그것은 물리적 환경뿐만 아니라 사회적 환경으로부터도 발생하는 것이다. 타인의 비난이나 거부 또는 공격의 대상이 되는 등의 다양한 대인관계사건들이 부정적·정서적 각성을 촉발할 수 있다. 물리적 환경의 촉발자극에는 음악, 소음, 궂은 날씨, 교통상황, 너무 많은 사람들 등이 있다. 영화에서 단지 들려주는 배경 음악의 유형을 다르게 함으로써 우리의 정서적 반응을 어떻게 조작하는지 떠올려 보라(예: 보통은 코미디나 로맨틱한 드라마에 사용되는 음악을 공포영화에서 들려주었을 때 당신의 반응이 어떨지 생각해 보라.).

궁극적으로 증가된 부정적 각성을 야기하는 행동적 연쇄에서 최초의 실제적인 자극을 확인하는 것(즉, "처음에 이런 식의 감정을 느끼게 한 것은 무엇일까?")은 중요하지 않다. 그보다는 요인들의 연결망 안에서 촉발요인으로 기능할 수 있는 자극의 다중성을 이해하고, 궁극적으로 그런 촉발요인을 좀 더 잘 확인할 수 있게 되는 것이 더 중요하다. 개인의 고유한 버튼을 확인하는 것은 그가 자신의 정서적 경험에 대해 좀 더 분명하게 바라볼 수 있게 해 주고, 왜 그런 자극이 그러한 반응을 촉발하는 경향이 있는지를 좀 더 잘 이해할 수 있게 해 준다. 즉, 왜 그 상황이 나에게 문제가 되는지를 이해할 수 있게 돕는다. 따라서 이전에 높은 수준의 정서적 각성을 경감시키거나 예방하기 위한 수단으로 기술했던 다섯 개의 범주에 걸쳐 있는 많은 정서조절전략들과 어떻게 연결될 수 있는지에 대해 좀 더 잘 이해하고 평가할 수 있게 해 준다. 예를 들면, 어떤 상황이 전형적으로 어떤 유형의 부정적인 정서적 반응을 유발하는지를 아는 것은 그런 상황을 피할지 말지를 결정하고, 그 사건을 이전과는 다른 방식으로 대처하기 위해 보다 잘 준비할 수 있게 해 주며(예: '낮은 수준의 스트레스'와 관련된 상황에 들어가기 위해서 다양한 스트레스 관리 전략을 사용함), 예전에는 부정적인 측면에 대해서 반추했던 것에 비해서 상황의 보다 긍정적인 측면에 초점을 맞추도록 노력하거나 그런 상황에 대한 생각을 바꾸려고 시도하도록 해 준다(예: 그런 부정적인 사건들을 피할 길 없는 삶의 부분으로 받아들일 수 있도록 좀 더 노력한다.).

덧붙이자면, 그런 논의는 내담자가 특정한 패턴을 확인할 수 있도록 도울 수 있으며, 그 속에서 다양한 촉발요인들이 타인과 관계를 맺는 데 대한 두려움이나 다른 사람들에게 지속적으로 거부당하는 데 대한 슬픔, 결코 "더 나은 삶"을 살지 못할 것이라는 불안감, 비판을 받으면 화가 나는 것, 어떤 의견의 차이도 자존감에 대한 위협으로 지각되는 것 등의 주제에서 나타난다. 패턴을 확인하는 것은 이후에 상황의 구체적인 유형과 관련하여 내담자의 문제해결 양식의 특징을 명료화하는 데 매우 큰 도움이 될 수 있다. 더 나아가, 그것은 특정한 내담자에게 문제가 되는 특정한 문제유형이 무엇인지를 보다 잘 자각하도록 하는 기제를 제공해 줄 수 있다.

임상적 대화: 고유한 촉발요인 확인하기

다음의 대화는 치료자와 이브가 이 전략을 어떻게 사용하는지를 보여 주기 위한 것이다.

이브는 38세 여성으로 정서 조절불능을 '3초 만에 0에서 시속 100km로 속도

를 내는' 것이라고 기술했다. 그녀는 특히 남편과 의견이 맞지 않거나 열 살 된
아들 샘이 도전적인 행동을 할 때 정서조절에 어려움을 겪었다.

이브: 이 양식지를 작성하고 싶지 않았지만 했어요. 그리고 남편 벤이 나에게 너
　　　무나 비판적이었다는 것을 다시 한 번 보게 됐어요. 그때는 우리가 완전히 다
　　　른 별에서 온 것 같았죠. 나는 그의 장황하고 분석하는 투의 말을 참을 수가
　　　없다고 생각했어요……. 그건 나를 미치게 해요.

치료자: 알겠어요. 우리가 단순화할 수 있는 부분과, 이해할 부분이 좀 있는 것
　　　같네요. 당신이 '스트레스에 대한 반응' 활동지에 쓴 것을 봅시다.

이브: 좋아요. 시작해요. 사건부터 이야기하자면, 나는 친구의 새집을 방문하기
　　　위해 다른 친구와 외출을 했어요. 벤은 자기가 샘과 베키(딸)를 위해 저녁을
　　　차려 주겠다고 했어요. 좋아요. 그건 좋았어요. 그런데 외출에서 돌아와 보니
　　　주방 싱크대 위는 온통 물바다였고 거기에 두었던 쿠키는 반쯤 물에 불어 있
　　　었어요. 내가 무슨 일이 있었냐고 물었더니 벤은 정말로 화가 나서 나를 비난
　　　했고 나를 몰아붙였어요. 내 생각은 "너는 형편없는 인간이야."…… 내 신체감
　　　각은…… 나는 그냥 너무 화가 났어요. 여기에 뭐를 써야 할지 잘 모르겠어요.

치료자: 어떻게 도와드리면 될지 함께 봅시다. 지난주에 우리가 감정이 얼마나
　　　빨리 일어날 수 있는지에 대해서 이야기했었죠. 너무나 잘 학습된 비의식적인
　　　연결 때문에 감정이 너무나 빨리 일어나고, 우리는 그 일이 일어난 후에도 의
　　　식적으로 경험한 것을 기억하지 못하게 되는 거지요.

이브: (고개를 끄덕인다.)

치료자: 그게 여기에서 일어난 일인 것 같네요. 그런 경우에 우리의 신체는 우
　　　리에게 어떤 '전문적인 정보'를 제공해 주는 것 같아요. 그래서 우리는 부정
　　　적인 감정이 당신의 표현처럼 0에서 100까지 가기 전에 알아차릴 수 있게
　　　되죠.

이브: 알겠어요. 좋아요……. 얼굴이 화끈거렸어요. 주먹을 꽉 쥐었고, 난 싸우고

싶었고 거의 공황상태였어요. 처음 벤에게 "왜 이렇게 물이 흥건해요?"라는 등의 질문을 했을 때, 어떤 신체적인 감각을 느끼지는 못했던 것 같아요. 하지만 그때 벤은 싱크대에서 물이 흐르거나 쿠키가 젖은 것에 대해서 걱정하지 않는 것 같았어요. 그는 샘과 베키와 함께 노는 시간을 내가 방해했고, 아이들 앞에서 내가 그런 질문을 해서 당황하게 만들었다고 생각하는 것 같았어요. 나는 정말로 화가 났어요. 그게 내가 신체적인 것들을 느낀 때에요. 그 이후에 실제로 떠오른 생각은 내가 언제나 상황의 부정적인 면을 보려고 한다고 그가 말하려고 했기 때문에 떠오른 거예요. 그건 사실이 아니지요. 그건 사실이 아니에요. 그는 좋은 일을 했다고, 내가 친구와 외출한 동안 집에서 아이들을 돌봤다고 말했어요. 나는 더 이상 참을 수가 없었어요……. 그는 항상 대단한 영웅이고 나는 항상 '미쳤거나' '한심한' 사람이에요. 나는 그가 다른 사람들 돌봐 주는 대신에 내편이 되어 주기를 바랐어요. 나는 그놈의 물 때문에 화가 났는데 그는 내 감정에 신경도 쓰지 않았어요. 나는 너무 지쳐서 자러 갔어요.

치료자: 이번 같은 상황에서 어떤 패턴이 보이는 것 같으세요? 당신에게 촉발요인은 벤이 당신을 과잉반응한다고 보는 것이나 당신과 상황을 다루는 방식이 다른 것을 지적했을 때인 것 같은데요.

이브: 물론이죠. 우리 엄마는 언제나 나를 꾸짖고 모든 행동에 대해서 나를 비난했어요. 엄마는 모든 것을 다 아는 사람처럼 행동했어요.

치료자: 그래서 어쩌면 벤과 당신의 의견이 일치하지 않을 때, 또는 당신에게 건설적인 피드백을 할 때도 당신이 알아차리기도 전에, 그의 말이 당신에게는 혼내거나, 비판을 하는 것같이 들리는군요.

이브: 그게 사실이라고 인정해야겠네요. 그게 내가 때때로 샘(장남)에게 그렇게 화를 내는 이유예요. 그는 주의력결핍장애로 진단을 받았어요. 그가 고생하는 것을 보면 나는 너무 슬프다고 생각해요(울기 시작한다.). 그는 노력하지만 성공하지 못할 거예요. 걱정이 돼요. 그런 것들이 나를 나쁜 엄마라고 느끼게 해요. 우리 딸 베키와 나는 완전히 달라요. 딸은 내 분노버튼을 누르지 않아요.

치료자: 이번 주에 샘이 당신을 화나게 했을 때 당신이 경험한 것을 스트레스 반
응 활동지 중 하나에 적어 보면 어떨까요? 당신에게 고유한 촉발요인을 아는
것은 우리가 이전에 의논했던 '멈추고 속도를 줄이는' 반응을 해야 할 때를
당신이 알 수 있게 도와줄 수 있어요.

이브: 괜찮을 것 같아요.

속도를 줄이기: 구체적 전략

속도를 줄이기 전략을 가르칠 때 우리는 몇 가지의 가능한 속도를 줄이기 전
략들이 있음을 알려 준다. 그것들 중 일부는 내담자에게 적합하고 효과적일 것
이고, 일부는 그렇지 않을 것이다. 여기서 요지는 여러 가지 중에 일부를 선택할
수 있다는 것이고, 내담자가 각기 다른 상황과 조건을 다룰 수 있는 많은 도구들
을 갖추기 위해서 그것들 중 몇 가지를 시도해 보는 것이 중요하다는 것이다.

다양한 전략들을 설명할 때, 치료자가 '이상하게' 보이거나(예: 일부러 하품하
기) 낯설게 느껴지는(예: 심호흡하기) 전략들을 적용하고자 할때 어떻게 하는 것
인지 회기 중에 실제로 시연을 통해 보여 줄 것을 강력히 권고한다.

독자들이 여기에 제시된 리스트들을 읽어 내려가다 보면, 어떤 것은 분명히
사용해 볼 만하다고 느끼고 어떤 것은 아니라고 느낄 것이다. 사실 어떤 것들(예:
'일부러 미소짓기', '일부러 하품하기', 껌씹기)을 보면서 내담자가 웃을 수 있는데,
그것은 그런 활동에 참여하는 것이 꺼려진다는 의미일 수 있다. '독특하게' 보이
는 전략들에 대해서는 내담자에게 그 효과성을 지지하는 과학적 근거들을 제시
하고, 치료자가 그 전략을 사용하는 방법과 효과성을 전문적이면서 내담자에게
알맞은 방식으로 설명할 것을 추천한다.

목록에 제시한 많은 접근법들이 주요한 효과적 스트레스 관리 전략들이다. 부
록 3에 있는 환자용 유인물에는 이 목록에 있는 접근법들 중 몇 가지가 제시되어
있다. 여기에서 제시하는 것 이외에, 과거에 '속도를 줄이거나' '기차가 역을 떠

나지 못하게 막는 데' 도움이 되었던 방법들을 사용할 수 있도록 하기 위하여, 내담자에게 추가적인 방법을 찾도록 촉구할 수 있다. 이런 접근법들 중 일부는 다른 것보다 더 시간이 필요하고 개인적 공간에서 연습을 할 필요가 있다(예: 운전을 하면서 교통정체에 대해서 몹시 화가 난 데 대한 반응으로 눈을 감고 유도된 심상을 사용하는 것은 적절하지 않을 것이다.). 이런 기법들을 논의할 때, PST 임상가들은 내담자들이 자신에게 효과가 있고 적합한 방법을 찾을 수 있도록 도와야 하고, 어떤 상황에서 기법을 사용할 것인지 판단하도록 도와야 한다.

다음은 '속도를 줄이기' 전략으로 추천하는 것들이다.

1. 숫자세기
2. 심호흡하기
3. 유도된 심상/시각화
4. '일부러' 미소짓기
5. '일부러' 하품하기
6. 마음챙김 명상
7. 깊은 근육이완 연습
8. 운동/마음챙김 걷기
9. 대화하기
10. 껌 씹기
11. 기도
12. 기타

숫자세기

천천히 1에서 20까지 세거나 20부터 1까지 세고, 숫자의 변화를 시각화하는 것은 간단하고 단순한 '속도를 줄이기' 전략이다. 이것은 내담자가 정서적 자극이나 그 자극에 대한 자신의 반응에 초점을 맞추는 대신에 주의를 분산시킬 수 있게 돕는다는 점에서 정서조절의 주의배정 전략 중 하나라고 생각할 수 있다.

심호흡하기

심호흡은 각성수준을 낮출 수 있도록 돕는 일반적인 스트레스 관리 도구다 (McCraty, Atkinson, Tiller, Rein, & Watkins, 2003). 이 방법은 긴장과 부정적인 각성 (예: 불규칙하고 빠르고 얕은 호흡)을 상쇄할 수 있도록 천천히, 깊고 리듬감 있는 호흡을 하도록 요구한다. 차분한 상태에서 이 전략을 연습해 두면, 궁극적으로 스트레스를 받는 상황에서 그것을 적용하여 도움을 받을 수 있다. 심호흡을 사용할 수 있게 되면, 특히 시간이 별로 많이 요구되지 않기 때문에 '속도 줄이기' 를 할 수 있는 매우 강력한 수단을 갖추게 되는 것이다. 이 기법을 가르치는 구체적인 지시문은 부록 3에 제시되어 있다.

유도된 심상

'마음의 눈'을 사용해서 안전한 장소나 예전에 휴가를 보냈던 장소를 떠올리는 것 또한 매우 효과적인 스트레스 관리도구다(Nezu, Nezu, & Lombardo, 2001). 이 방법은 7장에서 설명했으며, 어떻게 사용하는지 가르치는 방법은 부록 3에 있는 환자용 유인물에 제시되어 있다. 이 전략은 시각화를 사용할 수 있는 시간과 사적인 공간이 있을 때 가장 유용할 것이다.

'일부러' 미소짓기

안면피드백 가설(The facial feedback hypothesis)은 안면운동이 사람의 정서적 경험에 영향을 미칠 수 있다고 주장한다. 예를 들어, 어떤 사람에게 지루한 텔레비전 프로그램을 시청하면서 미소를 지으라고 요청하면, 그는 그 프로그램이 좀 더 볼 만한 것이었다고 보고한다는 것이다. 논란의 여지가 있기는 하지만, 하바스 등(Havas et al., 2010)의 최근 연구는 안면근육과 정서경험 간의 강한 연관성을 지지하고 있다. 이 전략을 제시했을 때 내담자는 회의적인 태도를 보일 수 있다.

그러나 이 대안을 제시할 때 우리가 주장하고자 하는 것은 사람이 슬픔을 느낄 때 그를 '행복하게' 만들어 준다는 것이 아니라 즉각적인 부정적 각성을 보다 잘 다룰 수 있도록 돕는 '속도 줄이기' 기법으로 기능한다는 것이다. '일부러 미소 짓기'를 하면서 사람들은 천천히 반응하려고 노력할 수 있고, '기차가 역을 떠나지 않도록' 막을 수 있다. 우리의 주 목적은 사람들이 경험하는 부정적 각성의 방향을 바꾸는 것이다(상승에서 하강으로).

일부러 웃기를 사용할 때 다른 '속도 줄이기' 전략(예: 시각화)과 함께 사용하면 그 과정을 촉진시킬 수 있다. 이 전략을 내담자에게 설명하는 과정에서 치료자는 '일부러 웃는 웃음'이 어떤 것인지, 어떤 느낌인지 시연을 통해 보여 주어야 한다. 어떤 내담자에게는 이 방법이 처음 보았을 때는 '우스워 보이거나 웃길' 수 있지만 연습을 하고 사적인 장소에서 적용을 한다면(즉, 다른 사람들 앞에서 웃는 것이 아니라)이 전략이 매우 효과적일 수 있다는 것을 한 번 더 강조해서 설명해 주는 것이 적절할 수 있다.

'일부러' 하품하기

하품은 숨을 내쉬면서 공기를 내보내고 고막을 당기는 반사다. 하품은 사회적으로 전염성이 있어서(즉, 누군가 하품을 하는 것을 본 사람도 하품을 하게 된다.) 사람뿐만 아니라 침팬지나 개도 하품을 따라 한다. 우리가 이 방법을 '속도 줄이기' 전략에 포함시킨 주요한 이유는 이것이 뇌와 우리의 신체에 매우 긍정적인 영향을 미치기 때문이다. 좀 더 구체적으로 설명하자면, 최근의 신경과학 연구에 따르면 하품은 몸을 이완시키면서 동시에 에너지를 공급해 준다고 한다. 하품은 뇌의 화학적 작용에 긍정적인 방식으로 영향을 미치고, 뇌의 온도를 낮춰 주며, 집중력을 향상시키고, 자각, 배려 및 의사소통을 강화한다고 한다(예: Newberg & Waldman, 2009; Walusinski, 2006). 이 전략도 사람들에게 소개했을 때 회의적인 태도를 맞닥뜨릴 수 있다. 그러나 사람들에게 하품의 강력한 긍정적 효과를 확인해 주는 신경과학 연구결과에 대한 설명에 덧붙여, 치료자는 이 방법이 목소리 치료에서 목을 이완시키고 불안을 감소시키기 위해 일반적으로 사용하는 전략이라는 것과 군대에서 저격수나 낙하산병들, 그리고 최고 수준의 운동선수들에게 집중력을 기르고 이완을 하도록 가르치기 위해 사용한다는 것을 알려 줄 수 있다. 스케이트 선수인 아폴로 오노는 8개의 올림픽 메달을 받은 선수인데, 경기를 시작하기 바로 전에 하품을 빈번히 하는 것이 관찰되었다.

진짜 하품은 보통 하고 싶다고 해서 할 수 있는 것이 아니기 때문에, 우리는 사람들에게 '일부러 하는 하품'을 하라고 한다. 즉, 하품을 하는 체하고 팔을 가능한 한 쭉 뻗으며(보통 하품을 하면서 스트레칭을 동시에 하는 것을 기지개를 켠다고 한다) 6~8회 반복한다. 이렇게 하다 보면 대부분의 사람들은 진짜로 하품을 하기 시작한다. 일부러 미소 짓기 기법과 마찬가지로, 치료자는 이 전략을 시연을 통해 보여 주어야 하며, 처음에는 '우습게' 보일 수도 있지만 연습을 하고 적절한 맥락에서 사용하면 '속도 줄이기'를 할 수 있는 매우 효과적인 수단이 될 수 있다는 것을 강조해야 한다.

마음챙김 명상

마음챙김의 개념은 불교를 포함한 동양의 여러 종교에서 영적인 수련의 일부로서 수백 년 전부터 사용해 온 명상훈련을 의미한다. 마음챙김은 비판단적 자각의 의식적 상태라고 설명할 수 있으며, 무엇을 경험하는지 판단하지 않고 상황(또는 정서적 반응들)을 온전히 자각하는 것이다. 이 전략을 연습하면 '현재 이 순간에' 일어나는 일(예: 호흡, 신체감각, 움직임)을 '생각이나 정서적 반응에 사로잡히지 않고' 좀 더 온전히 경험할 수 있게 해 준다. 따라서 마음챙김 명상은 상황에 '마음챙김을 하면서' 접근을 하게 하기 때문에 천천히 반응할 수 있도록 돕는다. 즉 정서적 반응에 따라 맹렬하게 움직이는 것이 아니라 상황을 단순하게 경험할 수 있게 해 준다. 마음챙김 명상은 다양한 심리적 어려움에 대해 매우 효과적인 것으로 밝혀졌다(Grossman, Niemann, Schmidt, & Walach, 2004).

마음챙김 명상의 중요한 측면은 자신의 경험에서 한 걸음 떨어져서 바라보는 것이다. 좀 더 구체적으로 설명하자면, 독립적인 관찰자로서 현재 이 순간에 일어나는 감정과 생각을 가까이에서 들여다보지만 동시에 생각과 감정을 자기 자신과 분리해서 바라보려고 시도하는 것이다. 달리 표현하자면, 그런 생각이나 감정들은 그저 생각이나 감정일 뿐이라는 것을 깨닫고, 그것들이 어떤 행동을 하게 만들 필요는 없다는 것, 즉 '생각이 당신을 소유하는 것도, 당신을 정의하는 것도 아니고 생각은 그저 생각이라는 것'을 궁극적으로 인식할 수 있게 해 준다(Nezu, Nezu, & Jain, 2005, p. 172). 부정적인 정서적 반응으로부터 거리를 둘 수 있게 해 주는 이 방법은 연습이 필요하지만, 어떤 사람들에게는 왜 그 상황이 문제가 되고 궁극적으로 어떻게 대처해야 하는가를 보다 잘 이해할 수 있도록 하는, 즉각적 정서적 반응을 감소시키는 강력할 수단이 될 수 있다. 부록 3의 환자용 유인물에 '내적 판단에서 거리를 두는' 방법에 관한 지시문을 제공하고 있다.

깊은 근육이완 연습

근육이완(점진적 근육이완이라고도 한다)은 근육 긴장을 풀어 주고 신체에 온기와 안녕감을 제공해 준다. 이 연습은 다양한 근육군(예: 오른손)에 초점을 맞추고 긴장을 시킨 다음에 그 긴장을 풀어서 긴장했던 근육 영역이 이완되는 것을 경험하는 것이다. 온몸이 이완감을 느낄 때까지 신체의 모든 근육군들을 대상으로 이 과정을 진행한다. 많은 연구에서 이 방법이 전반적인 스트레스 관리에 매우 효과적인 것으로 나타났고(Ferguson, 2003, 심근경색증즉, 심장발작을 최근에 경험한 사람들을 대상으로 한 연구에서도 정서적, 신체적 안녕감이 향상되는 것으로 나타났다. Loewe et al., 2002). 이 전략을 능숙하게 사용하기 위해서는 상당한 연습이 필요하다. 그러나 다시 한 번 언급하지만, 이 방법은 전반적인 스트레스 관리뿐만 아니라 속도를 줄이는 기법으로서도 매우 효과적이다. 부록 3의 환자용 유인물에 점진적 근육이완의 지시문이 포함되어 있다.

운동/마음챙김 걷기

속도를 줄이는 또 다른 전략에는 광범위한 운동이 포함된다. 여기에는 걷기, 달리기, 자전거타기 등이 있으며 우리는 환자의 능력과 신체적인 활력수준, 체력 등을 고려하여 운동을 추천한다. 운동이 거친 스트레스 관리 도구라면, 이 맥락에서 가벼운 활동은 효과적인 속도 줄이기 접근으로 기능할 수 있다.

운동과 속도를 늦추는 다른 전략 유형을 결합하는 한 가지 방법은 '마음챙김 걷기'를 하는 것이다. 마음챙김 걷기를 하면, 부정적인 정서적 각성을 경감시키고, 일상적인 활동을 중요하고 가치 있는 것으로 온전히 경험할 수 있도록 해 준다는 면에서 도움이 된다. 이 활동을 연습하면서, 내담자는 자신의 부정적인 정서적 각성에서 한 걸음 떨어져서 바라볼 수 있고, 부정적 감정을 그런 각성이 고조되는 것을 막는 수단으로 활용할 수 있다. 부록 3에 있는 환자용 유인물에 이 전략을 실행하는 지시문이 제시되어 있다.

대화하기

가족이나 친구나 동료들과 대화를 나누는 것도 속도를 줄이는 한 가지 방법이다. 그러나 우리는 자신의 정서적 각성을 지지하거나 정당화하기 위해 대화를 이끌어 나가는 식의 대화를 하려고 시도하지 말 것을 강력히 권고한다. 그보다는 특정인과 사전에 의논을 해서, 강한 정서적 반응이 일어났을 때 속도를 줄이는 목적의 대화를 할 수 있도록 서로 합의해야 한다. 예를 들면, 사전에 세운 계획에 기초하여, 지지적인 사람이 내담자에게 다양한 스트레스 관리기법(예: 심호흡, 마음챙김 명상 등)의 방법을 사용하도록 상기시키거나, 안내를 해 주거나, 이런 전략을 사용하도록 돕거나, '기차가 역을 떠나는 것을' 막기 위해 초기 반응을 촉발한 상황에서 주의를 돌리기 위한 대화를 나눌 수 있다. 어떤 사람들에게는 카타르시스(즉, 매우 감정적으로 심경을 토로하는 방식으로 자신이 느낀 바에 대해 이야기하는 것)가 도움이 될 수 있다(예: 자신의 감정을 외재화하도록 허용한다.). 또 다른 사람들에게 이 방법은 정반대의 기능을 할 수도 있는데, 즉 각성을 격화시킬 수 있다. 따라서 치료자가 주어진 내담자 또는 내담자/지지자 쌍에게 이 전략을 사용했을 때의 긍정적 결과와 부정적 결과의 가능성을 체계적으로 평가한 후에 사용하는 것이 중요하다.

기 도

기도는 종교적이거나 영적인 사람들에게 매우 강력한 속도 줄이기 전략이 될 수 있다. 이 전략을 권고하려면, 내담자의 가치관과 신념체계에 대해서 세심하게 알아야 한다.

껌 씹기

이 방법은 또 하나의 '이상한' 방법으로 보일 것이다. 그러나 최근의 연구에 따르면, 껌을 씹는 것은 부정적인 기분을 경감시키고, 주의를 강화시키며, 타액의 코르티솔 수준을 경감시키며, 수행을 향상시킨다(Scholey et al., 2009; Xu, Liu, Xia, Peng, & Zhou, 2010). 이러한 효과에 내재하는 메커니즘은 아직 분명하게 밝혀지지 않았지만, 껌을 씹는 것은 뇌혈류를 증가시키는 데 기여했을 가능성이 있다.

기 타

이상에서 제시한 잠재적으로 효과적이고 '속도 줄이기'와 관련된 많은 전략들에 더해서, PST 치료자는 과거에 특정 내담자에게 효과가 있었던 다른 기법이 있었는지를 확인할 필요가 있다. 그 방법들을 전체 목록에 첨가할 수 있다.

다시 '메건'의 사례: SSTA 논의하기

이후 회기에서 치료자는 메건에게 SSTA 도구세트의 'S-S' 부분인 '멈추고 속도 줄이기' 접근을 소개했다. 메건은 어떤 부정적인 감정이라도 경험하게 되면 즉각적으로 감정이 고조되었기 때문에, 이 기술을 배우는 것은 그녀에게 특히 중요한 일이었다. 걱정과 인지적 과부하 경향과 결합하여, 그녀는 금세 압도당했고 절망감을 느꼈다. 이러한 경향은 더 심한 극단적 걱정, 즉 '미쳐 버릴 것'이고 다른 사람에게 완전히 의존하게 될 거라는 생각을 촉발시켰다. 다음은 메건과 치료자 사이의 대화다.

> **치료자:** 당신이 마음을 닫거나 거리감을 느낀다고 묘사했는데 많은 상황들이 다른 사람들과 관련되어 있는 것 같아요.
>
> **메건:** 네……. 그런데 나는 현재에 머물고 있는 것 같지가 않아요. 설명하기가 너무 어려워요. 그렇지만 그건 마치, 나를 둘러싼 세상이 있는데…… 내 주변의 사람들……. 그러나 나는 그 일부가 아니에요. 나는 그걸 바꿀 수 없을 것이고 미쳐 버릴 것 같아서 겁이 나요.
>
> **치료자:** 알겠어요. 그런 일이 일어난 상황을 들여다보는 것부터 시작합시다.
>
> **메건:** 바로 지금도 일어났어요. 나는 당신이 이야기하는 것을 듣고 내가 새로운 것을 배울 필요가 있다는 데 동의했어요. 나는 그렇게 하려고……. 그런데 그건 좀 현실이 아닌 것처럼 느껴져요. 나는 온전히 여기 있는 게 아닌 것 같아요. 나는 그게 사실이 아니고 그저 감정일 뿐이라는 것을 알고 있지만, 나는 거리감을 느끼고, 통제력을 잃을 것 같은 느낌이 들어요.
>
> **치료자:** 그런 감정을 '이인화(depersonalization)'라고 해요. 당신이 다른 사람들과 유대감을 느끼지 못하게 하죠. 대부분의 사람들이 살면서 그런 경험을 한두 번 하게 돼요. 그리고 어떤 특정한 종류의 불안을 경험하거나 과거에 약물을 복용했던 사람들이 그런 비슷한 경험을 하기도 하고요. 방금 느꼈던 느낌이 보통은 얼마나 지속되나요?
>
> **메건:** 나타났다가 사라지고 하는데, 어떤 때는 몇 시간 동안 그러기도 해요.
>
> **치료자:** 그러면 절주를 하는 동안 최근 몇 년 사이에 이런 것들을 경험했다는 것

인가요?

메건: 네.

치료자: 1에서 10까지의 척도를 생각해 보고, 10을 가장 분리된 느낌을 받는 경우
라고 하면, 방금 당신이 경험한 거리감은 어느 정도라고 표현할 수 있을까요?

메건: 음……. 5점 정도요.

치료자: 여기서 벌어진 일에 대해서 내가 생각하는 것 중 하나는 당신이 오랫동
안 부정적인 감정과 직면하기를 피해 왔다는 것이고, 어떤 스트레스 상황에서
두려움이라든가 다른 감정들이 촉발되면(당신이 룸메이트와의 문제에 대해서
이야기하면서 두려움과 슬픔을 경험한 것과 같이) 당신은 일종의 '차단' 모드
로 들어가는 것 같아요.

당신의 감정을 당신에 대해 보여 주는 텔레비전 뉴스라고 생각해 보면, 당신
이 두려워하는, 뭔가 중요한 소식이 들리자마자, 당신이 보고 싶지 않은 것을
보기보다는 텔레비전을 꺼 버리는 것 같아요.

그것은 몇 년간 학습된 이후에 자동적으로 일어나는 것 같아요. 아마도 당신이
알고 싶지 않은 문제들이 벌어지는 가정에서 성장한 것과 관련이 있겠죠. 이런
'차단'은 당신이 뉴스를 확인하지 못하게 해서 그걸 보지 않아도 되게 해 주는
것이죠. 다른 한편으로, 당신은 이러한 가치 있는 감정에 귀 기울이고 싶고, 당
신의 목표, 당신의 가치관, 그리고 당시의 꿈에 대한 중요한 정보를 알고 싶어
하죠. 이 '차단' 체계는 당신을 자신에게서 떼어 놓는 의미가 있어요.

메건: 엉망진창이네요.

치료자: 당신은 걱정이 되면, 자기비판적 사고를 하는 경향이 있다는 것을 아셨
어요? 몰랐나요? 이건 좀 잘못된 학습이죠. 좋은 소식은 부정적인 감정이 나
타나기 시작할 때 그것을 확인하는 방법을 배워서 그것을 되돌릴 수 있다는
점이에요.

메건: 제가 겁을 먹거나, 슬프거나, 울고 싶고, 통제할 수 없는 충동을 느낄 때,
그걸 꺼 버리고, 거리감을 느끼기 시작한다는 거죠.

치료자: 맞아요.

메건: 알겠어요. 내가 어떻게 해야 할까요? 내 감정을 무시해야 하나요?

치료자: 아니오……. 그건 아닙니다. 당신의 감정을 잘 인식할 필요가 있다는 것을 기억하세요. 왜냐하면 그 감정들은 당신에게 무엇이 중요한지에 대한 매우 중요한 정보를 제공해 주거든요. 이인화의 감정은 당신이 인식하고 싶지 않은 감정이 있다는 인식가능한 단서이자 신호입니다. 그러나 당신의 뇌는 당신이 감정을 느끼기도 전에 차단하는 것을 학습했던 것이죠. 이런 감정을 알아차렸을 때, 그 순간을 '속도 줄이기' 기법을 연습할 수 있는 기회라고 생각해 보면 어떨까요? 금세 당신은 감정이 하려고 하는 말을 들을 수 있는 정도로 볼륨을 높일 수 있을 겁니다. 이제 몇 분 동안 '멈추고 속도 줄이기' 기법을 함께 연습해 볼 텐데, 이 방법은 당신이 울고 싶은 통제할 수 없는 충동이나 다른 사람과 거리감을 느끼는 등의 감정을 경험할 때, 이것을 당신이 감정으로부터 오는 입력을 이미 차단해 버렸다는 신호라고 보는 연습을 하는 것입니다. 여기서 목적은 울지 않거나 두려움이나 슬픔이나 거리감을 느끼지 않는 것이 아니라 그 감정이 당신에게 말하려고 하는 것에 주의를 기울일 수 있도록 볼륨을 줄이는 것입니다.

메건: 우리 가족들이 언제나 저를 놀렸던 것이 기억났어요. 왜냐하면 제가 가장 좋아하던 사촌들이 멀리 이사 갔을 때 울었거든요. 가족들은 저에게 너무 예민하다고, 좀 강해져야 한다고 말했어요.

치료자는 메건에게 멈추고 속도를 줄이는 다양한 전략들을 소개했다. 이 모든 전략 중에서 메건은 하품하기를 가장 나은 것으로 꼽았다. 왜냐하면 연구에서 이 방법이 그녀의 신체와 마음은 차분하게 하고 초점을 유지할 수 있도록 해 준다고 했기 때문이었다. 다음에 제시된 대화는 연습할 기회를 가진 이후에 진행된 회기에서 나온 것이다.

메건: 나는 하품하기, 심호흡, 자신과 조용히 대화하기를 시도해 보았어요. 나는 하품과 자신과 대화하기를 함께 사용하는 것이 좋았어요. 이번 주에 여러 번, 누군가 "메건, 잘 지냈어요?"하고 물었을 때 나는 울고 싶은 강한 충동을 느꼈어요. 그 순간 저는 "잘 지냈어요."라고 대답했지만, 자리를 뜨고 나서 혼자 있을 수 있는 장소를 찾아서 우리가 연습했던 대로 5번 하품을 했어요. 저는 감정에 귀를 기울이려고 노력했어요. 감정은 주로 슬픔이었어요. 저는 잘 지낸다고 대답했지만 실은 잘 지내는 느낌은 아니었죠. 점점 악화되는 것 같았어요. 룸메이트가 나에게 권하기도 했고 나도 정말로 술을 마시고 싶었지만 술을 마시지 않길 바랐어요. 그리고 지난 몇 년간 너무 술을 많이 마셔서 뇌에 손상이 생긴 것은 아닌지 걱정했고 정말로 무서웠어요. 나는 술을 마시면, 계속 마시게 될 거예요. 그러면 의식을 잃고, 똑같은 문제에 빠진 채 깨어날까 봐 겁이 나요. 내가 울고 싶은 마음이 든 것은 내 룸메이트 같은, 다른 사람들에게 내가 그들을 당황하게 할지도 모르는 일들을 이야기하거나 내가 화가 난 게 아니라 사실은 도움과 지지가 필요하다고 말하는 것이 얼마나 어려운 일일지를 깨달았기 때문이었어요. 나는 실제로 우리가 역할극 연습에서 했던 부분에서 내가 생각하는 것을 들었어요. 알다시피, 다른 사람들 앞에서 내가 감정적이 되면 나에 대해서 실망할 것이라고…… 내 룸메이트가 바보같이 행동할 때조차도 나는 여전히 그녀가 나에 대해서 실망하지 않길 바라요.

치료자: 속도를 늦춰서 당신의 감정이 당신에게 말해 주는 것에 귀를 기울이는 것이 얼마나 가치 있는 일인지 아시겠어요? 이런 경우에 당신의 이전 학습경험은 당신이 다른 사람들을 실망시키지 않는지 확인하는 데 초점을 맞추라고 가르쳤죠. 심지어 그들이 계속 당신에게 실망하는지 아닌지를 확인하라고요.

메건: 전에는 전혀 이런 것을 깨닫지 못했어요. 하지만 나는 아무도 없이 혼자만 남겨질까 봐 정말로 두려워하고 있는 것 같아요.

치료자: 제 생각에 당신은 여기서 당신에게 중요한 것이 무엇인지에 관한 정말로 중요한 정보를 알아 가는 것 같아요. 무슨 수를 써서라도 실망을 느끼는

것을 피하기보다는, 두 사람이 정직할 수 있고 도울 수 있다는 것을 신뢰하는 그런 관계를 발전시키기를 원하는 것이죠.

'속도 줄이기' 기법을 사용해서 메건은 특정 감정을 회피하는 것을 멈출 수 있었고, 자신에게 정말 중요한 것이 무엇인지 보다 잘 이해할 수 있게 되었다. 따라서 그녀는 이제 의미 있는 목표와 목적을 이룰 수 있는 좀 더 나은 자리로 나아갈 수 있게 되었다.

요 약

이 장은 스트레스 상황에서 정서 조절불능과 부적응적인 문제해결을 극복하기 위한 두 번째 문제해결 도구세트인 SSTA 기법에 초점을 맞추고 있다. SSTA는 '멈추다, 속도를 줄이다, 생각하다, 그리고 행동하다.'를 의미하는 영문단어의 머리글자를 딴 것이다. 이 도구세트는 효과적인 문제해결을 지극히 어렵게 만드는 강한 정서적 각성이 고조되는 것을 막을 수 있도록 돕는다는 점에서 중요하다. 정서적 자극은 거의 즉각적으로 반응을 촉발할 수 있기 때문에, 내담자들은 먼저 스트레스에 대한 자신의 전반적 반응, 즉 정서적, 인지적, 신체적, 그리고 행동적 반응을 보다 잘 지각하는 법을 배워야 한다. 그러한 지식은 자신의 감정이 어떤 것인지를 좀 더 잘 인식할 수 있도록 도울 수 있다. 특히 어떤 상황이나 사건이나 사람들이 정서적 반응을 유발하는지, 그리고 그런 감정적인 반응이 그들 자신에 대해서 그리고 그들의 목표에 대해서 말해 주는 것을 보다 잘 지각하게 돕는다. 이 도구세트는 또한 사람들이 독특한 스트레스와 고통이 결합된 전체적인 그림을 보다 잘 이해하기 위해 그런 촉발사건을 좀 더 잘 인식할 수 있게 해 주며, 강한 정서적 반응을 보다 잘 관리하고 조절할 수 있는 다양한 방법 중 하나를 선택할 수 있게 돕는다. 정서조절을 이해하는 보다 큰 맥락을 제공하기 위해 우리는 그런 접근을 다섯 가지 범주로 구분하여 설명했다. 즉, 상황선택, 상황 변화, 주의 배정, 인지적 변화, 그리고 반응 조절이다. 각 과정의 유형을 설명하기 위해 우리는 현대 PST의 다섯 세트의 정서조절 전략을 포함시켰다.

이 도구세트가 주로 '멈추고 속도 줄이기'를 사람들이 사용하도록 돕는 데 초점을 맞추고 있지만, 그것은 전체 중 앞에 있는 두 가지 측면이다. 우리는 머리글자와 관련된 내용들('멈추고, 속도를 줄이고, 생각하고, 행동하라')을 실생활의 스트레스 문제를 해결하는 전반적인 과정에 대한 접근법으로 사용할 때 유용한 기억 팁으로 사용하길 바란다.

사람들이 속도를 줄이도록 돕기 위해, 우리는 다양한 기법들을 설명했는데 그것들 중의 일부는 논리적으로 납득이 되지만, 일부는 낯설게 느껴지거나 심지어 이상하게 보이기까지 할 것이다. 낯설게 보이는 기법들이 포함된 것은 관련된 신경과학연구에서 스트레스 관리 및 '속도 줄이기' 전략에 잠재적으로 효과적임을 지지하는 연구결과를 제시했기 때문이다. 우리는 다음과 같은 기법을 제시했다. 즉, 숫자세기, 심호흡하기, 유도된 심상/시각화, '일부러' 미소짓기, '일부러' 하품하기, 마음챙김 명상, 깊은 근육이완연습, 운동/마음챙김 걷기, 대화하기, 껌 씹기, 기도, 그리고 우리가 내담자에게 도움이 된 것을 반복적으로 확인한 다른 방법들을 사용했다. 이 장의 마지막 부분에서는 메건의 사례를 통해 SSTA 접근의 사용과 하품 기법을 보여 주는 임상적 대화를 제공하였다.

도구세트 2 훈련의 요점

1. 사전에 내 준 숙제나 연습과제에 대해 기억했다가 논의하고 검토하라.

2. 도구세트 2의 근거를 제시하라. 이는 문제해결활동에 부정적인 영향을 주고 압도당하는 느낌을 받게 할 수 있는 부정적인 정서적 반응이 좀 더 강렬하고 오래 지속되는 반응으로 고조되는 것을 막아 준다. SSTA 머리글자를 스트레스를 받을 때 실생활의 문제를 해결하는 전체 과정을 대표하는 것이

라고 설명해 주고, 이 도구세트는 첫 번째 두 개의 글자, 즉 멈추다(Stop)의 S, 그리고 속도를 줄이다(Slow down)의 S에 주로 초점을 맞춘 것임을 설명한다. 이전에 기술한 바와 같이 정서적 반응은 순식간에 일어날 수 있으며, 따라서 우리는 스트레스에 대한 개인의 고유한 반응을 보다 잘 이해할 필요가 있고, 그런 반응을 유발하는 고유한 촉발요인을 알아야 한다.

3. 적절하다면, 관련된 환자용 유인물을 나눠 준다.

4. 사람들에게 '좀 더 정서적으로 마음챙김하는 것'과 스트레스가 되는 문제에 대한 자신의 반응을 기록하는 법을 가르친다.

5. 그런 반응을 자신의 정서적 생활에 대한 통찰을 좀 더 얻을 수 있게 하는 데 사용하는 것에 중요성에 대해 논의한다. 특히 강한 부정적 정서적 반응을 일으키는 촉발요인의 유형이라는 견지에서 논의한다.

6. 내담자가 고유한 촉발요인이나 '비상' 버튼을 확인하는 법을 가르친다.

7. 다양한 '속도 줄이기' 전략을 기술하고 논의하고 보여 준다. 내담자 앞에서 기법 중 일부(예: 하품하기)를 실제로 보여 주는 것은 환자가 정확하게 배우고, 치료자 앞에서 연습을 할 때 느낄 수 있는 당혹스러움이나 불편감을 줄여 주는 데 매우 중요하다.

8. 내담자가 사용할 수 있는 몇 가지 '속도 줄이기' 전략을 확인한다.

9. 내담자에게 적합하다면, 회기 중에 좀 더 복잡한 전략(예: 마음챙김 명상, 근육이완)을 가르치고 연습한다.

10. 내담자에게 피드백을 제공하고 관련된 주제에 대한 보다 심도 있는 논의를 할 수 있도록 하기 위해 회기 중에 '멈추고 속도 줄이기' 순서로 연습한다. 한 가지 접근방법은 환자가 먼저 주어진 문제에 대해서 시각화하고(처음에는 경미하거나 중간 정도의 각성을 일으키는 것만), 그 다음에 부정적인 각성을 경험하기 시작한다는 신호에 대해서 "그만"이라고 소리 내어 말하게 한다. "그만"이라는 말을 들은 후 내담자는 사전에 연습한 다양한 '속도 줄이기' 기법을 실행한다. 추가적으로 여러 번 연습을 하면, 궁극적으로

내담자가 마음속으로 조용히 멈춤이라는 단어를 말하는 것으로 '멈추고 속도 줄이기' 기법을 시작하도록 해 줄 것이다.

11. 관련된 영역의 진척 정도를 평가하라(예: 고통을 감소시키는 해결책에 관한).

도구세트 2 환자용 유인물(부록 2와 3에 포함되어 있음.)

• 스트레스에 대한 반응 활동지([그림 8-1]에 포함되어 있음)
• SSTA 기법
• 당신이 감정이 당신에게 말해 주는 것(〈표 8-1〉에 포함되어 있음)
• 고유한 촉발요인 활동지(〈표 8-2〉에 포함되어 있음)
• 심호흡
• 유도된 심상(7장에서 설명함)
• 마음챙김 명상
• 점진적 근육이완 연습
• 마음챙김 걷기

추천하는 숙제 및 연습과제

• 스트레스에 대한 반응 기록 활동지
• 고유한 촉발요인 기록
• 안전한 환경에서(즉, 스트레스를 받지 않을 때) 주어진 내담자에게 잠재적으로 효과적인 것으로 사전에 확인된 속도 줄이기 기법 사용
• 실생활에서 '멈추고 속도 줄이기' 전략을 적용하기
• 적절한 상황이라면, PSSM 양식을 계속 사용하기
• 유인물 복습하기

도구세트 3. 건강한 사고와 긍정적 심상:
부정적 사고와 낮은 동기의 극복

스트레스에 대항하는 최고의 무기는 한 번에 한 가지씩 생각할 수 있는 능력이다.

−William James

당신에게 일어난 어떤 일 때문에 고통스러워할 때, 그 고통은 일 그 자체 때문이 아니라 그 일에 대한 당신의 평가 때문이다. 당신에게는 언제든 그것을 물리칠 힘이 있다.

−Marcus Aurelius

당신이 원하는 것을 시각화하라. 그리고 그것을 보고, 느끼고, 믿어라. 마음속에 청사진을 그리고 일을 시작하라.

−Robert Collier

위대한 일을 성취하기 위해서는 먼저 꿈을 꾸어야 한다. 그러고 나서 계획을 시각화하고, 믿고, 행동해야 한다.

−Alfred A. Montapert

이 장은 세 번째 도구세트인, 건강한 사고와 긍정적 심상사용에 대해 다룰 것이며, 효과적인 문제해결을 가로막는 두 가지 중요한 장벽, 즉 부정적 사고와 절망감에 대해 설명할 것이다. 주어진 내담자에게 이 도구세트를 얼마나 강조할 것인지는 주로 사전에 파악한 정보와 지속적인 평가(4장 참조)를 통해 얻은 정보를 바탕으로 판단한다. 이 활동에 언제 초점을 맞추어야 할지에 대해서도 마찬가지로 판단한다. 예를 들어, 형식적 평가(예: 사회적 문제해결 척도 개정판[SPSI-R] 결과)나 비형식적 평가(예: 임상적 면접) 결과, 주어진 내담자가 특별히 부정적인 문제 지향을 가지고 있는 것으로 나타난다면, 치료 초기에 도구세트 3에 초점을 맞추는 것이 필요할 가능성이 높다.

부정적 사고의 극복

부정적 사고에 초점을 맞추는 논리적 근거

정서적 문제에 대한 인지이론들의 기본 입장은 자신과 주관적 세상 그리고 미래에 대한 개인적 신념의 심리학적 중요성을 강조하는 것이다(예: Beck, 1995). 구체적으로 설명하자면, 어떤 사람의 삶에서 일어난 객관적 사실보다는 그에 대한 해석이 정서적 반응의 특징과 형태를 결정한다는 것이다. 만일 그 해석이 부정적인 것이라면(예: 두렵거나 화가 나거나 적대감을 품게 하거나 슬프거나 걱정하거나 절망감을 느끼게 하는 등) 그에 따르는 정서적 반응도 부정적인 것일 것이다. 반대로, 만일 해석이 보다 긍정적이고 현실적이라면, 그에 따른 정서적 반응도 긍정적이고 현실적일 가능성이 좀 더 커진다. 여기서 특히 중요한 부분은 개인의 해석이 그의 정서에 영향을 미칠 뿐만 아니라 신체적 건강에도 영향을 미칠 수 있다는 것이다. 예를 들어, 현실적이고 낙관적인 사고방식을 가진 사람들은 관상동맥 우회술을 받았을 때 신체적으로나 심리적으로 회복속도가 더 빠른 것으로 나타났다(Scheier et al., 2003).

부정적 사고양식의 변화

이번 도구세트에 포함된, 부정적인 사고습관을 극복하도록 도울 수 있는 두 가지 활동은 다음과 같다.

1. 건강한 사고의 ABC 모델
2. 입장전환 역할극

건강한 사고의 'ABC' 모델

이 전략은 사람들이 자신에게 말하는 생각들, 상황에 대한 기대, 그리고 세상이 어떻게 돌아가는가에 대한 이해에 초점을 맞춘다. 이 도구세트에 포함된 전략들은 부정적 사고를 '인지적으로 재구조화'하는 것, 예를 들면 비합리적인 신념을 반박하거나(예: Ellis, 2003), 부정적 인지의 타당성을 행동적으로 검증하거나(예: Dobson & Hamilton, 2003), 부적응적이고 핵심적인 역기능적인 신념이나 도식을 수정하는 데(예: Newman, 2003) 초점을 맞추는 다른 인지행동치료에서 비중 있게 이용하는 것들이다.

건강한 사고의 ABC 모델은 사람이 상황에 대해서 생각하는 방식이 그의 정서적 상태에 직접적인 영향을 미칠 수 있고, 그리하여 효과적으로 계획적 문제해결을 할 수 있는 능력에 부정적인 영향을 미칠 수 있다는 설명과 함께 제시한다. 행동에 대한 기능적 분석에 관한 핵심적 견해를 바탕으로, 이 기본틀은 개인의 스트레스 문제에 대한 내적 반응을 기술하기 위해 다음 구성요소를 사용한다.

A = 활성화시키는 사건
B = A에 대한 혼잣말이나 신념

C = 정서적 결과

현재 겪고 있는 스트레스 문제를 예로 들어서 내담자에게 문제(A)와 관련된 생각, 신념, 그리고 태도(B)를 확인해 보도록 한다. 부정적인 정서적 반응(C)을 유발할 가능성이 있는 부정적인 '혼잣말'이나 인지의 예에는 (1) 매우 평가적인 말들(예: "~해야 한다." "~하는 것이 당연하다."), (2) 죽고 사는 문제가 아닌 상황에서의 '재앙화' (예: "내가 그렇게 화를 내는 것은 너무 나쁜 짓이야." "그렇게 이기적인 행동을 하는 것은 끔찍한 일이야."), (3) 과잉일반화(예: "그 누구도 나를 이해할 수 없어. 내가 어떤 경험을 했는지 아무도 이해할 수 없을 거야."), (4) 적대적인 표현들(예: "머저리 같아!") 등이 있다. 이 도구를 사용해서, 자신의 내부의 생각들을 점검해 볼 수 있으며, 그 과정을 통해 치료자와 내담자는 건설적이고 현실적인 혼잣말(예: "나는 ~를 바란다." "나는 ~가 되었으면 더 좋겠다.")과 부적응적이고 부정확한 혼잣말(예: "내가 ~한 것은 너무 어리석었어." "나는 ~ 했어야 해.")을 구분하는 작업을 할 수 있다.

상황 또는 사건(A)	사고(B)	정서적 반응들(C)	정도 평정(1-10)

[그림 9-1] ABC 사고기록지

ABC 사고기록지([그림 9-1] 참조. 이 양식도 부록 2의 환자용 유인물에 포함되어 있다.) 양식을 사용해서 내담자에게 정서적 고통을 경험하는 현재의 문제를 적어 보라고 한다. 이런 구조는 내담자의 부정적인 사고를 우선 확인하고 변화시키거나 재개념화하는 것을 도와준다. 인지치료자들이 다양한 판본의 ABC 양식(이것을 일일 사고기록지라고 부르기도 한다)을 개발했다. 이 양식은 사건에 대한 보다 정확한 해석을 하는 방법을 배우는 첫 단계이며 부정적인 자동적 사고나 가정을 최소화시키는 법을 점차 배워 나갈 수 있도록 돕는다. 8장에서 소개한 '스트레스에 대한 반응 활동지'도 내담자가 자신의 부정적인 사고양식을 보다 잘 확인할 수 있도록 돕는 데 사용할 수 있다는 점을 기억하라. 이제 내담자에게 이 전략을 적용하도록 가르칠 때 제공할 수 있는 지침을 설명하고자 한다(환자용 유인물에서 '부정적 사고의 극복'이라는 제목이 붙은 부분이 이 부분을 간단히 설명하고 있으며, 부록 2에 포함되어 있다.).

1단계. 정서적으로 고통스런 상황을 기록하라.

최근에 당신에게 일어난 일 중에서 당신을 슬프거나 화가 나거나 긴장하게 하는 등 스트레스가 되는 문제들에 대해서 생각해 보라. 우리는 이 문제를 A라고 지칭할 것이다. ABC 사고기록지에 그 문제에 대해 적어 보라. 그리고 나서 그 사건 동안 당신의 마음에 떠올랐던 생각을 적어라. 우리는 그 생각을 B라고 명명할 것이다. 마지막으로 정서적 반응을 적어라. C는 그 상황에 대한 반응으로 당신이 경험한 것들이다.

ABC 사고기록지에 당신이 기록한 생각들을 살펴보라. 문제가 되는 생각들을 직면하는 것은 불편하게 느껴질 수 있다. 그러나 이 연습에 머무르려고 노력하고 당신이 구체적인 문제 A와 연관하여 사고부분(B)에 적은 것과 부정적 정서 경험(C)을 검토해 보라. 조용히 당신의 머릿속에 여러 생각들이 떠오르도록 그대로 두고, 이를 그저 관찰하고 들여다보고 인식하라. 이것이 당신의 마음이 배운 이야기 방식이다.

부정적인 사고습관을 변화시키는 것은 그저 긍정적으로 생각하는 것보다 훨씬 더 어려운 일이다. 당신은 상황을 새롭고 좀 더 정확한 관점에서 바라보고 해석하는 방식을 연습해야 한다는 뜻이다. 다음에 제시된 단계들을 통해서 당신은 좀 더 정확하고 균형 잡힌 결론에 이르기 위해 긍정적, 부정적, 그리고 중립적인 것을 포함한 많은 다른 관점들로 당신이 경험한 각각의 상황을 고려하는 방법을 배울 것이다.

2단계. 정서적 반응의 강도를 평정하라.

당신의 정서를 자각하게 되면(C), 1점에서 10점까지의 점수를 사용해서 그 점수를 평정하라. 당신이 적은 것과 관련해서, 그 상황에서 당신이 경험한 정서의 강도는 어느 정도인가? 1은 정서적 강도에서 가장 가벼운 수준이고 10은 가장 고통스럽고 강한 정서를 경험한 것이다.

3단계. 스스로 질문을 유도하라.

이 단계는 유도된 자기발견이라고 불리기도 하며, 인지치료로 알려져 있는 심리치료 양식에서 변형된 것이다. 이 단계에서는 당신이 적은 생각을 정확한 것인지 객관적으로 고려해 본다. 그 생각을 확증하는 또는 반증하는 근거를 찾는다. 예를 들어, 스티브라는 이름의 환자가 자신의 결혼생활에서의 어려움에 대해서 불만을 토로하고 있었는데, 그는 "아내가 그렇게 멍청하게 행동할 때 정말 싫다."라는 생각을 적었다. 이 생각을 조심스럽게 반복해서 읽으면서 아내가 멍청하거나 머리가 아둔한 것이 아니라는 것을 알게 되었다.

사실, 그녀는 지적이고 유능한 전문가였다. 치료자와 함께 이야기를 나누면서, 스티브는 자신이 얼마나 부정확한지를 깨닫게 되었고 그 결과, 실제로 어떤 일이 벌어지고 있는지 보다 잘 이해하기 시작했다. 좀 더 구체적으로, 스티브는 아내에게 자신의 관점을 이해시키는 데 어려움이 있을 때, 매우 큰 좌절감을 느낀다는 것을 깨달았다. 그들 사이에 의견 불일치가 있을 때, 그는 약하고 상처 입은 느낌을 받았다. '아내가 멍청하다.'는 생각은 그가 자신에 대해 좀 더 좋게 느끼도록 만들어 주는 기능을 했다. 그러나 보다 나은 의사소통을 하기 위해 노력하는 대신에, 두려움과 취약함의 느낌을 상쇄하기 위해 아내에게 더 공격적으로 행동하면, 아내는 그의 분노 폭발에 대해 더 큰 두려움을 느꼈고, 스티브의 이야기를 들어 주기가 더 어렵게 되었으며, 결국은 더 심한 관계의 문제로 이어졌다.

당신이 자신에 대해 확인한 생각(B)으로 돌아가서, 이제 그런 생각이 정확하다는 것을 지지할 수 있는 사실적인 증거를 찾아본다.

강한 부정적인 정서와 연관된 당신의 생각을 지지하는 근거를 찾는 것은 그리 쉽지 않다. 그것은 많은 부정적인 감정들이 사실이 아니라 가정에 바탕을 두고 있고, 비합리적이고 비논리적이며 부정확한 경향이 있기 때문이다. (내담자가 사실과 가정을 구분하는 것을 특별히 어려워한다면, 도구세트 4, 계획적 문제해결의 문제정의 부분에 있는 '사실 대 가정' 연습을 사용할 수 있으며 이것은 매우 큰 도움이 될 수 있을 것이다.)

다음으로, 당신의 생각을 반대하는 증거들을 적어라. 당신의 생각을 지지하지 않는 증거를 찾는 것은 또 다른 관점에서 상황을 바라보려는 의지를 필요로 한다. 당신이 사용할 수 있는 한 가지 방법은 당신이 신뢰하는 친구나 가족에게 도움을 받는 것인데, 당신의 생각이나 가정을 그것들을 지지하지 않는 증거를 제공할 수 있는 사람들에게 들려주는 것이다. 그들은 자신과 관련된 일이 아니기 때문에 그 상황의 다른 측면을 볼 수 있도록 해 줄 가능성을 높여 줄 것이다.

4단계. 그 상황에 대한 좀 더 균형 잡힌 생각을 발전시켜라.

균형 잡힌 생각이란 매우 부정적인 생각이라거나, 부정적인 생각을 강력하게 반대하는 논쟁이라기보다는 좀 더 중립적으로 상황에 대한 사실을 기술하는 형태의 생각들이다. 예를 들어, 스티브의 생각에 대해서 지지하는 증거와 반대하는 증거들을 모두 객관적으로 살펴본 후 그의 새로운 균형 잡힌 생각은 "만일 내가 노력한다면, 나의 반응을 조절할 수 있다……. 아내가 나의 관점을 받아들이지 않으려고 할 때 나는 좌절감을 느끼기 시작한다. …… 하지만 이 상황이 좀 더 나아지게 하기 위해 나는 차분하게 의사소통을 하기 위한 노력을 할 것이다."

당신의 이전의 사고습관은 과거에 했던 좀 더 균형 잡힌 생각들을 가로막아

왔을 것이다. 그러나 새로운 균형 잡힌 생각들은 당신의 부정적인 사고에 대항하는 증거를 찾아보고자 시도하는 과정을 발전시키도록 도울 수 있다.

5단계. 균형 잡힌 생각들을 스스로 반복하라.

이것은 상황에 대해 좀 더 정확하고 현실적이며 낙관적으로 바라보게 해 줄 것이다. 부정적인 사고습관이 형성되는 데 몇 년이 걸렸다는 것을 기억하라. 그러므로 새로운 사고습관을 발달시키는 데도 시간과 연습이 필요할 수 있다.

6단계. 동일한 상황에서 대해 새로운 사고를 연습한 후 어떤 감정을 경험하는지를 잠시 멈추고 살펴보라.

그 상황에 대한 당신의 생각을 바꾼 이후에 부정적인 감정에 대해 다시 한 번 평정하라.

7단계. 새로운 균형 잡힌 생각의 사용을 연습하라.

부정적인 정서를 경험하거나 고통의 수준이 증가될 때마다 지속적으로 ABC 양식을 사용해서 당신의 생각을 기록하고, 그 생각을 지지하는 증거와 반대하는 증거를 찾아 그 정확성을 객관적으로 평가하며, 새롭고 정확하며 균형 잡힌 생각을 발전시켜 스트레스 상황에서 꾸준히 연습하라. 고통스런 감정은 약한 수준일 수도 있고(예: 교통이 혼잡한 상황에서 운전을 하는 데 약간의 불안을 경험함.) 중간 정도의 수준(예: 회의가 끝난 이후에 동료들에 대해서 짜증과 화가 난다는 것을 발견함.) 또는 좀 더 심한 수준(예: 가족 중 한 사람과 말다툼을 한 이후 매우 슬프고 절망감을 느낌.)일 수 있다.

에이미의 사례

이전 내담자인 에이미는 심각한 고통을 경험하고 있었는데 이는 부분적으로는 그녀의 부정적인 사고 지향 '때문'이었다. 그녀는 다른 많은 대학 졸업생들과 마찬가지로, 과도한 학자금 대출과 구직의 어려움으로 인해 부모님 집으로 다시 이사했다. 이는 궁극적으로 많은 문제를 야기했는데, 독립성의 상실, 부모의 간섭과 감독의 증가, 가족에 대한 재정적 의존에 적응해야 하는 것이었다. 부정적인 생각

과 감정에 대해 이야기하면서 그녀가 선택한 한 가지 문제는 사회적 활동의 감소
와 부모와 함께 있는 시간의 증가에 관한 것이었다. 다음에 제시된 대화는 에이미
와 치료자가 '건강한 사고의 ABC 모델'의 사용에 관해 논의한 부분이다.

> 에이미: A 부분은 지난주에 부모님이 여러 친구분들을 일요일 바비큐 파티에 초
> 대했을 때 일어난 일이에요. 나는 정말로 방에서 조용히 새로 구입한 컴퓨터
> 를 설치하고 인터넷 검색을 하면서 오후를 보내기를 원했어요. 부모님의 친구
> 분들이 오시는 것은 괜찮아요. 하지만 나는 그분들과 공통점이 전혀 없기 때
> 문에 함께 있는 것은 매우 지루한 일이에요. 나는 또 한 번의 일요일을 지루
> 하게 낭비하며 보내고 싶지 않았어요. 그래서 나는 자신만의 공간이 없다는
> 생각이 들었을 때 덫에 걸린 것 같고 우울했어요.
>
> 치료자: 좋은 예가 되겠네요. 에이미. 파티에 대해서 알게 되었을 때 당신의 머릿
> 속에 떠오른 생각들을 좀 더 자세히 들여다봅시다. 이쪽에 ABC 양식을 사용
> 해서 그 사건을 분리해 볼 수 있어요. A는 부모님이 친구분들을 바비큐 파티
> 에 초대한 것이죠. 그런데 당신은 뭔가 다른 일을 하기를 원했죠. 이제 부모님
> 이 당신에게 파티계획에 대해서 이야기했을 때, 당신이 실제적으로 어떤 생각
> 을 했는지 또는 자신에게 어떤 말을 했는지 목록으로 만들어 봅시다.
>
> 에이미: 말을 하는 것뿐인데도 지금 기분이 너무 안 좋아요……. 내가 이기적인
> 위선자였어요.
>
> 치료자: 좀 더 설명해 보시겠어요?
>
> 에이미: 처음에는 정말 화가 났고 그다음에는 나 자신에게 미안한 마음이 들었
> 어요. 나는 '이번 일요일에도 지겨워하며 시간을 보내고 싶지 않아. 어떻게 컴
> 퓨터 작업 같은 내가 원하는 일도 더 이상 할 수 없게 되어 버렸지?'라고 생
> 각했어요. 대학을 졸업하고 나서 성인이 된 것 같았는데 나는 다시 어린아이
> 가 돼 버린 것 같아요. 그리고 나서 정말 기분이 나빴고 죄책감을 느끼기 시
> 작했어요. 나는 생각했어요. '넌 비겁해. 어떻게 그렇게 이기적일 수가 있니?

부모님이 너를 돌봐 주었고 너에게 얼마나 잘해 주었니?' 나는 정말로 그렇게 까다롭게 굴지 말아야 한다는 생각이 들기 시작했고 부모님이 하기를 원하시는 것에 좀 더 맞춰 드렸어야 한다는 생각을 했어요. 나는 부모님의 친구분들과 좀 더 많은 시간을 보내려고 해야만 해요. 그러고 나서 기분이 정말로 나빠지기 시작했고 내가 그렇게 이기적인 사람이기 때문에 하느님이 나를 벌하셔서 직장을 구할 수가 없는 것은 아닌가 궁금했어요.

치료자: 좋아요. 그 생각들을 목록으로 만들어 봅시다. '나는 일요일을 부모님 친구분들과 보내고 싶지는 않다.' '나는 부모님과 함께 살기 때문에 다시 어린아이가 된 것 같다.' '나는 이런 생각들을 하기 때문에 극도로 비겁하고 완전히 이기적인 사람이다.' '나는 부모님의 친구분들과 시간을 보내기를 원했어야 한다.' '나는 부모님께 좀 더 잘해야만 한다.' '나는 그럴 만하기 때문에 하느님께 벌을 받고 있는 것이다.'

이 지점에서 에이미와 치료자는 평가적인 진술(예: "해야만 한다." "이기적인")과 재앙화하는 진술("완전히 이기적인" "극도로 비겁한"), 과잉일반화("내가 그럴 만하기 때문에 하느님께 벌을 받고 있다.")의 예를 각 문장에서 찾아보았다. 치료자는 에이미에게 이런 부정적인 혼잣말에 대해 논박하고, 이러한 자기 진술을 좀 더 건설적이고 사실에 가까운 혼잣말로 바꿀 수 있도록 가르친다. 또한 치료자는 에이미에게 치료회기 사이에 이런 유형의 부정적인 혼잣말의 예를 찾아보려고 노력하라고 말하고, 그렇게 하는 것은 그런 생각에 도전하는 연습을 할 수 있는 기회를 제공해 줄 것이라고 설명할 것이다. '부정적 사고에 대해 논박'하는 방법은 기존의 관점에 도전하거나 반대함으로써 비합리적인 신념이나 부정적인 혼잣말에 대해 논박을 하는 것이다. 예를 들어, 당위와 같은 것을 포함하는 자기진술은 "왜 내가 그래야만 하는 것일까요?" 같은 질문을 통해 반박할 필요가 있다.

에이미는 기존의 신념, 즉 그녀는 부모님의 친구분들과 시간을 보내기를 원해야만 한다는 신념에 대해서 다음과 같이 반박했다.

에이미: 생각해 보니, 내가 부모님의 친구분들과 함께 있기는 원해야만 하는 이
유는 없네요. 나는 그분들과 공통점도 별로 없고 그분들도 나와 함께 있기를
특별히 원할 것 같지 않아요. 내가 실제로 경험하는 것은 부모님께 감사를 표
현하기 위해 좋은 행동을 해야 한다는 생각에서 나온 행동과 나 자신을 위해
하기를 원하는 행동 사이에 끼어 있는 것이었던 것 같아요. 나는 이런 딜레마
에 빠져 있다는 것 자체에 화가 났어요. 왜냐하면 내 아파트가 있다면, 나는
이런 결정을 할 필요조차 없으니까요.

실제적인 잠재적 위험을 분석하면서 재앙적 단어의 사용에 도전하는 것은 이
런 유형의 부정적인 생각에 도전하는 효과적인 방법이다. 에이미의 사례는 '나
는 극도로 비겁하다.'라는 생각에 도전하는 과정의 핵심을 잘 기술해 주었다.

에이미: 부모님은 친구분들과 만나는 것을 좋아하셔서 나도 그럴 것이라고 생각
하실 거예요. 내가 사실대로 말한다면 아마 부모님께서는 좀 실망하시겠지만,
나를 이기적이라고 하지는 않으실 거예요. 특히 내가 부모님께서 해 주시는 모
든 것들에 대해서 감사한 마음을 가지고 있고 부모님께서 원하시는 모든 것들
을 좌절시키려고 하는 것이 아니라는 것을 이야기하면 이해해 주실 거예요.

과잉일반화에 대한 도전은 언급한 진술의 실제적인 타당성을 객관적으로 관
찰하는 과정을 포함한다. 이 작업은 특별히 고통스런 감정에 '불을 지피는' 일반
화가 어떤 것인지에 대한 정직한 평가과정을 포함한다. 다시 에이미의 사례를
들어 설명해 보겠다.

에이미: 내가 부모님께 너무 의존하고 있다는 데 대해 화가 났어요. 그리고 내가
내 두 다리로 다시 설 수 있을까 하는 걱정이 되었어요. 동시에 부모님이 나
를 위해 헌신적으로 노력하고 계시다는 것을 알기 때문에 화가 났을 때 죄책

감을 느꼈어요. 이런 경제상황에서 실직은 하느님이 내린 벌이 아니죠. 나도 알아요. 내가 옴짝달싹할 수 없는 상황에 갇혀 있고 압도된다고 느끼면, 때로 내가 벌을 받고 있는 것 같은 느낌이 들기 때문에 과장을 한 거죠. 나는 다시 독립을 할 수 있길 바라요.

치료자가 에이미에게 부정적인 자기진술을 확인하는 방법과 그러한 내적 대화를 좀 더 긍정적이고 현실적인 자기진술로 '전환'하는 방법에 관한 간단한 단서와 지침을 담은 유인물을 제공한 것은 매우 유용했다. [그림 9-2](당신의 마음을 들여다보라: 부정적인 혼잣말을 확인하고 그것을 긍정적인 혼잣말로 전환하기)에 예가 제시되어 있다. 이 유인물은 부정적인 생각을 인식하고 도전하기 위한 간략한 지침을 제공해 준다. 다른 환자용 유인물(부록 3 참조)에는 부정적인 진술을 대신하여 사용할 수 있는 긍정적인 혼잣말의 목록이 있다. 그것은 〈표 9-1〉에 포함되어 있다.

사람들이 이 목록을 부정적인 혼잣말과 싸우는 수단으로 사용하도록 격려할

부정적인 혼잣말을 한다는 징후

- '당연히' '절대로'와 같은 '판단적인' 용어를 사용한다.
- 죽고 사는 문제가 아닌 상황에서 극단적인 표현을 사용한다.
- 과잉일반화를 한다.

부정적인 혼잣말을 '논박'하는 전략들

- 부정적인 혼잣말에 대해서 논리적으로 반박하라.
- '당연히'나 '의당'과 같은 말에 대해서 "왜 내가 그렇게 해야 하는가?"라고 반박하라.
- 재앙적인 표현에 대해서 반론을 제기하고, 그 상황의 실제적 위험성을 평가하라.
- 과잉일반화에 도전하라.
- 도전하는 긍정적 혼잣말을 사용하라.

[그림 9-2] 당신의 마음을 들여다보라: 부정적인 혼잣말을 확인하고 그것을 긍정적인 혼잣말로 전환하기

〈표 9-1〉 긍정적인 자기진술

- 나는 이 문제를 해결할 수 있다.
- 나는 괜찮다. 그런 상황에서 슬픔을 느끼는 것은 정상적인 것이다.
- 내가 바람의 방향을 바꿀 수는 없다. 그러나 돛을 조정할 수는 있다.
- 모든 사람을 기쁘게 해야 하는 것은 아니다.
- 나는 두려움을 신념으로 대신할 수 있다.
- 나 자신을 기쁘게 하는 것은 괜찮은 일이다.
- 이 어려움에도 끝이 있을 것이다.
- 노력한다면 나는 할 수 있을 것이다.
- 필요하다면 ~로부터 도움을 받을 수 있다.
- 일단 시작하면 좀 더 쉽게 느껴질 것이다.
- 나는 그저 쉴 필요가 있다.
- 나는 여기에 대처할 수 있다.
- 나는 두려움을 줄일 수 있다.
- 나는 그저 상태를 유지할 필요가 있다.
- 걱정이 점점 커지게 할 수는 없다.
- 기도가 도움이 된다.
- 나는 스스로가 자랑스럽다.
- 나는 버틸 수 있다!

수 있다. 비합리적인 신념과 과잉일반화된 자기진술에 대항하여 논쟁을 하는 것은 해결책을 선택하는 것이 실제로 가능하다는 것을 깨닫게 해 줄 수 있다. 예를 들면, 에이미의 독립에 대한 걱정은 치료의 주된 초점이 되어 갔다. 다시 독립하기 위한 점진적인 단계들을 계획하는 것은 에이미가 부모님께 의존하고 있는 현재의 상태에 대해 자신을 속으로 비난하는 것보다 훨씬 생산적인 일이었다.

입장전환 역할극

부정적인 생각을 극복하도록 돕는 두 번째 도구는 회기 중에 역할극 절차를 사용하는 것인데 그 목적은 내담자가 가진 부적응적인 신념과 외적 자극에 대한

〈표 9-2〉 문제와 문제해결에 관한 일반적인 '비합리적' 신념들

1. 대부분의 사람들은 나와 같은 문제를 가지고 있지 않다. 나와 같은 스트레스에 대처하느라 어려움을 겪고 있는 사람은 아무도 없다(그들이 심리적으로 취약하지 않다면 말이다.).
2. 나의 모든 문제들은 전부 나 때문이다.
3. 문제에 직면하거나 의사결정을 할 때는 피하는 것이 상책이다. 대부분의 문제들은 저절로 사라진다.
4. 마음에 떠오른 첫 번째 해결책이 최고의 해결책이다. 언제나 본능에 따라 움직여야 한다.
5. 대부분의 문제에는 옳은 그리고 완벽한 해결책이 존재한다. 뭔가 새로운 것을 시도하기 전에 그것을 찾아야만 한다.
6. 나와 정확히 똑같은 문제를 경험한 사람만이 나에게 도움을 줄 수 있다. 그 외에 그 누구도 나를 이해하지 못한다.
7. 사람은 변할 수 없다. 늙은 개에게 새로운 기술을 가르칠 수는 없다. 내가 지금 하는 방식이 내가 늘 사용할 방법이다.
8. 보통 사람들은 대부분의 인생의 문제를 스스로 해결할 수 없다.

왜곡된 지각을 변화시키도록 돕는 것이다. 이 연습에서 실생활의 문제와 관련된 부적응적이고 비합리적인 태도의 일부 또는 전부를 선택하여 문제해결치료자가 역할극 형식으로 진행한다. 그런 비합리적이거나 부정적인 태도는 〈표 9-2〉에 제시되어 있다. 내담자는 친구나, 상담자, 또는 치료자 역할을 맡아서 왜 그런 말들이 부정확하거나 부적응적이거나 역기능적인지 이유를 제시하고, 그런 말에 대해 '반박'하는 역할을 한다. 이런 방식으로 내담자는 긍정적인 문제 지향의 여러 측면들에 대해 실제적으로 언어화해 보기 시작한다.

스트레스가 되는 문제에 대해 보다 적절한 신념을 확인하고 그러한 태도의 타당성에 대한 논리적 근거를 찾아 가는 과정은 내담자가 그러한 지향을 개인적으로 채택하기 시작하도록 도울 수 있다. 이러한 전략은 또한 집단장면에서도 잘 적용되는데, 집단의 다른 구성원들이 여러 입장들(말하자면, 부적응적 입장과 적응적 입장)을 맡아 역할연기를 해 줄 수 있다. 다음에 제시되는 예는 심장질환을 앓고 있는 에디라는 환자와의 역할극인데, 그는 만성질환을 다루는 데 어려움이

있었고 그의 문제에 대해 '괜찮을 것이다.'라고 믿지 못하는 것 같았다.

> **치료자:** 에디, 당신과 역할극 연습을 해 보았으면 합니다. 내가 당신의 직장 동료 역할을 맡을게요. 내가 하는 이야기를 신념을 변화시키는 것을 돕는 수단으로 보고 당신이 반박을 하기 바라요. 당신이 할 일은 내가 하는 말을 받아주는 것이 아니라 내 의견에 반대하는 겁니다. 연습을 마친 다음에 좀 더 자세히 설명해 드릴게요. 하지만 지금은 어떤 비합리적이거나 비논리적이거나 부정확한 이야기에 대해서 타당하고 현실적인 입장을 취하도록 최선을 다해보세요. 아시겠어요?
>
> **에디:** 좋아요. 한번 해 보죠.
>
> **치료자:** 최근에 정말로 가라앉아 있는 것 같아요. 눈물을 흘리며 죽을 가능성에 대해 생각할 때면, 미쳐 버릴 것만 같아요. 심장질환을 앓고 있는 다른 사람들은 나보다 훨씬 용기를 내고 있는 것 같아요. 내가 대처하는 데 어려움이 있다는 것은, 내가 심리적으로 취약하고 내가 전혀 대처를 하지 못한다는 말이에요.
>
> **에디:** 그건 사실이 아니에요. 많은 사람들이 우리가 겪게 되는 모든 끔찍한 일들에 대처하는 데 어려움을 경험해요. 나는 늘 울어요. 때로는 정말 지옥 같아요. (여기에서 에디가 그 상황을 개인화하기 시작했고, 효과적으로 논박하지 못할 수 있다는 것을 주목하라. 그래서 치료자는 그를 과제로 돌아오게 할 필요가 있었다.)
>
> **치료자:** 에디, 당신이 할 일은 내가 한 이야기에 주목하고 내 입장에 대해 반박을 하는 것이라는 점을 기억해 보세요. 당신은 잘하고 있어요. 하지만 내 이야기에 대해 반박할 방법을 찾으려고 시도해 보세요. 좋아요. 다시 역할극으로 돌아가 봅시다. 당신은 아마도 나만큼은 울지 않을 거예요. 모든 사람들이 나보다는 강해요. 나는 한심한 환자라는 말이죠.
>
> **에디:** 알겠어요. 내가 할 일은 …… 좋아요. 당신은 자신에 대해서 그렇게 가혹

할 권리가 없어요. – 당신이 겪고 있는 일을 보세요. – 당신이 병에 걸리고 싶다고 한 게 아니잖아요. 이제 당신은 훨씬 해결해야 할 일이 많아졌어요. 병에 걸린다는 것은 누구에게나 힘든 일이에요. 그게 당신을 미칠 것 같이 만들죠. 하지만 당신은 괜찮을 거예요.

치료자: 내가 미칠 것 같다고 느낀다는 것은 내가 미쳐 버릴 것이라는 말이죠.

에디: 그건 단지 표현일 뿐이에요. 당신이 흥분했다는 뜻이죠.

치료자: 그러면 내가 너무 흥분하지 않도록 나 자신을 도울 수 있는 방법을 알아내기 위해 노력하면 된다는 말인가요?

에디: 그렇죠. 당신은 미치광이가 아니라 단지 흥분한 거죠.

치료자: 그러면, 당신이 한 말은 내가 단지 흥분한 것이고 미친 것은 아니라는 말이네요. 그런데 내가 생각하는 방식이 실제로 나를 더 힘들게 만들었을 수 있다는 것이군요.

에디: 맞아요. 바로 그거예요.

치료자: (다시 '진짜' 치료자 역할로 되돌아간다.) 그래서 에디, 당신이 자신의 생각이 이런 방식이라는 것을 알아차리고 나면, 당신은 '멈추고 속도를 줄이고 좀 더 합리적으로 생각하기'를 할 필요가 있어요.

에디: 알겠어요. 그러나 연습이 필요할 것 같아요.

에디의 경우에는 치료자의 '비합리적인 신념'에 대해서 합리적으로 반박하는 작업으로 금방 돌아올 수 있었지만, 그러한 신념을 오랜 기간 동안 가지고 살았던 내담자와 작업할 때는 좀 더 합리적인 반박을 하도록 유도하는 데 여러 번의 시도가 필요할 수 있다. 그러한 경우라면 PST 치료자는 비합리적인 또는 부적응적인 신념의 좀 더 극단적인 경우(예: "나와 같은 스트레스를 경험한 사람은 아무도 없다. 절대로 나밖에 없다.")를 선택하여 환자가 좀 더 합리적인 반응을 쉽게 찾을 수 있도록 허용할 수 있다(예: "지난 역사에서 그런 경험을 한 사람이 아무도 없다고 생각하시는 겁니까? 지금까지 그런 비슷한 수준의 스트레스를 경험한 사람이 아무도 없을까요?"). 주목할 것은 내담자가 역할을 바꾼 치료자의 이야기에 대해서 지속적으로 합리적인 설명을 제시하고, 그(즉, 치료자)가 '결론'을 내리기 시작하는 것인데, 거기서 가장 중요한 것은 내담자가 좀 더 합리적으로 (그리고 정확하게) 생각하기 시작하는 것이다.

메건의 사례: 입장전환 역할극

이 시점에서 우리는 다시 메건의 사례로 돌아가 입장전환 역할극 연습의 사용에 대해 이야기하고자 한다. 메건과 작업을 하면서, 그녀의 부정적 사고패턴이 긍정적 문제 지향을 증가시키고 부정적인 문제 지향을 감소시키는 데 주요한 장애물로 기능한다는 것이 점차 분명하게 드러났다. 그러한 부정적 사고는 일반적으로 부모에 대해 걱정하는 감정에 의해 촉발되었고, 특히 자신의 역할을 '가족 모두를 돌볼 것으로 기대되는 사랑받는 사람'이라고 볼 때 그러했다. 예를 들어, 그녀의 어머니가 냉담하게 대하거나 빈정거리면, 그녀는 아버지를 친근하게 챙겼다. 우울증을 앓고 있는 언니도 대개 메건에게 지지를 구했다. 게다가 어머니는 가족 중에 메건은 언제든 한잔 하러 가자고 하면 함께 갈 준비가 되어 있는 사람으로 여기고 의지했다. 메건의 친구들은 정기적으로 메건의 집에 모여 파티를 열고 카드게임을 했다.

역할을 바꿔서 논쟁을 하는 역할극 기법은 메건이 스트레스가 되는 문제에 대처하는 데 걸림돌이 되곤 하는 자신의 부정적 사고에 대해 좀 더 객관적으로 볼 수 있는 기회를 제공해 주었다. 다음은 "나는 모든 사람들이 의지할 수 있는 좋은 사람이기 때문에 나는 항상 그들을 도와야 해."라는 부정적 사고에 대해 기법을 적용한 것이다.

치료자: 그동안 당신이 "룸메이트에게 우리가 가진 문제에 대해서 이야기하는 것을 상상할 수도 없어요."라거나 "엄마에게 금주에 대해 아무 말도 꺼내지 못했어요." 같은 이야기를 할 때 당신이 얼마나 자주 마음에 상처를 입는지

보아 왔어요. 심지어 가장 친한 친구 찰리에게도 당신은 금주에 대한 이야기를 꺼내기를 어려워하지요.

내담자: 나도 알아요. 찰리와 그의 남자친구 마이크가 이번 주에 동네에 와서 나와 함께 지내고 있어요. 그들은 술집에 가는 대신 영화를 보러 갈 수도 있다고 제안했어요. 나는 술을 마시러 가도 된다는 식으로 말하기 시작했고요……. 나는 나 때문에 아무것도 바꾸게 하고 싶지 않았어요.

치료자: 그래서?

내담자: (울기 시작함) 그래서…… 찰리가 "하지만 우리는 너의 의견에 관심이 있어."라고 말했어요. 그러자 나는 울기 시작했어요. 그가 나에게 괜찮으냐고 묻자 나는 더 크게 울었어요. 나는 사람들이 나에게 괜찮은지 물어보면 언제나 눈물이 나요.

상담자: 당신에게 관심이 집중되는 것을 원치 않기 때문이죠. 당신이 그들을 돌봐야 한다고 생각하는 거죠. (메건이 고개를 끄덕임) 메건, 당신과 연습을 한번 해 보고 싶어요. 내가 당신의 좋은 친구 중 한 명의 역할을 할게요. 당신이 관심을 기울이고 있고 최고로 잘해 주고 싶은 어떤 사람이요. 나는 나를 화나게 한 어떤 일에 대해서 당신에게 이야기할 거예요. 이번 연습에서 당신이 할 일은 내가 하는 이야기에 대해 반박을 하는 겁니다. 비록 처음에는 당신이 동의하고 싶은 마음이 들지라도 이 짧은 연습에서 당신이 할 일은 내가 말하는 것에 대해서 반박하는 거예요. 마치 우리가 논쟁을 하고 당신은 당신의 관점이 맞다는 것을 증명하고 싶어 하는 것처럼 해 봅시다.

내담자: 노력해 볼게요. 하지만 나는 아마 논쟁을 잘하지는 못할 거예요.

치료자: 노력을 해 보겠다고 해서 고마워요. 좋아요. 나는 간호사이고 나는 당신에게 이렇게 이야기하고 있어요. 나는 어떤 의학적 문제가 있어서 일을 쉬어야만 하는데 우리 병원의 의사와 간호사들에게는 그것을 말할 수가 없을 것 같아요. 준비됐어요? (메건이 고개를 끄덕임)

치료자: 나는 지금 엉망진창이에요. 몸에 문제가 있어서 수술을 받아야 하는데

병원에 4주간 자리를 비워야 한다는 말을 어떻게 말을 해야 할지 모르는 상태예요.

메건: 휴가로 쓸 수 있는 날이 있나요?

치료자: 중요한 건 그게 아니에요. 나는 병동을 운영할 책임을 맡고 있는 사람이고 만일 내가 아프다고 말하고 사람들에게 뭔가 부탁을 한다면 그들은 실망을 할 것이고 나를 좋아하지 않겠죠.

메건: 당신이 뭘 하려고 하는지 알겠어요(미소를 지음).

치료자: 다시 역할극 연습으로 돌아가 봅시다. 메건. 좋아요. 내 역할로 돌아가서 – 나는 그들이 나에 대해서 생각하는 모습 이외의 다른 모습을 보여 주어서 그들을 실망시킬 수는 없어요. 더 나쁜 것은 사람들 중 일부는 직장에서 나를 위해 대신 일을 해야만 할 거라는 거예요.

메건: 어떻게 아프다는 것이 사람들을 실망시키죠? 사람들은 아마 당신에 대해 걱정할 거고 당신을 도우려고 할 거예요.

치료자: 아니에요. 그들은 그러지 않을 거예요. 그들은 나에게 관심이 없어요. 그저 내가 그들을 위해 하는 일에만 관심이 있죠. 나는 그들이 더 편하게 지낼 수 있도록 나에게 기대하는 일을 해야 하고 그렇게 하지 못한다면 나를 존중하지도, 나를 더 이상 좋아하지 않을 거예요……. 나는 해고될 것이고, 결국 혼자가 될 거예요.

메건: 아, 그게 내가 하는 혼잣말이라는 건가요? (그녀는 자신이 논박을 하기로 되어 있었다는 것을 깨닫는다.) 오, 미안해요. 아무도 당신을 더 이상 좋아하지 않거나 해고하는 일은 없을 거예요. 그건 사실이 아니에요.

치료자: 그렇지 않아요. 나는 모든 사람들을 만족시키는 사람이 되어야만 하고 모든 사람들을 돌보는 사람이 되어야 해요. 나는 사람들이 가장 좋아하는 사람이 되어야만 하는데 그렇지 않다면 그들은 나를 떠날 것이고 나는 혼자 남겨질 거예요.

메건: 하지만 당신은 사람이에요……. 그들도 그걸 알 거예요. 그들이 당신이 당

신 몫의 일을 할 것을 기대할 수 있지만 당신이 아프다면, 분명히 그들 중 일
부는 당신과 함께 있어 주려고 할 거예요.

치료자: 이해가 안 가요. 나는 달라요. 나는 병원에서 가장 사람들이 좋아하는
직원이 되어야만 해요.

메건: 이건 엉터리 같아요. 어떤 사람도 그렇게 할 수는 없기 때문에 이건 너무
논박하기 쉬워요.

치료자: 내 생각은 달라요. 나는 특별하고 최고의, 세상에서 가장 사랑받는 간호
사가 되겠다는 생각은 나를 특별하게 만들고 다른 사람들이 나와 함께 있기
를 원하게 만들어요.

메건: 그 말은 당신이 다른 어떤 사람들보다 우월하다고 말하는 것 같아요.

치료자: 어쩌면 그래야만 할지도 모르죠.

메건: 하지만 당신이 수술을 받아야 한다는 사실을 무시한다면, 꽤 심각한 상태
가 될 수도 있고 당신은 죽을 수도 있어요.

치료자: 다른 누군가를 실망시키기보다는 그걸 택해야겠죠.

메건: 말도 안 돼요. 세상이 편하게 돌아가게 하기 위해서 죽거나 자신에게 상처
를 입힐 필요는 없어요.

치료자: 지금 한 말을 다시 한 번 반복해 볼 수 있을까요?

메건: 당신이 말하려고 하는 것을 알 것 같아요. 나는 정말 생각하는 방식을 바
꿀 필요가 있어요.

역할극은 메건이 좀 더 긍정적인 문제 지향을 채택하기 시작할 때까지 계속되
었다는 것에 주목하라.

긍정적 심상: 무력감의 극복과 성공의 시각화

스트레스가 되는 문제에 대한 효과적인 대처를 가로막는 다른 잠재적 방해물에는 무력감과 부정적인 문제 지향의 특징인 낮은 동기수준이 있다. 내담자가 무기력하고 압도당했다고 느낄 때 종종 다음과 같은 이야기를 한다. "터널의 끝에 아무런 빛도 보이지 않아요." 다른 말로 하면, 어떤 사람들은 "자신이 문제를 성공적으로 해결하거나 특정한 목표를 성취하는 모습을 그려 볼 수 없다."

무력감의 극복을 시각화하는 힘과 관련하여, 우리는 종종 환자들과 이런 기법을 훌륭하게 사용한 정신과 의사이자 저자이며 홀로코스트 생존자인 빅터 프랭클의 일례를 이야기하곤 했다. 빅터 프랭클 박사는 『죽음의 수용소에서(Man's Search for Meaning, 1984)』라는 저서에서 미래를 '우리 존재의 가장 힘겨운 순간에서 구원'으로 시각화하는 사람의 능력에 대해 기술하고 있다. 그는 제2차 세계대전 동안 나치 수용소에서 겪은 고통과 굴욕의 경험들, 그리고 그를 쉬지 않고 괴롭혔던 끝없는 문제들을 생생하고 분명하게 회상했다. 그러나 그는 또한 일종의 개인적인 계시의 순간을 기록했다. 그의 삶에서 가장 어두운 시기에 그는 그의 마음과 생각을 다른 시간과 장소로 밀어낼 수 있었다. 예를 들어서, 한겨울에 굶주리고 헐벗고 지독한 감기가 걸린 상태에서 행진을 하다가, 그는 극도로 기진맥진해져서 그만 쓰러지고 말았다. 죄수가 행진을 멈추게 하면 늘 그렇듯이 나치 보초병은 그를 때리기 시작했고, 당장 일어나지 않으면 죽을 줄 알라고 소리를 질렀다. 그 상황에서 프랭클은 속으로 그저 "이제 내 차례구나."라고 중얼거렸고, '이제 죽게 되는구나.'라고 생각했다.

그러나 미래의 자신의 모습을 그려 보며 간신히 몸을 일으켰다. 그는 따뜻하고 잘 꾸며진 계단식 강의실에 서 있고, 청중들은 자리를 가득 메우고 앉아 '죽음의 수용소의 심리학'에 관한 강의를 듣는다. 그는 후에 그의 저서에서 "이 방법으로 나는 그 상황에서 일어날 수 있었고, 그 순간의 고통을 어떻게든 이겨 낼 수 있었다. 나는 그 상황을 마치 이미 과거인 것처럼 바라보았다. …… 우리가 겪고 있는 고통스런 정서는 우리가 분명한 장면을 그려 내는 순간 우리에게 고통을 주지 못한다(p. 95).”라고 적었다. 프랭클 박사의 일대기에 대해 알고 있는 사람들은 그가 이러한 잔혹한 경험에서 살아 돌아온 후에 국제적으로 잘 알려진 정신과 의사이자 저자가 되어 그 누구도 가능할 것이라고 생각하지 못했던 범위까지 시각화를 확대할 수 있음을 몸소 보여 주었다는 것을 잘 알고 있을 것이다. 우리는 시각화가 복잡하고 어려운 문제를 해결할 수 있는 유일한 해결책이라고 단순히 주장하지 않는다. 그러나 더 나아진 미래 또는 ‘문제가 해결된 상태’를 성공적으로 시각화할 수 있는 사람들은 문제해결을 위해 노력할 좀 더 강한 동기를 가지게 될 것이라고 확신한다. 그러므로 이번 도구세트에서 우리는 무력감을 극복하고 목표달성을 위해 지속적인 노력을 할 수 있도록 도울 두 가지 구체적인 시각화 도구를 제안한다. 그것은 다음과 같다.

1. 무력감의 극복을 위한 긍정적 시각화
2. 목표달성을 위한 긍정적 시각화

무력감의 극복을 위한 긍정적 시각화

이 PST 활동은 내담자가 특히 무력감을 느낄 때 그리고 치료가 진척을 보이지 않을 때 유용하다. 달리 표현하자면, 내담자가 문제에 성공적으로 대처할 것 같지 않다고 느낄 때 유용하다. 이 시각화 연습은 내담자에게 상상력 또는 ‘마음의 눈’을 이용하여 어려운 문제를 성공적으로 해결한 다음의 ‘미래로 여행하도록’ 요청한다. 치료자들은 내담자에게 어떻게 거기에 도달한 것인지에 대해 생각하라고 지시하지 않는다. 왜냐하면 무력감은 우울정서와 피로감, 의욕부진에 보통 수반되는 감정이기 때문에, 다른 시각화 연습과 마찬가지로 초점은 단지 그것에 대해서 생각하는 것이 아니라, 그 순간을 진짜로 느끼기 위해 시각, 청각, 촉각,

미각, 그리고 후각을 포함하여 여러 긍정적인 신체적 감각을 가능한 한 많이 경험하도록 하는 것이다.

때로 사람들은 정서적으로 압도당하는 느낌을 받으면, 문제해결과 연관되는 긍정적 결과보다는 문제와 관련된 부정적 감정들에 훨씬 더 많은 주의를 기울이게 된다. 이 연습은 뭔가 다른 것을 해 보는 노력을 할 수 있도록 동기화시키기 위해 긍정적인 경험을 할 수 있도록 도우려는 것이다. 이것은 주자가 결승선을 바라보는 지점에 있을 때 실제적으로 그 목표에 도달하기 위해 좀 더 빨리 달리고자 하는(다른 말로 하면, 경기를 완주하려는) 동기가 높아지는 상황과 유사하다.

이러한 연습은 환자가 특별히 무력감을 느낀다는 것을 치료자가 지각한다면 치료의 초반부에라도 쉽게 사용할 수 있다. 또한 내담자가 다양한 다른 문제해결 도구들을 스트레스 상황에 대한 대처수단으로 사용하는 데 어려움이 있을 때라면 언제라도 치료 중에 이 방법을 적용해 볼 수 있다. 이 활동은 치료자가 지시하는 것이기 때문에 환자가 분명한 장면을 상상해 낼 수 있도록 돕는 데 유능해야 한다는 것을 기억해야 한다. 다음에 제시된 대본은 시각화를 유도하는 지시문이다.

눈을 감고 심호흡을 하십시오. 복부까지 숨을 들이마시고 숨을 멈추고 셋까지 세십시오. …… (3초간 기다린다.) …… 이제 숨을 내쉬고 모든 공기를 내보내십시오. 이것을 한 번 더 하고 숨을 들이마셨을 때 당신의 배가 불룩해지고 숨을 내쉴 때 배가 꺼지는 것에 주목해 보십시오. 이제 숨을 차분하고 규칙적으로, 별다른 박자 없이, 그저 자연스럽게 들어오고 나가는 대로 숨을 쉬도록 내버려 두고 그저 당신의 숨에 주의를 기울여 보세요……. 당신의 주의를 이 순간에 당신의 호흡에 맞춰 보십시오. (3초간 기다린다.)

이제 상상력을 이용하여 미래의 어떤 시점에 있는 자신을 시각화해 봅시다. 그때는 지금으로부터 몇 달 후 일수도 있고, 지금으로부터 1년 뒤에 당신이 지금 직면하고 있는 문제들이 대부분 과거가 되어 버린, 즉 대부분 해결되고 더 이상 당신에게 문제가 되지 않는 순간일 수도 있습니다. 어떻게 거기까지 가게 되었는지는 중요하지 않습니다. 그저 당신과 당신의 목표 사이에 있는 장애물을 뛰어넘은 상태입니다. 당신의 문제가 대부분 해결되고 나아진 지점을 시각화하기 위해 모든 감각을 사용하십시오. 당신 주변을 그려 봅시다. 당신은 어디에 있습니까? 당신은 실내에 있습니까, 아니면 야외에 있습니까? 당신의 가까이에 무엇이 보이는지 그려 보고 좀 더 먼 주변의 풍경도 그려 보십시오. 당신 자신에 대해서 생각해 보십시오. 당신을 다른 사람에게 설명한다면, 당신의 모습을 어떻게 설명할 수 있을까요? 미래의 한 장면에 대해 어떤 냄새나 어떤 소리를 상상해 볼 수 있는지 봅시다. 당신의 모든 감각을 이용해 보십시오. 당신의 신체는 어떤 느낌인가요? 뭔가 만지는 것이나 신체가 어떤 느낌인지를 상상해 보십시오. 당신은 무엇을 하고 있을까요? 당신이 다른 사람들과 함께 있다면 그들은 어떤 모습인가요? 그들과 당신의 사이는 어떤 것 같은가요? 당신이 혼자 있다면, 당신은 무슨 생각을 하고 있나요? 이제 미래의 이 시점을 충분히 경험하고 '상상 속의 장면에서 내 인생이 시각화를 하기 전과 얼마나 다른지'를 생각해 보십시오. 이 순간과 관련된 모든 긍정적인 생각과 감정을 상상하려고 노력하십시오.

　이제 심호흡을 하고 눈을 뜨십시오. 당신이 방금 시각화한 것을 가능한 한 자세히 적어 보십시오. 당신이 얼마나 문제가 해결되었다고 믿었는지도 적으십시오. 당신은 실제로 경기를 완주했습니다.

목표달성을 위한 긍정적 시각화

　이 시각화 연습은 앞서 기술한, 치료자가 지시하여 회기 중에 진행되는 연습과 대조적으로 내담자가 좀 더 주도적으로 실행하는 연습도구다. 이 연습은 내담자가 자신의 목표를 향해 노력할 수 있는 동기를 점차 끌어올릴 수 있도록 하기 위한 수단으로서 미래에 대한 긍정적 심상을 형성하는 것을 돕기 위한 세 가지 문제해결 다중과제처리 전략을 모두 사용한다. 내담자들에게 5년 안에 성취하고자 하는 목표에 초점을 맞추어 보라고 안내하고, 그것을 연 단위로 구분하고, 월 단위 그리고 주 단위 목표로 나누어 보도록 한다. 환자용 유인물('목표달성을 위한 긍정적 시각화')은 부록 3에 제시되어 있으며, 이 연습을 실행하기 위한 구체적이고 자세한 지시문이 제시되어 있다.

임상사례: 제시카의 경우(도구들의 통합)

다음에 제시하는 사례는 지금까지 기술한 많은 도구들을 PST 치료자가 내담자와 작업하는 데 어떻게 통합시킬 수 있을 것인지를 보여 주는 임상사례다. 환자의 이름은 제시카이며 28세의 의대생이다. 우울증의 가족사가 있으며 어린 시절 생활스트레스(즉, 제시카가 어렸을 때, 어머니는 치명적인 질병에 걸려 병원에 입원한 일이 있음.)가 있었다. 제시카는 이전에 PST 치료를 받은 경험이 있으며 그 당시 상당한 호전을 보였다. 그러나 새로운 스트레스 상황에 처했고 그녀는 '추수' 회기를 요청했다. 스트레스를 받을 때 제시카는 반추적인 사고양상과 우울증을 포함하는 재발양상을 보이는 경향이 있다.

다음에 제시된 제시카와 치료자 사이의 임상적 대화는 그녀가 겨울방학 동안에 과테말라에서 자원봉사 활동을 하고 복학을 한 후에 나누었던 것이다.

> **제시카:** 지난주는 좋았어요. 비록 복학을 했고, 방학이 끝난 후 심한 압박감을 느끼고 있긴 하지만 주말을 잘 보낼 수 있었어요. 나는 친구들과 어울렸고, 진짜로 즐겼어요. 그 순간에 머물려고 노력했고, 학교에 관한 걱정에 사로잡히지 않으려고 했어요. 그런데 오늘은 새로 지내게 될 아파트를 보러 갔는데 그곳을 아늑하고 편안하게 만들 수 있을까 의심이 되기 시작했어요. 학기가 시작되는 것이 정말로 슬퍼요. 매우 슬프고, 두렵고……. 마치 인도에서의 휴식과 그 아름다운 탐색의 시간과 행복이 끝나는 것처럼……. 문이 닫히고 모든 것이 사라져 버리는 것 같아요. 나는 너무 불안하고 학업과 압박감에 대한 두

려움, 잘 해내지 못할 거라는 생각에 사로잡혀요. 나는 마음속으로 상담을 받으러 와서 선생님과 이야기를 나누고, 내 감정이 그저 나타났다가 사라질 수 있게 내버려 둘 수 있도록 감정을 좀 더 수용하기 위해 PST 기법들을 사용하고, 내가 원하는 것을 이해할 수 있을 때까지 '외재화'를 하려고 시도해요.

치료자: 그렇게 하다니 정말 잘했네요. 당신이 외재화를 할 수 있었다고 믿어요. 당신의 감정을 종이에 적고, 나나 당신 자신이나 친구들과 이야기를 나누었죠. 정말 좋은 시작이에요!

제시카: 작년에 나는 학교에 있었어요. 그 시기는 많은 의미에서 공허한 한 해였어요. 올 가을까지 나는 너무 스트레스를 받아서 가족이나 친구들과 어울리거나 즐길 수 있는 어떤 시간도 내지 못했어요. 그러고 나서 방학이 됐고 안도감이 밀려왔어요. 친구인 캐럴린이 내가 다른 사람인 것 같다고 말했어요……. 내가 인도에 있었을 때, 나는 훨씬 행복하고 낙천적이고 걱정에 압도되거나 소진되지 않은 사람이었죠. 나는 거기를 여행하면서 불안을 다스렸어요. 비록 그곳을 떠나기 직전에 어느 정도 안 좋기는 했지만 과거에 나에게 있었던 일에 비하면 아무것도 아니었죠. PST에 감사해요. 더욱이 그 다음에 과테말라에 있을 때는 완전히 다른 수준이었어요. 나는 내가 하는 일에 대해서 진심으로 기쁨을 느꼈어요.

치료자: 당신이 거기 있는 동안 실제로 했던 일들에 대해서 좀 더 이야기해 보겠어요?

제시카: 좋아요. 나는 일찍 일어나서 하루를 길게 보내는 것을 좋아했어요. 나는 일찍 잠자리에 들고 푹 쉰 느낌이 드는 것을 좋아했어요. 나는 두통이 없이 하루를 보내는 것이 좋았어요. 학교 건축과 관련된 육체적 노동을 하는 것을 좋아했어요. 나는 스페인어를 하는 것을 좋아했고, 나는 사람들을 만났을 때 그들의 잘못에 대해서 너무 초점을 맞추지 않고 너무 화를 내지 않는 것을 좋아했어요. 나는 나 자신이 괜찮다고 느꼈어요. 나는 화가 나긴 하지만 내 상황을 변화시키기 위해 뭔가 할 수 있다는 것이 좋았어요.

치료자: 여러 가지 중에서 여기에서 연습을 해 볼 수 있는 것들이 있을까요? 비록 학교 건축과 관련된 육체적 활동을 종일 했던 것처럼 할 수는 없겠지만, 어떤 유형의 운동을 하는 것이…….

제시카: 모르겠어요. 거기서의 나의 행동은 여기서와 너무 달랐어요……. 나는 캐럴린과 스티브(자원 봉사자)와 함께 어떤 곳까지 하이킹을 하고 싶지는 않았어요. 나는 나가서 내 일을 했어요. 비록 그 일이 나를 불안하게 했지만 내가 그들과 함께 있고 싶지 않다는 것을 알 만큼은 나에 대해서 파악하고 있었죠. 나는 새 하루와 그날 일어날 수 있는 일들에 대해 흥분하며 아침에 일어났어요. 나는 뉴욕에서 만난 다른 자원봉사자들과의 여행을 기억해요. 잘 모르는 사람들과 함께 하는 것에 대해 불안감을 느끼는 대신에 정말 흥분되었어요. 나는 우리가 탐색하고 발견할 것들에 대해서 흥분했어요. 보통 나를 불안하게 만드는 것들, 물이나 음식이 없어서 어지러운 것 같은 경우는 물을 많이 마시거나 필요하다면 간식을 먹는 등 내가 통제할 수 있어요. 나는 인터넷 접속(페이스북)을 할 수 없었고 그래서 다른 사람들과 나 자신을 비교할 수 없었어요. 내 모든 생각 속에서 나는 자신이 자랑스럽다는 생각을 계속했어요. 이곳이 내가 원하는 곳이고 의대 동기 중 한 명이 결혼을 하거나, 장학금을 타거나, 아기를 가진다 해도, 나는 여기 인도에 있고, 그것은 내가 결정한 일이고, 나는 이 상황과 그것을 경험하는 것은 모두 나의 것이라고 보고 있어요.

치료자: 어쩌면 그것은 당신의 목표인 의학수련을 마치는 것을 위해 사용할 수 있는 통찰이군요. 희망을 품는 모습을 시각화하는 것은, 예를 들자면……. "도전에 직면하여 이렇게 하고 있는 내 자신이 대견해. 이 도시는 내가 궁극적으로 있고자 하는 곳은 아니지만 지금 내가 있어야 할 곳이야. 사람들이 더 경쟁력이 있거나 시험에서 더 높은 점수를 받았거나 남자친구가 있거나 결혼을 했다고 해도, 나는 과테말라에 오는 것을 결정했고, 그것은 나를 위해 중요하고 매우 의미 있는 선택이었어. 나는 나 자신의 주인이고 내가 보는 것과 경

험하는 모든 것은 나의 것이야. 나는 의대에서 나의 목표를 성취하는 데 초점을 맞출 수도 있고 부정적인 것들에만 협소하게 초점을 맞출 수도 있어. 나는 선택권이 있어…… 쉽지는 않지만 선택을 할 수 있어."

제시카: 시도해 볼게요. 거기에서 나는 존재의 밝음, 말하자면 자유를 느꼈어요. 거기에 있는 누구도 나의 불안이나 우울과의 오랜 사투를 알지 못했어요. 그런 점이 나 자신의 모습을 그려 보고 그렇게 믿도록 허용하는 데 도움이 됐어요. 또한 나는 자신이 매력적이라고 느꼈어요. 연애는 나를 그렇게 만족시키거나 지금 내가 초점을 맞추고 있는 부분이 아니예요. 사소한 로맨스도 없었지만 나는 거기서 그래도 매력적이라고 느끼고 좀 더 자신감을 가지며 지냈어요. 나는 내가 속해 있었던 집단이 나에게 정말로 감사한다고 느꼈고 그것을 말로도 표현해 주었어요. 나에 대해서 많이 드러낼 필요가 없었고 그것은 여전히 내가 가진 문제적 성향이지만 그런 성향에 고정되어 있지는 않아요. 나는 여기에 있는 것보다 훨씬 많은 순간에 존재하고 있었고 이런저런 일들이 나를 힘들게 할까, 또는 특정 상황에 대해 어떻게 대처할까를 예상하면서 계속 걱정을 하기도 했어요. 그때는 좀 더 하루하루를 살아가는 느낌이 있었고 거기서는 내 주변에 대해 편안하게 느꼈는데 여기에서는 거의 그렇게 느끼지 못해요.

치료자: 그래서 여기서의 선택이 당연히 좀 더 어려운 것이네요. 당신은 공존하는 두 명의 제시카를 보여 주었어요. 어떤 제시카에게 좀 더 힘을 실어 주고 싶어요? 어떤 제시카가 진짜 "당신"과 좀 더 가까운지 봅시다. 당신은 최근에 경험한 것을 적어 놓았다고 말했죠?

제시카: (종이를 한 장 꺼내며) 여기 내가 쓴 것이 있어요. 나는 과테말라를 떠나기 전날 매우 깊은 슬픔을 느끼기 시작했어요. 나는 해변가에 있는 한 마을에 있었는데 그때의 삶의 방식은 너무나 매력적이었어요. 의대도 없고, 스트레스도 없고, 아름다운 해변과 자연을 느끼며 야외활동을 하고요, 남자들은 파도타기를 하는데 그날 최고의 파도를 타려고 하고, 밤에는 나가서 사람들과 어

울려요. 나는 한편으로 그런 삶을 원해요. 그러나 다른 방식도 있어요. 내 생각에 나는 지루해할 것 같았어요. 하지만 적어도 내가 지겹다고 느낄 때까지, 어떤 일이 나를 지루하다고 느끼게 하는지 보고, 내가 무엇을 정말로 좋아했는지 알 때까지 거기에 머물 수 있기를 원했어요. 나는 집으로 돌아왔고 첫날 나는 과테말라를 절망적으로 그리워하며, 내가 그곳에서 느꼈던 고요함을 느끼려고 애쓰며, 매우 천천히 움직이는 것 같다고 느꼈어요. 하지만 천천히, 날이 가면서 나는 점점 더 슬퍼졌어요. 내 얼굴은 점차 야위어 보였고 더 이상 거울을 보고 싶지 않았어요. 나는 과테말라에서 그랬던 것처럼 '반짝거리지' 않아요.

내 인생에 대해 생각했어요. 심지어 한밤중에 화장실에 가기 위해 잠에서 깨었을 때에도요. (그러고는) 다시 걱정을 하기 시작해요. 나는 걱정하고 또 걱정해요. 나는 의학공부가 나에게 맞는지에 대해서 걱정하고, 나를 실망시킨 사람들에 대해서 생각하며, 내가 관계를 잘 유지하기를 원하지 않는다는 것에 대해 염려해요. 나는 지금 시점에서는 의사가 되는 것에 대해 별다른 흥미가 없다는 것에 대해서도 걱정해요. 나는 내 인생에 대해 걱정해요. 나는 시간이 가는 것이 불안해요. 나는 내 감정을 좀 더 이해하고 어떻게 하면 좀 더 기분이 나아질 수 있는지, 어떤 것들이 나를 더 힘들게 하는지 이해하려고 노력하고 있어요. 때로는 나에게 한계점이 있다는 생각을 하며, 내가 더 이상 아무것도 할 수 없다면, 한계에 다다른 것이라면 어떻게 하나 하는 걱정도 해요. 그런 기분이 들면, 친구들에게 이런 이야기를 할 수는 있어도 혼자라는 마음이 들기 시작해요. 나를 말 그대로 남들과 다른 사람인 것처럼 느끼게 하는 이런 생각들에 사로잡힌 것 같은 느낌이 들어요. 여기에는 '걱정하는 나'와 '좀 더 행복한 나'가 공존해요. 그리고 과테말라에서의 '만족하는 나'와 내가 그렇게 행복할 수 있을까 의구심을 품은 내가 있어요. 그리고 다시 이곳의 내 현실로 확 돌아오는 거죠. 내가 좋아하지 않는 지금 시점으로요. 그러니 이제 어떻게 해야 할까요? 어떻게 하면 내 삶을 좀 더 나아지게 할 수 있을까요? 만날 수 있는 사람들이 있지만, 그들 중 일부는 만난다는 생각을 해도 즐겁지가 않아요. 나는 좀 더 만족할 수 있는 곳에 있고 싶어요. 지난 며칠간 '페이스북'에 빠져 있었지만 그건 분명히 상황을 더 나빠지게 했어요. 월경 전이었고, 잠을 잘 자지 못한 것도 문제가 되었어요. 일단 다시 수업을 듣기 시작하고 큰 변화가 닥치면, 모든 상황이 나를 함정에 빠진 것처럼 느끼게 만들어요. 내 마음속에 있는 그 함정을 나는 늘 확인하고 있죠. 그리고 당연히 여전히 거기에 있어요. 몇 분 동안은, 또는 내가 딴 생각을 할 때는 거기서 떠나 있죠. 하지만 내가 전화를 끊거나, 내 아파트로 돌아오거나, 조용할 때면 다시 금방 그곳으로 돌아와요. 나는 혼자가 아니라는 것을 알고 있어요. 그러나 이런 감정들은 너무 고립되고……. 나는 남들과 다른 사람이고 나는 다른 욕구를 가진 사람이라는 것을 알아요. 내 인생 전체를 놓고 보면 좋을 때도 있고 힘들 때도 있다는 것을 알지만……. 이런 나를 좋아할 사람이 과연 있을까 궁금해요. 언제쯤 나아지고, 언제쯤 잘 지낼 수 있을까요? 나는 충분히 열심히 일하고 있고, 이런 감정들에서 벗어나기 위해 노력하고 있어요. 불안이 얼마나 강력한지, 나를 덮치는 그 힘이 때로는 나를 겁에 질리게 하지만 한 주 동안은 완전히 다르게 지낼 수 있어요. 나는 괜찮게 보이고 싶지만 그러고 나면 내 외모에는 신경을 쓰고 싶지 않아요. 나는 사람들과 잘 어울리고 싶지만 그러고 나면 사람들과 어울리고 싶지 않아요. 나는 잘 먹고 싶지만 그러고 나면 식욕을 잃어요. 나는 인생과 모험에 대해서 흥미진진하게 느끼고 행복감을 느끼지만 그러고 나면 모든 게 힘들고 추구해야 할 어떤 것도 없어서 슬프다고 느껴요. 내가 편안함을 느끼는 것은 오직 잘 때뿐이에요. 하지만 그것은 일시적이고 내가 잠을 잘 자는 것도 아니에요. 나는 점점 더 힘이 들어요. 나 자신에게 이런 감정들은 언제나 사라지기 마련이라고 중얼거려요. 나는 여행에서 집으로 돌아온 데다가 새롭게 시작하는 것 때문에 그런 식으로 느끼는 거야……. 그건 다 지나갈 거야……. 다 지나가기 마련이잖아……. 이건 감정을 어떻게 통달하는지를 배우는 거야. 또는 그런 감정들이 여기에 나타나면 내가 할 일은 그것들을 그저 내버려 두는 거야.

치료자: (제시카의 글에 대한 반응을 보이며) 이 문장의 마지막 부분은 매우 고무적이네요. 왜냐하면 "이런 감정들은 언제나 사라지기 마련이야. 나는 여행에서 집으로 돌아온 데다가 새롭게 시작하는 것 때문에 그런 식으로 느끼는 거야. 그건 다 지나갈 거야…… 다 지나가기 마련이잖아……. 이건 감정을 어떻게 통달하는지를 배우는 거야. 또는 그런 감정들이 여기에 나타나면 내가 할 일은 그것들을 그저 내버려 두는 거야." 같은 깨달음을 보여 주니까요. 그런데 분명히 해야 할 중요한 부분은 ……. 이것이 어떻게 한 단어와 그 단어의 모든 관련된 특징들이 우리의 반응성(reactivity)에 대한 우리의 반응에서 커다란 차이를 만들 수 있는가를 보여 주는 예제라는 점입니다. 나는 당신의 일기에서 여기 '통달하다' 라는 단어에 동그랗게 표시했어요. 왜냐하면 우리 중 아무도 감정을 통달할 수는 없기 때문이에요. 실제로는 감정이 우리에게 지시를 내리고 종종 우리를 움직이죠. 안 그래요? 중요한 것은 감정에 귀를 기울이는 것이에요. 단지 감정에 반응하고 감정이 고조되고 강화되도록 내버려 두는 것은 아니고요. 우리가 열심히 노력한다면, 우리는 부정적인 감정을 통달하는 것은 아니지만 관리할 수 있고, 우리가 중요하게 여기는 가치와 소망이 실현되도록 돕는데 그것을 건설적으로 사용할 수 있는 것이죠. 당신의 감정들 중에서, 예를 들자면 나는 당신이 가진 타인에 대한 사랑, 의미 있는 일을 하고자 하는 바람, 치유하고 돌보는 것, 다른 사람들과 좋은 관계를 맺으려는 욕구, 정직하지 않거나 매우 다른 가치관을 가졌거나 당신의 마음을 얻기 위해 기꺼이 시간을 쓰지 않으려는 사람을 구분하고 가까이 하지 않으려는 마음, 당신의 영성과 성성(sexuality)을 기르는 것, 과거를 흘려보내는 것에서 가치와 소망을 보는 경향을 보게 됩니다. 나는 이것을 적어서 당신의 새집에 붙여 놓거나 카드로 만들어 지갑에 넣거나 해서 여기에 조금이라도 더 가까워질 수 있도록 도울 거예요. 비록 늘 기분이 좋아진다고 장담할 수는 없지만 자신의 가치와 인생의 소망과 함께하는 삶은 궁극적으로 우리의 기분을

보다 나아지게 할 거라고 믿어요. 물론 부정적인 감정들이 나타나겠죠. 그렇게 하는 동안 좋을 때도 있고 나쁠 때도 있을 거예요. 그건 과테말라 우림에 해가 비칠 때도 있고 비가 올 때도 있는 것과 마찬가지죠. 당신이 가진 도구들을 사용하는 다른 방법을 덧붙이자면 시각화를 하는 거예요. 당신의 마음의 눈으로 '과테말라의 제시카'를 그려 보고 그녀가 이런 감정에 대해서 어떻게 반응할지를 시각화하려고 노력하는 겁니다. 그리고 미래의 어느 시점, 예를 들면 다음 학기의 마지막 시점을 시각화해 보세요. 그리고 궁극적으로 이런 기복을 성공적으로 다룬 이후에 어떤 기분일지 상상해 보는 거죠.

제시카: 그녀는 "있는 그대로 받아들여……. 네가 배운 것들 중 일부는 재미있었고 그건 다 좋았어."라고 말할 것 같아요.

치료자: 훌륭해요. 나도 동의해요. 덧붙이자면 단순화를 사용해 보세요. 여기서의 당신의 생활과 의대로 돌아오는 데 있어서 가장 힘들 것이라고 생각되는 측면을 세 가지만 적어 보세요. 예를 들면, 전에 공부를 하면 몸과 마음에 끊임없는 스트레스가 생긴다고 했죠. 그리고 당신의 삶에서 뭔가 실패한 것 같은 느낌을 받는다고 했고요.

스트레스는 실패한 것과는 다르죠. "나는 기회를 놓쳤어."라는 것은 당신이 스트레스 때문에 부담을 느낄 때 촉발되는 생각이죠. 이 생각을 실제로 무슨 일이 벌어지고 있는지를 고려해서 좀 더 정확하게 바꿔 봅시다. "이 스트레스는 너무 끔찍해. 의대는 많은 압박감을 느끼게 해." 당신은 삶을 살고 있어요……. 뭔가 실패한 것이 아니라……. 때로 인생은 끔찍하죠. 이제 당신이 먼저 성취한 것의 견지에서 이 스트레스가 되는 과제를 분석해 보세요. 그것이 과테말라의 제시카가 할 만한 말이죠. 당신의 현재 사회적 상황을 고려해 보면, 이 상황은 당신은 어딘가에 소속되어 있다는 느낌을 받지 못하고 학교에서 사람들에게 지속적으로 실망을 하고 있다는 생각을 강화하는 것이죠. 이것이 첫 번째 부분이고 이 경험은 당신이 부적절하다는 느낌을 받게 만드는데, 이것이 두 번째 부분이죠. 이 첫 번째 부분은 납득할 수 있습니다. 당신이 현재 의대 동기들과 편안하게 지내지 못한다는 근거가 있었죠. 두 번째 부분은 습관적 사고를 반영합니다. 의대 동기들에 대한 당신의 지각은, 당신과 잘 맞는 것은 아니지만 대부분은 정확해 보여요. 두 번째 부분은 해석, 즉 당신 자신을 부적절하다고 보는 관점인데, 그것은 당신이 우월하다는 느낌이나 당신의 동료들 중 상당수가 미성숙하고 당신보다 어리고 당신과 같은 인생경험이 없다는 생각에서 나온 것으로 쉽게 해석할 수 있습니다. 물론 우리는 그런 해석 중 어떤 것도 사실이 아니라는 것을 알고 있죠. 즉, 그들이 당신보다 낫다거나 당신이 그들보다 낫다거나 하는 생각 말입니다. 그것은 단지 당신에게 어떤 환경과 사람들이 가장 잘 맞는가를 반영하는 것일 뿐이죠.

제시카: 하지만 나는 의대의 다른 학생들만큼 유능하거나 똑똑하지 못하다고 느껴요.

치료자: 물론 그것은 감정이 아니고 또 하나의 생각이죠. 그것은 이전의 생각에서 나온 거예요. 당신이 기술한 그대로 생각의 연결고리들을 설명해 볼게요. "의대 동기들과는 사회적으로 잘 맞지 않는다……. 나는 다시 돌아온 것이나 이 모든 일을 직면해야 하는 것 때문에 불행하다……. 그러므로 나는 열등한 것이 분명하다. 그러므로 나는 열등하다." 좀 더 정확한 기술은 …… 나는 과테말라로 돌아가고 싶다……. 나는 거기에서 나 자신에 대해서 그리고 내가 할 수 있는 일에 대해 배웠고……. 네가 다음에 하고자 하는 일에 대해서 탐색하는 데 시간을 많이 보냈다. 현재로서는 불교도들이 말하는 것처럼 "물을 긷고 장작을 패시오."

제시카: 달리 말하자면, 이번 학기를 보내는 것과 관련해서 단기목표를 유지하라는 거군요. 즉, 목표에 초점을 맞추고, 스트레스 받을 때 나타나는 어쩔 수 없는 부정적 생각을 관리하는 데 문제의 초점을 맞추라는 거군요.

치료자: 괜찮게 들리네요.

외재화와 시각화가 결합되었고, 자신의 부정적이고 부정확한 생각이 불안과 우울에 상당히 기여하고 있었다는 통찰이 증가되면서, 제시카는 궁극적으로 좀 더 긍정적이고 현실적인 문제 지향을 채택할 수 있도록 한 걸음 더 나아갈 수 있었다. 만일 그녀의 반추적 사고가 계획적 문제해결을 하는 능력을 지속적으로 방해한다면, 좀 더 강력하게 '멈추기'(그러한 부정적이고 반추적인 생각이 떠오를 때)와 '속도 줄이기'(그러한 생각의 정확성을 재고해 보고자 할 때) 과정을 제시카가 연습할 수 있도록 안내해 줄 것을 치료자에게 추천한다. 이 과정은 반추적 사고의 증가에 기름을 붓는 생각과 감정을 최소화할 수 있도록 돕기 때문이다. 이 과정은 제시카에게 생각한 것(말하자면, 반추적인 생각)을 소리 내어 말하게 하거나 치료자가 "멈추고, 속도를 줄여 보세요."라고 소리 내어 말하고 다양한 속도 줄이기 전략을 사용하도록 지시하여 좀 더 합리적이고 좀 더 계획적으로 생각하도록 하는 형태를 띤다. 우리는 심각하게 우울하고 반추적인 내담자에게 특히 이런 유형의 연습이 도움이 될 것이라고 생각한다.

요 약

이 장에서 초점을 맞추는 부분은 부정적인 생각과 무력감을 극복하는 방법을 배우는 것이다. 이 부분을 다루는 것이 적합하고 필요한 일인지는 치료자의 임상적 평가와 의사결정(말하자면, "내담자의 부정적인 생각은 전반적이고, 효과적인 문제해결능력을 방해할 정도인가?" "환자는 무력감을 느끼는가?")에 달려 있다. 인지행동치료의 원칙에 따르면, 부정적 사고양식에 초점을 맞추는 이론적 근거는 주어진 사건이나 자극을 어떻게 생각하는지 또는 어떻게 해석하는지가 그의 감정적 반응에 영향을 미친다는 것이다. '건강한 사고의 ABC 모델'은 궁극적으로 좀 더 긍정적인 자기진술을 통해 그러한 부정확한 부분을 반박하기 위해, 부정적 사고를 좀 더 잘 확인하기 위한 수단으로 도입된 것이다. 내담자가 그런 부정적 사고를 극복하는 데 추가적인 어려움이 있다면, 우리는 '입장전환 역할극'

연습을 사용할 수 있는데, 여기서는 치료자와 내담자가 역할을 서로 바꾸어서 내담자가 좀 더 합리적이고 적응적 방식의 생각을 할 수 있도록 한다.

두 번째 도구세트는 내담자가 좀 더 희망적으로 느끼고, 좀 더 긍정적인 문제지향을 채택할 가능성을 증가시키는 데 초점을 둔다. 두 가지 도구를 설명했는데, 모두 주요 변화 주체로 시각화를 사용하는 것이다. 하나는 치료자가 좀 더 주도적인 역할을 하고 다른 하나는 내담자가 좀 더 주도적인 역할을 한다. 첫 번째는 '무력감의 극복을 위한 긍정적 시각화'인데 이는 내담자가 '터널 끝의 빛'을 볼 수 있도록 시각화를 사용하는 것이다. 달리 표현하자면, 거기에 도달하는 방법을 시각화하도록 하는 방식과는 대조적으로 문제가 해결된 상황을 시각화하도록 하는 것이다. 이러한 접근의 바탕에 깔려 있는 논리적 근거는 동기를 강화하여 실제적으로 성취감을 경험하는 능력을 증가시키려는 것이다. 이는 결승선을 눈앞에서 보면 주자가 좀 더 빨리 뛰도록 동기화되는 것과 유사하다. 두 번째 도구는 '목표달성을 위한 긍정적 시각화'인데 이는 시각화를 사용하여 커다란 목표를 '단순화'하고 좀 더 작고 좀 더 다룰 수 있는 정도의 목표들로 전환할 수 있도록 돕는 일련의 단계들을 포함한다. 이는 궁극적으로 목표달성을 위한 실제적인 행동을 할 수 있도록 도울 뿐만 아니라 보다 계획적인 문제해결을 할 수 있도록 돕는다.

몇몇 임상적 사례가 이러한 도구를 어떻게 적용하고 통합하는지를 보여 주기 위해 제시되었다.

도구세트 3 훈련의 요점

1. 사전에 하기로 했던 숙제나 과제에 대해서 검토하고 논의하는 과정을 가져야 한다는 것을 기억하라.
2. 도구세트 3의 근거를 제시하라—즉, 효과적인 문제해결에 장애물로 작용하는 부정적 사고와 무력감을 극복하도록 돕는다. 부정적 사고는 부정적인

감정을 유발하는데, 이는 효과적인 문제해결 시도를 억제한다. 무력감은 목표달성과 문제해결을 위해 지속적으로 노력할 동기를 감소시키는 역할을 한다.

3. 필요하다고 판단하면 내담자에게 관련된 유인물을 제공한다.

4. 내담자에게 '건강한 사고의 ABC 모델'을 가르치고 부정적인 사고양식을 확인할 수 있도록 돕는 활동지를 사용하도록 격려한다.

5. 내담자가 다양한 활동지를 사용해서 부정적 사고에 논박하는 연습을 하도록 돕는다.

6. 필요하다면, '입장전환 역할극' 연습을 활용하여, 내담자가 좀 더 긍정적인 문제 지향을 선택하도록 돕는다.

7. 주어진 내담자에게 적합한 경우에는 '무력감을 극복하기 위한 긍정적 시각화' 연습을 시행한다. 환자가 특히 무기력감을 느낀다면 이 활동을 치료의 초기에 사용할 수 있다.

8. 목포달성 도구에 좀 더 가까이 다가가기 위해 내담자에게 긍정적 시각화의 사용을 가르친다.

9. 적절한 경우라면, 내담자가 회기 이후의 시간에도 다양한 도구들을 연습해 보도록 격려한다.

10. 지금까지 배운 모든 도구들(예: '문제해결 다중과제처리' 접근)이 효과적인 문제해결능력을 배양하는 데 어떻게 통합되고 적용될 수 있는지를 설명한다.

11. 관련된 과정평가를 실시한다(예: 스트레스의 감소 등).

도구세트 3의 환자용 유인물(부록 2와 3에 포함되어 있음)

ABC 사고기록지 ([그림 9-1]에 포함)

• 부정적 사고 극복하기

• 마음에 대해 생각하기: 부정적 사고 반박하기([그림 9-2]에 포함)

• 긍정적 자기진술(〈표 9-1〉에 포함)

• 공통적인 일반적 비합리적 신념(〈표 9-2〉에 포함)

• 목표달성을 위한 긍정적 시각화

추천하는 숙제 및 연습과제

• 'ABC 사고기록지'를 사용하여 부정적 사고의 반박 연습하기

• 시각화 연습

• SSTA 도구를 도구세트 3의 도구들과 통합하는 연습하기

• 필요한 경우 문제해결 자기감찰(PSSM) 양식을 활용하기

• 유인물 검토하기

도구세트 4. 계획적 문제해결:
효과적인 문제해결력의 배양

준비에 실패하는 것은 실패를 준비하는 것이다.

− Benjamin Franklin

좋은 계획은 지도와 같다. 그것은 최종목적지를 보여 주고, 대개 거기에 도달하는 가장 좋은 방법을 알려 준다.

− H. Stanley Judd

네 번째이자 마지막 도구세트는 다음과 같은 계획적 문제해결기술의 네 가지 세트에 초점을 맞출 것이다.

1. 문제의 정의(즉, 문제의 특징을 명료화하고 현실적인 문제해결 목표를 기술하며, 그러한 목표를 달성하는 것을 가로막는 장애물을 확인한다.)
2. 대안생성(즉, 확인된 장애물을 극복하기 위한 광범위한 해결전략을 생각해 본다.)
3. 의사결정(즉, 다양한 대안들의 가능한 결과를 예상하고, 확인된 결과를 바탕으로 비용과 이득 분석을 수행하며, 문제해결 목표를 달성하기 위해 고안된 행동계획을

발전시킨다.)

4. 해결책의 실행과 검증(즉, 행동계획을 행동으로 옮기고, 그 계획의 결과를 감찰

하고 평가하며, 문제해결을 위한 노력이 성공적인지, 아직 지속적인 노력이 필요한

지를 판단한다.)

도구세트 4의 논리적 근거

이러한 도구들을 가르치는 논리적 근거는 효과적으로 문제를 해결하는 사람

들이 그러한 기술을 사용하고 있고, 긍정적인 결과는 효과적인 문제해결과 관련

된다는 사실에 바탕을 둔다(1장의 계획적 문제해결 양식 참조). 계획적 문제해결훈

련은 (1) 효과적인 문제해결 전략을 배운 적이 없기 때문에 스트레스가 되는 문

제에 대처하는 데 어려움이 있는 사람들, (2) 삶의 모든 영역에 효과적인 문제해

결 기술을 사용하는 데 어려움이 있는 사람들, (3) 자신의 효과적인 문제해결기

술을 대처수단으로 충분히 사용하는 데 어려움이 있어서 상당한 스트레스(즉, 트

라우마)를 경험하는 사람들에게 유용할 수 있다. 사람들은 어떤 영역에서는 특별

한 강점(말하자면, 대안적인 해결책을 생각해 내는 능력)을 가지고 있지만 또 다른

영역(즉, 의사결정)에서는 약점을 가지고 있을 수 있다는 것을 기억하라. 이전에

추천했던 것과 마찬가지로, 주어진 계획적 문제해결 도구 중 어떤 훈련을 어느

정도 강조할 것인가는 형식적 평가(예: 사회적 문제해결척도 개정판[SPSI-R]의 52문

항 판본의 결과)나 비형식적인 평가(예: 임상적 면접이나 문제해결 자기감찰[PSSM] 양

식)를 바탕으로 한다.

치료 초기에 그런 평가를 하면, 치료자가 이들 도구를 가르칠 때 두 가지 접근

중 어떤 접근을 해야 할지 판단하는 데 도움이 된다.

1. '단기적인' 계획적 문제해결훈련

2. '집중적인' 계획적 문제해결훈련

단기적인 계획적 문제해결 훈련

그리 심각하지 않는 정도의 계획적 문제해결 결함을 가지고 있는 사람들이나 예방적 목적으로 특정집단에 문제해결치료를 제공하는 경우, 우리는 보다 짧은 기간 동안 진행되는 계획적 문제해결 훈련방식을 추천한다. 단기적인 계획적 문제해결 훈련은 다음 과정을 포함한다.

- 네 가지 계획적 문제해결기술에 대한 간략한 개관(환자용 유인물 '계획적 문제해결'은 부록 3에 포함)
- '문제해결 활동지' 사용 훈련(부록 2에 포함)
- 내담자가 현재 경험하고 있는 다양한 스트레스 사건들에 대해 활동지를 사용하여 기술을 적용하는 지속적 연습. 이 방법은 광범위한 문제에 대해서 이 기술을 적용하는 내담자의 능력과 유능성에 대해 지속적으로 논의하고 피드백을 하는 과정을 포함한다. 이 과정을 통해 계획적 문제해결기술에서 특히 부족한 부분(예를 들면, 의사결정에서의 어려움)을 확인하게 된다면 다음 절에서 기술하는 좀 더 집중적인 기술훈련을 할 수 있다.

문제해결 활동지

스트레스가 되는 문제를 해결하는 방식에 대해 내담자에게 안내하기 위한 수단으로(즉, 계획적 문제해결 단계를 적용하기 위해) 내담자에게 두 장으로 된 문제해결 활동지를 사용해서 주어진 문제를 해결하도록 시도해 보라고 요구한다. 〈표 10-1〉에는 이 양식을 채우기 위해 필요한 정보의 목록이 제시되어 있다. 요구되는 정

〈표 10-1〉 문제해결 활동지에서 요구하는 정보들

• 문제를 간략하게 묘사하라.

• 문제해결 목표를 기술하라(현실적으로 기술할 것).

• 지금 이 시점에서 당신의 목표를 성취하는 데 가장 큰 장애물이 무엇인지 기술하라(세 가지 반응을 적을 수 있는 공간을 제공할 것).

• 당신의 목표를 성취하기 위한 대안적 방법을 생각하라. 창의적으로 사고하라. 적어도 3개의 해결책을 제시하라(5개의 반응을 적을 수 있는 공간을 제공할 것).

• 이런 다른 대안들의 주요한 '장점' 또는 긍정적 결과는 무엇인가?

• '단점' 또는 부정적 결과는 무엇인가?

• 가장 많은 긍정적 결과와 가장 적은 부정적 결과를 가져올 수 있는 가장 나은 대안을 선택하라.

• 계획을 실행하고 그 결과를 관찰하라: 당신 계획의 결과에 대해 만족하는가?

보의 어떤 범주들(예: 목표에 방해가 되는 세 가지 장애물, 다섯 가지 대안적 해결책)은 기록할 만한 공간이 부족할 수 있으므로, 내담자에게 활동지의 뒷면이나 다른 종이, 컴퓨터, 태블릿 등을 사용해서 가능한 한 많은 정보를 적으라고 설명한다.

처음에 이 양식을 어떻게 사용하는지에 대해 설명할 때, 학습과정을 방해할 수도 있는 정서적 흥분을 최소화하기 위해서, 광범위한 스트레스 문제들의 위계에서 낮은 수준의 문제를 가지고 작업하도록 하는 것이 좋다. 그 다음에 내담자에게 각각의 질문에 대한 답을 하도록 요구한다. 우리는 내담자가 처음에 활동지를 경험해 보는 것이 이 양식이나 다른 단계들에 친숙해지는 데 상당히 도움이 된다고 생각한다. 이것은 또한 치료자에게 이런 단계들에 참여하고 유능하게 해내는 내담자의 능력을 평가할 수 있는 기회를 준다. 첫 번째 실행연습에서 적어도 행동계획을 발전시키는 단계까지는 마칠 것을 추천한다. 이 시기 동안에 치료자는 이것을 적절히 사용했는지뿐만 아니라 실제 반응의 효과성과 정확성, 적절성에 대한 피드백을 내담자에게 제공할 수 있다.

이때 주어진 내담자가 중간 정도의 문제해결 결함만을 가지고 있다면, 과정에 대해 내담자에게 피드백을 하는 것은 활동지 중심으로 진행하면 된다. 그러나 내담자가 특정한 문제해결과정(예: 문제의 정의)에서 심각한 어려움을 보인다면, 상담자는 이 장의 후반부에 기술되어 있는, 내담자의 유능성의 수준을 끌어올리기 위한 다양한 정보와 연습을 활용할 수 있다. 계획적 문제해결을 하기 위한 행동계획을 첫 회기 동안에 발전시킬 수 있다면, 치료자는 그것이 즉시 문제를 해결하기에 충분할 정도로 '강력한' 것인지를 판단해야 한다. 만일 그렇다면, 치료자는 그것이 정말로 효과적인 해결책인지를 판단하기 위해서 그 계획을 실행해 보도록 내담자를 격려해야 한다. 그러나 치료자가 판단하기에 이 해결계획이 만족스런 결과를 산출할 것 같지 않다면, 추가적인 논의를 하고 활동지를 사용한 시도들을 좀 더 할 필요가 있다.

사 례

다음 절에서 우리는 치료자와의 논의 및 교육을 바탕으로, 스트레스 문제의 해결을 돕기 위해 어떻게 문제해결 활동지를 사용하는지를 예시하는 세 개의 사례를 제시할 것이다.

짐의 사례(문제: 건강한 생활방식 유지하기 어려움)

짐은 2종 당뇨병으로 진단받았다. 그는 저탄수화물/저당 식이요법과 운동요법을 지키는 데 상당한 어려움을 겪고 있었다. PST는 좀 더 일관적으로 건강한 생활양식을 유지하는 것을 돕기 위한 방식으로 설계되었다.

문제의 기술

규칙적인 운동을 하고, 혈당치를 낮추기 위해 식사할 때 탄수화물이나 당분이 든 음식의 수를 줄이는 것이 중요하다는 것을 알고 있다. 처음에는 나도 잘해 나갔다. 진단을 받은 직후에 나는 식이요법에 대해 공부했고, 의사가 처방해 준 약을 먹었으며, 동네 체육관에 등록을 했다. 혈당 글루코오스 수준은 거의 정상 수준까지 떨어졌다! 그런데 시간이 가면서, 처음에 체중이 감소하고 혈중 글루코오스 수준이 성공적으로 낮아진 이후에는 시간이 없어서 체육관에 가지 않으려고 하고, 직장에서 스트레스를 받으면 인스턴트 음식도 먹기 시작했다. 글루코오스 수치를 읽는 것도 점점 불규칙해지고 내 문제를 제대로 고치는 데 실패한 것 같은 생각이 들었다. 나의 태도를 좀 더 현실적으로 바꿔 보려고 정말 열심히 노력했다. 그 생각은 나에게는 합리적인 것 같다. 비슷한 상황을 겪고 있는 친한 친구가 있다면 내가 해 줄 만한 이야기다. 나는 나 자신의 조언을 받아들이는 것을 배워야만 한다.

목표
- 동기수준을 높게 유지하기
- 저탄수화물/저당 식사 유지하기
- 매일 적어도 30분 동안 운동하기

장애물
- 나는 종종 아침에 급하게 나가거나 아침으로 무엇을 먹어야 하는지 생각하는 데 어려움이 있어서 종종 아침을 거르곤 한다.
- 직장에서의 업무 스케줄 때문에 운동하러 가기 어렵다.
- 나는 초저녁에 세 살 된 딸에게 책을 읽어 주면서 보내는 시간을 좋아하는데 그러고 나면 뭔가 하기에는 너무 피곤해진다.

대안적 해결 방안
문제해결에서 이 부분—문제에 대한 해결책을 떠올리는 것—은 내가 잘하는 부분이다. 내가 모든 목표를 한번에 달성하려고 노력한다면, 오히려 실패하게 되리라는 것을 잘 알고 있다. 이건 어쩌면 모든 것이 잘 되도록 노력하고 고치려는 나의 성향이 어떻게 나를 망치는지를 보여 주는 좋은 예인 것 같다. 그래서 나는 목표를 식이요법상의 목표와 운동목표로 나누었다. 아침식사를 종종 거르는 것은 운전해서 30분 거리에 있는 직장으로 출근하기 전에 아침으로 뭘 먹을지를 결정하고 식사준비를 할 시간이 없기 때문이다. 나는 다음과 같은 아이디어를 떠올려 보았다.

- 아침식사 준비를 전날 저녁에 미리 해 둔다.
- 조리된 아침식사를 사 둔다.
- 직장에 가는 길에 분식점에서 아침식사를 한다.
- 영양사에게 아침식사 준비와 관련된 도움을 요청한다.
- 인터넷에서 당뇨병 조력 모임을 찾아 조언과 충고를 요청한다.
- 아내에게 부탁해서 많은 다른 종류의 저탄수화물, 저당 아침식사 대용식을 사 가지고 와서 맛을 볼 수 있도록 해 달라고 한다.

의사결정과 해결계획 수립

나는 각 대안의 장점과 단점들을 비교해 보았다……. 대안들 중 상당수는 긍정적인 결과라고 할 만한 것이 거의 없었다. 예를 들면, 대부분의 분식점들은 설탕이 많이 든 음식을 팔았고 다른 음식들은 내가 좋아하지 않았다. 몇몇 대안들은 돈이 많이 들거나(예를 들면, 조리된 음식을 구입하는 경우), 시간과 비용이 들었다(전문 영양사에게 자문을 받으러 가는 경우). 어떤 것은 오히려 건강상 위험을 증가시켰다(식이요법을 잊고 내가 원하는 것을 먹으며, 의사에게 더 많은 약을 처방해 달라고 함). 가장 높은 평점을 받은 대안이 두 가지 있었는데, 샘플 음식을 맛볼 수 있도록 아내의 도움을 받는 것이며, 주 초에 직장에 일하러 가는 동안 먹을 것을 준비하는 것이었다. 이 두 대안은 서로 잘 어울리는 것 같았으며, 두 가지를 결합했을 때 가장 긍정적인 결과와 가장 적은 부정적 결과를 나에게 제공해 주는 것 같았다. 내가 발견한 선호 음식은 저탄수화물 시리얼, 블루베리, 견과류였다.

행동계획의 실천

아내와 나는 일요일에 시리얼을 작은 봉지에 나눠 담고 견과류와 블루베리를 넣었다. 나는 매일 출근하면서 물 한 병과 시리얼 봉지를 가지고 갔다.

성과평가

나는 점심 때 덜 허기가 지고 패스트푸드에 덜 달려드는 것을 발견했다. 나는 나의 특별한 시리얼 믹스가 정말 좋았고, 직장까지 운전하고 가면서 아침을 먹는 것을 즐긴다는 것을 발견했다. 무엇보다도 내가 글루코오스 관리를 더욱 잘 하고, 문제가 발생한 부분을 해결할 수 있는 방법이 있다는 것을 깨닫게 된 것은 정말 좋은 시작이었다. 나는 동일한 원칙을 운동문제에도 적용해 보았다. 그 결과는? 저녁 식사를 하기 전에 딸과 함께 '짐보리'를 하는 것은 대단한 운동이 되었고 매일매일 우리가 유대감을 느낄 수 있는 시간이 되었다!

메리의 사례(문제: 가족 관계에서의 어려움)

메리는 48세의 여성으로, 자신은 연로한 부모님과 오빠 잭에게 한계 및 경계 설정을 하는 것과 관련되어 상당한 어려움을 가지고 있다고 했다.

문제, 목표, 그리고 장애물의 기술

내 문제는 꽤 분명하다. 부모님과 오빠가 하는 요구에 대해서 심한 죄책감을 느끼거나 안 된다고 말해야만 하는 순간에 너무 걱정을 하지 않으면서 선을 그을 수 있는 방법을 터득해야 한다. 나는 부모님께 내가 그들을 사랑하고 돕기를 원하지만, 남편과 함께해야 할 일이나 계획도 있기 때문에 내가 그들과 함께 있을 수 없는 시간이 있다는 것을 이야기하고 싶다. 큰 장애물은 그들이 '나의 죄책감 버튼을 누르면' 나는 내가 뭔가 잘못했다는 생각에 공황상태에 빠지게 된다는 것이다. 나는 이런 감정들이 매우 과장된 것이라는 것을 잘 알고 있다. 왜냐하면 나의 부모님은 건강하시고 경제적으로도 부족하지 않고 그분들에게는 서로가 있기 때문이다. 또 다른 커다란 장애물은 내가 가족들로부터 가족 이외에 아무도 믿지 말라고 배웠다는 것이다. 나를 신체적으로 학대한 전 남편은 그것이 사실이라는 '증거'와 같았다. 그러나 현재의 결혼생활은 매우 다르다. 남편 프랭크는 나를 매우 아끼고 내가 원하는 것을 존중하며 내가 아는 어떤 사람보다 나은 사람이다. 한편, 내

부모님과 오빠는 매우 미성숙한 방식—자신이 원하는 방식대로 되지 않으면 화를 내고 짜증을 부린다—으로 행동한다. 나는 그들을 변화시키려고 노력했고 동시에 그들을 늘 100% 행복하게 해 주려고 노력했는데 그것은 불가능한 기대였다.

대안적 해결 방안

- 치료자가 가르쳐 준 사고기법, 즉 부모님과는 별개인 개인적 삶과 결혼에 대한 나의 권리에 대해 좀 더 긍정적이고 합리적으로 생각할 수 있도록 돕는 사고기법을 활용한다.
- 부모님께 사랑한다고 말하고 내가 할 수 있는 일을 할 것이라고 말한다.
- 부모님이 변해야 한다고 설득한다.
- 부모님과 멀리 떨어진 곳(또는 해외)으로 이사한다.
- 프랭크에게 내가 부모님을 대하는 방식을 바꿀 수 있도록 도와 달라고 말한다.
- 연로한 부모님을 다루는 방법을 배울 수 있는 지지집단에 합류한다.
- 부모님과의 문제를 매일매일의 더 작은 결정의 문제로 쪼개 본다.

의사결정과 해결계획 수립

다양한 대안들을 검토해 보니, 마지막에 적어 넣은 대안이 가장 그럴 듯했다. 나는 이 문제가 너무 거대하고 압도적이라고 느끼고 있기 때문에, 먼저 부모님과의 한계설정 문제를 더 작은 문제들로 쪼갤 필요가 있었고 한 번에 한 가지 상황만을 다룰 필요가 있었다(단순화). 나는 이 대안을 내가 할 수 있는 중요한 첫 단계라고 판단했고 이것을 다른 것들과 결합했다. 나는 어머니가 다음 달에 나에게 함께 가자고 한 가족행사(결혼 전 선물파티)를 선택했다. 프랭크와 나는 그 때 친구들과 함께 북캘리포니아의 아우터 뱅크에 가기로 계획이 되어 있었다. 어머니는 내가 그녀를 결혼 전 파티에 모시고 가기 위해 북쪽으로 여행하기를 원했지만 나는 남편 및 친구들과 함께 세운 계획을 따르고 싶었다. 다른 대안들을 검토하면서, 나는 부모님이 그들의 사고방식을 바꾸지 않을 것이라는 사실을 깨달았다. 나는 그것을 받아들이기 위해 열심히 작업을 해야 했고 부모님의 부당한 요구에 대해 지나친 죄책감을 가지거나 걱정을 하는 것을 바꿔야만 했다. 이 사실을 알고 있는 것이 다시 한 바퀴 둘러본 후 내 문제를 조금 다르게 재정의할 수 있도록 도왔다. 나는 지나친 죄책감 반응을 줄이도록 돕는 데 초점은 맞추고 그 상황을 미래를 위한 연습으로 활용할 수 있도록 개념화하였다. 나는 몇 개의 추가적인 대안을 만들었다. 거기에는 프랭크에게 가만히 있으라고 하고 무슨 말을 해야 할지에 대해 도와달라고 요청하는 것도 포함되어 있었다(나는 그가 나의 부모님께 화를 내면 내 기분이 더 나빠진다는 것을 알고 있었다.). 게다가 나는 치료자와 함께 내가 죄책감을 느끼기 시작할 때마다 나 자신에게 말할 수 있는 자기진술을 사용할 수 있도록 작업했다. 그 진술들은 사실에 바탕을 둔 것이며, 죄책감과 부당한 자기비판을 해 온 지난 몇 해 동안의 행동에 저항하는 작업을 할 수 있도록 도왔다.

행동계획을 바탕으로 해결책 시도해 보기

나는 부모님을 사랑하지만, 부모님이 원하는 대로 할 수는 없는 경우가 있다고 이야기했다. 나는 그런 요구를 하는 것이 잘못되었다고 설득하지 않으려고 조심했다. 왜냐하면 그렇게 되면 논쟁을 하게 될 것이기 때문이다. 나는 그들이 언제나 나의 결정에 대해 100% 기뻐할 수는 없다는 것을 받아들여야 했다. 나는 프랭크에게 나와 함께 연습을 하자고 부탁했고, 그는 나의 부모님이 나를 '자극하는' 말을 한다는 사실을 알고 있기 때문에 나에게 도움이 되었다. 나는 부모님이 나에게 이야기할 때 자극을 받지 않도록 하기 위해 치료자와 함께 준비한 다양한 혼잣말을 조용히 자신에게 이야기하는 연습을 했다. 미리 준비한 대안, 즉 결혼 전 파티에 어머니를 모시고 갈 수 있는 다른 사람을 생각해 볼 수 있도록 어머니를 도와 드린 것이 도움이 됐다. 어머니는 몇 분간 불평을 하시더니 사촌에게 연락해서 어머니를 모시고 가도록 하는 데 동의했다.

성과평가

처음에는 매우 불편했지만, 부모님이 얼마나 사람을 조종하는지를 보려고 노력하자, 나는 나에 대해서 생각하지 않고 언제나 내가 희생하는 방식으로 문제에 실제적으로 기여해 왔다는 것을 깨달았다. 나는 또한 프랭크의 지지와 도움을 신뢰하고 있었고, 나의 결혼생활은 그 어느 때보다 좋았다. 부모님은 아직도 불평을 하며 오빠와 내가 언제나 그들의 변덕을 받아 줄 준비가 되어 있어야 한다고 믿고 있다. 그러나 나는 그들이 바뀌지 않을 것이라는 사실을 받아들이려고 노력을 했다. 그 결과, 나는 훨씬 적은 죄책감과 공포심을 경험했고, 오빠와 나는 더 친해졌으며, 부모님은 더 이상 나를 자극할 수 없었다.

캐서린의 사례(문제: 우울과 외로움)

캐서린은 10년 전 남편과 이혼한 64세의 여성으로 심한 우울함과 외로움 때문에 치료를 받으러 왔다.

문제, 목표, 그리고 장애물의 기술

첫째, 나는 새로 일기를 쓰기 시작했고, 내가 가장 외로움을 심하게 느끼는 상황에 대해서 생각해 보았다. 치료자와 이야기를 나누면서, 내 문제를 좀 더 잘 정의하기 위하여 '언제, 어디서, 누구와 왜, 그리고 어떻게'에 대해서 스스로에게 질문을 던져 보았다. 나는 주말에 가장 고통스러울 정도로 외롭고 슬프다는 것을 발견했다. 내가 그 상황에 대해 객관적으로 보았을 때 내가 알아낸 가장 정확한 설명은 자녀들이 성장하여 인근 지역으로 이사를 했기 때문이라는 것이다. 과거에는 주중에 대개 가족행사가 많았으나 이제는 아무 실제적인 계획도 없이 너무 많은 자유시간을 보내고 있다.

나는 종종 자녀들에게 전화를 하는데 그들은 대체로 친절하고 지지적이지만, 그들에게는 자신만의 일이 있고 그 가족들에게는 그들만의 시간이 필요하다는 것을 알고 있다. 그런 이야기를 하고 나니 사람으로서의 나의 유용성은 이제 끝났다는 생각이 들기 시작했다. 그다음으로 나는 나의 목적에 대해 생각했다. 나는 가족들을 돌보았던 시간들 중 언젠가로 돌아갔으면 좋겠다고 생각하지만, 그것이 가능하지 않다는 것을 알고 있다. 사실은 지금 친구가 별로 없고 내 인생의 목적을 거의 찾지 못하고 있다. 나는 그것을 인정하기가 어려웠다. 그래서 앞으로 몇 달 동안 주말에 할 수 있는 활동에 대해 함께 계획을 세울 수 있는 새로운 사람들을 만나는 현실적인 목표를 발달시켜야 한다는 것을 알고 있다.

그다음으로 나는 목표로 가는 길을 가로 막는 것에 대해서 생각해 보았다. 나는 어떤 생각을 실현시키기 전에 모든 일들이 잘못될 수 있다는 생각을 한다는 것을 깨달았다. 내가 새로 만난 사람들을 좋아하지 않으면 어떻게 하지? 최악의 상황으로, 그들이 나를 좋아하지 않으면 어떻게 하지? 나는 인생의 대부분을 주부로 살았고, 별다른 재능이 없어서, 주말에 할 어떤 의미 있는 활동도 찾지 못하면 어떻게 하지?

나의 문제를 정의하면서, 나는 모든 것들에 대해서 '걱정'을 하는 강한 경향이 있다는 것을 깨달았다. 나는 많은 걱정에도 불구하고(특히 내 걱정이 실제보다 부풀려진 경우에) 어떤 새로운 대안을 시도해 보아야 하는 두 번째 목적을 기술했다. 예를 들어, 그동안 살면서 많은 사람들이 나와 함께 있는 것이 좋다고 말했고 나도 다른 사람들과 함께 있는 것이 좋았다. 다른 사람들이 나를 좋아하거나 내가 다른 사람들을 좋아할 비슷한 정도의 가능성이 있었고 우리가 서로 좋아하지 않을 가능성도 마찬가지로 있었다. 그다음 부분은 나에게 직면하기 어려웠다. 내가 삶의 목적을 굳건하게 가지고 있지 못하다는 생각이 들어서 기분이 좋지 않을 때, 나 자신에게 왜 그런 식으로만 생각하려 하는지 물었다. 그러고 나자 어떤 생각이 떠올랐다. …… 내가 아이들을 키울 때는 분명한 목적이 있었다는 생각이 들었다. 어떤 일반적인 삶의 목적을 찾는 것은 말이 안 되는 것이고 현재의 내 삶의 목적을 생각해야 하는 것이다. 내 문제를 좀 더 이해하려고 시도한 이 부분은 중요한 것이었다. 왜냐하면 그 과정은 나의 현재의 목적을 내 인생에서 바로 지금 중요한 것으로 바라보게 해 주었기 때문이었다.

대안적 해결방안

- 요리강좌에 등록하거나 주민센터에서 외국어를 배운다.
- 운동을 한다.
- 교회에서 자원봉사를 한다.
- 동물보호소에서 자원봉사를 한다.
- 지역사회에서 할 일을 찾아서 한다.

- 은퇴한 사람들을 위한 지지집단에 참여한다.
- 신문에 광고를 낸다.
- 인터넷으로 토론집단에 참여한다.
- 미국은퇴자협회 같은 곳에서 정치적인 활동을 한다.

의사결정과 해결계획 수립

대안들을 평가할 때 그녀가 가지고 있었던 두 가지 주요한 걱정은 관련 비용(말하자면, 그녀는 경제적 여유가 별로 없다.)과 전반적인 자신감이었다. 그녀는 도시에 살고 있었기 때문에 그녀는 먼 곳까지 여행을 하길 원하지 않았다. 모든 대안들에 점수를 매긴 다음, 그녀는 가장 많은 긍정적인 결과와 가장 적은 부정적인 결과를 예상할 수 있는 활동으로 교회에서 자원봉사하는 것을 선택했다. 그녀는 "내가 자원봉사를 할 활동은 매주 화요일 오후에 교회주방에서 요리를 하는 거예요. 이 교회는 다른 교회들과 함께 연합하여 지역의 노숙자들에게 식사를 제공하고 있어서 여러 교회에서 온 새로운 사람들을 만날 수 있는 기회를 나에게 주었어요."라고 말했다.

행동계획을 바탕으로 해결책 시도해 보기

내가 이 해결책을 선택한 이유 중 하나는 이것이 비용 면에서 가장 효율적이고 실행하기도 매우 쉽기 때문이다. 나는 화요일 오후에 일을 하기로 했고 소매를 걷고 요리를 할 준비를 하고 나타났다. 나는 요리를 꽤 잘하기 때문에 이 활동은 나 자신에 대해서 좋은 기분을 느낄 수 있는 활력소가 되어 주었다.

성과평가

3주간 매주 화요일에 일을 한 후에 나는 다른 교회에서 온, 나만큼이나 좋은 음식과 와인을 좋아하는 여성을 만났다. 우리는 만나서 맛있는 저녁을 먹기로 했고 주말에는 영화를 보기로 했다. 우리는 즐거운 시간을 보냈고, 이제는 두 교회에 다니는 나이가 지긋한 독신 여성들을 위한 '영화와 식사' 모임을 시작하는 것에 대한 의논을 하고 있다. 돌아보면 내가 얼마나 많은 에너지를 내 인생이 외롭고 슬프고 목적이 없다는 데 대해 딱하게 생각하는 데 사용했는지 놀라울 정도다. 그것은 내가 실제적으로 새로운 사람들을 만나지 못하게 하고 매일매일 그리고 순간순간의 목적을 발견하지 못하게 했다. 이제 나는 현재 내 인생의 목적이 나보다 형편이 어려운 사람들을 돕고, 좋은 음식을 만들어 주고, 내가 최근에 만나는 몇몇 사람들에게 친구가 되어 주는 것이라고 말할 수 있다. 모든 면에서 완벽하게 잘되지는 않겠지만 그것들 중 일부는 내 삶의 질이 보다 나아지게 할 것이다. 그 정도면 괜찮지 않은가?

집중적인 계획적 문제해결 훈련

비효과적인 문제해결능력과 관련이 있는 것으로 문헌에 기술되어 있는 문제들(예: 우울, 자살, 일반화된 불안, 만성적 신체질환, 물질남용)을 가진 집단에 PST를 제공하는 경우가 있다. 이 장의 나머지 부분에서는 네 가지 계획적 문제해결기술 각각에 대한 좀 더 집중적인 훈련을 제시할 것이다. 이 기술과 연습들은 또한 한 가지 또는 그 이상의 기술영역에서 상당한 어려움을 보이는 사람들에게도 적합할 것이다. 다시 한 번 언급하지만, 이 도구의 전부 또는 일부를 어느 정도 사용할 것인지는 선행평가 및 지속적인 평가결과를 바탕으로 해야 한다고 PST는 강조하고 있다.

"내가 무엇을 원하는지 알고 있는데, 왜 이 모든 단계들을 밟아야 하지요?"

이것은 다음의 집중훈련 모듈에서 훈련의 일부로서 작성하기를 요구하는 수많은 활동지와 기록양식을 내담자에게 제시할 때 내담자가 물을 수 있는 질문이다. 필요한 경우에, 어떤 활동지와 활동을 사용할 것인지는 치료자의 판단이라는 것을 기억하는 것이 중요하다. 주어진 내담자의 강점과 한계에 따라 잠재적으로 사용하는 것이 적합한지를 판단할 수 있도록 돕는 지침이 매뉴얼에 포함되어 있다. 주어진 문제해결 영역에서 심각한 결함을 보이는 사람에게는 그 영역의 집중적인 훈련이 필요하다고 믿는다. 그러한 경우에, 왜 이 모든 단계를 밟아야 하는지와 같은 질문을 한다면, "골프 경기에서 두 사람이 같은 기술을 가지고 있을 때 누가 홀인원을 할 가능성이 좀 더 높은 사람이 누구일까요? 바람의 방향을 측정하고 신중하게 적절한 골프 클럽을 선택하며, 홀 가까이에 있는 깃발을 바라보는 사람일까요, 아니면 목적 없이 홀을 향해 그저 열심히 채를 휘두르는 사람일까요?"라고 되묻는다.

문제의 정의

> 그들은 해결책을 볼 수 없는 것이 아니다.
> 그들은 문제를 볼 수 없는 것이다.
>
> — G. K. Chesterton

존 듀이(John Dewey)가 말한 오래된 속담이 있다.—"문제만 명확히 정의되어도 그 문제를 반쯤은 해결한 것이다." "두 번 측정하고 한 번 재단하라."도 비슷한 금언이다. 두 가지 경우 모두 우리가 경험하는 문제의 특성을 충분히 이해하는 데 시간을 들인다면, 그것을 해결하는 데 더 적은 시간과 노력을 들이게 될 것이라고 말하고 있다. 더 중요한 것은, 채스터톤(Chesterton)이 앞서 언급한 바를 달리 표현하면, '문제를 보는 것'이 '해결책을 보는 것'을 돕는다는 것이다. 우리는 이 활동이 계획적 문제해결 과제의 가장 어려운 부분이라고 생각한다. 왜냐하면 이 과정은 그것이 왜 문제인지를 적절히 정의하기를 요구할 뿐만 아니라 다양한 관점에서 그것을 정의하기를(말하자면, 자신이나 타인과 관련하여) 요구하기 때문이다.

이 과정을 내담자에게 설명할 때, 우리는 종종 문제의 정의를 여행과정이나 경로를 그려 보는 것과 유사하다고 설명하곤 한다. 여러 사람들이 비록 목적지가 같더라도 모든 사람들이 같은 자원, 예를 들면 돈이나 시간 같은 자원을 똑같이 가지고 있는 것이 아니기 때문에 그들은 정확하게 똑같은 여행을 하는 것이 아니다. 만일 어떤 사람이 특정장소로 여행을 해 본 일이 없다면 낯설음 때문에 여행은 어려운 일일 수 있다. 구체적인 장소에 대해서는 알지 못한 채 단지 지도를 보는 것만으로도 압도당하는 느낌을 받을 수 있다. 그런 경우에 문제의 정의는 먼저 그 사람이 가고자 하는 곳의 지도를 찾는 일과 유사하다. 이것에 대해서 설명하는 또 다른 방법은 그 사람의 목표를 먼저 확인하는 것이다. 이러한 방식으로 그 사람은 이후에 '거기에 어떻게 가는지(말하자면, 해결계획)'를 결정할 수 있게 된다.

우리의 모듈에 따르면, 현재 문제의 정의는 다음 다섯 단계를 따른다.

1. 이용가능한 사실들을 확인한다.
2. 문제를 명확한 언어로 기술한다.
3. 문제를 '가정'과 구분한다.
4. 현실적인 목표를 세운다.
5. 그러한 목표를 달성하기 위해 극복해야 할 방해물을 확인한다.

이용가능한 사실의 확인

때로 사람들은, 특히 충동적이거나 경솔한 경향이 있는 사람들은 모든 사실을 알아보기 전에 문제를 해결하려고 애쓴다. 예를 들면, 사람들은 자동차를 사기 전에 현명한 판단을 하기 위해 상당량의 정보—연비, 안전기록, 다른 소비자들은 그 차를 어떻게 평가하는지 등—를 얻기를 바란다. 이러한 맥락에서 우리는 이와 마찬가지로 사람들은 그들의 스트레스가 되는 문제에 관해서 동일한 작업을 한다고 제시한다. 고통을 유발하는 어떤 상황에서든, 그동안 몰랐던 어떤 정보나 사실을 알아보려고 하는 것은 중요한 일이다. 우리가 무엇이 문제인지 실제적으로 알지 못한다면, 우리는 잘못된 방향으로 가게 될 수 있다.

예를 들어, 우리와 함께 작업하고 있는 샘이라는 환자가 있는데, 그는 이혼을 한 이후에 가족과 친구들이 그를 지나치게 걱정하고 너무 '연약한' 사람으로 대한다고 느끼기 때문에 점점 화를 내고 있었다. 이러한 방식은 샘으로 하여금 그들이 자신을 피하고 있다고 믿게 만들었다. 그는 우리에게 그들이 자신의 전부인에 대해서 이야기하지 않으려고 너무 조심하는 것 같고, 자신을 힘들게 할까봐 즐거웠던 일에 대해서는 이야기하지 않으려고 하는 것 같다고 말했다. 샘은 친구 빌이 특히 자신을 '약한 사람'으로 생각하기 시작한 것 같다고 생각하고 있었다. 샘은 빌에게 화가 났고, 이 때문에 종종 말다툼을 하고는 슬프고 좌절된 감정을 느끼곤 했다. 그러나 샘에게 왜 그 친구가 당신에게 그런 방식으로 행동하는지에 대해서 좀 더 생각해 보도록 격려하자, 그는 빌이 친구가 과거에서 벗어날 수 있도록 돕기 위해서 할 수 있는 일이 아무것도 없다고 느끼기 시작했고 그의 회피가 친구로서의 역할을 제대로 하지 못한다는 감정에서 비롯된 것이라는 점을 알게 되었다. 빌은 샘이 그를 도와주었던 모든 시간들을 떠올리면서, 자신은 친구를 좀 더 잘 돕지 못하기 때문에 친구로서 실패했다는 느낌을 받았던 것이었다. 역설적으로, 샘이 빌에게 원했던 것은 그가 늘 하던 대로 행동하고 뭔가 더 하려고 애쓰지 않는 것이었다. 따라서 샘과 빌 모두에게 필요한 한 가지는 '사실을 확인하는 것'이었다.

우리는 내담자들에게 자신을 탐정이나 과학자 또는 신문기자라고 생각해 보고 그들이 할 일은 사실을 확인하는 것이라고 강조한다. 그들은 언제, 어디서, 누가, 무엇을, 왜 했는지와 같은 과학적 질문을 해야 한다. 그리고 잘 모르는 사람에게 실제로 무슨 일이 벌어졌는지 이해하게 하기 위해서는 탐정에게 필요한 정보를 제공하는 것처럼 그런 질문들에 대해 객관적이고 사려 깊게 대답해야 한다. 우리는 또한 내담자들에게 '외재화' 원칙을 기억하라고 상기시킨다. 즉, 노트나 일기나 컴퓨터, 스마트폰 등에 정보를 기록하라고 한다. 대답을 읽어 보면서, 그들은 한 걸음 더 나아간 질문들, 예를 들면 "내가 정보를 좀 더 찾아보아야 하는가?"에 대답할 수 있다. 이것은 필요한 경우에 '탐정모자'를 쓰고 나가서 좀 더 많은 사실을 확인하는 것으로 제시할 수 있다. 〈표 10-2〉에는 궁극적으로는 문제를 정확하게 정의하기 위해 이 과정을 안내하는 데 도움이 되는 구체적인 질문들의 목록을 제공하고 있다(이것은 또한 부록 2에 환자용 유인물인 '사실을 확인 하기'에 포함되어 있다.).

때로는 이런 유형의 질문에 대답할 때, 관련된 정보나 유용한 정보를 분류하 는 것이 어려울 수 있다. 그런 경우에 우리는 사람들에게 명확하게 이해하기 위 한 방법으로 시각화를 사용하라고 추천한다. 이 과정은 앞서 설명한 유형의 질 문들에 대답하기 위해 관련된 정보를 확인하는 것을 돕는다. 다음에 제시된 예 는 이런 활동을 잘 할 수 있도록 돕기 위한 시각화 지시의 일례다.

> 눈을 감고 최근에 경험했던 일을 상상해 보시면 됩니다. 반복되는 문제나 현 재, 또는 지속적으로 경험하고 있는 문제를 떠올려 보십시오. 먼저, 당신이 그런 상황에 처해 있다고 상상하고 관찰자로서 바라보는 것이 아니라 마음의 눈으로 실제 벌어지고 있는 것처럼 경험해 보십시오. "나는 어떤 생각을 하고 어떤 감정 을 느끼고 있지?" 다음으로 이 경험을 반복하십시오. 이번에는 관찰자로서, 마 치 영화나 그 상황에 대한 녹화자료를 보는 것처럼 경험해 보십시오. 슬로모션 으로 상영하고 자신에게 질문해 보십시오. "무슨 일이 벌어진 거지? 다른 사람들 은 무슨 말을 하고, 어떤 행동을 하고, 어떤 감정을 느끼고 있지? 나는 어떤 말을 하고, 어떤 행동을 하고, 어떤 감정을 느끼고 있지?"

이 연습을 마치고 나서, 예를 들면 '사실확인' 양식을 사용해서 내담자에게 질문에 대한 답을 적어 보라고 지시하시오.

〈표 10-2〉 사실확인에 도움이 되는 질문들

- 관련된 사람은 누구인가?
- 무슨 일이 벌어졌기에(또는 벌어지지 않았기에) 당신이 힘들어하는가?
- 어디에서 그 일이 일어났는가?
- 언제 그 일이 일어났는가?
- 왜 그 일이 일어났는가?(즉, 그 문제의 알려진 이유나 원인)
- 그 상황에 대해 당신은 어떻게 반응했는가?(즉, 행동, 사고, 그리고 감정)

문제의 명확한 기술

사람들은 스트레스를 받을 때 특히 감정이 섞인 언어를 사용하는 경향이 있고 그래서 잠재적으로 불분명하게 표현하곤 한다. 예를 들어, '샘'의 이야기로 다시 돌아가면, 샘은 원래 빌이 자신을 '나를 일종의 사이코'로 대하는 것처럼 느꼈다고 말했다. 샘은 너무 큰 좌절감을 느껴서 "머리가 폭발할 것 같다."라고도 했다. 이런 문제들을 설명할 때, 치료자가 샘이 묘사한 표현을 바탕으로 내가 '사이코 병동'에 입원시키고 당신의 머리가 폭발하지 않도록 연료를 '제거하겠다.'고 하면 샘이 어떤 반응을 보일지 상상해 보라. 물론 샘은 처음에 자신의 감정에 대한 화려한 방식으로 설명했지만 그를 적절하게 돌볼 사람에게 전달하기 위해서는 샘이 자신의 감정과 문제를 분명한 언어로 묘사할 수 있게 하는 것이 매우 중요할 것이다. 이것은 세 번째 문제해결의 '다중과제처리' 원칙인 단순화와 밀접한 관련이 있다.

또 다른 예를 들어 보면, 자니타는 불안 때문에 치료를 받으러 온 내담자다. 그는 처음에 "엘리베이터를 타는 것은 악몽이에요. 그건 나에게는 죽으러 가는 것과 같아요."라고 말했다. 좀 더 정확하고 사실적으로 기술하면 다음과 같다. "엘리베이터를 탈 때 불안이 가장 심해져요. 엘리베이터 문이 열리고 안으로 들어가려고 하면, 심장이 두근거리고 피부가 축축해져요. 가족들이 심장병을 앓았던 생각도 나고 죽음에 대해 생각해요. 엘리베이터에서 내리면 곧 안심이 되고 심장박동은 정상으로 돌아오는 것 같아요."

　　분명하고 명확한 용어를 사용하지 않으면, 사람들이 설명한 내용은 과장되거나 잘못 이해될 수 있다. 예를 들어, 샘은 화가 나면, 친구들의 회피행동의 정도를 '과장하여 표현하는' 경향이 있다. 그가 처음에 상황을 설명할 때, 친구들이 "더 이상 자신과 어떤 일도 함께하지 않는다."고 말했다. 실제로, '사실'에 초점을 맞추도록 격려하고 분명한 용어를 사용하도록 하자 그가 원래 주장했던 시간의 절반 정도에만 그런 일이 있었다고 인정했다.

사실과 가정의 구분

　　때로 사람들은 특히 감정적일 때, 자동적 사고과정에 대해서 주의를 기울이지 않고 가정을 한다. 가정은 그것이 정말 사실인지 판단하기 위해 노력하기 전에 사실이 되어 버리는 것이다. '신문기자나 과학자처럼 생각하기'의 주제로 돌아가서, 우리는 사람들이 **사실**을 확인하려고 노력하고 **가정**에 의존하지 않기를 추천한다. 사실은 대부분의 사람들이 그것이 사실이라고 집단적으로 동의할 수 있는 것이다. 한편, **가정**은 어떤 사람의 **신념**, **의견** 또는 그 타당성을 검증하지 않고 그가 '사실이라고 생각하는' 해석이다. 사람들이 가정에 따라 행동하면 문제해결을 위한 노력에서 실패할 가능성이 크다. 그러므로 우리는 내담자들이 자신의 문제의 특징을 분명하고 정확하게 이해했다고 결론짓기 전에 어디까지가 사실이고 어디까지가 가정인지 판단하기 위해 신중한 노력을 기울일 것을 권고한다. 예를 들어, 샘의 이야기로 돌아가면, 그는 친구가 자신의 삶에서 일어난 긍정적인 일들에 대해서 그에게 이야기하는 것을 피했을 때, 친구가 더 이상 자신과 함께 즐겁게 지내려고 하지 않고 자신을 부담스러워한다고 생각했다. 이것은 잘못된 것(말하자면 가정)일 뿐만 아니라 샘은 이 생각을 점점 확대해서 빌이 자신을 더 이상 친구로 여기지 않는다고 느끼기 시작했던 것이다. 이러한 가정된 사실에 바탕을 두고 샘은 그의 분노와 말다툼이 정당하다고 느꼈다. 더 나아가 실제적인 사실이 아닌, 그의 가정에 대한 즉각적 반응은 지속적인 분노와 좌절감, 다툼, 그리고 슬픔이었다. 그래서 이 경우에 샘은 친구 빌의 행동변화가 빌이 자신을 친구로 더 이상 원하지 않는다는 증거라고 해석했으나 나중에 사실은 빌이 샘에게 필요한 도움을 주고 싶은데 그러지 못할까 봐 걱정하고 있다는 것을 알게 되었다.

　　우리는 사람들에게 '사실과 가정을 구분하도록' 하기 위한 매우 유용한 연습으로 잡지나 신문에서 오린 그림들을 보여 주는 방법을 찾아냈다. 내담자들에게 "그림을 몇 분 동안 살펴본 후, 그것을 내려 놓고 그 그림을 묘사하기 위해, 생각나는 것들을 모두 적어 보라."고 지시한다. 그들이 본 것이나 그 그림에서 '벌어지고 있다.'고 생각한 것들을 적은 후에, 적은 항목들을 살펴보고 그림에서 사실인 부분과 가정인 부분을 구분해 보라고 지시한다. 그림을 한 번 더 보고 나면, 내담자들은 실제로는 좀 더 해석에 가까운 부분과 사실인 부분을 좀 더 분명하게 인지할 수 있다. 이 과정은 타당성을 입증하기 위해서는 좀 더 많은 정보를 확인할 필요가 있다는 것을 보여 준다. [그림 10-1]은 그림에서 벌어지고 있는 것에 대해 쉽게 가정을 할 수 있는 애매한 상황의 예를 보여 주는 것이다.

[그림 10-1] '사실과 가정을 구분하기' 연습을 위한 예시용 사진

가정을 하게 만드는 일반적인 '생각의 실수'

다음에 제시된 목록은 자동적 가정을 할 때, 정보를 종종 '왜곡하는' 일반적인 방식을 담고 있다. 만일 내담자가 이런 '인지적 오류' 중 일부를 지속적으로 보인다면, 내담자가 그런 오류의 부정적 영향을 극복하기 위해 도구세트 3에 포함된 도구들(9장 건강한 사고)을 사용할 것을 권장한다.

임의적 추론: 이것은 대안적 해석을 배제하거나 그것을 지지하는 충분한 사실적 정보가 없는 상태에서 결론을 내릴 때 발생한다. 예를 들면, 제니퍼가 프랭크의 데이트 신청을 거절하자 프랭크는 자동적으로 그녀가 자신을 매력적이지 못하고 지루한 사람이라고 생각한다고 결론지었다.

선택적 추상화: 이것은 어떤 선택된 정보만을 바탕으로 결론을 내리는 것으로, 그 결론과 반대되는 다른 중요한 정보는 무시하는 경우다. 예를 들면, 헨리는 체육대회에서 팀의 일원으로 참가했는데, 그는 지난주에 자신의 실수 때문에 자신의 팀이 우승하지 못했다고 결론을 지었고 다른 팀원들이 좀 더 심각한 실수를 했었다는 점은 무시했다.

과잉일반화: 사람이나 상황의 일반적인 특징에 대해 가정할 때 단일한 사건에 바탕을 두고 있다면 과잉일반화를 하고 있는 것이다. 예를 들어, 엘리스가 한 번 실수를 하자 그녀의 상사인 로벨토는 그녀를 "무능하다."고 결론지었다.

과장 또는 축소: 과장은 어떤 사건의 가치나, 강도 또는 중요성을 과장하는 것을 의미하며, 축소는 이와는 반대되는 왜곡으로 어떤 사건의 중요성을 부적절하게 깎아내리거나 과소평가하는 것을 의미한다. 과장의 예는 파티에서 새로운 사람들을 만나는 것과 관련된 위험성이나 가능한 위협요인을 과장하는 것을 들 수 있다(예: "아무도 나를 좋아하지 않을 거야. 나는 너무나 당황하게 될 거야."). 축소의 예는 밤에 낯선 지역에서 자동차 문을 잠그지 않고 그곳을 떠나는 것의 위험성에 대해 부적절하게 극단적으로 축소하는 것을 들 수 있다(예: "내가 돌아올 때까지 아무 일도 없을 거야.").

오귀인: 이것은 문제의 원인을 부정확하게 귀인하거나, 그 원인을 자신에게서 (예: "그건 언제나 내 잘못이야.") 또는 타인에게서(예: "그건 내가 아니라 언제나 아내의 잘못이야.") 찾는 극단적인 경향성을 의미한다.

현실적인 목표 설정

목표를 설정할 때, 기억해야 할 부분은 실제로 달성이 가능한 목표인지 확인하는 것이 중요하다는 점이다. 이 말은 목표가 합당하고 달성가능해야 한다는 것이다. 우리는 '자신의 꿈을 따르는' 내담자를 낙담하게 하라고 권장하는 것은 아니지만, 목표가 달성가능하지 않다면, 가장 스트레스가 되는 문제들을 해결할 가능성이 낮아진다. 비현실적인 목표에 도달할 것을 기대하는 것은 결국 '실패로 끝나게 되어 있는' 길을 가는 것이다. 연구자들은 사람들이 우울해지는 주요한 이유가 목표를 너무 높게 잡고 거기에 결코 도달할 수 없기 때문이라는 것을 반복적으로 보여 주고 있다. 처음에 목표가 거대한 것이어서 성취하려고 노력하기 어렵다면, 치료자는 단순화 기법을 사용하도록 내담자를 안내하여, 문제를 좀 더 작은 수준으로 나눈다. 또한 마음속에 '최종 목적지'를 그려 보도록 한다. 예를 들어, '내년까지는 재정적으로 독립한다.'를 목표로 설정하는 것은 대부분의 사람들에게 할 수 있는 범위를 넘어서는 것일 수 있다. 그러나 '올해 말까지 급여의 5%를 추가로 저축하기 위해 전반적인 지출을 줄이는 것'부터 시작하는 것은 좀 더 할 만하고 적절한 방향일 수 있다.

문제중심적 목표와 정서중심적 목표

내담자들이 '문제중심적 목표(problem-focused goals)'와 '정서중심적 목표 (emotion-focused goals)'의 차이를 이해하는 것은 매우 중요하다. 문제중심적 목표는 상황의 특성이 변화되어 더 이상 문제가 되지 않는 것과 관련된 목표를 말한다. 그러한 목표는 그 상황이 변화될 수 있을 때 좀 더 적합하다. 저축을 좀 더 많이 하기, 의사소통 방법을 개선하기 또는 살빼기 등이 그 예다. 한편, 정서중심

적 목표는 상황을 변화시킬 수 없거나, 감정적 반응이 변화되지 않는다면 결과
적으로는 좀 더 심각한 문제를 야기하는 상황과 관련된 목표다. 예를 들면, 결코
만족스러운 직장을 구할 수 없을 것이라는 두려움은 이해할 수는 있지만 억제되
지 않는다면 더 큰 해를 입힐 수 있다.

원한, 분노, 또는 질투를 '붙들고 있는 것'이 또 다른 예라고 할 수 있다. 그러
므로 목표를 설정할 때, 어떤 유형의 목표가 그들이 해결하려고 하는 문제에 적
합한지를 판단할 필요가 있다. 다시 샘의 이야기로 돌아가면, 그가 변화시킬 수
없는 것들 중 하나는 그가 이혼을 했고, 빌 부부와 함께 골프를 쳤던 것과 같은
그의 사회생활의 어떤 영역들이 변화되었다는 사실이다. 그가 전부인과 다시 결
합을 할 수는 없기 때문에 그 상황의 일부는 변화불가능한 것이다(비록 그가 나중
에 누군가를 만날 수 있겠지만 말이다.). 그러나 좌절감과 당혹스러움, 그리고 그가
혼자라는 것에 대해 부정적인 정서적 반응으로서 자신을 실패자로 보는 관점을
변화시키는 것은 그가 고려할 수 있는 적절하고 중요한 정서중심적 목표다. 그
의 결혼이 실제로 끝났다는 것을 **수용한다는** 목표는 또 하나의 정서중심적 목표
를 대표한다. 그가 현재 친구와 겪는 어려움은 변화가능하다. 따라서 친구가 좀
더 편안하게 느끼도록 해 주고 자신의 가족이나 아내에 대한 이야기를 할 때 덜
회피하는 것은 적절한 문제중심적 목적일 수 있다. 이 예는 인생에서 가장 스트
레스가 되는 문제들은 여러 유형의 목표, 즉 정서중심적 그리고 문제중심적 목표
를 모두 포함하고 있다는 것을 예시한다.

어떤 사람에게는 어떤 문제들은 변화시킬 수 없다는 것을 수용하는 것이 매우
어려운 일이다. PST의 관점에서 어떤 내담자가 '인생'의 '부정적인 사건들'(예: 가
족 중 한 사람을 잃거나, 이별을 하거나 나이가 들거나 만성질환으로 진단을 받는 것)을
수용하는 데 어려움이 있다면, 가장 적절한 목표(말하자면, 어떻게 내가 그것을 수
용할 수 있을지)는 '해결될 수 있는' 문제를 확인하고 문제해결의 전 과정을 활용
하여(즉, 네 가지 도구세트를 구성하는 어떤 도구를 적용하여) 다루는 것이다. 예를 들
어, 어떤 사람에게 받아들이기 어려운 것이 좀 더 인지적인 것(예: "나는 실패하게

되어 있었어.")이거나 정서적인 것(예: "나는 내 불안을 견딜 수 없어.")이거나 또는 동기적인 것(예: "나는 배우자를 잃은 것을 결코 극복하지 못할 거야. 나는 절대 나아질 수 없을 거야.")일 수 있다. 따라서 치료자는 내담자가 변화시킬 수 없는 문제상황을 수용할 수 있도록 돕는 적절한 문제해결 도구를 사용하도록 안내할 수 있다.

극복을 위한 장애물 확인

일단 목표나 일련의 목표들을 명확하게 기술했다면, 문제 정의의 다음 단계는 현재 시점에서 그러한 목표에 도달하는 것을 가로막는 장애물을 확인하는 것이다. '문제를 해결하는 사람을 여행자'로 비유하여, 목표는 내담자의 목적지를 나타내는 것으로 비유하고 목적지에 도달하는 것을 방해하는 장애물(예: 먼 거리, 시간 압박, 가용한 자원의 부족, 어디로 갈지, 어떻게 갈지와 관련된 사람들 사이의 갈등)을 설명하는 것은 더 나은 대안적 해결책(즉, 목적지에 도달하기 위한 경로와 수단)을 생각해 내는 데 상당한 도움이 된다.

이런 장애물들을 확인하는 것은 기본적으로 다음과 같은 질문을 하는 것이다. "왜 그 상황이 문제가 되는가?" 이것은 내담자가 분명하게 문제 정의를 하도록 돕기 위한 핵심질문이다. 문제는 정의상 극복하기 위한 장애물이나 해결해야 할 갈등을 포함한다. 우리는 목표에 도달하기에 충분한 자원이나 지식을 가지고 있지 못하거나 선택해야 할 너무 많은 목표가 있을지도 모른다. 대부분의 인생의 가장 어려운 문제들과 마찬가지로, 문제의 발생에는 대개 여러 가지 요인들이 작용한다. 그러한 요인들을 확인하는 것은 좀 더 현실적인 목표를 확인할 수 있게 돕는다. 때로 만일 문제가 너무 압도적으로 느껴진다면, 우리는 그것을 일련의 작은 문제들로 나누고 한 번에 한 가지의 장애물을 치울 필요가 있다(즉, 단순화).

샘에게 있어서 뛰어넘어야 할 장애물 중 하나는 좌절감을 느낄 때마다 쉽게 화가 나는 성향을 극복하는 것이다. 그는 또한 상충하는 목표들 사이에 갈등을 경험하고 있었다. 한편으로 빌의 지지와 우정을 원했고 또 다른 한편으로 그는

〈표 10-3〉 **목표를 가로막는 가능한 장애물들(왜 그 상황이 문제가 되는가?)**

- 장벽 – 목표로 가는 길을 차단하는 사람이나 사건
- 갈등이 되는 목표들 – 당신과 다른 사람들 사이의 갈등 또는 당신의 두 가지 반대되는 목표들 사이의 갈등
- 누가 문제를 '유발'했는지에 대한 의견에서의 갈등 – 문제의 발생이 누구의 잘못으로 인한 것인지에 대한 언쟁
- 자원의 감소 – 필요한 기술의 부족 또는 당신의 목표달성을 매우 어렵게 만드는 자원 부족
- 익숙하지 않거나 잘 알지 못하는 상황 – 이전에 경험해 본 적이 없는 상황이어서 무슨 일을 해야 할지 판단하기 매우 어렵게 느껴지는 상황
- 복잡함 – 매우 복잡하고 압도적으로 느껴지는 상황
- 정서적 어려움 – 정서적 반응 그 자체가 극복하기 어려울 수 있다.

자신이 부담을 주고 있다고 느끼지 않기를 바랐으며 빌이 자신과 시간을 보내기를 원하길 바랐다. 그러나 그는 또한 정직하고 싶었고 이혼에 대해 힘들어할 때 친구에게 이야기할 수 있기를 바랐다.

문제를 바르게 정의하기 위해서 우리는 다음 질문에 대답할 수 있어야 한다.

- 수용할 수 없는 현재의 조건은 무엇인가? ("그것은 무엇인가?")
- 어떤 변화가 필요한가 또는 어떤 변화가 바람직한가? ("어떻게 되어야 하는가?")
- A에서 B로 가는 나의 능력을 제한하는 장애물은 무엇인가? (말하자면, 왜 그것이 문제가 되는가?)

〈표 10-3〉에는 주어진 사람이 문제를 경험하게 하는 다양한 요인들의 목록이 제시되어 있다. 이 구조를 사용하면 내담자는 상황을 특히 복잡하고 해결이 어렵게 느껴지게 만드는 요인들을 좀 더 잘 확인할 수 있을 것이다. 이런 목록을 만드는 것은 궁극적으로 처음에 그 상황에서 무엇이 문제였는지와 관련된 가장 중요한 요인들을 다루는 행동계획을 생성하기 위해서다.

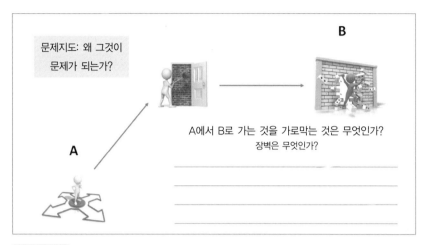

[그림 10-2] 문제지도 활동지

자신을 '문제해결 여행자'로 보는 관점을 가지고 특별히 다음의 질문을 해 보라. A(내가 현재 있는 곳)에서 B(내가 가기를 원하는 곳)까지 가는 것을 방해하는 것은 무엇인가? 우리는 내담자에게 〈표 10-3〉을 사용하여 '문제지도 활동지'(그림 10-2 또한 부록 2에 있는 환자용 유인물에도 포함되어 있다.)를 작성하라고 지시한다. 특히, 그 상황에서 문제를 경험하게 만드는 어떤 장애물, 즉 갈등이 되는 목표들, 복잡성, 자원의 부족, 정서적 어려움, 또는 잘 알지 못하는 또는 익숙하지 않은 측면들을 적어 보라고 한다. 여행의 비유를 사용하면서—"낙석이나 쓰러진 나무 같은 길 위의 장애물, 긴 터널, 비싼 통행료, 굴곡이 많은 험한 길, 위험한 비탈길 등 당신의 목적지로 가는 여행계획을 세울 때 고려해야 할 것들은 무엇이 있을까요?"—우리는 내담자에게 또한 이 과제를 수행할 때 분명한 언어를 사용하고 가정과 사실을 구분해야 한다는 것을 상기시킨다.

문제 정의 활동지

교육과 연습을 돕기 위해 우리는 또 다른 활동지인 '문제 정의하기'(구체적인 질문을 확인하려면 〈표 10-4〉를 보시오. 활동지는 부록 2에 있는 환자용 유인물에 포함

〈표 10-4〉 문제의 정의를 구성하는 질문 활동지

---

1. **사실은 무엇인가?** 당신의 문제와 관련된 사실들을 적으시오. 사실과 가정을 구별해야 한다는 것을 기억하시오. 예를 들어, 당신이 배우자나 또는 중요한 타인들과 자주 언쟁을 하고 있다면, "나의 파트너는 나를 신경 쓰지 않는다."와 같은 가정을 기술하는 것보다 "나는 나의 파트너와 ~에 대해 점점 더 심한 말다툼을 하고 있다."라고 사실을 분명하게 기술하는 것이 좋다.

2. **왜 그것이 당신에게 문제가 되는가?** 당신이 그 상황 또는 당신의 감정을 변화시킬 수 없다면, 결과적으로 어떻게 될까? 그것이 당신이 개선해야 할 중요한 문제인 이유는 무엇인가? 이 문제를 잘 처리하는 것이 당신의 인생을 나아지게 하는 데 얼마나 기여할까(비록 그 영향력이 적더라도)?

3. **당신의 목표는 무엇인가?** 목표를 현실적이고 달성가능한 것으로 잡아라! 작은 목표부터 시작해서 좀 더 큰 목표로 나아가라. 예를 들어, 당신이 파트너와의 의사소통이 향상되기를 원한다고 했을 때, 첫 번째 목표는 논쟁을 50% 감소시키는 것이며 일주일에 한 시간까지 좋은 의사소통을 하는 시간을 증가시키는 것이다.

4. **당신의 목표를 방해하는 주요한 장애물은 무엇인가?** 실제적으로 당신이 목표를 성취하기 위해 나아가는 능력을 방해하는 것은 무엇인가? 1번에서의 예를 생각해 보면, 장애물의 가능한 예는 당신이 차분하게 또는 자기주장을 적절히 하면서 의사소통하는 방법을 모르거나, 당신의 파트너가 당신에게 도움이 되지 않거나 당신의 확신이 부족하거나 희망이 없다고 느끼는 것일 수 있다.

되어 있다.)는 내담자들이 현재 겪고 있는 문제 또는 초점을 맞추고자 하는 문제를 좀 더 잘 정의할 수 있도록 돕는다.

문제를 정의할 때 특별히 고려할 사항

다음에 제시된 내용은 이 기술영역에서 내담자들을 교육할 때 고려해야 할 추가적인 중요한 주제들이다.

1. 해결책을 목표와 혼동함

문제를 정의하려고 시도할 때 사람들이 종종 하는 흔한 실수는 '해결책을 목표로' 생각하는 것이다. 제인의 예를 들자면, 그녀는 직장에서 심한 스트레스로 힘들어했다. 그녀의 상사는 다른 사람들에게는 거의 시키지 않는 업무를 그녀에게 주었다. 그 결과, 그녀는 상사가 자신을 이용한다고 느꼈고 분노로 압도되는 느낌을 받았다. 제인에게 처음으로 문제를 정의해 보라고 했을 때, 그녀는 "상사에게 그런 나쁜 대우를 받아들일 수 없다는 것을 전달하는 방법"이라고 말했다. 비록 그녀가 상사의 사무실 운영방식에 대해서 비난을 하면서 힘들고 스트레스가 되는 문제를 처리하려고 애쓰는 것은 하나의 가능한 대안적 해결책일 수 있지만 문제에 대한 분명한 기술은 아니다. 제인이 문제를 **정의**하는 데 좀 더 초점을 맞출 수 있게 되었을 때 그녀는 시간을 들여 사실을 기술하고, 그것을 가정과 분리하고 목표와 장애물을 명시했다. 제인은 이제 어떻게 문제를 해결할지보다는 '좀 더 크게 바라본 문제'에 초점을 맞춰 문제를 정확하게 정의하고자 노력했다. 그녀는 목표를 다음과 같이 기술했다. "나는 내 업무를 하기를 원해요. 상사가 항상 나에게 더 많은 것을 요구하지 않기를 바라고요. 나는 동료들의 일을 도와줄 수 없을 때 그들이 나를 미워하지 않기를 바라요. 나는 내 업무를 안정적으로 하기를 원하지만 여가시간은 즐거운 일을 하면서 보내고 싶어요." 이 좀 더 객관적이고 광범위한 진술을 사용하면, 단순히 상사에게 그가 지시하는 방식이 맘에 들지 않는다고 말하는 것을 넘어서, 이러한 목표들에 도달할 수 있는 좀 더 많은 대안적인 방법들을 찾을 수 있을 것이다.

　해결책과 목표를 혼동하는 또 다른 예는 아프가니스탄에서 최근에 돌아온 퇴역군인과 작업했던 경우에서 찾아볼 수 있는데, 마리오는 두 번의 해외복무 기간 동안 10대 초반인 그의 아들과 보냈던 시간을 그리워했다. 그런데 그 기간 동안에 마리오의 아내이자 아들의 어머니는 사실상 싱글맘으로 아이를 돌보았고 따라서 유일한 부모로서 역할을 했다. 마리오는 원래 그의 목표가 아들인 마리오 주니어와 좀 더 많은 시간을 보내는 것이라고 말했다. 그러나 토론이나 문제 정의와 관련된 다양한 활동지를 작성하는 과정을 통해 상황의 구체적인 측면들을 좀 더 깊이 살펴보자, 마리오와 그의 아내가 양육에 관해 자주 의견불일치를 보였고 특히 마리오 주니어가 아버지보다는 어머니의 말을 좀 더 따르는 경향이 있었기 때문에 다툼이 있었다는 것을 확인할 수 있었다. 그러한 상황은 마리오가 아버지로서 무능하다는 느낌을 가지게 했다. 이러한 상황에서 마리오의 목표는 '아내와 양육방식에 대해 좀 더 합의하고 아들과의 관계의 질을 향상시키는 것'으로 재구성 되었다. 그리고 나서 그는 전반적인 문제를 훨씬 더 잘 이해할 수 있게 되었고, 목표에 장애가 되는 요인들을 확인하고 단순히 아들과 시간을 좀 더 보내는 것을 넘어서 자신의 목표에 도달하기 위한 다양한 대안들을 생각해 낼 수 있게 되었다.

2. 어쨌든 그것은 누구의 문제인가

대개 우리가 직면한 문제를 기술할 때, 우리는 단지 우리 자신의 관점에서만 생각하는 경향이 있다. 이 질문을 하는 것은 그 상황과 관련된 다른 사람들도 그 상황을 문제라고 생각하는지, 또한 그들도 그 문제를 '발생시키거나' 또는 '고쳐야 할' 어떤 책임이 있는지를 다룰 수 있게 해 준다(그것이 정당한 것인지 아닌지와 상관없이). 본질적으로, 내담자의 관점을 확장하기 위해서 치료자가 다른 사람들은 그 상황에 대해서 어떻게 반응할지를 질문하는 것은 매우 중요한 일이다. 특히 추가적인 장애물을 확인하는 데 도움이 된다. 좀 더 많은 사실들을 알게 되는 것이 이러한 유형의 질문에 대한 중요한 초기 반응일 수 있다.

3. 진짜 문제는 무엇인가

5장의 'PST에서 할 일과 하지 말아야 할 일' 중에는 단지 '표면적인' 문제에만 초점을 맞추지 말라는 경고가 포함되어 있었다. 우리는 종종 [그림 10-3] 즉, 주어진 문제는 단지 '빙산의 일각'일 수 있다는 것을 보여 주는 인쇄물을 보여 준다. 예를 들어, 배우자나 파트너와 자녀양육에 대해 자주 다투는 것은 기본적인 관계에서 일련의 문제가 '더 깊은 수준에서' 있을 수 있음을 보여 주는 것일 수 있다. 업무에 대해 지루함을 느끼는 것은 자신의 인생이 어떻게 흘러가고 있는가에 대한 깊은 수준의 환멸을 보여 주는 증후일 수 있다. 따라서 치료자가 그런 가능성에 대해서 향상 '눈과 귀를 열어 두고' 있는 것이 중요하다. 계획적인 문제해결과정을 전부 거치고 나서 좀 더 자세한 분석과 숙고를 바탕으로 문제의

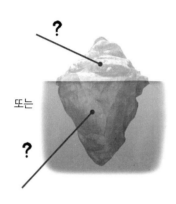

또는

[그림 10-3] '진짜' 문제는 무엇인가?

정의를 재구성하는 이전 단계로 돌아가는 경우가 빈번하다.

　이 주제와 관련된 최근의 사례는 이라크전 참전병인 마티의 경우인데 그는 우리 집단의 일원이었다. 그는 "여행을 갈 때 적절하게 옷을 챙기는 데 어려움이 있다."고 했고 주요 문제가 "어떻게 하면 여행가방을 좀 더 잘 꾸릴 수 있을까?"라고 했다. 처음에 좀 더 질문을 던지자 그는 계속 완고하게 그런 기술을 배우는 것이 그에게 얼마나 중요한지에 대해 설명했고 PST가 그에게 도움이 되기를 희망한다고 했다. 그의 '짐 꾸리기' 문제에 대한 상세한 분석에 초점을 맞추면서 집단의 개입에 좀 더 편안함을 느끼도록 도왔고 동시에 그의 문제를 "가족을 떠나 여행을 가려고 할 때 어떻게 하면 덜 불안해할까?"로 점차 재구성할 수 있도록 해 주었다. 문제 정의 훈련의 세부적 과정을 거치면서, 그가 일을 하기 위해 가족을 떠나 여행을 하고자 할 때 그것이 파괴되거나 오랫동안 가족들과 떨어져 있어야 하는 것을 떠오르게 했기 때문에 매우 불안했다는 것이 분명해졌다. 그에게 여행가방을 완벽하게 꾸린다는 것은 어쩐지 안전한 여행을 상징하는 것이 되었고, 그가 적절한 시기에 되돌아올 수 있다는 것을 의미하는 것이었다. 이것은 좀 극단적인 사례일 수 있지만, 우리는 PST 치료자가 진짜 문제를 확인하고 그것을 가지고 작업하려고 노력해야 한다는 것을 강력하게 이야기하고 싶다.

4. 문제가 복잡할 때

때로 문제를 정확하게 정의하려고 노력하고, 목표를 기술하고, 장애물을 확인하는 과정에서 막다른 길에 도달한 느낌을 받기도 한다. 우리는 다음에 제시한 일련의 질문들이 내담자가 이 과정에 대한 통찰과 이해를 증진시켜 주는 대화를 시작할 수 있도록 하는 데 유용하다는 것을 발견했다.

- 그 문제와 연관된 당신의 감정은 어떤 것인가?
- 과거에 이런 상황이나 감정들, 특히 당신에게 힘든 감정을 경험한 적이 있는가?
- 이런 상황이나 문제가 당신의 특정한 인생 목표(꿈)와 관련이 있는가?
- 이 상황이 당신의 인생의 가치관과 어떻게 연관되는가?
- 이 문제가 변화된다면 당신의 삶은 더 나아질까? 아니면 더 나빠질까?

대안생성

> 생각보다 위험한 것은 없다. 그것이 당신이 가진 유일한 것일 경우에.
>
> — Emile Cartier

두 번째 계획적 문제해결기술은 이전에 확인한 목표달성을 방해하는 장애물을 극복하도록 돕는 대안을 생성하는 것을 포함한다. 우리가 문제해결을 여행으로 생각한다면, 목표에 도달하는 것은 A에서 B로 가는 것이라고 할 수 있다. 달리 말하면, 내담자의 목표인 목적지 B에 도달하는 것이다. 여행에서와 마찬가지로, 가기를 원하는 곳이 분명하다고 해도 B에 이르는 길은 여러 갈래가 있을 수 있다. 종종 다른 경로를 선택하면 다른 결과를 얻게 된다. 어떤 길은 멀지만 비용이 적게 들고, 어떤 길은 좀 더 빨리 갈 수 있지만 비용이 많이 들 수 있다. 또 다른 길은 풍경이 그럴 듯하지만 시간이 더 들 수 있다. 따라서 '목적지에 도달하는 다양한 경로'를 고려해 보라고 추천한다.

다른 대안을 선택하면 다른 결과가 나타날 수 있는데 선택할 수 있는 길이 하나뿐이라고 믿는 것은 그 여행을 실제로 떠나려는 동기(즉, 문제를 해결하려는 동기)를 억제할 수 있다. 이 점을 강조하기 위해 내담자에게 "선택할 수 있는 길은 오직 하나라고 생각해 보세요. 다음에 당신이 가게에서 선택할 수 있는 시리얼이 하나뿐이라면, 또는 다음 주에 당신이 사는 지역 전체를 통틀어 볼 수 있는 영화가 한 개뿐이라면 어떤 심정일지 생각해 보세요."라고 이야기할 수 있다. 어떤 사람이 자신의 인생에서 매우 적은 수의 대안만을 선택할 수 있을 뿐이라면 그는 상당한 절망감과 무력감을 경험할 것이다. 가장 극단적인 경우에 그런 '터널 시야'는 자살생각이나 행동을 유발할 수 있다. 프랑스 철학자 카르티에(Cartier)의 글을 처음에 인용한 바와 같이, 한 가지 생각만 하는 것은 '위험한' 상황이다. 반대로 사람이 여러 가지의 대안을 가지고 있다고 생각한다면, 그는 좀 더 통제권이 있다고 느끼고 좀 더 안전하고 희망적이라고 느낄 것이다.

그러므로 우리는 실생활의 스트레스가 되는 사건에 대해서 다양한 해결방안이 있다고 생각하는 것이 일반적으로 사람들에게 더 좋다고 주장한다. 이는 궁극적으로 최선의 해결책에 도달하기 위해서이자 좀 더 희망이 있다고 느끼도록 하기 위해서다. 여기서 당면한 과제는 상당한 정도의 가능한 아이디어의 목록을 창의적으로 생각해 내는 것이다. 그렇게 하기 위해서 우리는 브레인스토밍 기법을 적용해 볼 것을 추천한다. 브레인스토밍은 이분법적 사고나 흑백논리를 감소시킬 수 있도록 돕는다. 게다가 이 방법은 충동적으로 반응하는 경향을 감소시키는 데 도움이 된다. 사람들에게 의견의 범위를 안내해 준다면 사람들은 좀 더 깊이 있고 계획적인 생각을 하게 될 것이다. 브레인스토밍은 또한 유연성과 창의성을 증가시키고 생성하는 대안의 양과 질을 실제적으로 향상시킨다.

브레인스토밍 원리를 사용하는 것은 또한 새로운 해결책에 대해 생각할 때 판단하는 생각을 줄이도록 돕는다. 이 과정은 사람들이 문제해결에 대해 강한 정서적 반응을 보일 때 특히 중요하다. 감정은 종종 사고를 지배하거나 영향을 미칠 수 있기 때문에 내담자는 부정적인 사고와 감정에서 벗어날 수 없게 하는 유일한 선택지만을 고집스럽게 생각할 수 있다. 정서적으로 압도되는 것 같을 때, 브레인스토밍은 내담자가 '제자리로 돌아갈 수 있게' 도울 수 있다. 더 나아가, 브레인스토밍 기법을 사용하는 것은 시간과 에너지의 초점을 다시 문제해결 과제에 맞추도록 할 수 있다.

생산적인 사고는 문제를 해결하는 가능한 방안의 목록을 창의적으로 발달시킴으로써 직접적으로 문제에 직면하게 한다. 이는 비생산적인 사고와 대조적인 것이다. 비생산적인 사고는 문제해결과 관련이 없는 생각을 의미하며, 문제해결 대신에 결과적인 정서적 고통에 초점을 맞춘 생각이다.

내담자에게 요점을 전달하기 위해, 우리는 다음과 같은 논리적 근거를 제시한다.

리타와 나오미의 반응에서의 차이를 살펴보라. 이 둘은 직장에서 집으로 가는 마지막 열차를 놓쳤다. 둘 다 밤에 저녁식사 약속이 있었다. 리타는 무책임함, 부주의함, 그리고 불신과 같은 부정적인 생각에 주의의 초점을 맞추었고 슬픔과 자신에 대한 분노와 같은 부정적인 감정에 빠져들었다. 그녀는 또한 떠나 버린 기차에 대한 실망감에 집중했다. 기차를 놓친 것은 그녀가 집에 늦게 도착하고 저녁식사 약속을 지키지 못하게 될 것이라는 것을 의미했다. 그녀는 그런 부정적인 생각에 빠져 후회를 했고 결국 좀 더 부정적인 생각과 감정으로 빠져들었다. 네 시간 후에 리타는 여전히 '고통의 원인을 헤아리며' 역에 앉아 있었다. 이것은 비생산적 사고의 결과다.

다른 한편으로 나오미는 "멈추고, 속도를 줄이고, 생각하고, 행동하라."를 선택해서 문제에 이성적으로 접근했고("나는 기차를 놓쳤다.") 그녀의 목표("마지막 기차를 놓친 상황에서 저녁 약속을 망치지 않고 가능한 한 빨리 집으로 돌아가는 방법은 뭐가 있을까?")를 생각했다. 생산적 사고의 경로를 따라 나오미는 목표에 도달할 수 있는 다양한 대안적 방법을 생각하려고 노력했다. 그녀의 목록의 일부는 저녁 약속을 미루는 전화를 하는 것, 버스를 타는 것, 택시를 부르는 것, 누군가에게 집까지 태워 달라고 부탁하는 것, 집에 전화해서 데리러 와 달라고 부탁하는 것, 다른 역까지 기차를 타고 가는 것, 그리고 집에 먼저 가는 것이 아니라 레스토랑으로 직접 가서 저녁약속을 지키는 것 등이 있었다. 네 시간 후에 나오미는 다른 역까지 그녀를 데리러 나온 친구와 즐거운 저녁시간을 보냈다.

창의성을 배양하기 위한 세 가지 주요한 브레인스토밍 원칙들을 제시한다.

- 양이 질을 유도한다.
- 판단을 유보한다.
- 다양성은 창의성을 강화한다.

분량원칙(Quantity Principle)

이 원칙은 상당한 양의 해결책을 만들어 두는 것이 중요하다는 것을 암시한다. 문제에 대해 수많은 반응을 생성하고 그 반응들을 정교화한다는 개념은 여러 연구결과에서도 지지되었는데, 연구는 대안적 해결책의 수가 증가될수록 사람들이 양질의 선택을 할 수 있다는 것을 보여 주었다. 게다가 문제해결 다중과제처리의 외재화 규칙과 함께, 아이디어의 목록을 적은 초안은 한 사람의 머리로 아이디어의 목록을 만들어 내는 것보다 양적인 사고와 질적인 사고 모두를 향상시킬 수 있도록 해 준다. 아이디어를 종이(또는 컴퓨터나 스마트폰 등)에 기록하는 것은 문제를 해결하는 사람이 당면한 문제에 집중할 수 있게 해 주고 아이디어의 반복이나 '똑같은 생각에 사로잡히는 것'을 감소시킨다. 더 나아가 브레인스토밍 연습의 외재화된 결과는 미래의 관점을 유지할 수 있고 문제해결을 위한 내담자의 시도에 대한 구체적인 강화물로 작용할 수 있다. '대안적 해결책 생성' 활동지는 부록 2의 환자용 유인물에 보조도구로 제공되고 있다는 것을 기억하라.

비유를 사용하여 예시하는 것도 사람들이 브레인스토밍 원칙을 사용하도록 하는 데 도움이 될 수 있다. 예를 들어서, 우리는 종종 우리 환자들에게 다음과 같은 질문을 한다. "큰 상점과 작은 상점 중에서 어느 상점에서 당신이 원하는 물건과 치수를 구할 수 있을까요?" 분명히 우리 모두는 우리의 선택권을 확대하기 위해 큰 상점에 가는 것을 선호하는 것 같다. 새로운 기법을 배우기를 거부하는 회의적인 내담자들은 이런 비유에 도전할 것이다. 돈은 46세의 남자로 상점의 비유를 들었을 때 "글쎄요, 그건 사실이 아니에요. 왜냐하면 나는 아들의 축구 바지를 사러 갈 때 몇 군데의 상점을 확인하는데 백화점은 우리 집 근처의 작은 가게보다 더 비싸요. 나는 12달러나 절약했어요." 이에 대한 반응으로 우리는 "굉장하네요. 하지만 당신이 몇 군데의 상점을 확인하지 않았다면 싸게 나온 물건을 찾을 수 없었겠지요."라고 지적했다.

유보원칙(Deferment Principle)

브레인스토밍을 좀 더 촉진하기 위해서 우리는 사람들에게 판단을 유보하라고 권고한다. 이 원칙은 해결책의 양을 증가시키기 위해서 판단을 하지 말고 마음에 떠오른 모든 아이디어들을 기록하는 것이 중요하다고 제안한다. 성급하게 아이디어를 거부하는 것은 궁극적으로 좀 더 효과적인 방법을 찾아낼 수 있게 해 주는 생산적이고 창의적인 사고를 제한할 수 있다. 그러므로 문제해결과정의 이 시점에서는 해결책을 평가하지 않는 것이 중요하다고 주장한다. 이때는 단지 하나의 기준만 적용된다. 즉, '직면한 문제와 관련이 있을 것.' 그렇지 않으면 우리는 내담자에게 이 시점에서는 옳거나 그른 대안이 없다고 말한다. "만일 당신이 한 어떤 생각에 대해서 판단을 하고 있다면(마음속으로라도) 그것을 멈추고 그렇게 하는 것은 창의성을 떨어뜨린다고 자신에게 되뇌어 보세요."라고 한다.

때로 내담자들은 자신의 생각이 우습다거나 비현실적이라고 느끼기 때문에 또는 자신이 어리석거나 나쁘게 보일 수 있다는 생각 때문에 자신의 생각을 드러내기를 꺼릴 수 있다. 우리는 그런 걱정에 대해서 좋은 대안을 더 많이 생각해 낼 수 있도록 판단을 유보할 것을 강조하는 것으로 대응한다. 예를 들어, 떠오른 생각이 우스워 보이거나 처음에는 불가능해 보이더라도 그 생각은 우습거나 불가능하지 않은 또 다른 생각을 촉발할 수 있다. 이런 기술을 향상시키기 위해서 사람들과 작업할 때 우리가 사용하는 연습 중에는 단지 창의성을 촉발하기 위해 별나거나 비현실적인 대안들을 일부러 제안하게 하는 것도 있다.

어떤 사람들은 판단을 유보하는 원칙을 고수하는 데 어려움을 겪는다. 예를 들면, 우리와 작업했던 어떤 사람들은 자신이나 타인의 제안에 대해 "괜찮죠. 하지만……."이라고 반응한다. 우리는 "괜찮죠. 하지만 …… 때문에 안 될 거예요." "네, 하지만 …… 때문에 나는 절대 그걸 할 수 없을 거예요." "괜찮은 이야기 같아요. 하지만 만일 ……라면 어떻게 하죠?" "생각은 하겠지만 …… 때문에 그걸 적지는 않을 거예요." 같은 이야기를 한다. 이런 형태의 반응에 대해 우리는 내담자들에게 다음과 같은 비유를 고려해 보라고 요청한다.

당신이 적은 항목들을 당신의 레스토랑에서 준비해야 할 저녁메뉴라고 생각해 보세요. 저녁메뉴를 생각해 보면, 어린이나 어른, 또는 노인의 입맛을 충족시키기 위한 메뉴들과 매우 시장한 사람들, 간단히 요기를 하려는 사람들, 또는 늦은 밤참을 원하는 사람들을 위한 메뉴, 디저트, 스테이크 등 다양한 선택지가 있습니다. 메뉴 중 어떤 것은 어떤 사람들은 원하지 않는 것이거나 또 다른 사람들은 특정 시간에 그 음식을 먹고 싶지는 않다고 생각하는 것일 수 있습니다. 당신의 레스토랑에서 다양한 음식을 제공할 수 있지만 당신은 대부분의 단골들을 만족시키기를 좀 더 원할 수 있습니다. 마찬가지로, 문제를 해결하기 위해 생성한 대안적 메뉴에 대한 판단을 연기하는 것은 당신의 목표를 충족시킬 수 있는 만족스런 해결책이나 선택지를 많이 보유할 가능성을 증가시켜 줄 수 있습니다. 당신이 모든 대안들을 좋아하지는 않을 수 있습니다. 그러나 그것을 메뉴에 포함시킨다고 해서 해가 될 것은 없습니다. 당신이 나중에 의사결정을 할 때, 당신은 당신에게 가장 적합한 해결책을 선택할 수 있습니다.

다양성 원칙(The Variety Principle)

다양성 원칙에 따르면, 광범위한 또는 좀 더 다양한 대안들을 가지고 있을 수록 좀 더 양질의 대안을 선택할 수 있다. 대안적 해결책을 생성할 때, 어떤 사람들은 한 가지 전략 또는 일반적 접근법만을 반영하는 아이디어를 생성하는 방식으로 생각을 발전시킨다. 이런 협소한 일련의 아이디어들은 분량원칙과 판단유보 원칙을 적용하는 경우에도 생길 수 있다. 그러한 조망에서 벗어나게 하기 위하여, 우리는 분량원칙과 판단유보 원칙을 사용한 이후에 대안적 해결책의 목록을 작성해 보고 그들이 가진 다른 전략들을 확인하라고 추천한다. 핵심은 다른 범주, 즉 어떤 일반적 주제에 따른 대안적 해결책 집단을 확인하려고 노력해야 한다는 것이다.

만일 어떤 전략이 매우 적은 수의 구체적인 해결책만을 보유하고 있다면, 사람들에게 그 특정한 전략을 위한 좀 더 구체적인 해결대안을 생각해 보라고 해야 한다. 그 다음에 사람들에게 이용가능한 해결책 중 하나로 아직 제시하지 않은 새로운 전략들을 생각해 보라고 하고 그런 전략을 위한 새로운 구체적 해결방안이나 전술들을 만들어 보라고 요청한다.

전략과 전술 간의 차이를 구분하는 것을 배우는 과정은 브레인스토밍의 선택지를 증가시키는 데 도움이 될 수 있다. **전략**은 사람들이 문제상황을 향상시키기 위해 취할 수 있는 행동의 일반적인 과정을 의미한다. 예를 들어, 소피는 전에 상담을 받았던 내담자였는데, 딸과 사위가 손자들과 관련된 특별한 행사와 휴가 계획에 그녀를 초청하지 않은 몇 번의 경험을 한 후 자신을 '화가 나 있고, 슬프고 상처받은 사람'이라고 묘사했다. 그녀는 성인이 된 딸과 사위에게 관계가 개선되기를 바라는 부분을 전달할 수 있는 방법에 대한 다양한 아이디어를 떠올렸다. 그녀의 목표는 그녀에게 그 관계가 얼마나 소중한 것인지를 전달하는 것이고, 변화를 위해서 필요하다고 생각하는 것을 이야기하는 것이었다. 그녀는 먼저 몇몇의 일반적인 전략들을 목록으로 만들었다. 그것들은 다음과 같다.

- 그들의 무감각한 행동을 무시한다.
- 그녀의 분노와 상처받은 마음을 표현한다.
- 그들에게 자신에게 좀 더 친절하게 행동하라고 요구하고 가족행사에 그녀를 초대해 달라고 요구한다.
- 그들이 변하지 않는다면 그녀는 그들을 떠날 것이라고 위협한다.
- 딸 내외에게 그녀는 손자들을 만나는 것이 중요하다고 말한다.
- 앞으로 어떤 대우를 해 주었으면 하고 바라는지에 대해 분명하고 구체적으로 전달한다.

전술은 전략을 행동으로 옮기기 위한 구체적인 단계라고 정의할 수 있다. 다양한 전술들에 대한 생각을 할 때, 우리는 사람들에게 판단은 유보하고 가능한 한 많은 선택지를 만들어 보라고 격려한다. 소피의 이야기로 돌아가면, 그녀는 대안목록에 전술들도 만들어 넣었다. 예를 들어, 그녀가 앞으로 어떤 대우를 해 주었으면 하고 바라는지에 대해 분명하고 구체적으로 전달하기 위해 그녀는 다음과 같은 전술들을 생각해 냈다.

- 다음에 그녀가 딸과 사위를 만날 때 이야기한다.
- 그 문제를 논의하기 위한 구체적인 계획을 세운다.
- 이메일을 보낸다.
- 편지를 쓴다.
- 그 문제에 대해 중재를 할 수 있는 중립적인 사람을 찾는다.
- 딸 내외에게 전화한다.

대안을 생각해 내는 다양한 방법을 사용할 때, 전략-전술 원칙은 종종 대안적 해결방안을 찾아내는 새로운 관점을 제공해 주곤 한다. 단지 한 가지의 전략만을 사용하는 방식으로 제한된다면 전반적인 문제해결 노력은 효과적이거나 생산적이기 어려울 것이다. 그러므로 한두 가지의 협소한 전술에 집중하거나 단지 한가지의 일반적인 접근법만으로 제한하기보다는 다양한 전략과 전술을 생각해 볼 것을 추천한다. 다시 소피의 사례로 돌아가 보면, 치료자의 피드백을 바탕으로 소피는 그녀의 모든 전략들이 딸과 사위를 변화시키는 방법이라는 주제에 집중되어 있다는 것을 인식하게 되었다. 이것을 깨닫고 그녀는 다른 가능한 일반적 전략을 생각해 보려고 노력했다. 치료자의 도움을 받아서, 그녀는 자신과 남편이 변화하고, 딸의 행동을 부모의 통제에서 벗어나고자 하는 것으로 받아들이자 이전에는 인식하지 못했던 다른 선택지들을 생각해 낼 수 있게 되었다. '관계를 향상시키기 위해 내가 변할 수 있는 부분들'이라는 범주하에 그녀가 목록으로 작성한 새로운 전술들을 제시하면 다음과 같다.

- 그녀가 가족행사나 이벤트를 준비한다.
- 손자들에게 직접적으로 연락한다.
- 딸 내외의 행동을 덜 부정적인 관점으로 바라본다.
- 기대수준을 낮춘다.

다양성 원칙을 적용하여, 전략과 전술을 생각하자 소피는 궁극적으로 그녀의 문제를 다루는 방법에 대한 광범위한 대안 중에서 선택을 할 수 있게 되었다.

감정조절 범주의 사용

8장에서 우리는 그로스와 톰슨(Gross & Thompson, 2007)이 서술한 정서조절전략의 다섯 가지 분류에 대해 기술했다. 그것은 다음과 같다.

- 상황 선택

- 상황 변화
- 주의 배정
- 인지적 변화
- 반응 조절

많은 다른 유형의 해결대안을 생성하고자 시도할 때, 우리는 해결책을 위한 추가적인 아이디어 생성을 촉발하기 위해 그런 범주를 사용할 것을 추천한다. 따라서 치료자는 내담자와 전략들을 어떻게 구분할 것인지에 대해서 의논하고 (8장 참조) 각 범주당 적어도 한 가지 이상의 선택지를 생각해 내도록 안내한다. 그렇게 하면 쉽게 추가적인 아이디어들을 유도해 낼 수 있다.

창의성의 고양

때로 사람들은 해결책을 위한 다양한 대안들을 생각하다가 더 이상 아무 생각도 떠오르지 않는 상태에 빠지곤 한다. 우리는 그런 상태에서 빠져나오고 좀 더 창의적으로 생각할 수 있도록 돕기 위해 다음과 같은 방법을 제안한다.

- 아이디어들을 결합한다. – 두 개 또는 그 이상의 아이디어들을 선택해서 이를 결합해 세 번째 아이디어로 만든다.
- 생각을 조금 수정한다. – 한 가지 아이디어를 선택하여 조금 변형한다(예: 좀 더 크거나 작게 변화시키거나 색을 다르게 하거나 다른 사람들을 추가하는 등)
- 다른 사람들이 문제를 어떻게 해결하는지 생각해 본다. – 롤모델 같은 다양한 사람들(예: 운동선수나 정치인, TV 속 인물들, 지역이나 종교 지도자 등), 좋아하는 친척이나 친구를 생각해 보고 그들이라면 그 문제를 어떻게 풀어 나갔을지 생각해 본다.
- 시각화한다. – 문제해결 목표에 도달하는 데 방해가 되는 다양한 장애물들을 상상해 보고 그러한 장애물들을 넘어서는 자신(또는 다른 사람들)을 상상

해 본다.—그들이라면 어떻게 할까?

대안생성 연습

어떤 새로운 기술을 배울 때 처음에는 좀 더 쉬운 단계나 과제를 연습하는 것이 필요하다. 예를 들어, 우리는 내담자들에게 종종 다음과 같이 제시한다. "아마 당신은 운전을 배운 첫날 고속도로로 차를 몰고 나가지는 않았을 것입니다." 또는 "당신은 테니스를 배운 다음 날 테니스 시합에 출전하지는 않았을 것입니다." 어떤 사람은 현재 자신이 경험하고 있는 실생활의 문제를 생각했을 때 다양한 아이디어를 생각해 내기가 어려울 수 있는데, 이때 그들의 기본적인 창의적 기술을 향상시키기 위한 한 가지 방법은 문제상황을 가정하거나 '재미있는' 사례를 가지고 연습하는 것이다.

예를 들어, 우리는 종종 집단과 작업을 할 때 다음과 같은 예를 사용하곤 한다. '벽돌 한 개'를 가지고 우리가 할 수 있는 일에 대해서 가능한 한 많은 아이디어를 생각해 내기. 우리는 치료자가 이 연습을 내담자와 기본적으로 사용할 것을 제안한다. 이것은 재미있는 연습이지만 한편으로 많은 아이디어의 전집을 실제로 구성할 수 있다는 통찰을 증진시킨다. 좀 더 중요한 것은 내담자가 감정을 자극하지 않는 예제를 통해 다양한 도구들을 사용하는 방법을 배울 수 있다는 것이다. 이 연습에서 치료자는 내담자에게 5분의 시간제한을 두고 한 개의 벽돌을 가지고 할 수 있는 일들을 가능한 한 많이 생각해서 적어 보라고 지시한다. 내담자들이 진전을 보이지 못한다면 이들에게 다양한 브레인스토밍을 적용해 보게 하고 이 도구세트에 포함된 창의성 도구들을 사용해 보도록 안내한다.

두 번째 '재미있는' 아이디어는 철사로 된 옷걸이를 가지고 할 수 있는 일들을 가능한 한 많이 생각해 내도록 하는 것이다. 내담자가 현재 경험할 수 있는 좀 더 실생활의 문제는 새로운 동네로 이사를 가서 아직 사람들과 어색하다고 느낄 때 새로운 사람들을 만날 수 있는 가능한 한 많은 방법을 생각해 보도록 하는 것이다. 연습을 하는 것에 덧붙여 만일 이런 유형의 정신적 연습(예: 대안의 범주화)

을 포함시킨다면 이후에 창의적인 문제해결을 하는 능력이 보다 향상될 것이다(예: Chrysikou, 2006).

정서반응 간섭 처리

가끔 스트레스 문제에 대해 논의하는 것에 대한 정서적 반응이 대안을 생성하는 창의성을 억제하는 경우가 있다. 이러한 경우에 치료자는 SSTA에 포함된 전략 중 일부로 다시 돌아가야 한다. 내담자가 그런 유형의 장애물을 극복하는 데 도움이 되는 도구세트가 있다. 덧붙이자면, 인지적 문제해결 영역과 관련된 연구들은 문제에서 거리를 두는 것이 실제적으로 창의적인 문제해결을 강화하는 기능을 한다고 지적한다. 이 연구를 바탕으로 추론을 하자면, 문제가 실제로 먼 거리에서(예: 몇 마일 떨어진 곳에서) 발생했거나 어떤 시기(예: 지금으로부터 1년 전에)에 발생했다고 상상한다면, 문제를 해결하는 개인의 능력이 상당히 강화될 수 있다는 것이다. 또 다른 연구는 복잡하거나 어려운 문제에 대한 생각이 더 이상 진전을 보이지 못할 때 '휴식을 취하거나' 다른 활동을 하는 것이 효과적인 선택지일 수 있다고 제안한다. 왜냐하면 어려운 문제는 저장된 지식을 광범위하게 살펴볼 필요가 있고 무의식적인 과정은 그런 문제에 대한 효과적인 해결책을 찾아 주기 때문이다.

의사결정

의사결정이 없다면 인생도 없다.

― John Dewey

자연에는 보상도 처벌도 없다. 다만 결과가 있을 뿐이다.

― Robert Ingersoll

세 번째 계획적인 문제해결기술은 의사결정과 관련된다. 이 일련의 도구는 사람들이 다음과 같은 일을 할 수 있도록 돕는다.

1. 자신의 행동의 결과를 보다 잘 예측할 수 있게 한다.
2. 이전에 생각해 둔 대안들에 관한 비용–이익 분석을 수행하게 해 준다.
3. 종합적인 해결책을 구성하기 위한 행동계획을 발달시키게 해 준다.

결정할 시기

양질의 해결책 수를 증가시키기 위한 노력으로 우리는 대안적 해결책을 생성하는 과정에서 브레인스토밍에 판단유보 원칙을 적용할 것을 추천했다. 이제 대안들이 생성되었으면, 문제해결자가 판단을 할 때가 되었다. 이때 다양한 선택지의 성공가능성을 평가하고 어떤 것을 실행할 것인지를 결정해야 한다. 이 과정은 먼저 각각의 대안에 대한 긍정적 결과 및 부정적 결과의 예측이 필요하다. 사람들은 특히, 스트레스를 받고 있으면, '그 문제를 가능한 한 빨리 치워 버리는 것'의 견지에서만 해결책의 효과성을 고려하는 경향이 있다. 각 대안을 좀 더 객관적이고 체계적으로 평가하기 위해서는 부정적 결과를 최소화하고 긍정적 결과를 최대화할 가능성이 더 많은 것을 선택해야 한다. 그러나 결과가 긍정적인지 부정적인지는 상황에 따라 매우 다르고, 그 문제를 가진 사람이 누구인지에 따라 상당히 다르다. 똑같은 결과가 어떤 사람에게는 긍정적일 수 있지만 또 다른 사람에게는 부정적일 수 있다. 그래서 이 과제에서 특별히 어려움을 겪는 사람들에게 우리가 강력하게 추천하는 것은 대안을 평가하고 의사결정을 할 때 체계적인 접근법을 사용하는 것이다. 이 절을 시작하면서 19세기 미국의 법률가 로버트 잉거솔(Robert Ingersoll)의 글을 인용한 바와 같이 결과는 본래 긍정적인 것도 부정적인 것도 아니다. 다만 그럼에도 불구하고 존재하는 것이다.

나쁜 결정의 결과

종종 사람들은 해결책을 문제를 해결하기 위해 취하는 어떤 행동이라고 생각한다. 우리가 때때로 잊어버리는 것은, 문제를 **부분적으로는** 해결하지만 동시에 다른 문제와 고통과 다양한 다른 부정적인 결과를 유발하는 비효과적인 해결책도 많다는 사실이다. 예를 들어, 음주나 도박, 회피, 공격적 언동이나 확실하지 않은 어떤 것을 확신하고 시도하는 방식의 생각들은 매일 사람들이 문제를 '해결'하려고 노력하는 방식이다. 이런 해결책들은 종종 어떤 단기적인 위안을 주거나 기분전환은 될 수 있지만, 오래 지속되는 많은 부정적 결과를 야기하기도 한다. 그런 행동은 종종 추가적인 문제를 유발하고 사람들은 궁극적으로 좌절감과 절망감, 무능감을 느끼게 된다. 따라서 이득뿐만 아니라 행동의 과정에서 들어가는 비용도 예상하려고 노력해야 하며, 내담자의 전반적 안녕감에 미칠 영향과 타인에게 미칠 영향을 고려하는 것이 중요하다.

1장에서 정의했듯이, 효과적인 해결책은 내담자의 목표를 성취하게 도울 뿐만 아니라 부정적인 결과나 부작용이 적은 것이다. 때로 효과적인 해결책은 단기적으로는 실행하기 좀 더 어려울 수 있다. 그러나 궁극적으로는 많은 긍정적인 단기적 그리고 장기적 결과를 가져다줄 수 있다.

예시를 통해 설명하기 위해 벌니스의 경우를 설명하겠다. 그녀는 다른 사람의 요구와 욕구에 맞춰 자신을 희생하는 식으로 타인과 관계를 맺은 경험이 많은 사람이다. 그녀는 가족 중 유일하게 전일제 근무를 하는 사람이었지만, 가까이에 살고 계시는 연로한 부모님의 '변덕'에 따라 자주 자신의 약속을 변경해 왔다. 좀 더 대우가 좋은 직장을 구하기 위해 이사를 가기 원했을 때, 가족들은 그녀를 별로 지지하지 않았다. 그녀의 부모님은 "친척들 모임이나 병원에 누가 우리를 데려다 준단 말이니?"라고 불평했다. 벌니스는 자신을 비난하는 오래된 패턴을 가지고 있었고 자신이 항상 다른 사람을 즐겁게 해 주어야 한다고 믿었다. 그녀의 파트너 리사가 벌니스에게 좀 더 독립적이어야 한다고 열심히 설득했음에도 불구하고 말이다. 그녀는 부모님이 동성 파트너인 리사와의 관계에 지지적인 데 대해 늘 감사하고 있었다. 그래서 이 문제에 대처하기 위한 벌니스의 첫 번째 문제해결 대안 중 하나는 "나의 파트너 리사에게 이사나 새 직장은 중요한 것이 아니라는 것을 설득하는 거예요. 나는 그냥 머무르는 게 나아요. 그러면 가족들에게 죄책감을 느낄 필요가 없잖아요. 어쨌든 가족들은 나를 지지해 주니까요." 그러나 리사는 다른 사람들이 벌니스의 관대한 성품을 이용하는 것을 보게 되면 좌절감을 느꼈고 벌니스의 가족들이 이사에 대해, 특히 그녀의 경력에 큰 도움이 될 결정에 대해 지지적이지 않은 것에 대해서 자주 화가 났다. 불행히도 벌니스는 종종 리사와 다퉜고, 그녀가 부모님이 원하는 대로 해서 문제를 회피할 수 있기를 속으로 바랐다. 그러나 벌니스가 이 대안을 고려할수록 이 선택지를 고르는 것에 대한 많은 장기적 결과를 인식할 수 있게 되었다. 우선, 그녀는 훌륭하고 대우가 좋은 직장을 놓친 것을 아쉬워했다. 게다가 리사와의 관계의 문제도 있었다. 마지막으로 그녀는 가족들이 바뀌지 않을 것이고 아무리 그녀가 "뭐, 또 다른 직장에 들어갈 기회가 오겠지."라고 생각해도 그녀는 계속 같은 문제에 직면하게 되리라는 점을 깨달았다. 벌니스가 좀 더 창조적으로 대안을 만들어 내면서 그녀는 객관적으로 부모에게 도움이 되지만 자신의 행복과 경력을 희생시키지 않는 다른 방법이 있다는 것을 깨달았다.

효과적인 결정

어려운 문제를 해결하기 위해 무엇을 해야 할지를 결정하는 일은 어려울 수 있다. 아일랜드 소설가인 조지 무어(George Moore)는 한때 다음과 같은 이야기를 했다. "인생에서 어려운 것은 바로 선택이다." 그러나 의사결정은 힘들 수는 있지만 삶에 대한 통제권을 강화하고 안녕감을 증진시켜 줄 수 있다.

우리의 모델은 효과적인 의사결정을 위해 다음의 네 가지 단계를 제시한다.

- 분명하게 비효과적인 해결책은 선별하여 배제한다.
- 가능한 결과의 범위를 예측한다.

- 예측한 해결책의 성과를 평가한다.
- 효과적인 해결책을 확인하고 해결계획을 수립한다.

해결대안들을 대강 거르기

처음에 확실히 부족해 보이는 대안들을 제거하기 위해 가능한 대안목록을 대강 정리해 두면, 좀 더 수월하게 의사결정과제를 할 수 있다. 대안생성과정 동안에 사용해야 했던 단 한 가지의 기준은 관련성이었다는 것을 기억하라. 그러므로 '브레인스토밍의 정신으로' 만들어 낸 대안들 중에는 몇몇의 비효과적인 아이디어들이 포함되어 있을 수 있다. 모든 대안에 대해서 평가하느라 시간을 낭비하기보다는 초기에 선별과정을 거치는 것이 낫다고 조언하고 싶다. 이 시점에서 대안들은 (1) 대안을 실행할 때 확실히 수용할 수 없는 위험을 감수해야 하는 경우나, (2) 실행가능성이 낮은 경우에 '명백하게 비효과적인' 것으로 간주될 수 있다. 수용할 수 없는 위험은 해결책의 효과성을 현저하게 감소시키는 심각한 부정적 결과를 의미한다. 낮은 실행가능성은 능력의 부족이나 자원의 부족 또는 다른 주요한 장애물로 인하여 문제해결자가 해결책을 실제적으로 이행할 가능성이 낮은 것을 의미한다.

결과 예상

남아 있는 해결 선택지를 평가하면서, 사람들은 결과를 예상할 때 두 가지 주요한 범주, 즉 (1) 가능성 추정, (2) 가치 추정에 대해 생각하는 것을 배우게 된다. **가능성 추정**은 다음의 두 가지 평가를 포함한다.

1. 주어진 해결대안이 실제적으로 진술된 문제해결 목표를 실제로 달성하게 해 줄 가능성이 있는가, 즉 그 해결책이 효과가 있을까?
2. 문제해결자가 최적의 방식으로 해결책을 실제로 이행할 수 있을까? 즉, 나는 그것을 행동으로 옮길 수 있을까?

가치 추정은 특정한 해결대안의 예상되는 긍정적 결과(즉, 이득, 수익) 및 부정적 결과(즉, 비용, 손실) 전부에 대한 예상을 포함한다. 또한 즉각적 결과뿐만 아니라 장기적 결과, 그리고 사회적 결과뿐만 아니라 개인적 결과도 포함한다.

개인적 결과는 다음과 같은 사항들을 고려해야 한다.

1. 정서적 안녕감에 미치는 영향
2. 소요되는 시간과 노력
3. 신체적 안녕감에 미치는 영향
4. 심리적 안녕감에 미치는 영향(예: 우울, 불안, 자존감)
5. 경제적 안녕감에 미치는 영향(예: 직업 안정성)
6. 다른 사람의 목표, 가치, 책임감에 미치는 영향

좀 더 중요한 **사회적** 결과 중 일부는 다음과 같은 사항을 고려해야 한다.

1. 중요한 타인의 개인적 또는 사회적 안녕감에 미치는 영향
2. 타인의 권리에 미치는 영향
3. 중요한 대인관계에 미치는 영향
4. 개인적 또는 사회적 수행평가에 미치는 영향(예: 평판, 지휘, 명성)

이상의 항목들을 생각해 보면, 인생의 실제적인 문제들에 대한 해결책은 많은 다른 결과를 가져올 수 있다는 것이 분명해진다. 많은 양의 정보를 다루기에는 제한이 있는 의식의 용량을 고려할 때, 주요한 예상되는 결과(예: "부모님이 상처를 받으면 나는 심한 죄책감을 느낄 것이고 결국에는 직장을 잃게 될 거예요.")를 적어보는 것이 중요하다. 이 과정은 해결대안을 평가하는 과제를 촉진한다.

해결책의 성과평가

다양한 해결책 선택지를 평가할 때 우리는 다음 네 가지 질문을 스스로에게 해 보라고 지시한다.

1. 이 해결책이 문제를 해결해 줄까?
2. 내가 이것을 정말 행동으로 옮길까?
3. 단기적 그리고 장기적 관점에서 이것이 나에게 미칠 전반적 영향은 무엇인가?
4. 단기적 그리고 장기적 관점에서 이것이 타인에게 미칠 전반적 영향은 무엇인가?

초기 선별과정을 거친 후 남은 각각의 대안들에 대해 간단한 평정척도를 사용하여 이 네 가지 질문에 대한 반응을 평정해야 한다(예: −1=부정적, 0=중립적, 1=긍정적). '위험도가 높은' 문제해결, 즉 상대적으로 비효과적인 해결책의 결과가 심각한 경우에 대해서는 좀 더 '복잡한' 평정체계를 사용할 수 있다(예: 1점에서 5점까지 중에서 약간 만족스러운 경우는 1점, 매우 만족스러운 경우는 5점). 더 나아가 적합한 경우에 주어진 기준에 대해서 최소한의 평정치를 주기로 함으로써 특정한 성과 기준에 대해서 좀 더 가중치를 두거나 강조할 수 있다. 예를 들어, 주어진 문제에 정서적인 안녕감이 특히 중요하다고 생각한다면, 이 기준에 있어서 '+'와 관련 없는 어떤 해결대안들은 제거하기로 결정할 수 있다. 사람들은 다른 문제상황에 대해 다른 성과 중요도 평가에 따라 새로운 성과기준을 추가하거나 제거할 수도 있다. 예를 들면, 어떤 상황에서는 재정적 비용이 해결대안을 판단할 때 고려해야 할 특히 중요한 기준일 수 있다(예: "세탁기가 망가진다면 어떻게 할 것인가?"). 이 기준을 전반적 개인적 효과성 기준의 일부로 간주하기보다는 비용을 독립적으로 고려하여 특별히 강조할 수 있다. 여기서 핵심은 비용−이익 분석을 수행하는 체계적인 방식을 정하는 것이다. 그러나 문제가 극단적으로 복잡한 것이 아니라면, 우리는 의사결정 과정을 사용자가 편안하게 할 수 있도록 보다 단순한 척도(즉, −1에서 1까지)를 사용할 것을 옹호한다.

외재화 규칙을 염두에 두고, 다양한 해결대안들과 평정결과를 기록해 두어야 한다. 대안들을 비교하는 과제를 단순화하기 위하여, 우리는 부록 2에 포함되어 있는 환자용 유인물인 '의사결정 활동지'에 있는 것과 같은 차트에 요약을 할 수 있다.

해결대안들의 예상과 평가에 있어서의 어려움

특히 감정이나 정서 같은 주관적인 결과는 경험해 보기 전에 해결책의 구체적인 결과를 예상하거나 평가하기가 어려울 수 있다. 이와 관련하여 도움이 될 수 있는 두 가지 시각화 절차는 행동 예행연습과 상상으로 하는 예행연습이다. 행동 예행연습이나 역할극(PST를 집단으로 수행하는 경우에 PST 치료자나 다른 집단구성원들과 함께하는)은 대인관계 문제를 해결하는 데 특히 유용하다(예: 다른 사람의 공격적 행동을 다루는 문제). 상상으로 하는 예행연습은 시각화를 사용하여 여러 대처 선택지를 실험해 보는 것을 의미한다. 두 가지 예행연습 절차 모두 다양한 해결책의 사회적 그리고 정서적 결과를 확인하고 평가하는 데 도움이 된다.

효과적인 해결책의 확인과 해결계획 수립

가능한 해결대안들의 체계적인 평가결과를 바탕으로 치료자는 내담자에게 다음 세 가지 질문을 해 보라고 지시한다.

1. 문제가 해결 가능한 것인가?(즉, 만족스런 해결책이 있는가?)
2. 해결책을 선택하거나 실행할 아이디어들을 결합하기 전에 좀 더 정보를 수집해야 하는가?
3. 어떤 해결책 또는 해결책의 조합을 이행하기로 선택할 것인가?

문제가 해결가능한 것인가?

이 질문에 대한 대답을 하기 위해서는 각각의 대안들(예: 얼마나 많은 플러스와 마이너스가 있는지, 그리고 0점이 얼마나 많은지)에 대한 평정을 하기 시작해야 한다. 이런 평정결과를 바탕으로 효과적인 해결책을 실제로 확인할 수 있다면 이 질문에 대한 대답은 "그렇다."가 된다. 달리 말하자면, 효과적인 대안들은 부정적인 결과의 수가 가장 적고(즉, 마이너스가 가장 적음.) 긍정적인 결과의 수가 가장 많은 것이다. 그러나 이런 평가를 할 때 완벽한 해결책은 없다는 것을 기억해야 한다. 어떤 대안적 해결책이 가장 높은 점수를 받았다고 하더라도 여전히 발생할 가능성이 있는 부정적 결과를 가지고 있기 때문에 사람들은 목록에 있는 다른 대안들도 살펴보고 그런 부정적 결과를 가지고 있지 않은 다른 대안이 있는지 살펴본 후 결정해야 한다. 어떤 사람들은 이 과정을 통해 가장 높은 점수를 받은 대안을 어떻게 조금 조정하고 바꾸어서 관련된 부정적 결과가 좀 더 감소된 대안으로 만들 수 있는지에 대해 생각할 수 있다는 것을 발견한다. 그러나 모든 부정적인 결과들을 제거할 수는 없다는 것을 기억하는 것이 중요하다.

해결책을 선택하거나 실행할 아이디어들을 결합하기 전에 좀 더 정보를 수집해야 하는가?

앞에서 한 조사의 결과, 어떤 대안들이 기본적으로 부정적인 것으로 평가된다면(즉, 마이너스가 많다면) 그때는 문제를 분명하게 정의했는지, 대안의 전집을 충분히 생성했는지를 다시 한 번 살펴보아야 한다. 만일 그렇다면, 이전 단계로 다시 돌아가야 한다. 그러나 또 다른 가능성도 있는데 만일 잠재적으로 매우 효과적이지 못한 해결책이라면 다양한 선택지와 그 결과들에 대해 숙고한 다음에 이 문제는 사실상 해결이 불가능하다는 것을 인식하게 될 수 있다. 그런 경우라면, 목표를 재고하고, '해결불가능한 문제를 해결'하려고 끊임없이 애쓰기보다는 목표를 좀 더 정서중심적인 것(예: 문제에 대한 정서적 반응의 수정, 상황이 변하지 않을 것이라는 사실에 대한 수용)으로 재구성할 필요가 있다.

어떤 해결책 또는 해결책의 조합을 이행하기로 선택할 것인가?

내담자에게 행동계획을 발달시키기 위해 가장 좋은 점수를 받은 대안들을 선택하라고 한다. 우리는 '행동계획'이라는 용어를 사용하는데, 이는 비록 행동이 아니더라도(예: 주어진 문제가 변화불가능하다는 것을 수용하려는 시도) 해결계획을 행동으로 옮겨야 한다는 것을 강조하기 위해서다. 효과적인 해결책에 대한 정의에 맞게, 행동계획은 문제를 만족스럽게 해결하기 위한 일반적 목표와 조화로워야 하고 긍정적인 결과는 최대화하고 부정적인 결과는 최소화해야 한다.

행동계획은 문제를 만족스럽게 해결하려는 시도의 일반적 목표와 조화로워야 하는 한편 긍정적인 결과는 최대화하고 부정적인 결과는 최소화하는 것이어야 한다. 해결계획은 **단순**할 수도 있고 **복잡**할 수도 있다. 단순한 계획이라면 평가점수를 바탕으로 단일한 해결책이나 행동과정을 선택하는 것일 수 있다. 한 가지 해결책이 상당히 만족스러운 성과를 산출할 것으로 기대되면, 그런 단순한 계획으로 충분할 수 있다. 복잡한 계획은 두 가지 유형이 있는데, **해결책 결합**과 **비상시 대책**이다. 해결책 결합은 해결대안들을 결합하여 동시에 실행하는 것을 말한다. 이 방법은 한 가지 해결책만을 적용하는 것보다 대안들을 결합하는 것이 훨씬 유익한 경우, 또는 몇몇 장애물들을 극복하는 것이 변화의 목적인 경우에 사용한다. 앞서 언급한 바와 같이 인생의 많은 문제들이 복잡하고 효과적인 문제해결 이전에 극복해야 할 많은 장애물을 포함하고 있다. 그러므로 전반적 해결계획을 구성하는 몇 가지 구체적인 해결전술들을 때때로 확인할 것을 강력히 권고한다. 비상시 대책은 경우에 따라 이행되는 해결책의 조합을 선택하는 경우다. 즉, 해결책 A를 먼저 실행했는데 그것이 효과가 없다면 해결책 B를 이행하고, 그것도 효과가 없다면 해결책 C를 행동으로 옮기는 식이다.

또 다른 유형의 비상시 대책은 행동(A)의 특정 계획을 먼저 이행하고 그 결과에 따라 문제해결자가 B나 C를 이행하는 것이다. 이러한 비상시 대책은 한 가지 해결책이나 해결책의 결합에 대한 불확실성이 큰 경우에 선택하며, 처음에 선택한 해결책이 성공적이지 못한 경우에 대비하여 시간을 절약하기 위한 것이다.

일단 해결계획을 준비하고 나면, 해결책 이행의 마지막 단계는 언제, 어떻게, 어디서 행동계획을 실행할지 정확하게 세부사항을 구체화하는 것이다.

연습예제

내담자들에게 이러한 의사결정도구들을 연습하도록 하기 위한 예제로 우리는 종종 다음과 같은 문제를 사용한다.

문제: 당신은 가족들과 영화를 보기 위해 차를 타고 나왔는데 휘발유가 거의 없다는 것을 알게 되었다. 주유소에 들르지 않고 극장까지 갈 수는 있을 것 같고, 만일 중간에 주유소에 들른다면 아마 극장에 늦게 도착할 것이다. 다른 한편으로 극장에 갔다가 집에 돌아오기에는 휘발유가 부족한 것 같다. 당신은 어떻게 하겠는가?

문제해결 목표: 가족들과 즐거운 저녁을 보내기, 즉 영화를 함께 보기

가능한 대안들
- 중간에 차를 멈추지 않고 극장으로 간다.
- 주유소에 들른다.
- 저녁에 영화보기로 한 것을 잊어버린다.
- 멈추고 보험회사에 전화한다.
- 지금 있는 곳에서 가까운 음식점으로 간다.
- 대신에 쇼핑몰에 간다.
- 차를 주차하고 택시를 부른다.

당신이 생각할 수 있는 추가적인 선택지가 있는가?

결과의 예상

결과를 예상하면서 첫 번째 선택지를 고려해 보라. "중간에 차를 멈추지 않고 극장으로 간다." 우선 당신이 이 문제를 경험한다고 했을 때 발생할 수 있는 가설적 영향을 확인하고, 예상하고 평가하는 방법을 연습해 보라. 일기장이나 노트나 컴퓨터에 다양한 결과를 적고 각각을 평가하라. 한 가지 예를 들자면, 우리와 함께 작업했던 프레드는 가능한 결과들을 다음과 같이 적었다.

- 나에게 미치는 영향 – 운전하는 동안 심한 불안감을 느낀다. 운전하다가 연료가 떨어지면 걸어가다가 기진맥진해질 것이다. 가족들을 문제에 처하게 한 것 때문에 기분이 나빠질 것이다. 좀 더 일찍 주유소에 가지 않은 것 때문에 자신에게 화가 날 것이다(나는 미리 준비하는 것을 중요한 가치로 생각한다). 자동차에 연료가 떨어지면 극장에 갈 수 없을 것이다. 휘발유를 구하러 걸어가야 할 수 있다. 가장 가까운 주유소가 어디 있는지 모른다. 제시간에 극장에 도착할 수 있다면 마음이 놓일 것이다. 영화가 끝나고 나면 주유소가 문을 닫았을 수 있다.
- 타인에게 미치는 영향 – 극장에 제시간에 도착하지 못하면 가족들의 기분이 상할 것이다. 극장에 제시간에 도착한다면, 가족들이 기뻐할 것이다. 나는 자녀들에게 미리 준비를 하지 않은 나쁜 모범을 보인 것이다.

이 사례는 확실히 완벽한 대답을 제공하고 있지 않지만, 내담자가 결과를 예상하고, 대안들의 점수를 매기며, 대부분의 대안이 일부 긍정적인 결과와 일부 부정적인 결과를 가지고 있음을 인식하는 연습을 할 수 있도록 고안되어 있다. 각기 다른 사람들이 한 실제 평정치들은 어느 정도는 다른 가치관, 우선순위 또는 관심사를 반영하는 것일 수 있다. 다시 한 번, 사람들은 동일한 문제에 대해서도 서로 다른 해결책을 찾는다는 점을 우리가 강조하는 이유가 바로 이것이다. 추가적인 연습을 위해서 우리는 내담자들에게 이러한 의사결정도구들을 자신의 개인적 문제에 적용해 볼 것을 권장한다.

해결책의 실행과 검증

어떤 프로그램을 행동으로 옮기든 치러야 하는 비용과 감수해야 할 위험이 있다. 하지만 장기적 전망에서 위험과 편안한 나태함의 비용을 치르는 것에 비하면 아무것도 아니다.

－John F. Kennedy

네 번째이자 마지막 계획적 문제해결활동은 행동계획(해결책 이행)의 실행과 그 성과의 측정(해결책 검증) 모두를 포함한다. 일단 행동계획을 이행하고 나면 문제해결자는 만족스러운 기분일 수 있지만, 우리의 접근법에 따르면, 그렇게 하는 것이 과정의 끝은 아니다. 좀 더 부주의/충동적 접근법은 일단 결정을 하고 행동계획을 실행하면 체계적이거나 계획적으로 행동하는 것을 멈추는 것이다. 이 마지막 단계에 한 가지 구성요인이 더 있다. 효과적인 문제해결자가 되기 위해서는 해결계획을 행동으로 옮긴 이후에 실제적인 성공 여부를 관찰하고 평가할 것을 강력히 추천한다. 이것은 다음을 위해 중요하다.

1. 문제를 해결하기 위해 계속 노력해야 하는지를 결정하기 위해서 또는 문제가 실제로 성공적으로 해결되었는지 판단하기 위해
2. 문제해결기술의 어떤 영역에서 추가적인 '미세조정'이 필요한지를 이해하기 위해

문제해결의 성과가 항상 완벽한 것은 아니다

우리는 이 건강한 사고개념을 내담자에게 강조하는데, 그 이유는 어떤 내담자들은 자신에 대해 비현실적으로 높은 기대를 가지고 있기 때문이다. 사람들은

우리에게 "하지만 나는 정말 열심히 노력했는데 여전히 내가 원했던 대로 되지 않았어요."라고 이야기한다. 효과적인 문제해결자가 되기 위해서는 현실적인 기대를 해야 한다. 또한 부정적인 결과에 대해서만 초점을 맞추는 것이 아니라 긍정적 결과에 대해서 초점을 맞추는 것이 중요하다. 따라서 주어진 내담자에게 이 부분이 문제가 된다면, 우리는 도구세트 3(건강한 사고)에 포함된 주요 활동으로 돌아갈 것을 추천한다.

행동계획의 실행

문제해결과정에서 이 단계는 다음 활동을 포함한다.

1. 행동계획의 실행을 위한 동기화
2. 행동계획의 실행을 위한 준비
3. 행동계획의 실행
4. 해결책의 성과 관찰 및 감찰
5. 계획적 문제해결과정에 관여하도록 자신을 격려함.
6. 어려움이 있는 영역의 보완

행동계획의 실행을 위한 동기화

비록 많은 사람들이 문제 정의, 대안생성, 행동계획의 내용과 관련된 의사결정의 모든 과정을 거치고 나면, 자신의 행동계획을 실행하기를 열망하지만, 어떤 사람들은 벌벌 떨거나 행동을 취해야 한다는 데 대해 두려움을 느끼기도 한다. 이는 변화 그 자체가 가지는 의미(예: 오랫동안 유지했던 사고방식의 변화)나 문제상황 그 자체의 특성(예: 다른 사람의 행동이나 어떤 상황을 변화시키려고 노력하는 것) 때문일 수 있다. 이런 사람들에게 우리는 과정을 끝마치고자 하는 의지를 기르는 동기훈련에 참여할 것을 권고한다.

구체적으로 설명하자면, 우리는 '동기 활동지'(부록 2의 환자용 유인물에 포함되어 있다)의 사용을 지시하는데, 이는 기본적으로 왼쪽 열에 문제를 해결하지 않는 것과 관련된 잠재적 이득과 비용을 적고, 오른쪽 열에는 목표가 달성되었을 때 발생할 수 있는 이득과 비용을 적도록 되어 있다. 이렇게 함으로써 내담자들이 자신의 안녕감과 관련하여 문제를 재평가하기 위해 이전에 배운 비용–이득 분석을 적용하고 그 전반적 결과를 비교해 보도록 안내한다. 우리는 내담자들에게 가능한 즉각적인 이득과 비용, 가능한 장기적 이득과 비용뿐만 아니라 자신과 중요한 타인들에게 발생할 수 있는 이득과 비용도 고려해 볼 것을 주문한다. 이 활동지는 왜 그들이 이 문제에 초점을 맞추기로 선택했는지, 그리고 해결책을 찾기 위해 왜 그렇게 노력하는지를 지속적으로 상기시키기 위해 집에 있는 냉장고나 다른 적절한 장소에 붙여 둘 수 있다. 이 절의 시작 부분에서 제시한 케네디 미국 전 대통령의 인용구는 어떤 행동계획이던 관련된 위험은 있기 마련이지만 행동을 하지 않으면 거기에는 더 심각한 결과가 뒤따를 수 있음을 강조하기 위해 제시되었다.

때로 다음에 일어날 일에 대한 분석은 제안된 행동계획을 실행하는 것과 비교했을 때 현재 아무것도 하지 않는 것이 주는 이득이 비용을 초과한다는 결론에 이르도록 할 수도 있다. 만일 그렇다면, 다음 중 한 가지 이유 때문에 그 결론은 타당한 것일 수 있다. (1) 상황이 좀 더 좋은 방향으로 변했다. (2) 내담자가 원래 이야기했던 것보다 문제가 덜 중요한 것으로 재평가될 수 있다. (3) 제안된 행동계획이 약한 것일 수 있다. 후자의 경우라면 행동계획을 실행하기보다는 좀 더 강력한 계획을 세우기 위해 계획적 문제해결의 이전 단계로 다시 돌아갈 것을 제안한다.

행동계획 실행을 위한 준비

다음 단계는 이전 연습에서 드러난 장애물이나 예상되는 장애물들을 고려하는 것이다. 문제해결자가 최적의 형태로 해결계획을 실행하는 능력에 영향을 미칠 수 있는 장애물들을 측정해야 한다. 엘리시아의 사례를 고려해 보라. 그녀는 이완과 스트레스 감소를 목적으로 요가수업에 등록하기로 선택한 내담자다. 그녀가 요가수업을 등록하고 참가하는 과정을 생각해 보다가, 그녀는 요가수업 시간이 남편의 야간 근무교대와 맞지 않는다는 것을 알게 되었다. 그래서 새로운 문제, 즉 교통수단의 문제가 발생했는데 그녀는 운전을 할 줄 모르고 남편은 그녀를 데리러 올 수 없는 문제를 먼저 해결해야 했다. 최적의 해결책 실행에 관해 새로 확인된 장애물을 극복하는 것을 돕기 위해 치료자는 다음과 같은 질문을 할 수 있다. "장애물을 극복하기 위해 해결계획을 수정할 수 있는 방법이 있는가?(예: 다른 도움을 받아 다른 시간에 계획을 실행하는 등)" "장애물을 다룰 수 있는 직접적인 접근법이 있는가?" 장애물의 크기와 그것이 문제해결시도에 미칠 영향력의 정도에 따라, 내담자는 다시 이전 단계의 문제해결활동으로 돌아갈 수도 있다. 이 과정에서 문제해결 노력의 초점은 기존의 계획을 변경하거나 새로운 계획을 수립하거나 확인된 장애물에 대한 해결책을 찾기 위해 일시적으로 특정 행동계획의 실행을 연기하는 데 맞춰질 수 있다.

만일 하려고 했던 해결계획과 관련되어 어떤 기술 결함(즉, 문제에 초점화된 대처기술이나 감정에 초점화된 대처기술)이 파악되었다면, 문제를 해결하는 전략들은 재평가될 필요가 있다. 근본적으로, 문제해결 모델을 따르는 데 있어서 치료자는 다음 선택지 중 하나의 결정에 직면하게 된다. (1) 적절한 기술훈련을 치료에 포함시킨다(또는 PST 개입과 별도로 외부에서 배워 오도록 한다.). (2) 새로운 계획을 수립하기 위하여 이전의 계획적 문제해결활동으로 다시 돌아간다. (3) 확인된 특정 문제에 대한 전반적 해결계획에서 기술부족을 극복해야 할 장애물로 보고 문제상황의 전반적 정의를 재구성하기 위해 환자와 작업한다. 본질적으로 그런 결정은 '파악된 단기적 문제를 극복하고 미래의 문제적 상황에서의 대처기술을 향상시키는 장기적 목적을 위해, 주어진 제한점과 장점을 가진 환자를 돕기 위한 전반적 목적을 가지고 치료자가 문제해결에 관여할 것'을 요구한다. 만일 파악된 기술결함이 미래의 문제해결 노력을 방해할 가능성이 있다면, 치료의 어느 시점에서든 이런 어려움을 다루는 것이 바람직할 것이다.

잠재적으로 가장 효과적인 것처럼 보이는 선택지와 관련된 의사결정을 할 때, 그것을 어떻게 실행에 옮길 것인지에 관한 행동계획도 수립해야 한다(예: 단순한 계획인지 복잡한 계획인지, 해결책 결합인지 또는 비상시 대책인지). 이는 특히 중요한데, 가장 창의적이고 유용한 아이디어라 해도 어떻게 계획을 행동으로 옮기는지에 대해 단계적 계획을 세우는 것이 중요하기 때문이다. 우리는 계획의 단계들을 적어 볼 것을 추천한다.

사례를 통해 이를 설명하기 위해 다시 이 장의 앞부분에 등장했던 제인의 사례로 돌아가 보자. 그녀는 직장 상사와의 관계에서 어려움을 겪고 있었다. 제인의 문제해결 목표는 공영텔레비전 뉴스방송국에서 비서로서의 그녀의 업무범위를 넘어선 업무를 할 것을 상사가 요구하는 부분을 인지하고 적절한 보상을 하도록 요구하는 것이었다. 좀 더 구체적으로 설명하자면, 그녀는 종종 정해진 그녀의 업무인 비서업무에 덧붙여, 특정 행사와 관련된 계획과 관리, 홍보기사 준비, 자원봉사 직원들을 관리하는 지점장을 돕는 일 등을 했다. 그녀의 목표를 달성하기 위해 많은 대안을 생성하고 평가한 후에 제인은 중요한 첫번째 단계로 임금인상을 요구하기 위해 상사와 특별 면담을 잡는 것을 대안으로 선택했다. 그녀의 계획에는 다음과 같은 사항들이 포함되어 있다.

- 예산이 결정되기 전에 약속을 정한다.
- 상사와의 약속을 월요일로 정한다(월요일은 일반적으로 덜 분주하고 지점에 스트레스가 적다.).
- 그녀가 한 업무 중에서 그녀의 직위에서 할 일을 넘어선 업무를 리스트로 만든다.
- 그녀의 추가적 업무(예: 자원봉사자들을 성공적으로 조직화하거나 행사를 성공적으로 해서 기부받은 액수)로 인해 지점의 경제적 이득이 얼마나 되었는지 평가한다.

그녀가 이 계획을 가장 잘 수행하는 것을 돕기 위해 제인은 큰 기업의 인사팀에서 일하는 사촌 캐리에게 도움을 청했다. 그들은 다가올 모임에 대해 역할극을 했고 그는 그녀가 하고 싶은 말을 효과적으로 전달할 수 있는 말이나 행동에 대한 조언과 피드백을 했다. 제인은 각각의 단계의 효과를 모니터링하기 위해 그녀의 계획을 가장 적합하게 이행하는 데 필요한 모든 것들을 목록으로 만들었다.

행동계획의 실행

가장 적합한 방식으로 행동계획을 실행할 가능성을 증가시키기 위한 몇 가지 추가적인 조언을 여기에 제공하고자 한다.

- 계획을 실행하기 전에 상상을 통해 계획을 예행연습해 본다
- 제인의 경우처럼, 행동계획을 다른 믿을 만한 사람과 역할극으로 해 본다.
- 계획을 소리 내어 말해 본다(예: "우선 목표를 말로 표현하고, 내가 문제를 해결했을 때 일어날 수 있는 긍정적인 결과에 대해서 생각할 필요가 있어. 이제 심호흡을 하고 가서 해결책을 실행해 보아야 해. 내가 상사에게 말을 꺼냈는데 내가 너무 불안해질 수 있으니까 그를 만나기 전에 그를 만나면 무슨 말을 할지 연습을 할 필요가 있어. 그리고 나서 나 자신에게 차분하고 신중하게 말하자고 속으로 생각할 것이고 그러면 더 이상 긴장되지 않을 거야……".)
- 단계들을 사용자 매뉴얼의 지침처럼 상세하게 적는다.

성과 감찰

어떤 사람이 체중감소를 시도한다면, 주 단위로 체중을 측정하는 것이 합리적일 것이다. 어떤 사람이 추가적으로 저축을 하려고 한다면, 가계부를 쓰고 영수증을 보관하는 것이 합리적일 것이다. 어떤 사람이 고혈압을 낮추려고 할 때, 규칙적으로 병원을 방문하는 것이 합리적일 것이다. 부분적으로, 이런 사례들은

해결책을 실행할 때 실제적인 수행이나 성과 모두에서 모니터링이 중요하다는 것을 강조하기 위해 우리가 제공하는 설명에 논리적 근거를 제공한다. 문제나 행동계획이 얼마나 복잡한지에 따라 그런 정보를 기록하는 몇 가지 가능한 방법들이 있다.—특정문제에 가장 적합한 '측정치'의 유형은 평가하고자 하는 행동이나 행동계획의 유형에 달려 있다. 예는 다음에 제시되어 있다.

반응빈도(Response Frequency). 반응빈도는 관련된 반응의 수를 의미한다. 예를 들면, 피운 담배의 양, 아동이 수업시간에 자리를 이탈하거나 순서를 어기고 대화에 끼어든 횟수, 10대인 딸이 저녁 귀가시간을 어긴 횟수, 또는 상대방이 데이트를 하자고 요청한 횟수 등이 있다.

반응기간(Response Duration). 어떤 사람은 반응을 하는 데 드는 시간의 양을 기록할 수 있다. 예를 들면, 보고서를 작성하는 데 드는 시간, 공부하는 데 사용된 시간, 매일 운동하는 데 사용한 시간, 직장까지 통근하는 데 걸리는 시간, 수면시간 등이 있다.

반응대기시간(Response Latency). 반응대기시간은 특정사건의 발생과 특정 반응의 개시 사이의 시간을 의미한다. 예를 들면, 수업에 늦은 시간의 양, 저녁 귀가시간을 넘겨 들어왔을 때 초과한 시간의 양, 저녁에 늦은 시간의 양, 부모가 간단한 집안일을 하라고 시킨 후에 자녀가 그 일을 완수하기까지 걸리는 시간의 양 등이 있다.

반응강도(Response Intensity). 불안의 정도나 두통의 강도 또는 심각도, 우울의 정도, 성적 흥분의 강도, 또는 특정 활동과 연관된 즐거움이나 만족감의 정도 같은 어떤 강도를 평가할 수 있다. 강도는 간단한 평정척도, 즉 1점에서 5점까지 중에서 불안이 전혀 또는 거의 없으면 1점이고 불안이 매우 심하면 5점으로 평가하는 등의 방법을 사용해서 평가할 수 있다.

반응의 결과물(Response Product). 이것은 행동의 '부산물 또는 결과'를 말한다. 그 예는 받아들여진 데이트 횟수, 시간당 포장한 상자의 수, 판매한 물건의 수, 공부한 양, 검거한 사람의 수, 해결한 문제의 수 등이 있다. 우리는 내담자가 그런 정보를 외재화(기록)하기를 권고한다. 우리는 스마트폰 애플리케이션의 수와 다양성에 놀라는데 그것들은 이 과제를 꽤 쉽게 실행할 수 있도록 도울 수 있다.

성과의 평가

이 단계는 행동계획의 실행에 있어서 실제적 수행을 평가하는 것이다. 예를 들어, 제인은 금전적인 부분에 대해서 요구하는 것이 주저넘은 행동인 것 같다는 생각을 하면, 심한 불안과 두려움을 경험한다는 사실을 관찰했다(그녀는 항상 자기주장을 하는 것을 망설였다.). 그러나 그녀가 한 업무의 실제적인 금전적 비용을 목록으로 작성한 것은 지점에서의 자신의 가치를 보다 잘 인식하고 받아들일 수 있도록 도왔다. 따라서 제인은 이러한 추가적인 업무에 대해서 급여인상을 요청하는 것이 보다 쉽다는 것을 발견했다(비록 여전히 어느 정도 불안하기는 했지만). 이에 덧붙여 그녀는 사촌과 함께 무슨 말을 할 것인지에 대한 연습을 역할극으로 하면서 자신감이 매우 부족하다는 사실을 깨달을 수 있었다. 그러나 역할극 연습과 사촌의 조언을 통해 그녀는 좀 더 편안하고 덜 불안해하며 자신이 해야 할 일을 그려 볼 수 있었다.

덧붙이자면, 사람들에게 적어도 지금까지 나타난 해결책의 전반적 결과(아직 '장기적인' 결과는 발생하지 않았을 가능성이 크다.)를 평가해 보라고 지시한다. 사람들에게 의사결정 과정 동안에 예상했던 바와 실제 성과가 얼마나 잘 일치되는지 판단하도록 안내한다.

〈표 10-5〉에는 구체적이고 집중된 방식으로 이 평가과정을 도울 수 있는 일련의 질문들이자 '활동계획 성과 평가 활동지'(이것도 부록 2의 환자용 유인물에 포함되어 있다)를 구성하는 질문들이 포함되어 있다. 핵심적인 것은 내담자들에게 이 질문들에 대한 응답을 척도를 사용하여 1점(전혀 아니다)에서 5점(매우 그렇다)까지로 평가하게 한다는 것이다. 치료자는 이런 질문들에 대한 응답을 바탕으

〈표 10-5〉 '행동계획 성과평가 활동지' 의 질문들

1. 당신의 해결계획은 목표를 얼마나 충족시켰습니까?

2. 당신은 결과에 대해서 얼마나 만족합니까?

3. 그 결과는 당신이 원래 예상했던 개인적 결과와 얼마나 일치합니까?

4. 문제와 관련되어 다른 사람에게 미치는 영향에 대해 당신은 얼마나 만족합니까?

5. 그 결과는 타인과 관련된 결과에 대한 당신의 원래의 예상과 얼마나 일치합니까?

6. 전반적으로 당신의 행동계획의 성과에 대해 얼마나 만족합니까?

로, 내담자들이 기본적인 질문—"당신이 일어날 것이라고 기대했던 일과 실제로 일어난 일이 일치하는가?"—에 대한 대답을 해 보도록 요구한다. 만일 이 질문에 대한 대답이 "그렇다."라면 계획적 문제해결활동의 다음 단계인 자기강화로 넘어가도록 지시한다.

자기강화의 제공

만일 문제해결을 위한 환자의 노력이 성공적이라면, 유발된 실제적 결과의 평가는 환자가 성취한 것을 인정하고, 생산적이고 긍정적인 행동을 할 책임이 자신에게 있음을 수용하도록 해 준다. 효과적인 문제해결 노력을 촉진하기 위해, 우리는 내담자에게 문제해결과정에서의 추가적 기술로서 자기강화를 사용하도록 지시한다. 자기강화는 그 어떤 문제해결 시도도 다 중요하다는 것을 강조하도록 돕는다. 특정 문제에 대해 성공적으로 성과를 보인 데 대한 보상으로 구체적이고 바람직한 형태의 자기강화를 계획하는 것은 사람들이 미래에도 문제해결 시도를 할 수 있도록 동기화시키는 역할을 한다. 문제해결에 관여하고자 하는 기본적인 동기는 고통을 감소시키고, 어려움을 극복하며, 특정 행동이나 감정을 증가시키거나 감소시키는 것, 상황을 변화시키는 것인 반면에 자기강화는 목표를 성취하기 위한 '보너스'인 경향이 있다.

자기강화는 다양한 형태를 띤다. 강화물은 새로운 물건을 사는 것, 즐거운 활동에 참가하는 것, 자신을 칭찬하는 것, 또는 의무나 귀찮은 일에서 벗어나게 해

주는 것과 같은 구체적인 보상으로 구성될 것이다. 우리의 경험에 따르면, 내담자들은 음반, 옷, 운동용품, 컴퓨터 용품을 보상으로 구입했다. 어떤 사람들은 자신을 위한 시간을 내거나 그동안 즐길 기회가 없었던 활동(예: 영화를 보러 가거나 월차를 쓰거나 평소보다 늦게까지 잠을 자는 등)을 위해 돈을 쓰기도 한다. 어떤 의무나 스트레스원으로부터 잠시 벗어나는 것도 어떤 사람들에게는 보상으로 기능한다. 애나는 32세이며 4세 된 딸의 엄마인데 그녀에게 자기강화는 보모를 고용하여 하루 동안 육아에서 벗어나 즐거운 활동을 하는 데 시간을 보내는 것이라고 설명했다. 주어진 행동계획을 실행하기 전에 잠재적인 강화물의 목록에 대해 브레인스토밍을 시작해 보도록 격려해야 한다. 문제해결 시도는 어려운 문제들을 촉발하기 때문에 강화물의 목록은 눈앞에 닥친 어려움을 극복하는 것과 좀 더 밀접하게 관련된 보상이 반영되도록 고치는 것이 좋다(예: 유방암 환자가 수술을 받은 이후에 신체상에 대한 걱정을 덜기 위해 새옷을 사는 것).

자기강화 연습은 자신이 문제해결을 잘하지 못하는 사람이라고 스스로 생각하는 사람들이나 어려운 문제에 대처하는 자신의 능력에 대한 빈약한 자기효능신념을 가진 사람들에게 특히 중요하다. 문제를 성공적으로 해결하는 능력에 대한 인식은 이후에 어려운 문제가 생기더라도 이를 다룰 수 있다는 신념을 강화한다. 더 나아가 문제를 해결하는 데 도움이 되는 문제해결기술을 적용하는 방법에 대해 더 많이 자각한다면, 이들이 문제를 직면했을 때 이런 기술을 바탕으로 문제를 해결할 가능성이 증가될 것이다.

문제해결 노력이 성공적이지 못한 경우

훈련회기 동안 치료자들은 누구나 첫 번째 해결 계획시도가 문제를 해결하지 못하는 상황에 맞닥뜨릴 수 있다는 생각을 할 수 있도록 내담자를 준비를 시켜야 한다. 치료자가 이런 가능성에 대해서 논의하는 것은 더할 나위 없이 중요하다. 그러나 보수과정과 다른 문제해결 작업을 통한 환류를 거치면 대부분의 문제는 결국 해결될 것이라고 내담자를 안심시켜야 한다. 그러므로 해결계획을 실행했는데 최상의 결과보다는 부족한 결과가 나타났다는 것이 포기를 해야 하는 이유가 되지는 않는다. 해결계획이 효과적이지 못한 것으로 나타나면 보수과정을 거친다. 보수는 어디에서 어긋나기 시작했는지 파악하기 위해서 문제해결의 각 단계들을 재검토하는 것을 의미한다. 해결책의 실행과 관련하여 구체적으로 설명하자면, 보수는 실제결과가 예상했던 결과와 일치하지 않는 영역을 확인하고 왜 그러한 불일치가 발생했는지를 이해하고자 시도하는 과정이다. '행동계획 성과평가 활동지'를 작성하고 나면 사람들은 어떤 변화가 필요한지를 판단할 수 있게 될 것이다. 예를 들어서, 해결계획이 원하던 개인적 결과나 사회적 결과 또는 목표를 달성하는 데 실패했는가? 발생한 어려움들을 평가하는 과정은 전체 문제해결 노력을 실패라고 즉각적으로 판단해 버리지 않고 보다 빨리 최적의 해결책을 찾을 수 있도록 해 줄 것이다. 문제해결 단계들과 전반적 해결계획을 검토하지 않고서는 문제에 대처하는 비효과적 방법을 반복하는 위험에 처하게 된다. 내담자들이 그들의 문제를 해결할 새로운 해결책을 찾을 필요가 있다면, 네 가지 도구세트에 걸쳐 도구 전체를 검토하고, 새로운 시도의 체계를 세우기 위해 노력할 것을 추천한다.

요 약

이 장은 도구세트 4, 계획적 문제해결에 초점을 맞추고 있다. 계획적 문제해결은 네 가지 주요활동으로 구성되어 있다. (1) 문제의 정의(즉, 문제의 특징을 명료화하고 현실적인 문제해결 목표를 기술하고, 그런 목표에 도달하는 것을 가로막는 장애물을 확인한다.), (2) 대안적 해결방안의 생성(즉, 확인된 장애물을 극복하기 위해 고안된 가능한 해결전략들을 광범위하게 생각해 본다.), (3) 행동계획에 포함시키기 위해 어떤 대안을 선택할 것인지에 대한 의사결정(즉, 다양한 대안들의 가능한 결과를 예상하고 확인된 성과에 바탕을 둔 비용−이득 분석을 수행하고, 문제해결 목표를 이루기 위해 고안된 해결계획을 수립한다.), (4) 행동계획의 실행과 그 성과의 확인(즉, 해결계획을 실행하고, 그 계획의 결과를 감찰하고 평가하며, 성공적인 문제해결시도나 지속할 필요가 있는 것을 결정한다.), 이들 도구는 두 가지 형태로 제공되는데 (1) '단기적인' 계획적 문제해결훈련, (2) '집중적인' 계획적 문제해결훈련이 있다. 주어진 내담자 또는 집단에 어떤 훈련을 적용할 것인지는 문헌에 나온 결과와 개인화된 평가자료에 따라 결정한다.

이 도구세트에서 더 짧은 형태의 훈련은 네 가지 계획적인 문제해결 단계의 개관뿐만 아니라 남아 있는 다양한 문제들에 효과적으로 대처하기 위한 특정 구조를 제공하는 '문제해결 활동지'의 적용 연습을 포함한다. 좀 더 집중적인 훈련 프로그램은 세 가지 과제 중 일부 또는 전부에 대한 추가적인 광범위한 훈련을 포함한다. 문제정의 훈련은 내담자들에게 다음의 다섯 가지 구체적인 활동을 하도록 가르친다. (1) 이용가능한 사실을 확인한다. (2) 사실을 명확한 언어로 기술한다. (3) 사실과 가정을 구분한다. (4) 현실적인 목표를 설정한다. (5) 그런 목표에 도달하기 위해 극복해야 할 장애물을 확인한다. 우리는 문제해결과정을 특정 목적지에 도달하기 위해 여행계획을 세우는 것과 유사하다고 설명하는 방법을 옹호한다. 문제중심적 목표와 정서중심적 목표 사이의 차이를 구분하는 것의 중요성을 강조해 왔다. 명확한 문제정의와 관련하여 추가적인 해결되지 않은 주제들은 목표와 해결책을 혼동하거나 다른 사람의 관점에서 문제를 바라보지 못하거나 단지 '표면적인 문제'에만 초점을 맞추거나 문제가 복잡해지면 혼란스러워하는 것 등이 있다.

대안생성도구의 훈련은 가능한 문제해결 선택지를 창의적으로 생각하려고 시도할 때, 세 가지 브레인스토밍 원칙을 적용하는 데 초점을 맞추고 있다. 여기에는 분량 원칙, 판단유보 원칙 그리고 다양성 원칙이 있다. 대안을 생성할 때 '가로막힌 느낌'을 극복하기 위한 방법도 제시하고 있다. 이 도구의 연습에 '우스운' 예를 사용해서, 예를 들면 벽돌 한 개의 사용법에 대해서 생각해 본다던가 하는 식의 방법을 표준과제로 강력하게 추천한다.

의사결정도구는 내담자들이 다음 단계를 밟도록 가르친다. (1) 분명하게 비효과적인 해결방안을 골라낸다. (2) 다양한 해결책의 가능한 결과를 광범위하게 예상해 본다. (3) 그 결과에 대한 비용-이득 분석을 해 본다. (4) 효과적인 해결책을 확인하고 행동계획을 세운다. 주어진 행동계획의 가능한 결과에 대해 내담자가 성공적으로 예상할 수 있도록 돕기 위해 우리는 개인적 결과, 사회적 결과, 단기적 결과, 그리고 장기적 결과를 고려해 볼 것을 강력히 권고한다. 그러한 예상을 바탕으로 내담자들은 각각의 대안들을 (1) 행동계획이 실제로 그들의 목표를 달성하게 해 줄 가능성이 있는지(즉, 확인된 장애물을 극복함.), (2) 행동계획이 최선의 방식으로 실행될 수 있는 가능성이 있는지, (3) 단기적 그리고 장기적 개인적 결과, (4) 단기적 그리고 장기적 사회적 결과(즉, 타인에게 미치는 영향)에 따라 평가할 수 있다. 네 번째이며 마지막 계획적인 문제해결 과제는 행동계획을 행동으로 옮기는 것(즉, 해결책의 실행)이며 성과를 평가하는 것(즉, 해결책 검증)을 포함한다. 이 도구세트의 훈련은 내담자들이 (1) 행동계획을 실행하도록 자신을 동기화시키고, (2) 계획이 가장 적절한 방식으로 실행될 수 있도록 준비를 하고, (3) 해결책을 실행하고, (4) 계획의 실제적인 결과를 감찰하며, (5) 문제를 해결하려고 시도한 것에 대해서 자기 강화를 제공하며, (6) 해결책이 성공적이지 못했다면 이를 보완하도록 돕는다.

도구세트 4 훈련의 요점

1. 전에 내 준 숙제나 연습에 대해 논의하고 검토해야 한다는 것을 기억하라.
2. 초기에 초점을 맞춰야 할 훈련접근법을 정한다(즉, 단기적 훈련 대 집중적 훈련).
3. 도구세트 4에 대한 논리적 근거를 제공한다. 즉, 이것은 효과적인 문제해결에 포함되며, 효과적인 문제해결자로 확인된 사람들이 특징적으로 사용하는 특정한 기법들이다.

4. 필요한 경우에는 관련된 환자용 유인물을 제공한다.

5. 단기적 훈련 형태로 수행한다면, 내담자들에게 '문제해결 활동지'를 수행하도록 가르치고, 여러 가지 현재 문제에 관한 활동지 사용을 연습하고, 이 과정 동안 광범위하고 의미 있는 피드백을 제공한다. 덧붙여 문제해결과정의 일부 또는 전부에 대한 좀 더 확장된 연습이 필요한지를 지속적으로 판단해야 한다.

6. 만일 네 가지 계획적인 문제해결 도구세트 중 일부 또는 전부에 대한 좀 더 집중적인 훈련을 제공한다면, 다양한 단계와 연습, 그리고 활동에 대해 기술되어 있는 매뉴얼을 따른다.

7. 필요한 경우에는 회기가 끝난 다음이라도 배운 모든 도구를 연습해 보라고 격려한다.

8. 전반적인 문제해결을 향상시키기 위해 모든 도구세트가 통합될 수 있으며 함께 적용할 수 있다는 것을 보여 주어라.

9. 필요한 경우에는 이전 단계로 되돌아간다(예: 동기가 감소하거나, 부정적인 사고나 정서적 각성의 발생을 극복하는 데 어려움이 있는 경우).

10. 진행상황(예: 문제해결이나 고통감소 등)에 대한 평가를 수행한다.

도구세트 4 환자용 유인물(부록 2와 3에 포함되어 있음)

• 계획적 문제해결: 개관
• 문제해결 활동지
• 사실을 확인하기(〈표 10-2〉도 보시오.)
• 문제의 정의 활동지
• 문제지도(그림 10-3)에 내용으로 포함되어 있다.)
• 동기활동지
• 행동계획 성과평가 활동지

추천하는 숙제 및 연습과제

- 단기적 훈련을 받는다면 '문제해결 활동지'를 사용해 연습한다.
- 관련된 활동지나 양식을 사용해서 배운 특정 계획적 문제해결기술 중 한 가지의 적용을 연습한다.
- 네 가지 도구세트에 걸쳐 도구들을, 특히 SSTA를 통합하는 연습을 한다.
- 적절하다면 PSSM 양식을 지속적으로 작성하도록 한다.
- 유인물을 검토한다.

안내에 따른 연습, 미래 예상, 그리고 종결

연습보다 좋은 교사는 없다.

– Publilius Syrus

소량의 연습이 수십 톤의 설교보다 가치가 있다.

– Gandhi

문제해결치료(PST)의 주요 훈련을 마친 이후에 기억해야 할 부분은 연습에 헌신하는 것이다. 그러한 연습의 중요성은 시루스(Syrus)와 간디(Gandhi)의 말을 인용한 부분에서도 전달되었을 것이다. 모든 새로운 기술이 그러하듯이 연습을 더 많이 할수록 더 많은 것을 얻는다. 이런 맥락에서, 실제적으로 스트레스가 되는 문제를 해결하는 것을 넘어 지속적인 연습을 하는 데는 다음의 세 가지 추가적인 목적이 있다.

1. 치료자의 안내하에서 전문적인 피드백을 받으면서 전체 문제해결모델(즉, SSTA)을 적용해 본다.

2. 연습을 통해 모델을 점점 능숙하게 사용하게 되면 새로운 문제에 이 모델을 적용하는 데 필요한 시간과 노력의 양이 점점 줄어들 수 있다.

3. 기술의 유지와 일반화를 촉진하는 데 도움이 된다.

안내에 따른 연습

연습회기 동안에 치료자의 목표는 다음과 같다.

1. 환자가 습득한 문제해결기술을 정교하게 사용하도록 돕는다.

2. 원칙의 적용을 감찰한다.

3. 환자가 다양한 도구들을 통합할 수 있도록 돕는다.

4. 자기효능감을 증가시킬 수 있는 수단으로서 내담자의 보다 향상된 부분을 강화한다.

공식적인 훈련이 끝난 후에도 많은 연습회기가 필요하다. 연습회기는 환자가 처음에 치료를 받게 된 이유와 관련된 영역에서의 실제적 향상(예: 우울, 불안, 분노의 감소, 자신감이나 자존감의 증가, 만성적인 질병에 대한 적응력의 향상, 전반적 삶의 질의 향상)뿐만 아니라 내담자가 도달한 능력수준에 따라 달라진다. 그러나 그럼에도 불구하고 우리는 몇 회기 동안 특별히 연습에 대해서 매우 강조한다. 안내에 따른 연습회기 동안 유용한 접근법은 내담자가 기본과정을 서서히 습득하고 강화하기 위해 다양한 스트레스가 되는 상황에 접근하는 방법을 내담자가 기억하도록 지속적으로 정보전달을 하기 위해 SSTA라는 약어를 활용하는 것이다 [즉, Stop, Slow Down, Think, and Act(멈추어라, 속도를 줄여라, 생각하라, 그리고 행동하라)].

전형적인 연습회기는 이전의 기술훈련회기와 마찬가지의 방식으로 시작하고 끝난다. 먼저 다양한 문제해결도구들을 숙제로 내 주었던 부분이나 새로운 문제에 어떻게 적용했는지를 확인하고 내담자에게 어려운 영역을 함께 의논한다. 적절하다면 광범위한 피드백을 해 주어야 한다. 만일 어떤 내담자가 혼란스럽거나 가로막힌 것 같은 느낌 때문에 문제해결활동지 중 어떤 것도 마치지 못했다고 한다면, 치료자가 안내와 추가적인 연습을 하도록 하는 것이 중요하다. 때로 치료자는 다양한 훈련의 연습이나 활동으로 다시 돌아가서 내담자의 이해와 특정 영역에 관한 기술습득을 도울 필요가 있다.

치료자는 다양한 문제해결도구들을 적용하고 연습하고자 하는 환자의 동기수준을 지속적으로 평가하고 관찰하는 것이 좋다. 연습의 중요성은 아무리 강조해도 지나치지 않다. 그러나 어떤 내담자들은 자신들에게 필요한 노력은 다했다고 생각하기 때문에 기술훈련회기보다 연습회기에 덜 가치를 둔다. 또 다른 사람들은 자신들이 치료를 받으러 오게 한 문제들을 기술훈련회기에서 다루었기 때문에 더 이상의 추가적인 회기는 필요하지 않다고 생각한다. 이런 이유들로 인해 연습회기의 목적을 공식적 훈련의 끝부분에 강조하는 것은 필수적인 일이다.

다양한 문제해결도구들의 통합: 존의 사례

앞서 언급한 바와 같이, 이러한 연습회기들은 부분적으로 내담자가 어떻게 '이 모든 것들을 합하는지'(즉, 다양한 도구들을 통합하는지)를 가르치는 데 도움이 된다. 다음에 제시된 예는 내담자의 무력감을 감소시키는 데 다양한 도구들이 어떻게 적용되는지를 보여 준다. 존은 36세의 주방위군 병사로 최근에 중동에 배치되었다가 복귀했다. 그는 재적응과 관련된 상당한 문제들, 특히 압도되는 느낌과 혼란스러움을 경험하고 있다. 그는 최근에 복학한 지역 대학에 있는 상담센터에서 PST 집단에 참여하고 있다. 존은 자신의 문제를 정의하는 데 상당한 어려움을 겪었다. 우리는 계획적 문제해결과 잘 어울리는 특정 SS 도구들을 사

용하여, 내담자가 복잡한 문제를 정의하는 도전적인 과제를 다루는 방법을 보여
주기 위하여 이 사례를 제시했다.

> **치료자**: 좋아요. 존. 당신이 숙제로 내 준 활동지와 씨름하고 있다고 했을 때, 당
> 신의 문제가 집을 치우는 것과 연관되어 있고 물건을 정돈하는 데 어려움이
> 있어서 상당히 힘들어한다는 것을 알았어요. 당신은 '집안 정리정돈'을 목표
> 로 정하고 그 장애물로 '동기' 및 '비디오게임하기'라고 했지요.
>
> **존**: 맞아요……. 그리고 목표에 도달하는 유일한 대안은 그저 몸을 일으켜서 징
> 징거리지 말고 그냥 하는 거예요! 하지만 결국은 아침에 늦게 일어나고, 비디
> 오게임을 하고, 굼벵이처럼 지내는 것으로 끝나요. 내가 만일 그 일을 할 수
> 있다면, 내가 할 수 있다고 생각하지 않으시죠? 내가 문제해결을 할 수 있을
> 지 자신이 없어요.
>
> **치료자**: 이 일이 얼마나 당신에게 좌절감을 느끼게 하는지 알겠어요. 당신은 끝
> 내기를 원하는 것을 실행하는 데 상당한 무력감을 느끼고 있는 것 같아요. 또
> 한 자기 비난도 많이 하고 있는 것 같고요.
>
> **존**: 맞아요, 선생님. 나 자신에게 정말로 화가 나요.
>
> **치료자**: 그런데 우리가 전에 배운 시각화와 단순화를 사용해서 당신의 문제를
> 좀 다르게 정의할 수 있다면 어떨까 궁금해요. 우리가 문제와 문제에 대한 당
> 신의 감정, 그리고 다른 각도에서 설정한 목표를 찾아볼 수 있도록 함께 작업
> 해 봅시다. 어때요?
>
> **존**: 힘들겠지만 해 볼게요.
>
> **치료자**: 이 문제에 대한 당신의 감정을 좀 더 자세히 설명해 주시겠어요? 그것
> 이 당신이 가지고 있는 인생의 목표나 중요한 어떤 가치를 가로막나요?
>
> **존**: 나는 정말로 화가 나요. 언제나 나는 일종의 영웅이 되고 싶어요. 아시죠?
> 다른 사람들이 더 나은 삶을 살도록 하기 위해 뭔가 의미 있는 일을 하고 싶
> 어요(그는 이때 눈물을 흘리지 않으려고 애썼다.) …… 그런데 나는 이제 방도

치울 수가 없고…… 이걸 봐요……. 이런 감정을…… 내가 뭔가를 하려고 생각할 때마다…… 엉망인 것들을 다루려고 하면 감정이 폭발할 것 같아서…… 내가 뭔가 할 수 있다는 생각을 할 수가 없어요. …… 그래서 그저 늘어져 있다가 중얼거려요. 기분이 나아지면 전부 다 할 거야.

치료자: 나를 믿고 이 문제를 함께 해결할 수 있게 해 주고 고마워요. 존, 이제 보니 청소나 집안을 정리하는 것은 단지 물건을 깨끗이 치우는 것 이상의 의미가 있는 것 같군요. 그건 당신이 어떤 일이라도, 아니 뭔가 의미 있는 일을 할 수 있다는 기분이 들게 만들려고 당신이 생각해 낸 한 가지 전략이군요. 하지만 아무 일도 하지 않고 하루하루 지나갈 때 당신의 기분은 점점 더 나빠지고 절망의 끝에서 자신에게 화가 나는군요. 지금까지의 전략을 잠시 보류해 두고 여기서의 진짜 문제를 들여다보자면……. 당신이 여기 고향으로 돌아와서 전역 후에 좀 더 의미 있는 기여를 하는 삶을 살 수 있다는 희망을 가지는 것이죠. 어때요? 그런가요?

존: 네……. 당신이 나에게 시각화를 가르쳐 주었을 때, 나는 정말 나 자신에 대해서 초점을 맞춰 생각을 할 수 있었어요……. 하지만 지금은 그렇게 자신감을 가지기 어렵네요.

치료자: 당신의 '진짜' 목표를 적어 봅시다. 당신의 감정이 신호를 보내고 당신의 가치관과 일치하는 것, 즉 기여를 하는 것이죠. 당신의 목표에 도달하는 것을 가로막는 어떤 장애물이 떠오르나요?

존: 글쎄요. 내가 내 집도 치우지 못하는데 다른 어떤 일을 할 수 있을까? 하는 생각을 하기 시작해요.

치료자: 좋아요. 부정적인 생각이 계획적 문제해결에 장애물 중 한 가지인가요?

존: 맞아요. 또 다른 것들을 부정적인 감정과 절망감이에요. 내 생각에 나는 모든 장애물들을 다 가지고 있는 것 같아요.

치료자: 훌륭해요. 맞아요. 당신은 그것들을 정확하게 파악했어요. 특히 당신이 자신에 대해서 몹시 화가 났을 때 각성된 감정은 이런 다른 장애물들과 결합

하는 거죠. 당신의 몸과 마음을 차분하게 하기 위해서 SSTA의 'SS' 부분을 사용할 필요가 있을 거예요. 그러면 당신이 해야 하는 일에 대해서 대안적 아이디어들을 생각해 내기 시작할 수 있을 것이고……. 뭔가 기여를 할 수 있는 방법에 관한 창의적인 생각이 떠오르기 시작할 거예요. 여기서 힌트를 한 가지 드리자면 그 목표에 다가갈 수 있도록 당신의 생각을 더 작은 단계로 나누기 위해 단순화를 고려해 보라는 거예요.

존: (흥분하기 시작함.) …… 하지만 나는 내 아파트를 청소하는 것조차 할 수 없어요.

치료자: 잠시 멈추고…… 천천히 생각해 보세요.

존: 알겠어요……. 일 분만 시간을 주세요. 일어나서 숨을 좀 돌려야겠어요.

치료자: 좋아요……. 내가 당신과 함께할게요. 기억해 보세요……. 숨을 쉬는 동안 …… 아무 생각도 억지로 하지 말고…… 당신의 생각이나 감정이 떠올랐다가 사라지게 그냥 두세요(1분간 숨을 쉬도록 한다).

존: (미소를 지으며) SSTA를 사용하는 것이 대안 중 하나일 수 있겠네요.

치료자: 그렇죠! 그 외에 어떤 일을 할 수 있을까요?

존: 좋아요……. 나는 다른 기회에 대해 좀 더 알아보기 위해 인터넷을 확인해 볼 수 있어요.

치료자: 와, 마음이 차분해지면 정말 창의적으로 사고하는군요.

존: 또는 교회나 애견센터에서 자원봉사를 할 수 있어요.

치료자: 다른 것이 더 있을까요?

존: 조카들이 야구를 할 수 있도록 도울 수 있어요.

치료자: 자선을 베푸는 것뿐만 아니라 가족이나 친구들을 돕는 것에 대한 생각을 시작하는 것이 또 하나의 창의적인 생각이네요. 이제 당신의 아파트는 어떤가요? 단순화를 하라는 나의 힌트를 기억해 보세요.

치료자: 글쎄요. 나는 하루에 한 가지의 일만 할 수 있어요. 그렇게 하면 압도되지 않을 것 같아요. 그리고 적어도 뭔가 했다는 소리는 할 수 있겠죠.

치료자: 대단해요. 존, 이제 아파트를 깨끗이 치우지 못한다면 그 어떤 유용한 일도 할 수 없을 것이라는 그런 부정적인 사고에 대해서는 어떻게 생각하세요?

존: 모든 것을 다 하려고 하지 않는다면 아파트에서 뭔가를 할 수 있을 것이라고 생각해요. 그건 내가 뭔가 돕는다는 느낌을 받게 해 주고…… 자원봉사 같은 일은 할 수 있을 거라는 생각이 들어요.

치료자: 맞아요! 당신이 이것을 실행할 수 있는 행동계획으로 발전시키면 아파트 청소의 작은 부분 정도는 할 수 있다는 것을 배울 수 있을 것이고 동시에 다른 사람들에게 뭔가 도움이 되는 일을 시작할 수 있을 거예요. 쓸모 있는 존재라고 느끼지 못했던 무력감을 극복하기 위해 어떤 도구를 사용했는지 살펴봅시다. 당신은 당신의 감정에 귀를 기울이지만 자신에게 고함을 지르지 않기 위해 목소리를 좀 줄이고 그 목소리에 압도당하지 않기 위해 '멈추고 속도 줄이기' 방법을 사용했어요. 당신의 슬픔과 분노에 주의를 기울이자 당신이 얼마나 다른 사람의 삶을 위해 뭔가 기여하기를 바랐는지, 얼마나 쓸모 있는 사람이 되기를 바랐는지를 들여다볼 수 있게 되었죠. 당신의 부정적인 감정은 꽤 유용하네요. 마찬 가지로 당신에게 문제가 되는 부분들에 대해 창의적인 생각들을 할 수 있게 되었죠. 당신이 차분하고 합리적인 마음으로 이런 생각을 할 수 있게 되었기 때문에 이제 행동으로 옮길 행동계획을 발전시킬 수 있게 됐네요. 그건 당신이 새로운 정보, 특히 당신이 집안을 정리하는 일을 천천히 하는 동안에도 다른 사람들을 돕기 위한 일에 헌신할 수 있다는 것을 배울 기회가 되었죠. 당신이 다른 사람의 인생에 의미 있는 기여를 하기 위한 일을 시작하기 전에 아파트 정리를 한번에 전부 마칠 필요는 없는 거죠.

존: 컴퓨터 활용 기술로 다른 수의사들을 도울 수도 있어요……. 그건 내가 잘하는 분야예요. 고마워요. 선생님, 정말 도움이 되었어요.

미래 예상

유지와 일반화를 강화하기 위한 수단으로 장차 일어날 수 있는 잠재적인 문제에 대해 의논하는 것은 내담자들이 알맞은 계획을 세우고 새로 배운 도구들을 사용해서 그런 어려움을 관리할 가능성을 증가시킨다. 좀 더 구체적으로 설명하자면, 가까운 장래에 발생할 수 있는 인생에서의 어떤 변화를 확인하기 위해 전에 했던 것과 같은(4장 참조) 다양한 문제 체크리스트를 작성할 수 있다. 체크리스트는 긍정적이고 부정적인 것 모두 포함하고 있으며, 그 문제들을 다루기 위한 효과적인 행동계획을 발전시키려는 수단으로 활용된다. 우리는 새집으로의 이사나 결혼이나 출산, 승진 등의 긍정적인 사건을 다루더라도 그런 모든 사건들이 긍정적이지만 기본적으로 스트레스가 될 수 있다고 설명한다. 보통 변화의 실제와 미래에 대한 '환상'은 다르기 마련이다. 이것은 인생이 부정적인 것들로 가득 차 있다는 말을 내담자에게 암시하려는 것이라기보다는 긍정적인 문제지향은 문제가 있을 수 있다는 것을 인정하는 것이라는 말이다. 시어도어 루빈(Theodore Rubin)의 인용구가 여기에 들어맞는데, 그것은 다음과 같다. "문제는 문제가 있다는 것이 아니다. 문제는 그 밖의 것을 기대하는 것, 그리고 문제가 있다는 것을 문제라고 생각하는 것이다."

종 결

치료자와 내담자가 종결하는 것이 적절하다고 동의하면, 치료자는 내담자가 이후에 사용할 수 있도록 추가적인 활동지를 복사해서 주고 싶을 수 있다. 마지막 회기들 동안에 치료자는 다양한 종결 관련 주제들에 대해 의논해야 하는데 특히 치료적 관계의 맥락에서 다뤄야 한다. 치료자는 또한 초기 회기 동안에 논의한 PST의 목적에 대해 복습을 시킬 필요가 있다. 치료과정에 대한 치료자의 관점과 관련된 피드백도 중요하다. 강점과 약점인 영역들도 다뤄야 하고 치료성과를 어떻게 유지할 것인가에 대한 조언(즉, 연습, 스스로 향상된 부분에 대한 모니터링을 함)도 해 주어야 한다. 이 최종 회기들 동안에 강화도 특히 중요한데 환자는 종종 자신을 지지해 주던 사람을 '상실'하는 것에 대해 두려움을 느낄 수 있기 때문이다. 더 나아가 사람들은 치료자가 전달한 가장 최근의 메시지를 기억하곤 하는데 긍정적인 말은 장래에 스트레스를 받는 상황에서 긍정적인 자기진술로 내면화될 수 있다. 일반적으로, 이 접근에 내재된 철학과 기술을 일상적인 생각과 감정과 행동에 접목시킬 수 있도록 내담자들에게 문제해결도구를 가능한 한 많은 일상적인 상황에서 연습해 보라고 격려해야 한다. 치료를 받는 동안 받았던 인쇄물이나 활동지를 모두 지속적으로 사용하도록 특히 격려해야 한다. 계획적 문제해결기술의 좀 더 단기적 훈련만 받은 경우에, 내담자가 이후에 참조할 수 있도록 모든 추가적인 인쇄물과 활동지를 제공하는 것이 도움이 될 것이다.

종결과 관련된 문제들

어떤 내담자에게는 종결 그 자체가 '해결되어야 할 문제'일 수 있다. 이런 주제들을 다룰 때, 종결과 관련된 치료적 전술은 학습한 문제해결기술을 사용하고, 그것을 치료의 종결과 동시에 나타날 수 있는 어떤 문제에든 적용하도록 내담자를 돕는 일반적 전략 위에 수립된다. 예를 들어, 슬픔, 두려움, 분노, 죄책감 또는 버림받은 것 같은 느낌을 받을 때 SSTA 도구들을 사용할 수 있다. 그런 감정들은 종종 뒤섞여 나타나는데, 내면에서 무슨 일이 일어나고 있는지, 무슨 문제가 존재하는지 보다 잘 이해할 수 있도록 도와주는 **강력한** 신호다. 치료자는 내면에서 어떤 일이 벌어지고 있는지 좀 더 자각하고 치료관계의 상실에 대해 인정할 수 있도록 돕기 위해 문제정의 도구를 사용해 보라고 격려할 수 있다. 내담자들은 종결과 관련되어 경험하고 있는 어떤 어려움이든 그 문제를 다루기 위

해 문제정의를 해야 한다. 각각의 환자들의 목표, 개인적 장애물, 그리고 치료와
의 가장 좋은 작별은 그러고 나서야 구체화될 수 있을 것이다. 문제가 명확하게
정의된 후에 그런 목표를 달성할 수 있는 다양한 전략들을 생각해 낼 수 있다. 이
러한 방식으로 마지막 회기(들)는 자기감찰의 시간으로, 그리고 치료자와 내담
자가 종결의 어려움을 해결하기 위하여 서로 합의하여 선택한 전략들의 효과를
평가하는 시간으로 활용할 수 있다.

다시 메건의 사례

이 장을 끝내기 전에 우리는 메건의 사례로 다시 한 번 돌아가고자 한다. 그녀
는 문제를 정의하는 데 어려움이 있어서 다음은 거기에 초점을 맞춘 것이다. 치
료자는 메건이 문제를 정의하는 것을 돕기 위해 '문제정의 활동지'를 사용하도
록 가르쳤는데, 점차 메건에게 추가적인 도움이 필요하다는 것이 분명해졌다.
치료자는 불안을 조절하기 위한 동기수준을 증가시키기 위해 그리고 그녀의 문
제를 좀 더 분명하게 정리하기 위해 시각화를 사용하는 것이 도움이 될 것이라
고 판단했다.

만일 그녀가 아주 사소한 면에서라도 다른 사람들을 실망시키거나 다른 사람
에게 조금이라도 불편감을 느끼게 한다면 혼자가 될 것이라는 과장된 부정적
결과에 초점이 맞추어져 있었기 때문에 대안적인 상호작용의 가능성을 보는 것
이 그녀에게는 매우 중요했다. 비록 지속적인 단주의 필요성 때문에 기록을 하
는 수단으로 일기를 써 오기는 했지만, 치료 초기에 목표를 분명하게 기술하기
위해 그녀는 자신에 대해 관찰한 것들(예: 직장에서의 활력 증가)이나 한 주 동안
의 경험을 글로 쓰곤 했다. 구체적으로는 취하지 않고 맑은 정신을 유지하는 것
과 더불어 '룸메이트와의 문제에 직면하는 것, 세상과 연결된 느낌을 받는 것,
내 인생에 목적이 있다고 느끼는 것'이라고 현재의 주요한 목표를 기술했다.

　그녀의 목표를 성취하는 길을 가로막고 있는 많은 문제들을 고려하면서, 메건은 세 가지 가장 힘든 문제가 불안, 슬픔, 그리고 낮은 동기수준이라고 기술했다. 다음은 이러한 목표와 관련되어 활동지를 작성하면서 치료자와 메건이 논의한 짧은 대화다.

메건: 지금 당장 나에게 가장 중요한 것은 룸메이트와의 문제상황에 직면하는 것이라고 생각해요. 잠은 보통은 문제가 없었던 부분인데 이제는 잠을 자러 방에 들어가면, 특히 이제는 술을 마시지 않기 때문에 진정이 되질 않아요. 나는 룸메이트가 남자들과 함께 집으로 돌아와서 다른 방에서 파티를 시작할 때까지 기다리며 그냥 누워 있어요. 우리 방은 다른 방과 바로 붙어 있어서 소리가 다 들려요. 그녀가 데려온 남자들의 절반 정도는 잘 모르는 사람이고 그녀가 얼마나 안정적으로 만나고 있는지도 잘 몰라요.

치료자: 지금까지는 어떤 시도를 해 보셨어요? 의논을 해 본 적이 있나요?

메건: 한마디도 안 했어요. 나는 텔레비전을 켜 놓고 거실에 있는 소파에서 잠을 자기 시작했어요. 사람들이 들어와서 내 앞을 지나가더라도 방에 있으면서 그들이 들어오고, 계단을 올라오고, 방에서 뒹굴기를 기다리는 것만큼 나쁘지는 않아요.

치료자: 그녀와 의논을 하지 못하도록 막는 가장 큰 장애물은 무엇이었나요?

메건: 내 생각에 나는 그녀를 화나게 하고 싶지 않은 것 같아요. 나는 그게 무서워요.

치료자: 그래서…… 당신은 나에게 그녀를 힘들게 할 수도 있는 어떤 직면도 피하고 싶기 때문에 당신이 이 모든 긴장과 두려움을 지금까지 견뎌 왔다고 말하고 있는 건가요? 그녀가 화가 나면 무슨 일이 일어날 것 같으세요?

메건: (울면서) 모르겠어요. 모르겠어요……. 불안이 너무 심해서 나를 가로막아요. 이건 오래 반복되어 온 일이에요. 나는 그저 어떤 불쾌한 기분이나 긴장도 느끼고 싶지 않아요……. 나는 불안이 가장 주요한 문제 같아요. 나에게는 그

런 기술이 필요하다는 걸 알겠어요.

다음에 제시된 또 다른 대화는 문제(룸메이트와의 문제)가 해결된 이후에 미래에 대해 상상해 보는 시각화 전략의 사용에 대해 메건이 기술한 부분이다.

메건: 상상하기가 어려웠어요. 우리가 처음에 시작할 때, 선생님이 나에게 문제가 성공적으로 해결된 것을 시각화해 보라고 하셨을 때, 나는 계속 생각했어요…… "난 할 수 없어……. 나는 할 수 없어……." 그리고 나서 선생님께서 어떻게 문제를 해결할지에 대해서 걱정하지 말고, 영화의 마지막 장면처럼 시각화를 전개해 보라고 했을 때, 나는 룸메이트와 자리에 앉아서 대화를 나누는 장면을 떠올리기 시작했어요. 우리가 아름다운 봄날에 뒷마당에 앉아서 함께 계획을 세우는 것을요.

치료자: 지금 시각화를 사용할 수 있겠어요? 눈을 감고 심호흡을 몇 번 해 보세요. 그리고 그 장면으로 다시 돌아가는 거예요. 신체에 어떤 감각이 느껴지나요?

메건: 정말 편안하고…… 좋아요.…… 우리는 실제로 그렇게 함께 지내곤 했어요. 내 상상 속에서 우리는 모두 취하지 않은 상태예요. 맞아요. 불안하지도 않고 밤에 잠도 잘 잤기 때문에 편안해요.

치료자: 그래서 무슨 생각이 들어요?

메건: 음…… 어려워요……. 그녀와 그런 종류의 프로젝트를 하길 바라왔기 때문에 기뻐요. 우리가 실제로 그것을 할 거라고 생각해요.

치료자: 당신의 모든 감각을 이용해서 자세히 시각화 경험을 묘사해 보세요.

메건: 좋아요(눈을 감는다.). …… 나는 열린 창문으로 부드러운 바람이 불어오는 거실에 그냥 앉아 있어요. 나는 친구를 기다리고 있어요. 그녀는 기분이 좋고 술에 취하지 않았어요. 나는 길 건너에 있는 프레즐 가게에서 나는 고소한 프레즐 냄새를 맡을 수 있어요. 나는 생각해요. 아마도 친구들이 찾아올 것이고, 겨자 소스를 바른 따끈한 프레즐을 사가지고 와서 보드게임을 할 거예요. 와,

정말 괜찮겠네요.

치료자: 이걸 경험하기 전에는 어려운 일일 거라고 했었는데 이제는 그것이 가능하다고 생각하세요?

메건: 예……. 우리는 술을 마시지 않았을 때는 그렇게 실제로 지내는 것을 좋아했어요. 우리는 그저 느긋하게 시간을 보냈어요. 그게 지금 내가 술을 마시지 않으려는 이유예요.

치료자: 그게 바로 이런 방식으로 시각화를 하게 한 배경이군요. 그것이 당신의 마음속에 당신이 원하는 모습에 관한 이미지를 떠올리고, 어려운 상황이 되어도 계속 노력할 수 있게 해 주는 것이군요. 우리가 함께 이야기했던 빅터 프랭클의 예와 같은 것을 기억해 보세요. 시각화는 즉각적 고통으로부터 그를 구해 주지는 못했지만 그에게 희망을 주었고……. 고통 속에서도 버틸 수 있는 힘을 주었죠.

메건: 알겠어요……. 여행의 첫걸음인 거죠. 그렇죠?

치료자: 맞아요.

치료자의 도움으로 메건은 전에 겪었던 많은 공황발작과 울 것 같은 충동이 부분적으로는 정서적 촉발요인이 건드려지면 압도당하고 적절히 대처하지 못했던 것과 관련이 있다는 것을 이해하기 시작했다. 계획적 문제해결전략의 사용은 그녀가 자신의 목표에 도달하기 위해서는 자신의 감정에 당황하거나 두려움을 느끼거나 피하려고 하기 보다는 감정을 경험하고 그것으로부터 배우는 것이 중요하다는 사실을 알게되면서 탄력을 받게 되었다.

매건이 룸메이트와의 문제를 처음에 정의할 때 그녀는 친구에게 자제를 부탁하면 화를 낼 것이라는 두려움에 초점을 맞췄다. 다음에 제시된 대화는 메건이 문제 정의의 복잡성에 직면했을 때 치료자와 메건이 나누었던 대화다.

메건: 그래서 내가 적은 목표에는 룸메이트 첼시가 술을 마시지 않게 되는 것도

있어요. 왜냐하면 내가 시각화를 다시 사용해서 문제가 어떻게 되기를 원하는지를 그려 보았기 때문이에요. 내 시각화 속에서 첼시는 술에 취하지 않은 상태인데, 그녀는 자신을 내가 생각하는 것처럼 "알코올중독"이라고 보지 않아요. 그녀는 원한다면 내가 금주를 하는 것은 괜찮다고 해요. 하지만 자신은 그럴 필요가 없다고 말해요.

치료자: 당신이 그녀의 마음을 바꾸는 데 초점을 맞춘다면 그건 정말 어려운 일일 것 같아요. 우리는 그걸 비현실적인 목표라고 해요. 당신과 관련해서 당신이 방금 묘사한 시각화의 순간에 대해 논의해 봅시다.

메건: 선생님 말씀은 내가 첼시와 함께할 프로젝트를 계획하고 실제로 그 일을 할 수 있을 것이라고 생각하면서 즐거워했던 부분을 이야기하는 건가요?

치료자: 그런 일이 일어나기 위해서는 첼시가 단주모임에 충실하게 참여하는 것이 필수적인가요?

메건: 아니요, 하지만 나는 믿을 만하고 나와 함께 일하고 싶어하는 사람과 그 일을 하고 싶어요. 우리가 정원을 정비하는 작업을 할 때, 성질을 참지 못하고 떠나 버리지 않을 사람과 의지하며 일하고 싶어요.

치료자: 좋아요…….

메건: 첼시가 그걸 할 수 있을지 잘 모르겠어요.

치료자: 그녀가 할 수 있다고 생각하는 것이 있는지 물어본 적이 있나요?

메건: 오, 이런, 다시 눈물이 나요(울기 시작함.).

상담자: 전에 연습했던 '멈추고 속도 줄이기' 도구를 사용할 기회예요.

메건: 좋아요…… 좋아요…… 숨을 쉬고…… (손을 머리 위로 들어 올려 요가자세를 취하고 심호흡을 한다.)

치료자: 당신의 감정이 무슨 말을 하고 있나요?

메건: 그녀가 내 말을 듣지 않을까 봐 겁이 나고 내가 그녀를 믿지 못해서…… 그래서 완전히 금주를 요구한다고 생각할까 봐 말을 하는 것이 두려워요.

치료자: 대단해요. 메건…… 훌륭한 통찰이에요. 물론 그건 한 가지 해결책이죠.

우리가 문제를 정의한 후 당신의 목표와 방해물들의 목록을 만들어 봅시다.
우리는 또한 많은 다른 것들을 생각해 볼 수 있을 거예요.

메건은 가정과 사실을 구분하면서 계속 문제를 정의해 나갔다. 예를 들어, 메
건은 첼시가 음주를 완전히 포기하지 않는다면 정원 프로젝트에 관여할 수 없을
것이라고 가정했는데 그것이 사실인지 알아볼 필요가 있었다. 덧붙이자면, 그녀
는 첼시의 음주와 과거의 행동을 고려해 보았을 때 첼시가 의지할 만한 사람이
라는 것을 알았고, 이 프로젝트에 있어서 첼시와 협력하고자 한다면 신뢰의 부
족과 첼시와 그것을 의논하는 데 대한 두려움에 직면할 필요가 있다는 것을 깨
달았다.

메건은 결국 정원을 좀 더 보기 좋게 꾸미고 야채를 심기 위한 협동 프로젝트
를 발전시키는 것을 목표로 잡았다. 그녀는 자신이 이 프로젝트를 위해 함께 일
하고 싶은 사람이 첼시라는 것을 분명히 했다. 가장 큰 장애물은 그 목표에 대해
첼시에게 이야기하고 첼시가 오랫동안 주말마다 계속 술을 마시는 데 대해 그녀
가 걱정하고 있으며, 프로젝트를 끝마칠 수 없을 것이라고 염려한다는 것을 전
달하는 것이었다. 그녀는 또한 첼시와 이 상황을 의논하는데 주요한 장애물로
자신의 불안과 부정적 정서도 목록에 넣었다. 이 문제는 점차 잘 정의되었고 그
것은 첼시와 할 일에 대한 많은 아이디어를 생성할 수 있도록 해 주었다. 메건은
첼시와 어떻게 이 문제를 논의할지에 관한 브레인스토밍을 했는데, 다른 친구에
게 지지를 요청하거나 첼시가 프로젝트에 동의했지만 실망스럽게 행동할 때를
대비한 예비안을 마련한다거나 다른 친구들을 관여시키고 불안해질 때 몸을 진
정시키는 등의 대안들을 생각해 냈다.

궁극적으로 브레인스토밍과 시각화의 전략들, SSTA, 단순화 전략 등을 결합
시킨 연습을 몇 주간 한 이후에 메건은 다음과 같은 행동계획을 수립했고 자신
의 문제에 대한 정서중심적 측면과 문제중심적 측면을 고려하게 되었다.

메건의 행동계획

1. 친구 찰리와 동생 캐시, 치료자의 도움을 받아 첼시에게 편지를 써서 과거에 우리가 함께 프로젝트를 추진하며 얼마나 즐거운 시간을 보냈는지에 대해 이야기한다. 또한 나는 그 시간을 그리워하고 있으며, 그녀가 지금처럼 술을 많이 마시기로 선택한다면 나는 매우 슬플 것이고 그녀와의 친교를 그리워할 것이라는 사실을 전달할 것이다.

2. 나는 다음 주말에 정원 프로젝트를 시작하고 싶고 그녀가 나와 함께 작업을 해 주기를 희망하고 있다고 말한다. 또한 프로젝트를 실행하는 동안은 금주 규칙을 지켜 주기를 바란다는 점도 분명히 할 것이다. 만일 그녀가 나와 함께 하지 않기로 결정한다면, 나는 그녀를 이해할 것이지만 그래도 여전히 그녀와 함께 보낸 시간을 그리워할 것이다.

3. 첼시가 함께 작업하지 않기로 결정한다면, 찰리와 캐시를 정원돌보기팀에 포함시켜서 그 일을 마치기로 한다.

　　메건은 그 계획을 실행했고 놀랍게도 첼시는 매 주말마다 '널부러져' 있지 않고 뭔가 생산적인 일을 할 수 있는 기회를 환영했다. 이 경험은 메건이 PST 전략들을 점점 더 많이 사용하게 했고 다른 문제영역에도 이 새로운 기술들을 지속적으로 적용하도록 동기화시켰다.

메건 사례의 요약

　　메건은 정서적 억제와 타인을 실망시키는 데 대한 대인관계상의 두려움의 문제를 오랫동안 지니고 있었다. 청소년기에 메건은 술의 진정 및 마취 효과를 발견했고 스스로 치료를 받기로 결심할 때까지 술은 대처의 주요 수단이었다. 어느 날 일기의 앞부분에, 그녀는 인생에 어떻게 대처하는지를 배우고 성숙해지는 능력이 지난 10년간 정지된 채로 있었던 것 같다는 글을 남겼다. 이것은 그녀가 PST 치료에서 배운 도구를 사용하여 지속적으로 연습을 하도록 하는 데 종종 유용한 은유다. 치료자와 메건이 직면했던 특별한 도전은 스트레스가 증가되거나 특히 대인관계에서 갈등이 있을 때 촉발되는 회피와 의존성의 습관화된 양상에 관한 것이었다. 예를 들어, 메건이 직장에서 기술이 향상되어 유능감을 느끼며 증가된 활력을 경험하기 시작하자, 그녀는 몇몇의 동료들과 경쟁적인 상황에 직면하게 되었다. 처음에 그러한 일이 발생했을 때 그녀는 때로는 고립된 모습으로 되돌아가기도 하고, 몸에 밴 그리고 상당 부분은 무의식적인 패턴인 대인 간 회피와 무력감 호소의 양상을 다시 보이기도 하였다.

다음에 제시된 내용은 일기에 쓴 도입부분이다.

나는 직장에서 부하직원 중 한 명에게 결근에 대한 최후통첩을 해야만 한다. 하지만 불안한 상태에서 일을 하고 있고 그녀에게 말을 할 생각을 하면 그녀는 화를 낼 것이고 나는 이런 업무를 하는 것을 견딜 수 없을 것이라는 생각이 계속 떠오른다. 나는 떠나고 싶다. 나는 사무실에서 도망치고 싶다. 나는 그녀의 얼굴도 마주치고 싶지 않다. 내가 바로 여기 사무실 한복판에서 울음을 터트리거나 공황발작을 보이면 어떻게 될까? 들여다볼 수 있는 PST 단서카드와 활동지가 있어서 정말 기쁘다. 여기에는 지금까지 내가 노력한 것들이 담겨 있다. 심호흡을 하고, 이완을 하고 그녀에게 할 말을 연습하라는 지침이 적혀 있다.

부하직원을 만나기 전에 화장실에 가서 하품을 다섯 번 할 것이다. 나는 일을 열심히 해 왔고 지금까지 열심히 하고 있다. 모든 사람들이 편안하게 지내는 것이 나의 책임은 아니라는 것을 논리적으로는 이해하고 있지만 나는 여전히 누군가 실망하거나 화가 난 모습을 보는 것에 대해서 몹시 불편한 마음이 든다. 내가 진정을 할 수 있는 방법을 가지고 있고 작업을 할 수 있는 좋은 기회를 가지고 있다는 것이 기쁘다. PST치료를 통해 배운 좋은 것 중 하나는 내가 이 일을 잘 견뎌 낸다면, 그것은 나에게 어려운 일이라거나 내가 스스로를 미쳤다고 생각해서 나

를 비난하지는 않을 것이라는 점이다. 나는 나 자신을 위해 정말 좋은 일을 하고
있다.

요 약

네 가지 문제해결 도구세트의 공식적 훈련을 마친 후에도 연습에 따른 안내를
위해 여러 번의 회기를 사용해야 하는데 여기서 내담자는 전반적 SSTA 접근을
사용해서 삶의 여러 영역(예: 가족, 건강, 직업, 재정, 사회적 관계, 여가시간 등)에서
현재 경험하는 다양한 문제들을 다룬다. 이 회기 동안에 다양한 도구들에 대한
기본적인 훈련을 할 수도 있고 새로운 문제 영역이나 아직 남아 있는 문제해결
기술 결함이나 제한점을 확인할 기회를 가질 수도 있다.

또한 치료자는 내담자들에게 가까운 미래의 상황이 긍정적으로든 부정적으
로든 변화하게 될 경우에 문제해결을 통해 그것들을 적절히 다루는 것을 예측해
보는 식으로 미래 예상을 해 보라고 지시한다. 종결과 관련된 어떤 문제들(예: 지
지해 주던 사람을 상실한 느낌)은 내담자와 치료자 간에 해결해야 할 문제로 다
루어야 한다. 치료자들은 내담자들에게 모든 유인물과 활동지를 나중에 참조할
수 있도록 가지고 있으라고 하고, 적절하고 필요한 경우라면 좀 더 형식에 맞춰
적용해 보라고 격려해야 한다.

훈련의 요점

1. 전에 내 준 어떤 숙제나 연습과제든 함께 논의하고 검토해야 한다는 것을
   기억하라.
2. 내담자에게 문제해결도구를 다양한 삶의 영역에서 남아 있는 문제들에 적
   용해 보라고 지시한다.

3. 필요하다면 주어진 문제해결에 추가적인 훈련과 연습을 제공하라.

4. 회기 사이에도 적절한 시기가 되면 배운 모든 도구들을 연습해 보라고 격려하라.

5. 모든 도구세트들이 전반적인 문제해결기술을 배양하기 위해 어떻게 통합되고 적용될 수 있는지에 대해 논의하고 지속적으로 보여 주어야 한다.

6. 개선된 부분(예: 문제해결, 고통 감소 등)에 대한 적절한 평가를 실시한다.

7. 가까운 미래에 경험할 수 있는 잠재적인 스트레스원을 확인하기 위해 미래 예상을 해 보도록 안내한다.

8. 마지막 회기가 되기 전에 전반적 모형을 복습하라.

9. 내담자가 PST로부터 배운 것을 확인하고 의미 있는 피드백을 제공하라.

10. 향상된 부분에 대해 격려하고 문제해결도구를 지속적으로 사용하도록 지도하라.

11. 종결의 잠재적 문제에 대해 초점을 맞추고 문제해결접근을 사용해서 그 문제를 다룬다.

추천하는 숙제 및 연습과제

1. 현재 남아 있는 문제들에 대해 문제해결도구 중 어떤 것이라도 적용해 보는 연습을 하라.

2. 네 가지 도구세트 모두의 도구들을 통합하는 연습을 하라.

3. 문제해결 자기감찰(PSSM) 양식이나 문제해결 활동지를 지속적으로 사용하라.

결 론

우리는 이 책을 헬렌 켈러의 글을 인용하며 마치고 싶다. 그녀는 어린 시절에 병을 앓으면서 볼 수도 들을 수도 없게 되었으나 자선활동과 관련된 수백만명의 사람들에게 강력한 모델이 되었다. 우리는 그녀의 글이 문제해결치료의 기본적 철학과 부합된다고 믿는다.

세상은 온통 고통으로 가득하다.

그러나 또한 그것에 대한 극복담으로 가득하다.

PROBLEM
SOLVING
THERAPY

부록**1**

문제해결검사의
채점을 위한
지시문

효과적 문제해결 척도(Scales of Effective Problem Solving)

1. 긍정적 문제 지향 척도(Positive Problem Orientation, 이하 PPO)
   - 문항 5, 8, 15, 23, 25의 점수를 더한다.
2. 계획적 문제해결 척도(Planful Problem Solving, 이하 PPS)
   - 문항 2, 9, 12, 17, 18의 점수를 더한다.

점수 설명

- 두 척도 모두 12점 이하의 점수는 내담자가 일상적인 문제로 인한 스트레스를 다루는 정신적 회복력을 향상시키기 위해서 문제해결 교육, 훈련, 그리고 연습이 필요한 상태임을 암시한다.
- 12점에서 18점 사이의 점수는 내담자가 어느 정도 힘을 가지고 있지만 회복력 증진을 위한 연습을 통해 좀 더 개선될 여지가 있음을 암시한다.
- 18점 이상은 내담자가 강한 긍정적 태도를 지니고 있으며 상당한 계획적 문제해결기술을 가지고 있음을 의미한다.

비효과적 문제해결 척도(Scales of Ineffective Problem Solving)

1. 부정적 문제 지향 척도(Negative Problem Orientation, 이하 NPO)
   - 문항 1, 3, 7, 11, 16의 점수를 더한다.
2. 충동성/부주의 척도(Impulsive/Careless, 이하 IC)
   - 문항 4, 13, 20, 22, 24의 점수를 더한다.
3. 회피 척도(Avoidance, 이하 AV)
   - 문항 6, 10, 14, 19, 21의 점수를 더한다.

점수 설명

- 세 척도 모두 높은 점수는 각 척도에서 높은 수준임을 의미한다(즉, NPO 점수가 높을수록 부정적 지향의 수준이 높은 것이고, IC 점수가 높을수록 충동성/부

주의함의 수준이 높은 것이며, AV 점수가 높을수록 회피적 성향이 강한 것이다.)

- 12점 이상은 문제를 다루는 특징적인 방식이 그의 문제해결 노력을 빈번히 방해할 수 있음을 의미한다. 이들 척도 중 어느 척도에서든 12점 미만은 그 영역과 관련해서 별다른 문제가 없다는 것을 의미한다.

- 부정적 지향 척도에서 12점 이상은 문제에 대해서 부정확한 방식으로 생각 하는 경향을 가지고 있을 뿐만 아니라 스트레스를 받을 때 종종 나타나는 정서를 다루는 데 어려움이 있음을 나타낸다. 12점 이상으로 점수가 높을수 록 부정적인 지향이 강함을 의미한다.

- 충동성/부주의 척도는 '돌다리도 두드려 보고 건너는' 경향과 관련이 있는 데 이 척도에서 12점 이상은 가장 나은 선택이라고 할 수 없는 결정을 종종 내리는 경향이 있다. 12점 이상으로 점수가 높을수록, 충동성이 강함을 의 미한다.

- 회피 척도에서 12점 이상은 문제를 회피하는 경향이 있음을 나타낸다. 이 유형의 사람들은 다른 사람들 간에 다툼이 있으면 자리를 떠나거나 위축되 는 경향을 보이며, 걱정이 있거나 슬픔을 느낄 때 그러한 감정과 생각에서 잘 벗어나지 못한다. 12점 이상의 점수는 회피와 관련하여 특별히 문제가 있음을 암시한다.

부록**2**

환자용 유인물:
그림, 양식,
그리고 활동지

날짜:

문제해결 자기감찰 양식

무엇이 문제인가?(상황을 묘사하라: 누가 관여되어 있는지, 왜 당신에게 그것이 문제가 되는지, 그 상황에서 당신의 목표나 목적이 무엇인지 기술하시오.)

그 문제에 대한 당신의 정서적 반응은 어떤 것인가?(처음에 어떤 감정을 느꼈는지뿐만 아니라 이 후에 어떤 감정을 느꼈는지─ 감정이 변화되었는지에 주목하시오.)

그 문제를 다루기 위해 당신은 어떻게 했는가?(문제를 해결하거나 문제에 대처하기 위해 당신은 어떤 노력을 했는지 기술하라: 당신의 생각과 행동을 가능한 한 구체적으로 기술하시오.)

그 성과는 무엇인가?(그 문제를 다루기 위해 노력한 이후에 일어난 일을 기술하라: 결과에 대한 당신의 정서적 반응은 무엇인지, 그 결과에 대해 얼마나 만족하는지, 당신은 문제가 해결되었다고 생각하는지 기술하시오.)

스트레스

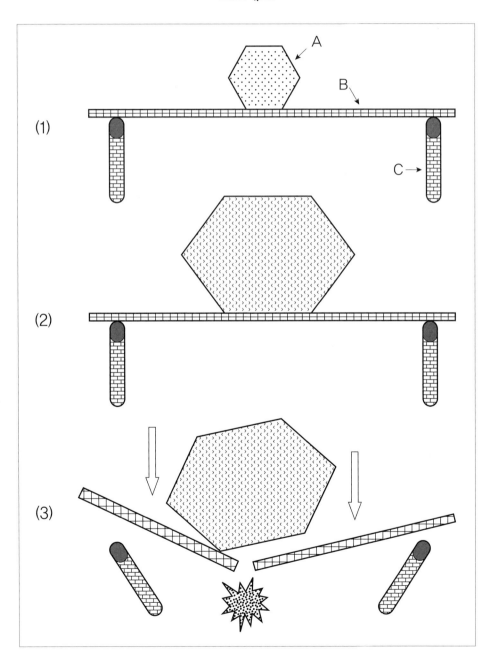

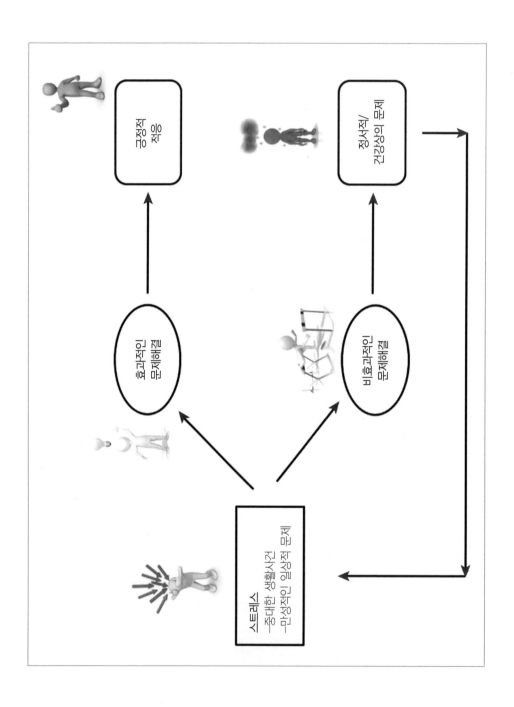

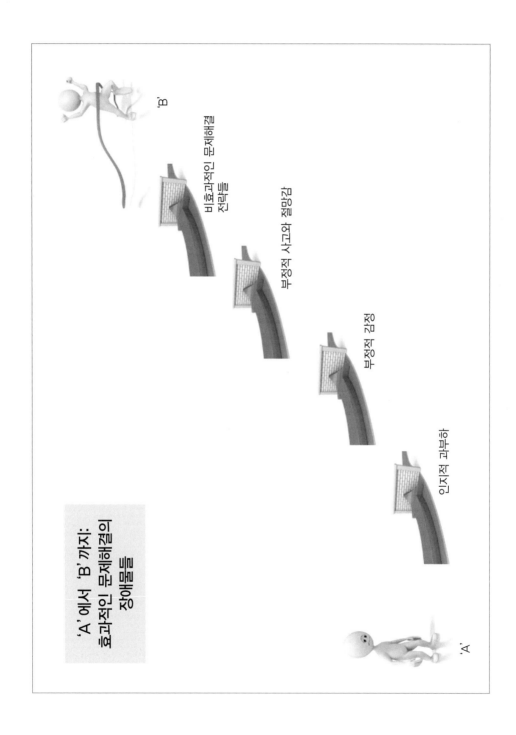

스트레스에 대한 반응

사건	사고	정서	신체 감각	행동

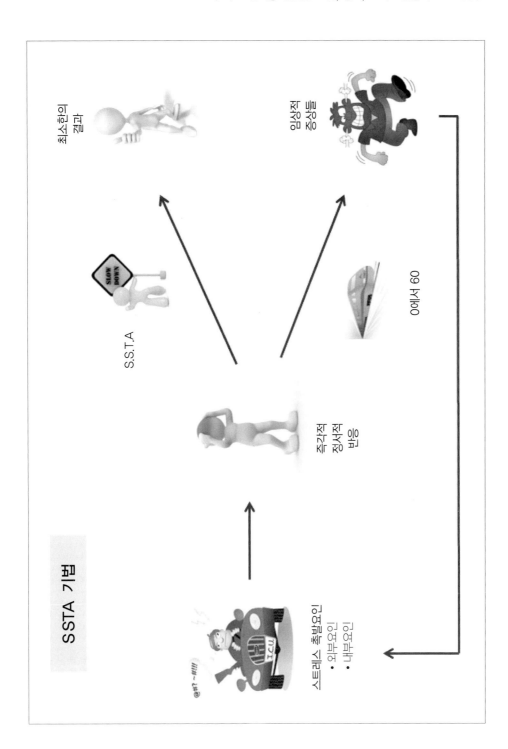

감정에 귀를 기울이기:
당신의 감정이 당신에게 '말해 주는 것들'

정서: 두려움/불안

사람들이 이 정서에 대해 기술하는 방식: 긴장된, 초초한, '벼랑 끝에 몰린 듯한', 상처 입은, 불안한, 침착하기 어려운, 불편한, 걱정되는, 몹시 놀란

탐색할 정보: 금방이라도 위험에 처하거나 상처받거나 고통스럽거나 위협을 당할 것 같은 느낌, 불안하거나 신경증적인 생각, 땀을 흘리거나 입이 마르거나 속이 불편하거나 어지러움, 또는 얕은 숨을 내쉼, 이 상황에서 도망치거나 숨거나 피하고 싶음

드러날 수 있는 정보의 예
- 당신은 다른 사람이나 자신에게 신체적 또는 정서적 상처를 줄 것을 두려워하고 있다.
- 당신은 자신이 남들보다 열등하며, 자존감이 위협받고 있다고 생각하기 때문에 두려워하고 있다(자신의 지적 능력, 재능, 기술 또는 외모에 대한 걱정이 그 예가 될 것이다.).

이 정보가 중요한 이유
- 이런 두려움을 피하려고 노력하기보다는 이를 좀 더 잘 다룰 수 있도록 작업할 수 있다.
- 두려워하고 있는 것들이 현실적인지 점검해 볼 수 있다.
- 두려움을 직면하고 그것을 줄일 수 있는 방법을 찾기 위해 작업할 수 있다. 학교에서 벌어지는 놀림에 대처하는 것과 마찬가지로, 두려움에 직면하는 것은 한두 군데 멍이 들지도 모르지만 자존감을 높여 줄 것이다.

감정유형: 분노

사람들이 이 정서에 대해 기술하는 방식: 실망한, 불안정한, 화가 난, 격분한, 폭발할 것 같은, 분노한, 다른 사람을 다치게 하거나 물건을 부수고 싶은 욕구를 느끼는 상태

탐색할 정보: 당신이 원하는 것을 얻지 못하게 제지당함. 그러한 제지는 상황이나 특정한 사람 때문일 수 있음

드러날 수 있는 정보의 예
- 당신은 성공이나 성취, 또는 최고가 되기를 원하지만 어떤 사람이나 상황이 그것을 가로막고 있음을 발견한다.
- 당신은 친밀한 관계를 원하지만 그것이 어렵게 느껴지거나, 어떤 사람이 문제를 유발하는 것으로 보인다.
- 당신은 사랑이나 존경을 받고 싶지만, 다른 사람들은 당신을 좋게 평가하지 않는다.
- 당신은 상황이나 다른 사람의 반응을 통제할 수 있길 바라지만, 상황이나 사람들에 대한 통제권을 크게 행사하는 것은 불가능하다.

이 정보가 중요한 이유
- 당신이 화가 난 것은 다른 사람에 대해서라기보다는 자기 자신이나 당신의 자존심, 또는 당신이 원하는 것 때문이라는 것을 발견할지도 모른다. 분노에 초점을 맞추기보다는 당신의 에너지를 당신의 삶을 좀 더 나아지게 하는 데 사용할 수 있다.
- 당신은 타인이나 자신에 대해서 비현실적인 기대를 하고 있을지도 모른다. 당신이 좀 더 현실적이 되어야 할 시간일 수 있다. 즉, 자신과 다른 사람들에게 그런 가혹한 기준을 요구하지 않는 것 말이다.

감정유형: 슬픔

사람들이 이 정서에 대해 기술하는 방식: 울적한, 실망한, 좌절한, 상처받은, 불행한, 우울한, 기운이 빠진, 비참한, 의기소침한, 비탄에 잠긴
탐색할 정보: 뭔가를 상실했거나 당신이 무언가를 또는 당신에게 중요한 어떤 사람을 잃었다고 믿음

드러날 수 있는 정보의 예
- 당신은 친구나 연인이나 파트너를 잃었다. 그 이유는 이사, 질병, 죽음, 갈등 또는 사이가 소

원해지거나 그 사람이 다른 사람과 함께하기로 선택했기 때문일 수 있다.
- 당신은 사람 이외의 다른 것을 상실했다. 그것은 실제적인 것(예: 돈, 직업, 건강, 여가시간 등)일 수도 있고 추상적인 것(예: 가족 내에서의 지위나 역할, 타인으로부터의 존경)일 수도 있다.

이 정보가 중요한 이유
- 당신은 상실을 치유하기 위해 당신의 삶에서 즐겁고 행복한 순간을 증가시키기 위한 작업을 시작할 수 있다.
- 당신은 당신이 잃어버린 것보다 더 가치 있는 존재라는 것을 깨달을 수 있는 기회를 가질 수 있다. 예를 들면, 당신의 재산은 당신의 자존감을 수치로 나타낸 것이 아니다. 당신의 신체적 힘은 당신의 영혼에 비견할 수 없다.

감정유형: 당혹감

사람들이 이 정서에 대해 기술하는 방식: 창피한, 약한, '쥐구멍에라도 숨고 싶은', 남의 이목을 피하는
탐색할 정보: 자신이 매우 취약하다고 느낌

드러날 수 있는 정보의 예
- 당신은 다른 사람들이 당신의 불완전함, 실수 그리고 문제를 알게 될 것이라고 걱정한다.

이 정보가 중요한 이유
- 당신은 자신의 불완전한 부분에 주의를 덜 기울이고, 당신 자신을 있는 그대로 좀 더 수용할 수 있다.

감정유형: 죄책감

사람들이 이 정서에 대해 기술하는 방식: 부끄러운, '기분이 나쁜', '다 망쳐 버린', 실패한
탐색할 정보: 당신이 했던 뭔가를 후회함

드러날 수 있는 정보의 예

• 당신은 행동 때문에 다른 사람에게 상처를 입혔다.
• 당신은 뭔가 잘못된 행동을 하지 않았지만, 누군가 당신에게 잘못했다고 말하고 당신도 왠지 그런 것 같다고 느낀다.

이 정보가 중요한 이유

• 당신은 자신의 후회에 대해 의사전달하는 방식으로 작업을 할 수 있고, 좀 더 나아지기 위해 어떻게 변화해야 할지 계획을 세울 수 있다.
• 자신에 대해 회의적인 경우, 당신은 언제나 타인의 인정을 바라던 마음과 같은 내면의 목소리를 변화시킬 수 있다.

당신에게 고유한 촉발요인은 무엇인가

개인적 촉발요인

  정서:

  갈등:

  사고/기억/심상:

  신체 감각:

  다르게 행동하려는 충동:

환경적/사회적 촉발요인

  대인관계:

  물리적 요인:

추가적 촉발요인:

긍정적 자기진술

부정적이고 비합리적인 사고에 대항하여 논쟁을 하거나 '논박'을 하는 것을 돕기 위해 다음의 긍정적 자기진술을 사용하라.

- 나는 이 문제를 해결할 수 있다.
- 나는 괜찮다. 그런 상황에서 슬픔을 느끼는 것은 정상적인 것이다.
- 내가 바람의 방향을 바꿀 수는 없다. 그러나 돛을 조정할 수는 있다.
- 모든 사람을 기쁘게 해야 하는 것은 아니다.
- 나는 두려움을 신념으로 대신할 수 있다.
- 나 자신을 기쁘게 하는 것은 괜찮은 일이다.
- 이 어려움에도 끝이 있을 것이다.
- 노력한다면 나는 할 수 있을 것이다.
- 필요하다면 ~로부터 도움을 받을 수 있다.
- 일단 시작하면 좀 더 쉽게 느껴질 것이다.
- 나는 그저 쉴 필요가 있다.
- 나는 여기에 대처할 수 있다.
- 나는 두려움을 줄일 수 있다.
- 나는 그저 상태를 유지할 필요가 있다.
- 걱정이 점점 커지게 할 수는 없다.
- 기도가 도움이 된다.
- 나는 스스로가 자랑스럽다.
- 나는 버틸 수 있다!

다른 말을 좀 더 생각해 낼 수 있을까요?

ABC 사고기록지

상황 또는 사건(A)	생각(B)	정서적 반응(C)	정도 평가(0-10)

'당신의 마음을 들여다보라.'
부정적인 혼잣말을 확인하고 그것을 긍정적인 혼잣말로 전환하기

당신이 부정적인 혼잣말을 사용한다는 징후

- '당연히' '절대로'와 같은 '판단적인' 용어를 사용한다.
- 죽고 사는 문제가 아닌 상황에서 극단적인 표현을 사용한다.
- 과잉일반화를 한다.

부정적인 혼잣말을 '논박하는' 전략들

- 부정적인 혼잣말에 대해 논리적으로 반박한다.
- '당연히'나 '의당'과 같은 말에 대해서 '왜 내가 그렇게 해야 하는가?'라고 반박한다.
- 재앙적인 표현에 대해서 반론을 제기하고, 그 상황의 실제적인 위험성을 평가해 본다.
- 과잉일반화에 도전한다.
- 도전하는 긍정적인 혼잣말을 사용한다.

문제해결 활동지

• 문제를 간략하게 묘사하라(그것은 변화될 수 있을까).

• 문제해결 목표를 기술하라(현실적으로 기술할 것).

• 지금 이 시점에서 당신의 목표를 성취하는 데 가장 큰 장애물이 무엇인지 기술하라.
  1)
  2)
  3)

• 당신의 목표를 성취하기 위한 대안적 방법을 생각하라. 창의적으로 사고하라. 적어도 3개의 해결책을 제시하라.
  1)
  2)
  3)
  4)
  5)

• 이런 다른 대안들의 주요한 '장점' 또는 긍정적 결과는 무엇인가?

• '단점' 또는 부정적 결과는 무엇인가?

• 가장 많은 **긍정적** 결과와 가장 적은 **부정적** 결과를 가져올 수 있는 가장 나은 대안을 선택하라.

• 계획을 실행하고 그 결과를 관찰하라: 당신 계획의 결과에 대해 만족하는가?

사실을 확인하기

문제의 특성을 보다 잘 이해하고 정의하기 위해서는 추가적인 정보를 수집하는 것이 필요할 수 있다. 어떤 정보가 사실인지, 혹시 그것이 가정(진실이라고 생각할 수 있지만 아직 사실로 확증되지 않은 것)은 아닌지 판단해야 한다는 것을 기억하라.

가장 유용한 형태의 사실을 확인하기 위해서, 쉽고 분명한 용어를 사용하여 다음의 질문들에 대한 답을 해 보기 바란다.

• 관련된 사람은 누구인가?

• 무슨 일이 벌어졌기에(또는 벌어지지 않았기에) 당신이 힘들어하는가?

• 어디에서 그 일이 일어났는가?

• 언제 그 일이 일어났는가?

• 왜 그 일이 일어났는가?(즉, 그 문제의 알려진 이유나 원인)

• 그 상황에 대해 당신은 어떻게 반응했는가?(즉, 행동, 사고, 그리고 감정)

문제지도:
왜 그것이 문제가 되는가?

A

B

A에서 B로 가는 것을 가로막는 것은 무엇인가?

정벽은 무엇인가?

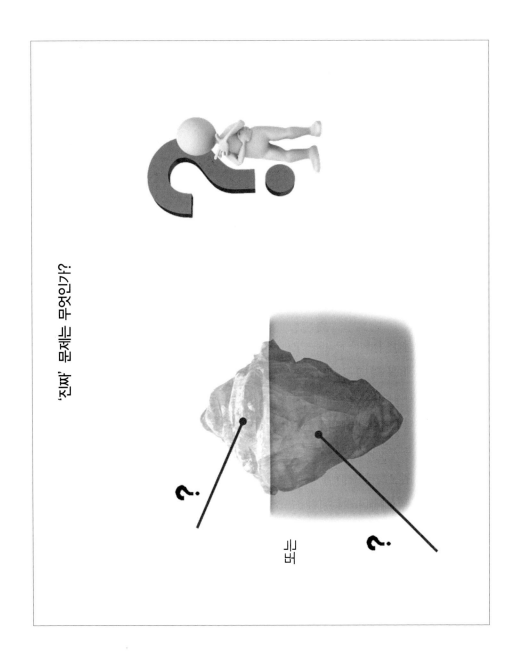

문제 정의하기

이 활동지는 당신이 문제를 좀 더 잘 정의할 수 있도록 돕기 위한 것이다. 쉽고 분명한 용어를 사용하여 다음의 질문들에 대한 답을 해 보기 바란다. 필요하다면 다른 종이를 좀 더 이용해도 좋다.

1. 사실은 무엇인가? 당신의 문제와 관련된 사실들을 적으시오. 사실과 가정을 구별해야 한다는 것을 기억하시오.

2. 왜 그것이 당신에게 문제가 되는가? 당신이 그 상황 또는 당신의 감정을 변화시킬 수 없다면, 결과적으로 어떻게 될까? 그것이 당신이 개선해야 할 중요한 문제인 이유는 무엇인가? 이 문제를 잘 처리하는 것이 당신의 인생이 나아지게 하는 데 얼마나 기여할까(비록 그 영향력이 적더라도)?

3. 당신의 목표는 무엇인가? 목표를 현실적이고 달성가능한 것으로 잡아라! 작은 목표부터 시작해서 좀 더 큰 목표로 나아가라.

4. 당신의 목표를 방해하는 주요한 장애물은 무엇인가? 실제적으로 당신이 목표를 성취하기 위해 나아가는 능력을 방해하는 것은 무엇인가?

대안적 해결책의 생성

이 활동지는 당신의 문제에 대한 대안적 해결방안의 목록을 적기 위한 것이다. '브레인스토밍' 원칙들, 즉 '양이 질을 유도한다.' '판단을 유보하라.' '다양성은 창의성을 강화한다.'를 따라야 한다는 것을 기억하기 바란다. 적어도 3개에서 5개 정도의 아이디어를 생성해 보라. 쉽고 분명한 용어를 사용해야 한다는 것을 기억하라.

1.

2.

3.

4.

5.

6.

7.

8.

추가할 아이디어가 있다면 이 종이의 뒷면을 이용하시오.

의사결정 활동지

1. 다음의 대안들을 기술하시오.
2. 각각의 대안에 대해 다음의 가능성을 평가하시오. (1) 이 해결책이 문제를 해결해 줄 것인가? (2) 당신은 이 대안을 적절하게 실행할 수 있을 것인가? (3) 이 대안은 즉각적인 긍정적 결과를 가져올 것인가? (4) 이 대안은 장기적 관점에서 긍정적 결과를 가져올 것인가? 해당란에 '–'는 낮은 가능성을 의미하는 것으로, '+'는 높은 가능성을 의미하는 것으로, '0'는 낮지도 높지도 않은 가능성을 의미하는 것으로 표기하라. 필요하다면 다른 종이를 좀 더 이용해도 좋다.

대안적 해결방안	효과가 있을까?	실행에 옮길 수 있을까?	개인적 결과	사회적 결과

'동기고양' 활동지

만일 당신이 활동계획을 실행할지에 대해 판단하는 데 어려움이 있다면, 다음의 빈칸을 채워 보시오.

현재 시점에서 아무것도 하지 않았을 때 나타날 수 있는 결과	활동계획을 실행했을 때 예상되는 결과

행동계획 성과 평가 활동지

1 = 전혀 아니다.

2 = 약간 그렇다.

3 = 보통이다.

4 = 많이 그렇다.

5 = 매우 많이 그렇다.

위의 척도를 사용하여 당신이 느끼는 감정을 표현하는 숫자에 원으로 표시하시오.

1. 당신의 해결계획은 목표를 얼마나 충족시켰습니까?	1	2	3	4	5
2. 당신은 결과에 대해서 얼마나 만족합니까?	1	2	3	4	5
3. 그 결과는 당신이 원래 예상했던 개인적 결과와 얼마나 일치합니까?	1	2	3	4	5
4. 문제와 관련되어 다른 사람에게 미치는 영향에 대해 당신은 얼마나 만족합니까?	1	2	3	4	5
5. 그 결과는 타인과 관련된 결과에 대한 당신의 원래의 예상과 얼마나 일치합니까?	1	2	3	4	5
6. 전반적으로 당신의 행동계획의 성과에 대해 얼마나 만족합니까?	1	2	3	4	5

PROBLEM
SOLVING
THERAPY

부록3

환자용 유인물:
간략한 안내서

스트레스, 심부전, 그리고 우울증

심부전(Heart failure, 이하 HF)은 심장이 신체의 각 기관에 지속적으로 혈액을 공급하는 데 심각한 어려움이 있는 의학적 상태를 말한다. 일반적 증상으로는 피로, 호흡문제, 부종, 수면곤란, 지속적 기침, 식욕저하, 오심, 어지러움, 그리고 심장박동 증가 등이 있다.

HF는 불행히도 상당한 스트레스를 유발할 수 있다. HF와 관련된 문제는 신체적 그리고 사회적 제약, 일상적인 활동을 수행하는 능력의 제한, 가족을 돌보는 데 필요한 능력의 감소, 성적 활동의 감소, 활동성의 감소, 그리고 사회적 관계의 제한 등이 있다. 따라서 HF를 앓고 있는 환자의 삶의 질은 종종 상당히 손상된다. 사실, 최신 연구문헌들을 살펴보면, HF를 앓고 있는 환자들은 다른 의학적 환자 집단보다 전반적 삶의 질이 떨어지는 경험을 했다는 것을 제시하고 있다. 연구는 또한 HF 환자들 중에 우울증이 매우 일반적이라는 것을 보여 주었다. 약 24%에서 42%의 HF 환자들이 치료를 받아야 하는 심각한 우울증을 경험한 적이 있는 것으로 추정되었다. 그러나 우울증을 앓는 HF 환자들은 종종 우울증을 인지하지 못하고 치료도 받지 않는다. 그것은 안타까운 일인데 우울증은 심장상태에 부정적인 영향을 미칠 수 있기 때문이다. 예를 들어, 한 연구에서 우울증이 HF 증상을 악화시키고 재입원 가능성을 증가시키며 사망위험성을 높일 수 있다는 것을 보여 주었다. 이는 신체적 이유(예: 우울증은 스트레스 호르몬 수준을 증가시킬 수 있다.)뿐만 아니라 심리적 이유(예: 스트레스를 받으면 병원에서 처방한 지침을 잘 따르지 않을 수 있다.) 때문일 수도 있다.

심부전에 대한 대처 프로그램의 목표는 HF 환자들이 일반적인 스트레스와 이들의 병과 그 치료로 인한 문제들에 보다 잘 대처할 수 있도록 돕는 것이다. 기본적인 생각은 우울 수준을 감소시켜서 스트레스가 되는 문제에 대해 보다 잘 대처하게 하는 것이다. 우울감을 감소시키는 것은 그 자체로 매우 중요한 목표이지만 우울증상을 경감시키는 것은 신체적 건강도 호전될 수 있도록 해 줄 것이다. 이러한 유형의 연구를 수행함으로써 미래에는 이러한 중요한 연구주제에 대해 답을 찾을 수 있기를 바란다.

HF를 앓고 있는 환자와의 면담을 통하여 우리는 그들이 경험하는 일반적인 스트레스 문제를 확인했다.

- 항상 피곤하다.
- 의학적 부작용 때문에 힘들다.
- '아무도 나를 이해할 수 없다.'는 생각이 든다.
- 사소한 일에도 화가 난다.
- 무기력한 느낌이 든다.
- 이전에 즐기던 일들을 할 수가 없다.
- 가족들에게 짐이 되는 것 같은 느낌이 든다.
- 약간의 운동도 힘들다.
- 죽음에 대해 걱정하게 된다.
- 관계의 문제(배우자, 파트너, 가족, 친구들과의 관계)가 생긴다.

당신이 경험하고 있는 어떤 문제가 스트레스와 우울감을 경험하게 하는가? 어떤 문제를 먼저 다루고 싶은가? 다음에 2~3개의 문제를 적어 보시오. 그것들은 당신의 상담자와 초점을 맞춰 작업해야 할 부분일 것이다.

1. _____

2. _____

3. _____

그러면 나는 어떻게 해야 하는가

효과적인 문제해결자가 되는 방법을 배워라! 심부전에 대한 대처 프로그램은 문제해결훈련(Problem-Solving Training, PST)을 하게 해 준다. PST는 스트레스 상황에 보다 잘 적응할 수 있는 방법을 가르치는 상담프로그램이다. PST는 상호적이고 기술기반의 접근으로 사람들이 어려운 문제를 다룰 때 스트레스에 보다 잘 대처할 수 있도록 돕는다. PST는 우울증에 상당히 효과적인 치료법으로 확인되었을 뿐만 아니라 암, 고혈압, 당뇨병, 통증, 그리고 외상성 뇌손상과 같은 다른 유형의 의학적 문제에 대한 대처능력을 향상시키는 접근법이다.

이 프로그램은 HF 환자에게 앞서 나열한 것과 같은 문제뿐만 아니라 각 개인이 당면한 고유한 스트레스에 대해서도 보다 잘 대처할 수 있도록 가르치기 위해 고안된 것이다. 이 프로그램에서 제시하는 기술들은 HF와 관련된 문제뿐만 아니라 삶의 다른 문제들(예: 재정적 어려움, 성적 문제, 업무상 문제)에도 적용할 수 있다.

우울증을 다루는 것은 당신의 전반적 건강에 있어 중요한 목표다. HF를 앓고 있는 환자인 HK도 우리에게 비슷한 이야기를 한 적이 있다. "만일 당신이 우울증을 다루지 않는다면, 그건 당신을 무력화시킬 것입니다. 심부전을 치료하는 데 있어 당신의 정신건강 상태는 심장과 관련된 의학적 치료만큼이나 중요합니다."

효과적인 문제해결이란 무엇인가

"우리가 바람의 방향을 결정할 수는 없다.
하지만 돛을 조정할 수는 있다."

인생은 문제로 가득 차 있다. 그러나 헬렌 켈러가 이야기했듯이 "인생은 또한 그것들에 대한 극복담으로 가득 차 있다." 이런 인용구들은 당신이 비록 많은 어려움과 스트레스를 경험할지라도 당신은 그것들이 제시하는 다양한 도전에 대응할 수 있다는 것을 강조하고 있다. 한 내담자가 우리에게 다음과 같은 이야기를 한 적이 있다. "그것은 내가 상대해야 하는 카드들이에요. 이제 나는 게임을 해야 하는데 이기거나 지거나 비기는 거죠. 나는 문제와 '싸워야' 해요. 문제가 존재한다는 사실과 싸울 수는 없지요!"

연구자들은 직면한 어려운 문제들을 해결함으로써 스트레스가 되는 상황에 보다 잘 대응한 사람들은 우울감을 보다 덜 경험하고, 삶의 질이 보다 나았으며, 신체적 안녕감도 더 높은 수준이라는 것을 증명해 주었다. 그런 사람들은 효과적인 문제해결자라고 할 수 있는데 이 사람들은 다음과 같은 경향성을 가지고 있다.

- 문제를 중대한 위협으로 보고 반응하는 대신에 성장을 위한 기회로 바라본다.
- 스트레스 상황과 맞붙어 싸울 수 있는 능력에 대한 자신감을 가지고 있다.
- 어려운 문제에 대해서 '미봉책'을 쓰려 하거나, 문제를 회피하거나 부정적인 감정

에 압도되어 반응하는 것이 아니라 사려 깊고 계획적인 방식으로 문제에 반응한다.

좋은 소식은 그것이 기술이지 우리가 가지고 태어난 성격특질이 아니라는 것이다! 운전이나 각종 운동이나 취미처럼 이런 기술들은 학습이 가능하다.

효과적인 문제해결기술이란 무엇인가? 성공적으로 어려움에 대처한 사람들은 살면서 생기는 문제들에 대한 긍정적 지향을 가지고 있고, 문제를 다룰 때 계획적 문제해결 양식을 사용한다고 한다. **긍정적 문제 지향**은 다음과 같은 태도를 포함한다.

- 문제와 부정적인 정서적 반응을 위협이 아니라 맞닥뜨려야 할 도전으로 바라본다.
- 현실적인 낙관성을 유지하며 문제를 해결할 수 있다고 믿는다.
- 어려운 문제를 해결하려면 노력과 끈기가 필요하다고 믿는다(아인슈타인이 다음과 같은 이야기를 한 적이 있다. "나는 머리가 좋은 것이 아니다. 그저 문제를 좀 더 오래 생각하는 것이다.")
- 문제에 대처하기 위해 뛰어든다.

계획적 문제해결 양식은 문제를 다루는 사려 깊고 체계적인 방법을 포함한다. 이러한 접근법을 사용하는 사람들은 다음과 같은 경향성을 보인다.

- 현실적인 목표를 설정하고 그 목표에 도달하는 것을 방해하는 장애물이 무엇인지 판단하려고 노력한다.
- 장애물과 어려움을 극복하기 위한 다양한 방안을 창의적으로 모색한다.
- 효과적인 해결책을 확인하기 위해 다양한 선택지의 장점과 단점을 비교한다.
- 가능한 범위에서 최선의 해결책을 실행하고 그 결과를 모니터링한다.

한편, **비효과적인 문제해결자**는 삶의 문제에 대해 부정적인 경향성이 있고 충동적이며 부주의하거나 회피적인 문제해결 양상을 보이는 경향이 있다.

부정적 문제해결 지향은 다음과 같은 일반적 경향과 관련된다.

- 문제를 개인의 웰빙에 대한 중대한 위협으로 본다.
- 문제에 대처할 수 있는 자신의 능력을 의심한다.
- 문제에 직면할 때 정서적 스트레스에 압도된다.

충동적이며 부주의한 문제해결 양식은 다음과 같은 경향성을 강하게 보인다.

- '성급하게 고치려고' 달려든다.
- 문제를 협소한 '터널 시야'로 바라본다.
- 불충분하고 부주의하다.

회피적 양식은 다음과 같은 강한 경향성으로 특징지어진다.

- 미룬다.
- 수동적이다.
- 문제의 존재를 부인한다.
- 스스로 뭔가 시도하기보다는 다른 사람들이 문제를 해결해 주기를 바란다.

당신은 어떤 유형의 문제해결자인가

당신은 일반적으로 문제를 긍정적으로 바라보는가 또는 부정적으로 바라보는가? 당신은 일반적으로 문제에 계획적 양식으로 반응하는가, 아니면 충동적인 양식 또는 회피적인 양식으로 반응하는가?

사람들은 종종 문제에 따라 다른 지향 또는 양식으로 반응한다. 예를 들어서, 때로 사람들은 직장에서 문제를 처리할 때는 좀 더 생산적인 방식을 사용하지만, 관계의 문제나 가족의 문제를 다룰 때는 좀 더 어려움을 겪기도 한다(또는 그 반대다). 게다가 때로 문제는 너무 새로운 것이거나 너무 복잡하거나 너무 압도적이다. 또한 때로는 생명을 위협하는 것이어서 어떻게 해야 할지 파악하기 어렵다. 이전에는 효과적이었던 전략들이 더 이상 효과적이지 않은 경우가 생긴다. 이때가 우리가 새로운 기술을 배워야 할 때일 것이다!

두 가지 유형의 지향에 대해 생각해 본다면, 당신은 어느 쪽이라고 할 수 있을까?

- 긍정적 지향
- 부정적 지향

최근에 당신이 경험했던 문제에 대해 생각해 보라. 당신이 기술한 지향과 맞는가?

이제 당신을 가장 잘 기술할 수 있는 문제해결 양식은 어떤 것인가?

- 계획적 문제해결
- 충동적 문제해결
- 회피적 문제해결

다시 같은 문제로 돌아가 보라. 당신의 방식을 기술한 것과 맞는가?

프랜시스 베이컨이 "아는 것이 힘이다!"라고 했다. 우리는 자신에 대해 아는 것은 더욱 강력한 힘이 될 것이라고 믿는다. 즉, 우리가 우리의 강점과 좀 더 보완이 필요한 부분을 정확하게 이해할 수 있다면, 우리의 강점은 강화하고, 우리의 한계는 극복할 수 있을 것이다.

효과적인 문제해결자가 되기 위한 첫 번째 단계는 당신의 특정한 문제해결 양식의 강점과 한계점에 대해 보다 잘 판단하는 것이다. 이러한 방식으로 당신은 상담자를 도와 당신에게 가장 알맞은 학습프로그램을 개발할 수 있을 것이다.

문제해결 다중과제처리

"두뇌는 컴퓨터와 상당히 유사하다. 당신은 컴퓨터에 한 번에 여러 개의 창을 열어 둘수 있을 것이다. 그러나 당신은 한 번에 단지 한 가지만 생각할 수 있다."

– William Stixrud

대단한 지적 능력을 소유하고 있는 소설 속 유명한 탐정인 셜록 홈스는 아주 어려운 문제에 대해 '세 개의 파이프 문제(three pipe problem)'라고 했고, 그가 문제를 해결하는 데 적어도 파이프 담배 세 대를 피울 정도의 시간은 필요한 것으로 그려졌다. 이는 스트레스가 되는  실생활의 문제를 해결하는 것 그 자체가 종종 다루기 힘든 것일 수 있음을 암시한다. 그러나 그것을 좀 더 힘들게 하는 부분은 우리의 다중과제처리 능력이다. 이 표현은 컴퓨터 시대에 들어서서 동시에 여러 개의 과제를 수행하는 행위를 기술하기 위해 대중적으로 많이 사용되었다. 성능이 좋은 컴퓨터라면 다중과제처리를 성공적으로 수행할 수 있지만, 사람의 두뇌는 용량의 한계가 있기 때문에 실생활의 문제를 해결하고자 노력할 때 이는 우리에게 어려운 일이 된다. 사실 과학은 우리는 실제적으로 다중과제처리를 효과적으로 수행할 수 없음을 보여 주었다.

연구에 따르면, 문제가 특별히 복잡하거나 스트레스가 심한 경우, 우리의 두뇌는 한계가 있어서 동시에 문제해결을 효과적으로 하는 데 필요한 모든 활동을 수행할 수 없다고 한다. 종종 한 가지 활동이 다른 활동을 방해한다. 예를 들어서 우리가 문제에 대한 중요한 사실을 기억하려고 노력하면, 그것이 바로 해결하는 방법을 생각하는 우리의 능력을 실제적으로 방해할 수 있다.

이런 제한된 용량을 가지고(불행히도 우리는 컴퓨터 매장에서 더 좋은 뇌를 구입할 수가 없다.) 삶의 복잡하거나 스트레스가 가득한 문제에 직면할 때 우리는 무엇을 할 수 있을까?

문제해결 다중과제처리를 촉진시키는 방법들

우리의 두뇌는 시도의 정확성에 영향을 미치지 않으면서 동시에 두 가지 일을 할 수 없기 때문에(비록 우리는 할 수 있다고 생각하지만), 특히 복잡하거나 정서적으로 관여된 문제를 해결해야 할 때에는 좀 더 잘 수행할 수 있도록 돕는 추가적인 방법이 필요하다. 우리는 다음 세 가지 전략을 추천한다.

- 외재화
- 시각화
- 단순화

이 전략들은 일반적으로 보다 나은 문제해결자가 되는 데 도움이 되는 기본적 활동이다. 이것들을 다른 기술을 발달시키는 데 필요한 중요한 건축자재라고 생각해 보라. 예를 들어, 적절한 호흡과 스트레칭은 우리가 운동을 하거나 운동경기를 성공적으로 하기를 바랄 때 요구되는 기본적 기술로서 매우 중요하다.

외재화

이 전략은 가능한 한 자주 외적으로 정보를 나열하는 과정을 포함한다. 단순히 꺼내 놓는 것이다. 즉, 아이디어를 적어 보거나 관계를 보여 주는 도표나 표를 그리거나 목록을 만들어 본다. 이 과정은 우리의 두뇌가 기억한 정보를 적극적으로 떠올리는 활동을 하지 않고 쉴 수 있게 해 주며, 우리가 문제를 해결하는 과정에서 만나게 되는 장애물을 보다 잘 이해하고, 다양한 해결책을 창의적으로 생각해 내거나 효과적인 의사결정을 하는 등의 다른 활동들에 좀 더 집중할 수 있게 해 준다. 이것이 우리에게 일정표, 스마트폰의 '할 일 목록', 장보기 목록, 지도, 그리고 심지어는 녹음기가 필요한 이유다. 건축인부들이 집을 짓기 위해서는 청사진이 필요하다. 청사진이 없이 측량이나 자재, 그리고 인테리어와 관련된 모든 세부사항을 기억하는 것은 불가능할 것이다. 서면자료는 우리가 문제를 좀 더 효과적으로 해결하도록 도울 수 있다!

이 전략을 연습하기 위해 우리는 작은 노트나 일기장 또는 수첩을 구입할 것을 강력히 추천한다.

시각화

시각화는 다음과 같은 방식으로 '마음의 눈'을 이용하는 방법을 포함하는데, 이는 문제해결을 도울 수 있다.

- 문제를 명료화하기 — 다른 관점에서 문제를 바라보기 위해 문제를 시각화하고, 그것을 다른 구성요소들로 나누어 보고, A에서 B까지 가기 위한 경로들을 '지도에 그려 본다.' 이 방법은 또한 문제를 좀 더 상세히 기억하도록 도울 수 있다.
- 심상을 활용한 예행연습하기 — 해결책을 개선하기 위해 마음속으로 해결책의 이행을 예행연습해 보고 좀 더 연습을 한다. 운동선수들은 수행을 향상시키기 위해 언제나 이런 방법을 쓴다. 예를 들어, 스키선수들은 활강하는 장면을 '상상하고' 농구선수들은 특정 각도에서 농구공을 넣기 위해 점프를 하는 것을 '상상한다.'
- 스트레스 관리하기 — 마음속으로 휴양지와 같은 '안전한 장소'에 가는 것을 시각화하는 것은 강력한 스트레스 관리 도구다. 이 방법은 또한 이 프로그램의 일부인 '속도 줄이기'라는 중요한 개념을 사용하도록 도울 수 있다.

단순화

이 전략은 문제를 좀 더 다룰 수 있는 형태로 만들기 위해 문제를 작게 자르거나 단순하게 만드는 것이다. 거대한 문제를 해결하려고 애쓰기보다는 그것을 좀 더 작은 부분으로 나누고 그것을 대표하는 작은 단계들로 나누어 시도하는 편이 낫다. 예를 들어, "4년간의 대학등록금을 어떻게 마련할까?"라는 문제를 다루려고 애쓰기보다는 더 작은 단계로 그 문제를 나누어서 "첫 학기 등록금을 어떻게 마련할까?"부터 시작할 수 있다.

덧붙이자면, 단순화는 가장 관련이 깊은 정보에만 초점을 맞추며, 복잡하고 애매하고 추상적인 개념을 단순하고 구체적이며 실제적인 용어로 전환하는 과정을 포함한다. 이 규칙을 연습하는 한 가지 방법은 당신이 경험하고 있는 어떤 문제를 간략하게 기술해 보는 것이다(이는 '외재화' 규칙을 연습하는 것이 될 수도 있다). 이제 그것을 다시 한 번 읽고 스스로 다음과 같이 질문해 보라. "만일 어떤 친구가 이 글을 읽는다면, 그는 그것을 이해할 수 있을까? 또는 내가 애매하고 양가적인 단어나 생각을 쓰지는 않았는가?" 그 대답이 부정적이라면 다시 돌아가서 단순화 전략을 사용하여 정보를 다시 적어 본다. 만일 이 과정이 어렵다면, 어떤 아이디어나 말을 사용해야 당신이 정말 전달하려고 하는 바를 이해시킬 수 있을지 판단하기 위해, 친구에게 이야기를 하는 것을 시각화해 보라. 종이에 그것을 적고, 다시 검토하며, 다시 한 번 단순화해 보라.

스트레스가 되는 문제를 해결하려고 할 때는
이런 다중과제처리 전략들을 사용하라!

마음으로 떠나는 휴가: 스트레스 감소를 위한 시각화

종종 '유도된 심상(guided imagery)'이라고 부르는 이러한 시각화 연습은 부정적인 감정이나 흥분을 경감시키기 위해 사용할 수 있는 스트레스 관리도구다. 기본적으로 '마음의 눈으로' 어떤 장면을 생생하게 상상해 보라고 요구하는데, 그 장면은 가장 좋아하는 여행지 같은 '안전한 장소'다. 몸과 마음을 차분하게 이완시키기 위해 '마음속으로 휴가를 보내는 것'처럼 생각해 보라. 당신의 안전한 장소는 편안하고 안심할 수 있고

안전한 느낌을 주는 곳이며, 온전히 자기 자신이 될 수 있는 곳이다. 스트레스를 받을 때 이것은 고통을 감소키시는 데 매우 큰 도움이 될 수 있다. 이것은 마치 '스트레스 볼륨을 줄이는 것'과 같다. 이 도구는 또한 곧 힘든 상황이 닥쳐올 것이 예상되는 상황에서 마음을 편안하게 가지도록 해 줄 수 있다. 게다가 연습을 더 많이 할수록 당신은 좀 더 빨리 그리고 좀 더 깊이 이완할 수 있는 긍정적 이득을 얻을 수 있을 것이다. 이것은 당신이 '속도를 줄이도록' 돕는 데 유용할 것이다.

준 비

우리는 당신이 집에서 혼자 이 연습을 해 보기 위해서 이 유인물에 포함된 대본의 녹음본을 당신이나 친구가 만들어 볼 것을 추천한다. 녹음을 할 때, 대본을 천천히 읽고 집중이 필요한 곳이나 어떤 심상을 떠올려야 하는 곳에서는 잠시 멈추어야 한다. 마음의 눈과 촉각, 소리, 맛, 그리고 심지어 냄새와 같은 당신의 모든 다른 감각들을 사용하여 가능한 한 최선을 다해 장면을 시각화해 보려고 노력하라. 이 상황을 최선을 다해 경험

해 보려고 노력하라. 녹음을 하면, 당신은 쉬면서도 지침을 들을 수 있고, 모든 지침을 기억해 내려고 하면서 마음이 산란해질 필요가 없어진다. 또한 당신이 좋아하는 편안한 음악을 배경으로 조용히 틀어 놓을 수도 있다. 이런 방식으로 당신은 자신만의 시각화 녹음본을 가지고 얼마든 반복해서 들어 볼 수 있을 것이다.

기댈 수 있는 의자나 카우치, 침대 또는 부드러운 바닥 같은 시각화 훈련을 연습해 볼 수 있는 편안한 장소를 찾아보라. 옷을 느슨하게 하고, 안경이나 콘택트렌즈를 빼고, 조명을 은은하게 하여 좀 더 집중할 수 있는 환경을 조성하라. 적어도 일주일 동안 매일 한 번씩 연습하라. 이 도구를 연습하는 것은 어떤 다른 기술(예: 운전, 컴퓨터 사용, 피아노 연주)을 연습하는 것과 마찬가지로 연습을 많이 할수록 더 좋은 결과를 얻게 될 것이다! 이 전략을 단지 한두 번 사용하는 것으로는 불안이나 부정적인 각성을 유의미하게 감소시킬 수 있는 정도의 결과를 산출할 수 없을 것이다. 그러므로 연습은 중요하다. 한 회기는 끝마치는 데 약 10~15분 정도 소요될 것이다. 연습을 많이 할수록 당신을 안내하는 녹음본의 필요가 적어질 것이다. 이러한 방식으로 당신은 외출을 했을 때에도 이 연습을 할 수 있는데, 당신이 특별히 이완할 필요가 있을 때 어떤 사적인 공간을 찾아 연습을 할 수 있을 것이다. 이 연습은 잠을 자는 데 어려움이 있는 경우에도 도움이 될 수 있다. 다음 번에 잠이 잘 안 오면 이 방법을 시도해 보라!

시각화 대본

부드럽게 눈을 감아 보세요. 세상일은 잠시 접어 두고 내면으로 여행을 떠나 봅시다. 편안하게 이완해 보세요. 이것이 시각화에서 가장 중요합니다.

이제 당신은 당신이 가장 안전하게 느끼는 곳으로 가려고 합니다. 천천히 깊은 숨을 쉬어 보세요. 이제 손바닥을 부드럽게 당신의 감은 두 눈 위로 가져가 보시고 눈과 얼굴을 손으로 부드럽게 문질러 보세요. 팔을 내리고 몸이 전체적으로 이완이 될 수 있도록 해 보세요. 당신은 이제 평화롭고 편안하며 안전한 당신만의 특별한 공간에 혼자 들어가게 하려고 합니다. 이런 장소에 대해 상세하고 풍부한 상상을 해 보세요. 당신은 그 장소를 가까이에서 그리고 멀리서 바라보고, 모든 감각을 통해 경험할 수 있을 것입니다. 또한 당신은 다른 사람들을 위한 공간을 상상할 수도 있는데, 배우자나 친구 그리고 가족들이 그 장소에 당신과 함께 있는 것을 그려 볼 수 있습니다. 오직 당신이 그러기로 선택할 때만 말입니다.

당신의 안전한 장소는 해변으로 이어진 산책길의 끝일 수도 있을 것입니다. 발 밑에는 모래가 밟히고 물은 2m 정도 떨어져 있으며 갈매기와 보트와 구름이 저 멀리서 보입니다. 해변으로 밀려오는 파도 위로 태양이 반짝거리고 산책길에서 음식냄새가 전해 옵니다. 이곳이 당신에게 안전한 장소라면 그곳을 가능한 한 잘 상상해 보려고 노력해 보세요. 당신은 어떤 기분입니까? 무엇이 보입니까? 무슨 냄새가 납니까? 무슨 소리가 들립니까? 이 장면을 최대한 상세하게 시각화하려고 노력해 보세요. 이 안전한 장소를 즐기고 이 휴가를 즐기십시요.

다른 안전한 장소는 따뜻하고 나무 판넬로 꾸며진 작은 방일 수 있습니다. 그곳의 주방에 있는 오븐에서 시나몬번을 굽는 달콤한 냄새가 납니다. 창문 너머로 당신은 키가 큰 마른 옥수수 줄기가 보이는 벌판이나 아름답고 무성한 나무들의 숲을 볼 수도 있습니다. 벽난로에 장작이 타닥거리는 소리를 내고 있습니다. 향초들은 라벤더향을 풍기고 테이블 위에는 당신을 위한 따뜻한 차 한 잔이 놓여 있습니다.

당신은 이런 두 장면 이외에 다른 안전한 장소를 생각해 볼 수도 있을 것입니다. 당신의 안전한 장소를 확인하기 위해 몇 초 정도 시간을 가지 십시요. 그곳은 해변일 수도 있고 아늑한 집일 수도 있고 배 위나 당신 집의 뒤뜰일 수도 있을 것입니다. 어쩌면 안전한 장소는 당신이 갔을 때 편안함을 느꼈던 휴가지일 수도 있습니다. 그곳은 어디입니까? 이제 마음의 눈을 사용하여 그곳으로 가십시요.

계속 눈을 감고, 숨을 천천히 그리고 깊게 내쉬어 보십시요. 안전하고 조용한 장소로 천천히 걸어가십시요. 마음으로 당신을 그곳에 데리고 가십시요. 당신의 그곳은 당신의 내면일 수도 있고 외부일 수도 있습니다. 그러나 그곳에 어디이든 그곳은 평화롭고 안전합니다. 불안과 걱정이 지나가는 장면을 그려 보십시요. 멀리서 바라보십시요. 무엇이 보입니까? 멀리서 당신이 본 것의 시각적 이미지를 생성해 보십시요. 무슨 냄새가 납니까? 무슨 소리가 들립니까? 당신 바로 앞에서 벌어지고 있는 것에 주목해 보고 손을 뻗어 그것을 만져 보십시요. 어떤 느낌이 듭니까? 냄새를 맡아 보십시요……. 어떤 즐거운 소리를 들어 보십시요.

온도를 적당하게 맞춰 보십시요. 여기가 안전한 곳이 되게 하십시요. 주위를 둘러보고 특별하고 사적인 장소를 찾아보십시요. 땅과 당신 발밑의 지구를 느껴 보십시요. 어떤 느낌이 듭니까? 위를 올려다 보십시요. 무엇이 보입니까? 무슨 소리가 들립니까? 무슨 냄새를 맡을 수 있습니까?

이제 조금 더 멀리까지 걸어가다가 멈추어 보십시요. 팔을 뻗어 어떤 것을 손가락 끝으로 살짝 만져 보십시요. 당신이 만진 것의 질감은 어떤가요? 이곳은 당신의 특별한 장소이며 당신을 해치거나 언짢게 할 수 있는 것은 아무것도 없습니다. 당신이 얼마나 이완되었는지 주목해 보십시요. 그 느낌이 얼마나 좋은지 주목해 보십시요. 어떤 느낌인지에 마음을 모아 보십시요. 편안하고 평온한지 말입니다. 자신에게 말해 보십시요. "나는 차분하고 편안하다." 천천히 말해 보십시요. 그 말에 대해 생각해 보십시요. "나는 차분하고 편안하다." 당신이 원하면 언제든 여기에 와서 쉴 수 있습니다. 당신이 원하는 만큼 이 안전하고 평화로운 곳에 머물 수 있습니다. 천천히 그리고 깊게 숨을 쉬고 완전히 이완됩니다.

당신과 함께 있고 싶은 사람이 있습니까? 있다면, 이제 그 사람이 당신과 함께 있는 것을 상상해 보고 당신의 안전한 장소에서 평화와 고요를 즐겨 보십시요. 만일 그런 사람이 없다면, 괜찮습니다. 이것은 당신의 휴가라는 것을 기억하십시요.

당신이 원할 때, 들어왔을 때와 같은 경로 또는 단계로 천천히 일어나서 당신의 안전한 장소를 떠나면 됩니다. 당신이 보고 느끼고 듣고 냄새 맡고 만진 것들에 대해 지속적으로 마음챙김하십시요. 천천히 심호흡을 하십시요. 이완하고 즐기세요. 천천히 하십시요. 주변을 둘러보고 자신에게 다음과 같은 말을 하십시요. "나는 안전한 장소에서 쉴 수 있어. 이곳은 나의 특별한 장소이며 나는 언제든 여기로 돌아올 수 있어." 이제 천천히 눈을 뜨고 주변에 익숙해지도록 하십시요. 그러나 기분 좋은 이완의 느낌은 '집으로' 가지고 돌아오십시요.

연습을 해야 한다는 것을 기억하라.

휴가를 즐겨라!

멈추고, 속도를 줄이고, 생각하고, 행동하라. S.S.T.A. 기법

새로운 아이디어가 잘 떠오르지 않는다면,
천천히 생각해 보라.

– Natalie Goldberg

질문에 답을 해 보시오

중요한 결정을 할 최적의 시기는 언제일까? 당신이 흥분할 때? 맞나? 당연히 아니다. 어려운 문제를 해결하는 데 있어 최악의 시기는 당신이 스트레스를 받거나 흥분하거나 의욕이 없거나 최선에 대해 생각하지 않을 때다.

당신이 대단한 문제해결기술을 가지고 있다 하더라도, 많은 스트레스에 대처하려고 애쓰면서 문제해결기술을 사용하는 것은 최고의 문제해결자에게도 매우 어려운 일일 수 있다. 특히 스트레스가 되는 문제를 다루는 데, 다음 세 가지 일반적인 방해물이 존재할 수 있다.

- 부정적 감정
- 부정적 생각
- 절망감

슬픔, 죄책감, 눈물어림, 불안 같은 **부정적 감정들**은 강렬하거나 압도적인 경우에 문제에 대처할 수 있는 효과적인 방법을 확인하는 우리의 능력을 종종 방해하곤 한다. 그러한 감정들은 논리적으로 생각하는 우리의 능력을 잠식하고 그러한 감정이 진심으로 우리에게 이야기하고자 하는 것("해결되어야 할 문제가 있다.")을 가리는 기능을 할 수 있다. 이미 일어났거나 또는 미래에 일어날지도 모르는 부정적인 일에 초점을 맞추는 **부정적 사고**는 머릿속에서 반복적으로 재생되어 건설적 사고를 위한 공간을 거의 남겨 두지 않는다. 부정적 사고와 부정적 감정이 일어나면, 오래지 않아 **절망감**을 느끼게 되고 상황이 나아질 수 있을 것이라고 믿으려는 동기가 심각하게 감소된다. 이렇게 되면 우리는 종종 노력하기를 멈춘다. 논리적으로 생각해 보면, 노력을 멈춘다는 것은 실패를 보장하는 것이다. 그러나 슬프고 무기력할 때는 할 수 있는 일이 아무것도 없는 것처럼 느껴진다.

좋은 소식은 이러한 장애물에도 불구하고 효과적인 문제해결자가 되는 방법을 배울 수 있는 방법이 있다는 것이다! 부정적인 감정과 생각 그리고 절망감을 느끼게 되었을 때, 효과적으로 문제를 해결하기 위해 당신이 할 수 있는 일이 있다.

다음의 머리글자는 우리의 전반적인 접근법을 매우 잘 보여 준다.

'S. S. T. A.'

이 머리글자는 다음을 상징한다.

S. 멈춘다(Stop): 문제에 직면했을 때 자신의 감정에 주목한다.

S. 속도를 줄인다(Slow down): 머리와 몸에 부정적인 각성의 강도를 줄일 수 있는 기회를 준다.

T. 생각한다(Think): 문제에 대처하기 위한 시도로 계획적 문제해결기술을 사용한다.

A. 행동한다(Act): 문제해결에 관한 생각을 행동으로 옮긴다.

첫 단계는 부정적이 감정이 떠오르는 것을 막는 것인데 이것은 매우 중요하다. 스트레스에 대한 반응으로 슬픔 같은 부정적 감정을 느끼는 것은 꽤 일반적인 일이다. 그러나 슬픔이 우울이 되면 상당한 어려움이 발생할 수 있다. 또는 감정이 점차 불안이나 공황으로 보다 강렬해지거나 '짜증 나는' 느낌에서 분노나 적대감으로 증폭되기도 한다!

그런 처음의 감정이 강하고 압도적인 감정으로 변하는 것을 막는 가장 좋은 방법은 '멈추고, 속도를 줄이고, 생각하고, 행동하는 것'이다.

역을 이미 떠나서 점점 속도를 내고 있는 기차를 멈추는 것은 매우 어려운 일이다. 그러나 일찍 브레이크를 밟으면 너무 멀리 가기 전에 기차를 세울 수 있다. 이것은 당신이 배울 수 있는 기술이라는 것을 기억하라.

내가 흥분하고 스트레스를 받은 상태에서 어떻게 멈추고 속도를 줄일 수 있을까

당신의 PST 상담자가 당신에게 멈추고 속도를 줄일 수 있도록 도울 수 있는 일련을 기술들을 가르쳐 줄 것이다. 그것은 다음과 같다.

1. 스트레스에 대한 당신의 반응을 자각해 보라. 이 말은 감정(슬픔), 생각("나는 이런 상황에서 제대로 대처할 수 없어."), 신체적 반응(두통, 손에 땀이 남, 피로감) 그리고 행동에서의 변화('도망치려고' 함)에 주목한다는 것이다. 자각이 증대되면, 언제 멈추어야 하는지를 알 수 있고, 당신을 정말로 괴롭히는 것이 무엇인지 판단할 수 있으며, 더 흥분하기보다는 상황에 대처할 수 있게 된다. 당신이 이런 반응들을 경험하게 된다면 그때가 바로 자신에게 "멈춰!"라고 말해야 할 때다.

2. 당신에게 '고유한 촉발요인'을 파악하라. 이것은 종종 당신을 자극하는 사람이나 사건, 상황, 생각, 장면, 소리 등일 수 있다. 예를 들면, 길게 줄을 서 있는데 당신 앞으로 끼어드는 사람, 군중들, 당신에게 특별한 의미가 있는 슬픈 노래가 들려오는 것, 누군가 당신에게 소리를 지르는 것 등이 있다. 당신의 촉발요인을 아는 것도 당신이 멈추고 속도를 줄일 수 있도록 도울 수 있다.

3. 속도를 줄여라. 일단 멈출 수 있다면, 다음 단계는 흥분을 가라앉히기 위해 노력하는 것이다. 즉, '기차의 속도를 줄여서 역을 떠나지 않도록' 시도하는 것이다.

속도를 줄이기 위한 전략들

다음에 제시된 도구목록은 상담자가 당신을 돕기 위해 사용할 수 있는 것이다. 일부는 좀 이상하거나 독특하게 보이겠지만('일부러 하품하기') 이러한 도구들이 필요하지 않을 것이라고 물리치기 전에 상담자와 대화를 나누어 보기 바란다. 다른 것들은 당신이 이미 배운 것일 수 있다. 예를 들어, 심호흡은 알고 있을 것이다. 이 모든 것들은 스트레스를 감소시키고 '속도를 줄이는' 데 도움이 되는 것으로 확인된 것이다. 우리는 '사람마다 취향이 다르다.'고 믿기 때문에 우리는 한두 가지가 아니라 여러 개의 도구들을 제공하고자 했다.

- 숫자세기
- 심호흡하기
- 시각화
- '일부러' 미소짓기
- '일부러' 하품하기
- 명상
- 근육이완
- 운동/마음챙김 걷기
- 다른 사람과 대화하기
- 껌 씹기
- 기도하기
- 당신이 생각할 수 있는 다른 것들

생각하고 행동하기

마지막 두 단계는 계획적 문제해결, 즉 창의적으로 계획을 생각하는 것을 포함하는데 이는 당신이 스트레스가 되는 문제를 해결하도록 도울 뿐만 아니라 그것을 실행할 수 있도록 도울 것이다.

그러나 당신이 이것을 할 수 있기 전에 당신의 몸과 마음이 차분한 상태여야 한다.

상담자와 S-S과정을 연습하는 것에 대해서 의논하고 당신에게 효과가 있는 속도 줄이기 도구를 배워라.

심호흡

심호흡 또는 횡격막호흡(흉곽 대신에 횡격막으로부터 호흡을 한다는 의미)은 몸을 진정시키는 가장 단순하고, 저렴하고, 안전한 방법 중 하나다. 심신의 상호작용을 전공한 의사들에 따르면, 호흡은 우리가 언제든 사용할 수 있는 놀라울 정도로 강력한 도구라고 한다.

스트레스를 보다 잘 관리하기 위해 호흡을 좀 더 효과적으로 사용하는 방법을 배울 수 있는 단계를 다음에 제시해 놓았다.

1단계: 편안한 자세로 눕거나 앉아서 눈을 감는다.

2단계: 천천히 두 손을 몸 위에 올려놓는다. 오른손은 배 위에 올려놓는데, 갈비뼈 바로 아래 그리고 허리선 정도에 놓는다. 왼손은 가슴 중앙에 목 바로 아래 올려놓는다.

3단계: 호흡에 주의를 기울인다. 숨을 어떻게 쉬는지 관찰한다.

어느 손이 가장 많이 올라가는가? 위나 배위에 올려놓은 손이 위쪽으로 그리고 아래쪽으로 움직이면, 당신은 횡격막이나 복부로 숨을 쉬는 것이다. 이것이 숨을 쉬는 가장 나은 방법이다. 이것을 연습할 때 손을 배위에 계속 올려놓아라. 숨을 들이쉴 때 갈비뼈 바로 아래 있는 배 전체가 풍선이고 공기가 가득 찬다고 상상해 보라. 숨을 내쉴 때 공기가 배에서 천천히 빠져나가고 풍선에서 공기가 빠져나간 것처럼 납작해 진 것을 느껴 보라.

4단계: 다음의 숨 쉬기 지시를 5분 동안 따라 해 보라.

• 코로 천천히 그리고 깊이 숨을 들이마시고 배 안의 모든 공간을 공기로 채워 보라 (만일 코로 숨을 쉬는 데 어려움이 있다면, 입으로 숨을 쉬어도 된다.).

- 이제 입으로 바람소리처럼 "후~" 하며 조용히 숨을 내뱉는다. 부드럽고 천천히 숨을 내쉰다. 입술을 오므리고 "○" 모양을 만들어 숨을 내쉬는 데 마치 물 위에 종이배를 띄우는 것처럼 해 보라. 길게, 천천히, 그리고 깊게 숨을 쉬어 보라.
- 배가 위로 올라갔다가 내려가는 것을 느껴 보라.
- 숨을 쉴 때마다 (조용하게 또는 소리를 내서) 어떤 구절, 예를 들면 한 번 숨을 쉬면서 "나는 생명을 들이마신다." 그리고 한 번 숨을 내쉬면서 "나는 생명을 준다." (또 다른 구절은 "나는 좋은 숨을 들이마시고 이제 긴장을 내보낸다." 등이 있다).
- 이런 방식으로 약 5분간 계속해서 호흡을 한다.

이런 숨쉬기 연습을 하루에 적어도 한 번씩 연습하려고 노력하라. 겨우 3~5분밖에 걸리지 않는다. 이 기술에 익숙해지면, 스트레스를 받을 때 눈을 감고 손을 배에 모으지 않고도 몸을 진정시키기 위해 이 방법을 사용할 수 있을 것이다. 이 방법은, 예를 들면 슈퍼마켓에서 긴 줄을 서 있거나 길이 막히거나 직장에서 중요한 프레젠테이션을 앞두고 있거나 어려운 시험을 보고 있을 때 유용할 것이다. 이 기술을 적용해 보라. 특히 스트레스를 점점 심하게 받고 있고 문제를 해결하려고 할 때 이 기술을 시도하라.

마음챙김 명상

마음챙김 명상의 주요한 목적은 자신의 경험으로부터 거리를 두는 관점을 채택해 볼 수 있도록 하려는 것이다. 이런 독립적인 관찰자는 생각이나 감정이 일어나면 거기에 면밀히 주의를 기울이지만, 그런 생각과 감정으로부터 분리하고자 시도하여 "내 생각은 내가 아니다. 내 감정은 내가 아니다."라고 믿는다. 이런 방식으로 당신은 당신이 경험한 생각과 감정을 관찰할 수 있으나 그런 생각과 감정을 따라 특정한 방식으로 행동하도록 하는 영향을 받을 필요는 없다는 것을 깨닫게 된다. 예를 들면, "집에서 계획서를 가져오는 것을 잊어버리다니 나는 너무 멍청해."와 같은 생각은 그저 생각일 뿐 현실이 아니라는 것을 고려해야 한다! 당신은 이런 생각을 했다는 것을 자각할 수 있으나 그 생각이 '우주적 진실'이고 자신에 대해 부정적으로 느껴야만 하는 것처럼 그 생각에 반응을 할 필요는 없다는 것을 깨달을 수 있다. 당신은 당신이 그런 생각을 했다는 것을 사심 없는 수용의 마음으로 단순히 인정할 수 있다. 당신은 그런 생각을 했지만 그 생각은 당신을 '소유'하지도 당신을 '규정' 짓지도 않는다. 그것은 그저 생각일 뿐이다.

우리는 자신에 대한 영화를 본다거나 자신이 목소리를 녹음한 테이프를 듣는 것의 은유를 사용하는 것이 당신이 사심 없는 관찰자가 되도록 도울 수 있는 유용한 방법이라는 것을 발견했다. 자신에 대한 영화를 관람한다는 것은 당신이 '당신의 몸 밖에서' 당신을 볼 수 있게 해 준다. 당신은 당신이 말하고 행동하는 것을 실제로 보고 있다. 그러나 그것은 실제 당신이 아니다. 당신이 행동을 평가하는 것을 억제할 수 있다면, 당신이 그것에 관여하고 있다는 것에 단지 주목하고, 그 다음에 당신의 생각과 감정을 좀 떨어져서 바라보기 시작할 수 있다. 마치 가족 영화를 찍은 것처럼, 그것을 보고 자신을 관찰하려고 노력하라. 어떤 판단도 하지 말고 자신을 관찰하려고 노력하라. 이전에 당황스럽게(또는 자랑스럽게) 느꼈던 어떤 행동에 대해서도 좀 더 수용적이고 용서하는 태도로 보라. 그저 관찰하라. 판단하지 말아라.

부정적인 생각과 감정으로부터 자신을 분리하는 것은, 그런 경험은 단지 경험일 뿐 그것은 '사실'을 나타내는 것이 아니라는 것을 수용함으로써 당신이 부정적인 흥분을 가라앉히도록 도울 수 있다.

마음챙김 명상을 위한 지시문

다음에 제시된 지시문은 당신이 마음챙김을 할 수 있도록 돕기 위한 것이다.

당신은 이 명상을 눈을 뜨거나 감은 채로 연습할 수 있다. 처음에는 약 10분 동안 이 마음챙김 명상을 연습할 계획을 세워라. 그다음에 연습을 하면서 조금씩 시간을 늘릴 수 있다. 이 책에 있는 다른 스트레스 관리전략과 마찬가지로 지시문을 기억하는 수고를 덜기 위해 다음 지시문을 녹음해서 사용할 수 있다.

호흡이 어떻게 들어오는지—그것에 대해서 **생각하지 말고**—단지 느껴 보는 것부터 시작하라.

1. 호흡에 주의를 집중하라. 호흡을 어떻게 멈추는지, 호흡이 어떻게 바뀌는지, 그리고 어떻게 숨을 내쉬는지 주시하라.
2. 숨을 쉬는 특별한 방법은 없다. 당신이 숨을 쉬는 방법이 어떤 것이든 그것은 자연스러운 것이다.
3. 호흡을 파도가 커지는 것처럼 생각해 보라. 그것은 저절로 그렇게 된다. 잠시 거기에 머물러 보라. 당신 신체의 호흡에 마음챙김하라.
4. 당신의 마음은 호흡에 아주 오래 머무르기를 원치 않을 것이다. 그러면 호흡에서 초점을 돌려서 마음이 가는 대로 하게 두라. 그러나 다시 돌아오게 내버려 두어라.
5. 몸을 고요하게 내버려 두어라.
6. 호흡을 느껴 보라.

7. 숨을 들이쉬고……내쉰다.

8. 숨을 들이쉬면서 들어오는 숨에 초점을 맞춘다.

9. 숨을 내쉬면서 나가는 숨에 초점을 맞춘다.

10. 숨에 '올라타서 실려 가라.'

11. 숨이 흘러가게 두어라.

12. 콧구멍으로 호흡을 느껴 보라.

13. 배가 부풀었다가 가라앉는 것을 느껴 보라(호흡의 흐름을 느끼고 싶다면, 손을 배 부분에 올려놓아라.).

14. 마음을 신체가 경험하고 있는 단순하고 규칙적이고 차분한 호흡의 흐름에 두어라.

15. 콧구멍과 배와 어깨의 감각에 주의를 기울여라.

16. 마음의 표현으로 거품처럼 생겨 나는 생각들에 주의를 기울여라. 그것을 바라보고 그저 흘러가게 두라. 생각을 잔잔하게 흐르는 물결에 나뭇잎이 떠가는 것처럼 시각화해 보라. 이러한 생각들은 '당신이 아니라는 것'을 기억하라. 당신은 당신의 생각으로 규정되지 않는다.

17. 현재의 순간에 머물러라. 매 순간에 벌어지는 일들을 자각하라. 어깨에 느껴지는 가벼운 통증, 기차가 지나가거나 나무가 바람에 스치거나 사람들이 이야기하는 등의 다양한 소리를 자각하라.

18. 더 깊게 집중하도록 하라.

19. 자각, 느낌, 인식을 억누르려고 하지 마라. 그저 무슨 일이 벌어지는지 알아차리고, 새로운 순간이 시작되면 사라지도록 내버려 두어라.

20. 깨어 있어라(비록 눈을 감고 있다고 하더라도). 주의를 유지하고 …… 집중하라.

21. 숨을 들이쉬고, 내쉬고, 초점을 계속 호흡에 맞춰라.

22. 각각의 호흡이 일어나게 두어라. 각각의 생각이 떠오르게 내버려 두어라. 붙잡지 말고 냇물에 떠내려가도록 내버려 두어라.

23. 생각에 주목하라—생각을 지각하고 지나가게 두어라. 숨을 쉴 때마다 어떤 생각이든 조금 더 흘려보내라. 냇물에 그저 떠내려가게 두어라.

24. 호흡에 집중하지 않을 때에 마음이 어디에 있는지 자각하라.

25. 아무런 판단도 하지 말고 어디에 있는지와 호흡으로 돌아왔는지를 그저 자각하라.

26. 매 순간이 신선하고 새로운 것이 되게 하라.

몇 번의 연습회기를 거치고 나면, 배경에서 '마음의 소음'이 사라지고 '현재의 순간'을 경험하는 몇몇의 순간들을 경험하게 될 것이다. 이 도구를 다음 한 주 동안 여러 번 연습하려고 노력하라. 우리는 당신이 살면서 일주일에 한 번 정도는 연습할 것을 고려하길 제안한다.

깊은 근육이완법

깊은 근육이완법은 점진적 근육이완법(progressive muscle relaxation)이라는 이름으로도 알려져 있는데, 근육의 생리적 긴장을 감소시키는 스트레스 관리 기법이다. 우리가 불안한 감정이나 생각을 경험하면, 우리의 신체는 종종 근육긴장으로 반응한다. 이런 근육 긴장은 좀 더 심한 불안의 증후로 두뇌에서 해석되기 때문에 몸과 마음 사이의 악순환을 시작하게 한다. 이 전략은 긴장을 방출하고 신체에 따뜻함과 웰빙의 느낌을 줄 수 있다. 이것은 우리 두뇌에서 '다 괜찮다.'라고 해석된다. 깊은 근육이완은 강력한 항스트레스 작용을 하며 앞서 언급한 악순환을 깰 수 있다.

준 비

본질적으로 점진적 근육이완법은 먼저 특정 근육집단(예: 왼손)을 긴장시킨 다음 '긴장을 방출하여' 이완되고 편안한 상태를 느낄 수 있도록 가르친다. 동일한 방식으로 몸 전체의 여러 근육집단에 대해 이를 진행한다. 그러고 나면 당신은 어떤 근육도 긴장하지 않고 전반적인 이완감을 느낄 수 있도록 하는 방법을 배우게 될 것이다.

특정 근육을 긴장시키라고 할 때 경련이 일거나 통증을 느낄 정도로 긴장을 시켜서는 안 된다. 근육을 긴장시키는 것은 단지 긴장을 느끼게 하려는 것이다. 근육긴장을 시키라고 한 특정 근육집단에 주의를 기울이고 다른 신체부위에는 하지 말라. 예를 들면, 주먹을 쥐라고 하면, 주먹만 움켜쥐고 팔 전체를 들어 올리지는 않는다.

다음에 제시된 대본을 차분한 목소리를 가진 사람에게 녹음해 달라고 부탁하거나 당신이 스스로 녹음자료를 만들 수도 있을 것이다. 부드럽게 배경음악으로 당신이 좋아하는 편안한 연주곡을 첨가할 수도 있다. 이런 방식으로 당신만의 점진적 근육이완법 녹음본을 마련할 수 있고 당신은 그것을 반복적으로 들을 수 있다. 이제 이 이완도구를 편리한 장소에서 연습하라. 옷을 느슨하게 하고 안경이나 콘택트렌즈를 빼고 방안의 환경을 좀 더 차분하게 하기 위해 조명을 조금 어둡게 하라. 다리를 꼬거나 머리를 기대지 말라. 다리나 팔을 꼬고 있으면 불편한 무게감을 느끼게 될 수 있기 때문이다. 적어도 일주일 동안 하루에 한 번은 연습하라. 이 도구를 연습하는 것은 중요하다. 다른 어떤 기술도 마찬가지이지만(예: 자동차를 운전하거나 컴퓨터를 사용하거나 피아노를 연주할 때) 더 많이 연습할수록 더 잘하게 될 것이다!

한번 시작해서 마치는 데 약 25분에서 30분가량 소요될 것이다.

지시문
(천천히 그리고 부드럽게 읽으시오.)

이제 마음을 편안하게 하고 점차 깊이 이완을 해 봅니다. 숨을 깊이 들이쉬는 것부터 시작하는데, 공기가 안으로 들어가 위장으로 내려가고 배 전체를 가득 채우는 것을 느껴 봅니다. 이제 할 수 있는 한 천천히 숨을 내쉬어 봅니다. 공기가 천천히 아랫배에서 빠져나오는 것을 느껴 보시고 의자로 가라앉는 느낌을 받도록 내버려 둡니다. 눈을 감고 호흡의 감각에만 주의를 기울이십시오. 숨이 들어왔다가 나가는 모습을 파도가 해변으로 밀려드는 것처럼 상상해 보십시오. 조용히 생각해 보십시오—나는 긴장을 지나가도록 내버려 둘 것이다……. 나는 근육을 이완하고 부드럽게 할 것이다……. 나는 모든 긴장되고 팽팽한 느낌이 사라지는 것을 느끼게 될 것이다.

이제 우리는 점진적 근육 이완절차를 시작할 것입니다. 첫 번째로 할 근육군은 손, 손목, 그리고 팔입니다. 먼저, 오른손 주먹을 세게 줍니다. 긴장과 불편감을 살펴보세요. 주먹을 쥔 상태로 주먹, 손, 팔의 긴장에 주목해 보세요. 주먹에 긴장을 몇 초간 유지해 보세요(3초간 멈춥니다). 이제 주먹을 풀고 오른손에 느슨함을 느껴 보세요.

긴장과 반대되는 느낌에 주목해 보세요. 이 절차를 오른손에 다시 반복합니다. 항상 당신이 이완할 때 이것은 긴장의 반대라는 것에 주목하시고……. 이완하고 그 차이를 느껴 보세요.

이제 당신의 왼손을 쥐어 보시고, 점점 더 꼭 쥐고, 그렇게 할 때 긴장과 불편함을 살펴보세요. 주먹을 쥔 채로 주먹을 쥔 손과 팔에서 느껴지는 긴장에 주목해 보세요. 주먹에 긴장을 몇 초간 유지해 보세요(3초간 멈춥니다.). 이제 이완하시고…… 왼손에 느슨함을 느껴 보세요. 긴장과 반대되는 느낌에 주목하세요(5초간 멈춥니다.).

이제 왼손으로 한 전체 절차를 반복하고, 그다음에 두 손을 한번에 합니다. 두 주먹을 점점 더 세게 쥐고 당신이 그렇게 할 때 긴장과 불편감을 살펴보세요. 주먹을 쥔 채로 긴장에 주목해 보세요. 두 주먹에 긴장을 몇 초간 유지해 보세요(3초간 멈춥니다.). 이제 이완하시고 손에 느슨함을 느껴 보세요……. 온기와 이완감이 손 전체에 퍼지도록 합니다. 이제 팔을 긴장시키기 위해 팔꿈치를 구부려 보세요. 이제 팔을 긴장시키시고 긴장과 팽팽한 느낌을 느껴 보세요(3초간 멈춥니다.). 이제 이완하시고…… 팔을 펴 보세요. 이완이 되도록 하고, 긴장했을 때 팔에서 느껴지는 긴장과 이완을 했을 때 느껴지는 편안함의 차이를 느껴 보세요. 이제 이 절차를 반복해 보세요. 팔꿈치를 구부리고 팔을 긴장시킵니다. 이제 팔을 긴장시키고 불편함을 관찰해 보세요(3초간 멈춥니다.). 이제 이완하시고 팔을 뻗어 보세요. 이완감이 밀려 들어오게 하시고 팔을 긴장시켰을 때 팔에 느껴진 긴장과 이완되었을 때 느껴지는 편안함의 차이를 느껴 보세요.

다음 근육군은 머리, 얼굴, 그리고 두피입니다. 머리로 주의를 돌리고 이마를 찡그려 보세요(3초간 멈춥니다.). 이제 이완하고 부드럽게 풀어 보세요. 두피 전체가 부드러워지고 이완되었다고 상상해 보세요. 평화롭게…… 편안하게…… 이제 얼굴을 찡그리시고 이마 전체에 퍼지는 팽팽함과 조이는 느낌에 주목해 보십시오(3초간 멈춥니다.). 이제 얼굴을 풀고 눈썹이 다시 부드럽고 편안해지도록 합니다. 눈을 감고 이제 얼굴을 좀 더 강하게 찡그립니다. 긴장과 불편함에 주목하십시오(3초간 멈춥니다.). 이제 눈을 편안하게 하시고 부드럽게 눈을 감은 채로 계십시오(3초간 멈춥니다.). 이제 입을 꽉 다물고 이로 뭔가 무는 것처럼 이를 악물어 보십시오(3초간 멈춥니다.). 이제 턱을 편안하게 풉니다. 턱이 편안하게 이완되면 입술이 약간 벌어지고 혀를 입에서 느슨하게 느낄 수 있습니다. 이제 혀를 입 천장을 향해 밀어 보십시요. 입의 안쪽에서 느껴지는 약간의 통증을 느껴 보십시오(3초간 멈춥니다.). 이제 편안하게 풀고 혀를 부드럽고 느슨하게 입안에서 느껴 보십시오. 이제 입술을 누르고 마치 풍선을 부는 것처럼 'O' 모양으로 만들어 보십시오(3초간 멈춥니다.). 이제 입술을 이완시켜 보십시오. 이마, 두피, 눈, 턱, 혀, 그리고 입술이 모두 이완되었는지 살펴보십시오(5초간 멈춥니다.).

다음 근육군은 머리, 목, 그리고 어깨입니다. 머리를 할 수 있는 한 멀리 뒤로 넘기고 목의 긴장을 관찰합니다. 목을 오른쪽에서 왼쪽으로 돌리고 긴장을 느끼는 위치의 변화에 주목하십시오. 머리를 똑바로 펴고 턱을 가슴 쪽에 닿게 누르십시오. 목구멍과 목 위쪽에 긴장을 느껴 보십시오(3초간 멈춥니다). 이제 이완하시고 머리를 다시 편안한 자세로 되돌려 두십시오. 어깨로 이완감이 퍼져 나가게 하십시오(3초간 멈춥니다.). 이제 어깨를 움츠리십시오. 머리를 어깨 사이로 구부릴 때 팽팽함과 긴장을 유지하십시오. 그 자세의 불편함을 느껴 보십시오(3초간 멈춥니다.). 이제 어깨를 이완합니다. 어깨를 등 뒤로 떨구고 긴장이 목과 목구멍과 어깨로 퍼져 나가는 것을 느껴 보십시오. 순수한 이완이 점점 더 깊어집니다(5초간 멈춥니다.). 다음 근육집단은 가슴과 배입니다. 먼저, 몸 전체를 이완할 기회를 줍니다. 편안함과 무거움을 느껴 보십시오. 이제 숨을 들이 마시고 폐를 완전히 공기로 채웁니다. 숨을 참고 긴장에 주목해 보십시오(3초간 멈춥니다.). 이제 숨을 내쉬고⋯⋯ 공기가 나가는 동안 폐와 배가 느슨하게 되도록 합니다. 계속 이완하고 숨이 차분하고 자연스러워지도록 합니다(3초간 멈춥니다.). 심호흡을 한 번 더 하고 숨을 내쉴 때 몸에 긴장이 풀리는 것을 주목합니다(5초간 멈춥니다.).

이제 마치 뭔가를 삼키려고 하는 것처럼 위장을 팽팽하게 합니다. 배를 단단하고 납작하게 합니다. 그 상태를 유지합니다(3초간 멈춥니다.). 긴장에 주목합니다. 이제 이완합니다. 등을 구부립니다. 등 아래쪽의 긴장을 느껴 보시고 그 자세를 몇 초간 유지합니다(3초간 멈춥니다.). 등 아래쪽의 긴장에 초점을 맞춥니다. 이제 이완하시고 부드럽게 등을 펴고 이완합니다(5초간 멈춥니다.).

다음 근육군은 다리와 엉덩이입니다. 엉덩이와 넓적다리를 긴장시킵니다. 발꿈치로 눌러서 장딴지를 수축시킵니다(3초간 멈춥니다.). 이제 이완시키고…… 다리의 이완된 느낌과 조금 전에 당신이 경험했던 불편감 사이의 차이를 느껴 보십시오. 발가락을 당신 얼굴 방향으로 구부리고 정강이가 긴장되도록 해 보세요. 잠시 그대로 계십시오(3초간 멈춥니다.). 이제 다시 이완시킵니다(5초간 멈춥니다.). 이완감이 몸 전체에 퍼질 때 몸 아랫부분에 퍼지는 무거움과 온기를 느껴 보십시오. 발과 발목, 장딴지, 정강이, 무릎, 종아리, 그리고 엉덩이를 이완시킵니다. 긴장이 배와 등 아랫부분, 그리고 가슴으로 퍼지게 하십시오(3초간 멈춥니다.). 긴장이 점점 더 풀어지게 하십시오(3초간 멈춥니다.). 더 깊어진 이완을 어깨와 팔과 손으로 경험해 보십시오. 이완이 점점 더 깊어집니다. 목과 턱과 모든 얼굴 근육에 이완의 느낌을 경험해 보세요(3초간 멈춥니다.). 스스로에게 이야기해 보십시오. 나는 깊이 이완되어 있고…… 나의 근육은 이완되었고 따뜻하고 부드럽다……. 나는 내 모든 긴장이 사라지게 내버려 둔다……. 나는 깊이 이완되어 있다. 다음 약간의 순간 동안 이완의 느낌을 즐겨 보십시오(2분간 멈춥니다. 중간에 당신은 다음과 같이 이야기할 수 있습니다. "좀 더 편안해집니다. 점점 더 깊게 이완의 상태로 들어갑니다").

이제 하나에서 다섯까지 세는 동안 현재의 시간과 장소에 초점을 다시 맞추십시오. 숫자가 증가되면서 당신은 점점 정신을 차리려고 노력해 보십시오. 눈을 뜨고 그러나 몸이 이완된 느낌을 받아 보세요(천천히 1에서 5까지 셉니다.).

연습을 해야 한다는 것을 기억하라!

마음챙김 걷기 '와비-사비' 산책

와비-사비는 일본어로, 번역하기가 쉽지 않지만 세상을 바라보는 특별한 양식의 '세계관'을 나타낸다. 와비-사비 관점은 사람이나 사물의 불완전하고 덧없고 불충분한 모습 속에서의 아름다움을 인정하는 것이다.

예를 들어, 우리가 나무를 볼 때 나무껍질의 선들, 나무의 색뿐만 아니라 나뭇잎은 모두 우리에게 나무의 독특한 특징에 대해 말해 준다. 그러므로 각 나무는 독특한 아름다움을 지닌다. 마찬가지로 사람 얼굴의 선들은 그 사람이 얼마나 많이 웃는지, 얼마나 깊이 생각하는지, 고통을 겪고 있는지, 다른 사람에게 친절한지를 우리에게 알려 준다. 와비-사비는 매 순간 우리를 둘러싼 것들에 감사하는 마음을 길러 주는 철학을 제공한다. 이것은 또한 우리가 우리 주변의 아름다움을 좀 더 자각하게 함으로써 우리가 좀 더 차분해질 수 있도록 도울 수 있다.

와비-사비 걷기를 위한 지시문

적어도 20분 동안 이 방식의 산책을 할 수 있도록 하라. 이 산책은 운동을 위한 것이 아니다. 이 활동을 하는 동안 원한다면 언제든 앉아도 된다. 이 연습에서 중요한 것은 걷기 명상을 할 기회를 가지는 것이다. 이 연습을 일주일에 적어도 한 번은—가능하다면 평생 동안—하려고 노력하라. 이 방식으로 걸을 때, 다음과 같이 하라.

1. 마음챙김 호흡을 하기 시작하라.
2. 숨을 들이쉴 때, 당신은 '생명을 부여받았음'을 자각하라.
3. 숨을 내쉴 때, 당신은 '세상에 뭔가를 돌려 주고 있다는 것'을 자각하라.

4. 현재에 머물러라.

5. 과거나 미래에 대한 모든 생각을 지워라.

6. 당신의 호흡과 접촉을 유지하라.

7. 생각이 마음속에 떠오르면 그저 그것을 관찰하고 지나가도록 내버려 두라.

8. 어떤 생각이든 지나가게 두고 다시 현재에 초점을 맞춘다.

9. 목적은 현재에 머무르는 것이고 당신의 호흡과 걷기를 자각하는 것이다.

10. 걷는 동안 발을 자각하라. 한 발 그리고 다른 발.

11. 땅 위를 부드럽게 걸어라. 발걸음을 옮길 때마다 당신은 지구에 족적을 남기는 것임을 자각하라.

12. 호흡을 발걸음에 맞출 수 있다. 3, 4걸음 걸을 때마다 한 번씩 들이쉬고 몇 걸음마다 숨을 내쉬어라. 길을 따라 걸으면서 당신은 조용히 '들이마시고' '내쉬고'를 중얼거려도 된다.

13. 다른 모든 장면, 냄새, 그리고 당신 주위의 생명체들을 자각하라. 자동차의 경적 소리, 새들의 지저귐, 자동차 소음, 나뭇잎 소리, 잔디 깎는 소리, 콘크리트 보도, 공원의 벤치, 쇼핑몰의 주차장 등

14. 당신이 본 모든 것은 완벽하지 않고, 영원하지 않으며 완전하지 않다는 것에 주목하라. 나무껍질에 금이 간 것은 나무가 오래되었거나 그것이 자라는 조건이 어떠했는지를 나타낸다.

15. 단단한 길을 걸을 때 당신은 길에 있는 갈라진 틈이 나뭇잎이나 부스러기, 또는 동물의 배설물 등으로 덮여 있는 것을 보게 될지도 모른다.

16. 사람들을 바라보라. 그들이 얼마나 불완전하고 부족하고 덧없는 존재인지에 주목해 보라.

17. 당신이 어떤 방식으로 각 사람과 연결되어 있는지 또는 그들이 서로 어떻게 연결되어 있는지 시각화해 보라.

18. 이제 당신 주변에 존재하지만 당신이 볼 수 없는 것은 무엇인가? 아마도 나무 반대편을 오르는 다람쥐, 지팡이를 짚고 길을 건너는 노인이 경험하는 고통, 아직

얼어 있는 땅 밑에 있는 봄꽃의 구근 등이 있을 것이다. 당신이 관찰한 모든 것을 자각한다고 해도 눈으로 볼 수 없는 것들이 존재한다는 사실을 지각하라.

19. 산책에서 돌아왔을 때 예전 산책에서 놓친 것들을 생각해 보라. 하루를 보내는 동안 좀 더 마음챙김을 할 결심을 하라.

20. 산책을 즐겨라!

목표달성을 위한 긍정적 시각화

이 자료는 일련의 '시각화 수업'을 담고 있으며, 다양한 미래의 목표를 세우고 그것을 성취하고자 노력하려는 동기를 가지도록 도울 것이다. 아래 기술된 내용을 1과부터 시작하여 단계적으로 이행하는 것이 좋다.

준비가 되면 다음 시각화 단계로 넘어가라. 8과까지 가는 데 하루면 될 수도 있고 몇 주가 소요될 수도 있다. 어느 과에서든 좀 더 시간이 필요하다고 판단하면, 그 과에서 제시하는 시각화 연습을 하루에 적어도 한 번씩 확실히 연습하라.

1과. 미래에 관한 구체적인 시각적 그림을 그려 본다

우리의 개인적 목표는 너무 애매하거나 너무 모호한 경우가 많다. 예를 들면, 당신의 목표가 좀 더 건강해지는 것이라면, 이 목표를 시각화하면 어떤 그림인가? 하루에 세 번씩 균형 잡힌 식사를 하는 당신의 모습이 그려지는가? 10번의 팔굽혀펴기를 하고 3km를 뛰는 모습이 보이는가? 혈압이 120에 75이며, 담배를 피우지 않고, 공원에서 명상을 하는 모습이 떠오르는가? 또는 재정적 안정성을 높이는 것이 목표라면, 일정 정도까지 저축액을 늘리는 것, 은퇴계획을 세우는 것, 자기 소유의 주택을 구입하는 것 등이 포함될 것이다.

아주 구체적이고 현실에 근거한 정신적 그림으로 미래를 시각화해 보는 것은 매우 중요하다. 지금 바로 시도해 보라. 당신이 성취하기를 원하는 것을 마음으로 그려 보고 그 그림에 대해 상세히 적어 보라. 예를 들어, 스쿠버다이빙을 배우기를 원하는 사람이 있다고 할 때, 잠수복과 장비를 착용하고 따뜻하고 깨끗한 물에서 아름다운 물고기들이 움직이는 것을 천천히 따라가는 모습을 그려 볼 수 있다. 그는 즐거움과 만족감을 느끼면서 수면으로 접근할 것이다. 나중에 따뜻한 햇살이 비치는 배의 갑판에 앉아 친구들과 이 경험에 대해 이야기하는 장면을 그려 볼 수 있다.

2과. 미래에 대해 시각화한 그림을 작은 단계로 나누어 본다

단기계획과 장기계획 모두를 시각화하는 것이 중요하다. 예를 들어, 당신이 담배를 끊고 하루에 1.5km씩 달리는 계획에 대해 장기간의 시각화를 하려고 한다면, 그 목표에 도달하는 단계들을 일련의 시각적 심상으로 만들어 보라. 예를 들어, 이 상황에서 단기적인 목표는 하루에 적어도 두 번은 통화를 하거나 산책을 하는 동안 담배를 피우지 않는 것일 수 있다. 다음 단계는 식사 후에 그리고 산책할 때 하루에 5회 담배를 참는 것일 것이다. 이런 식으로 해서 단기 그리고 장기 목표 모두에 관한 시각적 이미지를 만들어서, 당신의 목표를 시각화하는 연습을 하라.

3과. 다른 유형의 목표를 계발하라

당신이 해낼 수 있는 상황인지의 견지에서 목표를 시각화해야 한다는 것을 기억하라. 당신은 자신을 변화시킬 수 있을 뿐이다. 예를 들어, 만일 당신의 궁극적 목표가 '남편이 너무 많이 불평하지 않는 것'이라거나 '아내가 술을 너무 많이 마시지 않는 것' 또는 '남편이 나에게 매력을 느끼는 것'과 같이 결혼생활을 향상시키는 것이라면, 그것은 당신이 통제할 수 있는 것이 아니기 때문에 목표에 도달하지 못할 수 있다. 그러나 "내가 좀 더 인내하겠다." "아내의 행동에 대한 나의 걱정과 의견불일치에 대해 좀 더 효과적으로 대화를 해 보겠다." 또는 "내 외모에 대해 좀 더 자신감을 가지겠다." 등은 당신이 통제할 수 있는 것들이기 때문에 목표달성이 가능하다. 마찬가지로, 체육이나 운동과 관련된 성취에 있어서 당신의 수행을 향상시키는 데 초점을 맞추어야지, 단순히 경기에 이기는 데 초점을 맞추어서는 안 된다. 우승은 다른 선수들의 기량과 관련되는 것인데 그것은 당신이 통제할 수 있는 범위의 것이 아니기 때문이다. 이런 식으로 목표는 실제적으로 성취가능한 것이어야 한다.

4과. 시각화를 통해 목표를 가로막는 장애물을 제거하라

이번 과에서, 당신은 미래로 여행을 하는 상상을 할 것이고 지금으로부터 5년 후의 자신을 만날 것이다. 이 상상 속에서 당신은 어떤 것이든 가능하다는 것을 기억하라. 그러므로 당신이 되고 싶은 모습을 그려 보면 된다. 당신은 당신이 소유한 것들을 살펴보거나, 당신이 성취한 것에 주목하거나, 당신이 누구와 함께 있는지 보거나, 당신이 어떻게 여가시간을 보내는지 등을 살펴볼 수 있다. 차분한 목소리를 가진 친구나 가족에게 아래 제시된 대본을 녹음하도록 하는 것도 좋은 방법이라는 것을 기억하라.

시작하기 전에, 편안한 의자나 소파나 바닥이 딱딱하지 않은 마루나 어디든 시각화 연습을 할 수 있는 편안한 장소를 찾아보라. 옷을 느슨하게 하고, 안경이나 콘택트 렌즈를 빼고, 방 안의 분위기가 좀 더 차분해지도록 조명을 조금 어둡게 한다. 적어도 일주일 동안 매일 하루에 한 번 연습하라. 이 도구를 연습하는 것은 중요하다. 이 전략을 한두 번 시도하는 것만으로는 불안, 우울, 또는 절망감을 유의하게 감소시키는 결과를 가져오지 못할 것이다. 그러므로 연습이 중요하다. 한 회기에 약 10~15분 정도 소요될 것이다. 시각화를 시작할 때 긍정적인 말이나 다짐을 해 보라. 그런 말들은 스스로에게 자신의 의도를 전달하는 짧고 긍정적인 진술이어야 한다. 몇 가지 예를 들면 다음과 같다.

- "나는 마음으로 성공을 경험할 것이다."
- "나는 내 안에서 평화를 찾을 수 있다."
- "목표는 성취가능한 미래다."

- "내가 그것을 꿈꿀 수 있다면, 나는 그것을 해낼 수 있다."
- "당분간 엉뚱한 일에 한눈 팔지 않겠다."
- 당신 안에 있는 새로운 당신에 대해 생각하라.

시각화 지시문
(부드러운 목소리로 천천히 읽으며, 문장과 문장 사이에서는 멈춘다.)

"눈을 감고 이완해 보세요. 긴장이 몸에서 빠져나가도록 두세요. 이제 마음속의 안전하고 평화로운 장소로 갑니다. 야외의 특별한 장소입니다. 주변을 둘러보고, 가까이 보이는 것과 멀리 보이는 것을 기술해 보세요. 조용히 자신에게 그 장면을 묘사해 보세요. 이제 오솔길을 살펴보세요. 이 오솔길은 미래로 향하는 길입니다. 그 길에 가로놓여 있는 나무 가지들과 통나무에 주목해 보세요. 그 나무 가지들은 변화와 당신의 목표를 향해 걸어가는 데 대한 두려움이나 망설임입니다. 한 걸음을 내딛고, 그 나무 가지들을 넘어가세요. 그리고 당신이 망설임을 극복하고 당신의 두려움을 이겨내는 것을 시각화해 보십시오.

길을 걷다가 이제 당신은 가파른 언덕을 넘어갑니다. 이 언덕은 자신에 대한 당신의 의심입니다. 비록 언덕 꼭대기에서 무엇을 발견하게 될지 확실히 알 수는 없지만 언덕을 계속 오릅니다. 발걸음을 내딛을 때마다 당신은 목표에 다가갈 수 있을 것이라는 확신을 좀 더 가지기 시작합니다. 당신이 꼭대기에 도착했을 때 당신은 햇빛도 들지 않는 어두운 숲을 통과해서 걸어갑니다. 이 숲은 당신이 최종 목표를 바라보는 것을 가로막는 모든 장애물들을 가지고 있습니다. 다른 사람들의 간섭, 당신의 목표에 관한 일을 할 수 없게 하는 매일매일의 문제들, 당신이 원하는 것을 누릴 만한 사람이 아니라는 당신 자신의 두려움 같은 것 말입니다. 그러나 당신은 길에 가로놓인 통나무를 밀어서 치우고 이제 당신은 햇빛이 비치는 들판에 있습니다. 당신은 저 멀리 있는 집을 볼 수 있습니다. 이것은 5년 또는 10년 뒤의 미래의 당신의 집입니다. 집 안으로 들어가서 둘러보십시오. 무엇이 보입니까? 방은 몇 개나 됩니까? 방은 어떻게 꾸며져 있습니까? 집 안에는 어떤 물건들이 있습니까? 어떤 사진이나 그림이 보입니까? 당신 자신을 거울에 비춰 보십시오. 어떤 모습입니까? 당신은 어떤 차림을 하고 있습니까? 집으로 들어오는 가족들을 보십시오. 그들은 서로에게 어떻게 행동합니까? 5년 더 나이가 든 당신이 하는 이야기를 들어 보십시오. 사람들과 이야기할 때 또는 통화를 할 때 당신의 이야기에 귀를 기울여 보세요. 뭐라고 이야기를 합니까?

직장이나 학교를 따라가 봅니다. 당신은 어떤 것을 이루었나요? 당신은 어떤 활동을 합니까? 여가시간을 보내는 모습을 보세요. 당신은 무슨 일을 합니까? 예를 들어, 당신은 텔레비전을 보고 있습니까? 또는 경주용 차를 몰거나 항해나 낚시를 즐기거나 클래식 음악을 즐기고 있습니까? 이제 자신에게 기분이 어떤지를 물어보십시오. 다른 말로 하면, 지난 5년간의 당신의 삶을 되돌아보면, 그동안 경험했던 일 중에서 특별히 기뻤던 일은 무엇입니까? 가장 자랑스러운 일은 무엇입니까? 어쩌면 당신은 연설을 성공적으로 했거나 마라톤을 뛰었거나 몇 명의 좋은 친구들을 사귀었거나 자녀들이 자신감을 가지도록 키웠거나 당신을 신뢰하는 사람들을 알게 되었을 수 있습니다. 그 어떤 일이든 가능합니다.

기억하세요. 지금 일어나고 있는 일이 아니라 당신이 미래에 일어나기를 희망하고 바라는 일들을 시각화해 보는 것입니다.

탐색을 마칠 때, 상상이 서서히 사라지도록 하고 현실로, 지금 여기로 돌아옵니다. 눈을 뜨고 당신의 마음속에 아직 선명하게 남아 있는 이미지들의 짧은 목록을 만들어 보세요. 미래의 한두 가지 주요한 목표를 선택하고 마음속에 떠오르는 구체적인 시각적 이미지를 자세히 적어 보세요."

5과. 5년 계획을 적어 보라

이전의 시각화 연습에서 나온 이미지를 한 가지 선택하여 5년 계획을 적어 본다. 그것은 개인적이거나 신체적, 직업적, 가족과 관련된 또는 사회적인 목표일 수 있다. 첫 회기에서 설명한 바와 같이 매우 구체적이어야 한다는 것을 기억하라.

6과. 목표를 1년 단위로 나눈다

목표를 다시 한 번 살펴보고 1년 단위의 목표―매년 한 가지의 목표―로 세분한다. 그 목표들은 더 큰 목표를 이루기 위한 작은 단계들이 될 것이다. 그것을 적어라. 시각화 하라!

7과. 첫 번째 목표를 더 작은 단위로 나눈다

이제 1년 목표를 1년에 걸쳐 이룰 몇 개의 단계들로 세분하라. 그것을 적어라. 한 번 더 강조하지만 매우 구체적이어야 한다는 것을 기억하라.

8과. 일일 단위의 시각화를 만든다

이러한 목표를 향한 단계를 완수하기 위해 매일의 과업을 시각화하라. 상상으로 당장 의 목표를 위한 단계들을 이행하는 모습을 분명하게 그려 보라. 예를 들어, 앞으로 네 달 동안 일주일에 두 번씩 운동을 하는 모습을 그려 볼 수 있을 것이다. 그렇다면, 운동복을 차려입는 자신의 모습을 시각화하고 체육관에서 충분한 시간을 보낸 것을 자랑스러워 하는 것을 상상해 보라. 당신이 좋아하는 음악을 듣는 것을 상상하고, 운동을 열심히 한 다음에 신체가 강해진 느낌과 피부에서 땀이 흐르는 것을 시각화하라.

당신이 시각화한 각각의 목표에 도달하면, 일련의 목표에서 다음 단계의 시각화를 시 작하라. 이 과정은 결국 1년 목표를 이루게 해 줄 것이다. 그 다음에 다음 해의 목표를 향한 일련의 시각화 단계를 개발하라. 일반적으로 그런 목표들을 달성하기 위해 당신이 밟아 나가야 할 로드맵을 개발하기 위해 미래의 목표를 시각화하는 기본적인 전략을 사 용하라. 그것이 현재의 스트레스가 되는 특정한 문제를 해결하는 것을 포함하든, 목표 에 도달하는 데 일주일이면 되는 것이든, 더 오랜 시간이 필요한 어떤 것을 위한 것이든 말이다. 그런 로드맵을 만들어 나갈 때, 궁극적 목표와 그런 목표에 도달하도록 해 줄 작은 단계와 목표들을 모두 적어 보라.

각각의 단계에 도달하는 것을 시각화하고 '해 보라!'

때로 우리는 비현실적으로 초기 목표를 설정하거나 달성 여부가 다른 사람에게 달려 있는 목표를 세운다는 것을 기억하라. 만일 그런 상황이 발생했다면, 더 작은 목표를 설정할 필요가 있으며, 더 짧은 기간 동안 도달할 수 있는 목표들과 당신이 통제할 수 있고 다른 사람이 변할 것을 반드시 요구하지 않는 상황과 관련된 것으로 다시 설정해야 할 것이다.

계획적 문제해결

계획적 문제해결은 사람들이 문제에 합리적이고 사려 깊
고 체계적인 방식으로 접근할 수 있도록 돕는 안내자로서 기
능하는 몇 개의 단계 또는 활동을 포함한다. 이것은 사람들이
자신의 목표에 도달하도록 돕는 강력한 수단이다. 특별히 스
트레스가 되는 문제를 다루고자 할 때, 이 도구세트는 '멈추

고 속도 줄이기'라는 지침과 결합하여 사용되어야 한다는 것을 기억하라. 스트레스를
심하게 경험할 때는 논리적으로만 생각할 수가 없다.

계획적 문제해결과 관련된 이 과제들은 다음 네 단계를 포함한다.

1단계: 문제를 정의하고 현실적 목표를 세운다.

2단계: 문제를 해결하기 위한 대안적 해결책을 생성한다.

3단계: 어떤 아이디어가 최선인지 결정한다.

4단계: 해결책을 이행하고 그것이 효과가 있는지 아닌지 판단한다.

1단계: 문제를 정의한다

다음과 같은 오랜 속담이 있다. "두 번 측정하고 한번 재단하라." 미국의 철학자이며
심리학자인 존 듀이(John Dewey)는 "문제만 잘 정의 되어도 그 문제를 반쯤은 해결한 것
이다."라고 했다. 두 인용구는 우리가 경험하는 문제의 특징을 이해하기 위해 충분한 시
간을 들인다면, 문제를 해결하는 데 더 적은 시간과 노력을 들일 것이라고 제안한다. 문
제를 정의하는 것은 여행 경로와 노선을 그려 보는 것과 유사하다. 우리는 우리의 목적
지를 알아야 하고 우리가 거기에 도달하기 위한 어떤 자원을 가지고 있는지, 어떤 장애
물이 우리의 여행을 힘들게 할 수 있는지를 알 필요가 있다. 문제를 정확하게 정의하는

것은 다음과 같은 활동을 포함한다.

- 문제에 관한 중요한 사실들을 확인하기(즉, '누가' '언제' '어디서' '무엇을' '어떻게' 와 같은 질문들에 대한 대답)
- 명확한 언어로 사실을 기술하기
- '가정'과 '사실'을 구분하기
- 현실적인 목표를 설정하기— 필요하다면, 복잡한 문제를 더 작은 수준으로 나누기
- 당신의 목표를 방해하는 장애물을 확인하기

변경할 수 있는 문제와 변경할 수 없는 문제

목표에 관한 한 가지 생각은 이러하다. 우리가 항상 '그것을 고쳐서' 문제를 해결할 수 있는 것은 아니라는 것을 기억하는 것이 중요하다. 때로는 문제를 다루는 최선의 해결책이 문제가 있다는 것을 받아들이는 것일 수 있다. 작은 의미에서 이 말은 우리가 날씨를 우리의 계획에 맞춰 바꿀 수 없다는 것이다. 우리는 그저 우리가 오랫동안 기다렸던 경기가 열리는 날 비가 올 수도 있다는 것을 받아들여야 한다. 좀 더 큰 의미에서, 한 내담자가 나에게 이야기했던 것처럼 '현실을 받아들이는 것은 종종 바꿀 수 없는 것, 특히 변하기를 원하지 않는 사람들을 바꾸려고 시도하고 또 시도한 것에 대해 자신에게 미안하게 느끼는 감정을 가질 수 있도록 도와준다.'

2단계: 대안적 해결방안을 생성한다

다음 단계는 많은 대안적 해결책 또는 문제를 해결하는 방법들을 창의적으로 생각해 내는 것이다. 이 과정에서 좋은 아이디어가 떠오를 가능성이 증가될 수 있고, 당신은 좀 더 희망을 느끼게 되며(당신이 내릴 각각의 결정에 있어서 단지 하나의 대안만이 존재한다고 상상해 보라.), '흑 아니면 백' 식의 사고를 줄이고 충동적으로 행동하는 경향성을 최소화

할 수 있다. 이 단계는 여러 가지 아이디어—가능하다면 적어도 3~5개 이상—를 창의
적으로 생각해 보도록 지시한다.

이 단계를 효과적으로 수행하기 위해, 다양한 브레인스토밍 원칙을 사용할 것을 제안
한다. 브레인스토밍은 유연성과 창의성을 증가시키며, 이는 당신이 생성하는 해결책의
양과 질을 실제적으로 향상시킨다. 브레인스토밍은 또한 당신이 부정적인 감정적 반응
을 좀 더 잘 다룰 수 있도록 돕는다. 강한 감정들은 종종 단지 한 가지 또는 두 가지의 생
각, 그리고 궁극적으로 효과적일 가능성이 매우 낮은 생각에만 머물게 하는 '터널 시
야'를 가지게 할 수 있다. 감정이 압도할 때 브레인스토밍은 당신이 다시 원 궤도로 돌아
올 수 있도록 도울 수 있다. 브레인스토밍의 세 가지 원칙을 제시하고자 한다.

- "양이 질을 유도한다." (더 많은 아이디어를 생각해 낼수록 정말 좋은 생각을 해낼 가능
  성이 커진다.)
- "판단을 유보한다." (각각의 아이디어를 한 번에 한 가지씩 판단하려고 하는 것은 정말
  창의적으로 생각할 수 있는 당신의 능력을 제안할 뿐이다.)
- '다양성'을 생각한다.—다른 유형의 아이디어를 생각해 내려고 노력하라.

3단계: 의사결정을 한다

다양한 대안적 해결책을 생각할 때, 우리는 당신에게 '판단을 유보'하라고 제안했다.
이 단계에서 판단은 건강한 판단을 내리는 데 사용되는 핵심적 활동이다. 어려운 문제
를 어떻게 다룰 것인지에 관한 의사결정은 어려운 일일 수 있다. 그러나 우리는 당신을
도울 수 있는 몇 가지 지침을 제공하고자 한다. 훌륭한 의사결정에는 네 가지 과업이 관
련된다.

- 명백히 비효과적인 해결책은 선별하여 배제한다.
- 각 해결책의 긍정적 그리고 부정적 결과를 예상해 본다.

- 그 결과의 효과를 평가한다(각 해결책의 장점과 단점을 평가한다.).
- 당신의 해결책으로 실행할 행동계획을 개발한다(계획은 앞서 실행한 손익분석에 바탕을 두고 가장 효과적인 아이디어를 포함시킨다.).

결과에 대해 생각할 때, 개인적 결과(자신에게 미치는 영향)뿐만 아니라 사회적 결과(타인에게 미치는 영향)를 고려해야 하며, 단기적 결과뿐만 아니라 장기적 결과를 염두에 두어야 한다.

4단계: 행동계획을 실행하고 성공여부를 평가한다

행동계획을 세웠으면, 다음 단계는 그것을 실행하는 것이다. 그러나 그것이 반드시 당신이 거기서 멈춰야 한다는 의미는 아니다. 당신의 계획이 성공했는지 판단하는 것은 중요한 일이다. 만일 아니라면 당신은 계획을 개정해야 한다. 이 마지막 계획적 문제해결 단계의 구체적 과업은 다음과 같다.

- 해결책을 실행하도록 자신을 격려한다("아무것도 하지 않은 경우"의 장점과 단점에 대해 생각해 보고, 문제해결의 가능한 성공과 비교한다. 당신이 노력을 계속하고 문제를 해결한다면 어떤 기분일지 시각화해 본다.).
- 행동계획을 실행한다.
- 실제적 결과를 관찰하고 모니터링한다.
- 특히 문제가 해결된 경우 노력을 한 것에 대해 자신에게 보상한다(당신은 그것을 받을 만하다).
- 문제가 당신이 만족할 정도로 해결되지 않았다면 이전의 활동으로 다시 돌아간다.

문제를 해결하기 위한 행동계획을 개발하도록 돕기 위해 당신의 문제해결 상담자에게 '문제해결활동지', 즉 중요한 문제해결 과업을 실행하도록 당신을 안내하는 것을 도울 수 있는 양식지를 요청하라. 우리 프로그램은 또한 다양한 추가적인 도움이 되는 힌트, 제안, 문제해결기술의 향상을 돕기 위한 지침들을 포함하고 있다. 앞에서 기술한 과제에서 어려움을 겪는다면, 상담자에게 도움을 청하라.

참고문헌

Alexopoulus, G. S., Raue, P., & Areán, P. (2003). Problem-solving therapy versus supportive therapy in geriatric major depression with executive dysfunction. *American Journal of Geriatric Psychiatry, 11,* 46-52.

Allen, S. M., Shah, A. C., Nezu, A. M., Nezu, C. M., Ciambrone, D., Hogan, J., & Mor, V. (2002). A problem-solving approach to stress reduction among younger women with breast carcinoma: A randomized controlled trial. *Cancer, 94,* 3089-3100.

Anderson, R. M., Funnell, M. M., Butler, P. M., Arnold, M. S., Fitzgerald, J. T., & Feste, C. C. (1995). Patient empowerment: Results of a randomized controlled trial. *Diabetes Care, 18,* 943-949.

Areán, P. A., Hegel, M., Vannoy, S., Fan, M., & Unuzter, J. (2008). Effectiveness of problem-solving therapy for older, primary care patients with depression: Results from the IMPACT project. *The Gerontologist, 48,* 311-323.

Areán, P. A., Perri, M. G., Nezu, A. M., Schein, R. L., Christopher, F., & Joseph, T. X. (1993). Comparative effectiveness of social problem-solving therapy and reminiscence therapy as treatments for depression in older adults. *Journal of Consulting and Clinical Psychology, 61,* 1003-1010.

Areán, P. A., Raue, P., Mackin, R. S., Kanellopoulos, D., McCulloch, C., & Alexopoulos, G. S. (2010). Problem-solving therapy and supportive therapy in older adults with major depression and executive dysfunctional. *American Journal of Psychiatry, 167,* 1391–1398.

Audrain, J., Rimer, B,. Cella, D., Stefanek, M., Garber, J., Pennanen, M., . . .Lerman, C. (1999). The impact of a brief coping skills intervention on adherence to breast self-examination among first-degree relatives of newly diagnosed breast cancer patients. *Psychooncology, 8,* 220–229.

Baker, S. R. (2003). A prospective longitudinal investigation of social problem-solving appraisals on adjustment to university, stress, health, and academic motivation and performance. *Personality and Individual Differences, 35,* 569–591.

Barrett, J. E., Williams, J. W., Oxman, T. E., Frank, E., Katon, W., Sullivan, M., . . .Sengupta, A. S. (2001). Treatment of dysthymia and minor depression in primary care: A randomized trial in patients aged 18 to 59 years. *Journal of Family Practice, 50,* 405–412.

Barrett, J. E., Williams, J. W., Oxman, T. E., Katon, W., Frank, E., Hegel, M. T., . . .Schulberg, H. C. (1999). The treatment effectiveness project. A comparison of the effectiveness of paroxetine, problem-solving therapy, and placebo in the treatment of minor depression and dysthymia in primary car patients: Background and research plan. *General Hospital Psychiatry, 21,* 260–273.

Bechara, A., Damasio, H., Damasio, A. R., & Lee, G. P. (1999). Different contributions of the human amygdala and ventromedial prefrontal cortex to decision-making. *The Journal of Neuroscience, 19,* 5473–5481.

Beck, J. S. (1995). *Cognitive therapy: Basics and beyond.* New York: Guilford.

Bell, A. C., & D'Zurilla, T. J. (2009a). The influence of social problem-solving ability on the relationship between daily stress and adjustment. *Cognitive Therapy and Research, 33,* 439–448.

Bell, A. C., & D'Zurilla, T. J. (2009b). Problem-solving therapy for depression: A meta-analysis. *Clinical Psychology Review, 29,* 348–353.

Benson, B. A., Rice, C. J., & Miranti, S. V. (1986). Effects of anger management training with mentally retarded adults in group treatment. *Journal of Consulting and Clinical Psychology, 54,* 728–729.

Berry, J. W., Elliott, T. R., Grant, J. S., Edwards, G., & Fine, P. R. (2012). Does problem-solving training for family caregivers benefit their care recipients with severe disabilities? A latent growth model of the Project CLUES randomized clinical trial. *Rehabilitation Psychology, 57,* 98-112.

Biggam, F. H., & Power, K. G. (2002). A controlled, problem-solving, group-based intervention with vulnerable incarcerated young offenders. *International Journal of Offender Therapy and Comparative Criminology, 46,* 678-698.

Black, D. R. (1987). A minimal intervention program and a problem-solving program for weight control. *Cognitive Therapy and Research, 11,* 107-120.

Black, D. R., & Threlfall, W. E. (1986). A stepped approach to weight control: A minimal intervention and a bibliotherapy problem-solving program. *Behavior Therapy, 17,* 144-157.

Brack, G., LaClave, L., & Wyatt, A. S. (1992). The relationship of problem solving and reframing to stress and depression in female college students. *Journal of College Student Development, 33,* 124-131.

Bradshaw, W. H. (1993). Coping-skills training versus a problem-solving approach with Schizophrenic patients. *Hospital and Community Psychiatry, 44,* 1102-1104.

Bucher, J. A., Loscalzo, M., Zabora, J., Houts, P. S., Hooker, C., & BrintzenhofeSzoc, K. (2001). Problem-solving cancer care education for patients and caregivers. *Cancer Practice, 9,* 66-70.

Cameron, J. L., Shin, J. L., Williams, D., & Stewart, D. E. (2004). A brief problem-solving intervention for family caregivers to individuals with advanced cancer. *Journal of Psychosomatic Research, 57,* 137-143.

Cape, J., Whittington, C., Buszewicz, M., Wallace, P., & Underwood, L. (2010). Brief psychological therapies for anxiety and depression in primary care: Meta-analysis and meta-regression. *BMC Medicine, 8,* 38.

Caspi, A., Sugden, K., Moffitt, T. E., Taylor, A., Craig, I. W., Harrington, H., . . . Poulton, R. (2003). Influence of life stress of depression: Moderation by a polymorphism in the 5-HTT gene. *Science, 301,* 386-389.

Castles, E. E., & Glass, C. R. (1986). Training in social and interpersonal problem-solving skills for mildly and moderately mentally retarded adults. *American Journal of Mental Deficiency, 91,* 35–42.

Catalan, J., Gath, D. H., Bond, A., Day, A., & Hall, L. (1991). Evaluation of a brief psychological treatment for emotional disorders in primary care. *Psychological Medicine, 21,* 1013–1018.

Chang, E. C., D'Zurilla, T. J., & Sanna, L. J. (Eds.). (2004). *Social problem solving: Theory, research, and training.* Washington, DC: American Psychological Association.

Chang, E. C., D'Zurilla, T. J., & Sanna, L. J. (2009). Social problem solving as a mediator of the link between stress and psychological well-being in middle-adulthood. *Cognitive Therapy and Research, 33,* 33–49.

Cheng, S. K. (2001). Life stress, problem solving, perfectionism, and depressive symptoms in Chinese. *Cognitive Therapy and Research, 25,* 303–310.

Chrysikou, E. G. (2006). When shoes become hammers: Goal-derived categorization training enhances problem-solving performance. *Journal of Experimental Psychology: Learning, Memory, and Cognition, 32,* 935–942.

Ciechanowski, P., Wagner, E., Schmaling, K., Schwartz, S., Williams, B., Diehr, P., . . .LoGerfo, J. (2004). Community-integrated home-based depression treatment in older adults: A randomized controlled trial. *The Journal of the American Medical Association, 291,* 1569–1577.

Clum, G. A., & Febbraro, G. A. R. (1994). Stress, social support, and problem-solving appraisal/skills: Prediction of suicide severity within a college sample. *Journal of Psychopathology and Behavioral Assessment, 16,* 69–83.

Cuijpers, P., van Straten, A., & Warmerdam, L. (2007). Problem solving therapies for depression: A meta-analysis. *European Psychiatry, 22,* 9–15.

Dallman, M. F., Bhatnagar, S., & Viau, V. (2000). Hypothalamo-pituitary-adrenal axis. In G. Fink (Ed.), *Encyclopedia of stress* (pp. 468–477). New York, NY: Academic Press.

Damasio, A. R. (1999). *The feeling of what happens.* New York, NY: Harcourt & Brace.

Davidson, R. J., & Begley, S. (2012). *The emotional life of your brain: How its unique patterns affect the way you think, feel and live?and how you can change them.* New York, NY:

Hudson Street Press.

De La Torre, M. T., Morera, O. V., & Wood, J. M. (2010). Measuring social problem solving using the Spanish Version for Hispanics of the Social Problem-Solving Inventory-Revised. *Cultural Diversity and Ethnic Minority Psychology, 16*, 501-506.

Demeris, G., Oliver, D. B., Wittenberg-Lyles, E., Washington, K., Doorenbos, A., Rue, T., & Berry, D. (2012). A noninferiority trial of a problem-solving intervention for hospice caregivers: In person versus videophone. *Journal of Palliative Medicine, 15*, 653-660.

DeVellis, B. M., Blalock, S. J., Hahn, P. M., DeVellis, R. F., & Hockbaum, G. M. (1987). Evaluation of a problem-solving intervention for patients with arthritis. *Patient Education and Counseling, 11*, 29-42.

Dhabhar, F. S. (2011). Effects of stress on immune function: Implications for immunoprotection and immunopathology. In R. J. Contrada & A. Baum (Eds.), *The handbook of stress science: Biology, psychology, and health* (pp. 47-63). New York, NY: Springer Publishing.

DiGiuseppe, R., Simon, K. S., McGowan, L., & Gardner, F. (1990). A comparative outcome study of four cognitive therapies in the treatment of social anxiety. *Journal of Rational-Emotive & Cognitive-Behavior Therapy, 8*, 129-146.

Dobson, K. S., & Hamilton, K. E. (2003). Cognitive restructuring: Behavioral tests of negative cognitions. In W. O'Donohue, J. E. Fisher, & S. C. Hayes (Eds.), *Cognitive behavior therapy: Applying empirically supported techniques in your practice* (pp. 84-88). New York, NY: Wiley.

Dolcos, F., & McCarthy, G. (2006). Brain systems mediating cognitive interference by emotional distraction. *The Journal of Neuroscience, 26*, 2071-2079.

Doorenbos, A., Given, B., Given, C., Verbitsky, N., Cimprich, B., & McCorkle, R. (2005). Reducing symptom limitations: A cognitive behavioral intervention randomized trial. *Psychooncology, 14*, 574-584.

Dowrick, C., Dunn, G., Ayuso-Mateos, J. L., Dalgard, O. S., Page, H., Lehtinen, V., . . . Wilkinson, G. (2000). Problem solving treatment and group psychoeducation for depression: Multicentre randomised controlled trial. *British Journal of Medicine, 321*, 1-6.

Dubow, E. F., & Tisak, J. (1989). The relation between stressful life events and adjustment in elementary school children: The role of social support and social problem-solving skills. *Child Development, 60*, 1412-1423.

Dugas, M. J., Ladouceur, R., Léger, E., Freeston, M. H., Langlois, F., Provencher, M. D., & Boisvert, J. (2003). Group cognitive-behavioral therapy for generalized anxiety disorder: Treatment outcome and long-term follow-up. *Journal of Consulting and Clinical Psychology, 71*, 821-825.

D'Zurilla, T. J., & Goldfried, M. R. (1971). Problem sovling and behavior modification. *Journal of Abnormal Psychology, 78*, 107-126.

D'Zurilla, T. J., & Maydeu-Olivares, A. (1995). Conceptual and methodological issues in social problem-solving assessment. *Behavior Therapy, 26*, 409-432.

D'Zurilla, T. J., & Nezu, A. (1980). A study of the generation-of-alternatives process in social problem solving. *Cognitive Therapy and Research, 4*, 67-72.

D'Zurilla, T. J., & Nezu, A. (1982). Social problem solving in adults. In P. C. Kendall (Ed.), *Advances in cognitive-behavioral research and therapy* (Vol. 1; pp. 202-274). New York: Academic Press.

D'Zurilla, T. J., & Nezu, A. M. (1990). Development and preliminary evaluation of the Social Problem-Solving Inventory (SPSI). Psychological Assessment. *A Journal of Consulting and Clinical Psychology, 2*, 156-163.

D'Zurilla, T. J., & Nezu, A. M. (2007). *Problem-solving therapy: A positive approach to clinical intervention* (3rd ed.). New York, NY: Springer Publishing.

D'Zurilla, T. J., Nezu, A. M., & Maydeu-Olivares, A. (2002). *Manual for the Social Problem-Solving Inventory-Revised.* North Tonawanda, NY: Multi-Health Systems.

D'Zurilla, T. J., Nezu, A. M., & Maydeu-Olivares, A. (2004). Social problem solving: Theory and assessment. In E. C. Chang, T. J. D'Zurilla, & L. J. Sanna (Eds.), *Social problem solving: Theory, research, and training* (pp. 11-27). Washington, DC: American Psychological Association.

Ell, K., Katon, W., Xie, B., Lee, P., Kapetanovic, S., Guterman, J., & Chou, C. (2010).

Collaborative care management of major depression among low-income, predominantly Hispanic subjects with diabetes. *Diabetes Care, 33*, 706-713.

Ell, K., Xie, B., Quon, B., Quinn, D. I., Dwight-Johnson, M., & Lee, P. (2008). Randomized controlled trial of collaborative care management of depression among low-income patients with cancer. *Journal of Clinical Oncology, 26*, 4488-4496.

Elliott, T. R., Brossart, D., Berry, J. W., & Fine, P. R. (2008). Problem-solving training via videoconferencing for family caregivers of persons with spinal cord injuries: A randomized controlled trial. *Behaviour Research and Therapy, 46*, 1220-1229.

Ellis, A. (2003). Cognitive restructuring of the disputing of irrational beliefs. In W. O'Donohue, J. E. Fisher, & S. C. Hayes (Eds.), *Cognitive behavior therapy: Applying empirically supported techniques in your practice* (pp. 79-83). New York, NY: Wiley.

Esposito, C. L., & Clum, G. A. (2002). Psychiatric symptoms and their relationship to suicidal ideation in a high-risk adolescent community sample. *Child & Adolescent Psychiatry, 41*, 44-51.

Falloon, I. R. H. (2000). Problem solving as a core strategy in the prevention of schizophrenia and other mental disorders. *Australian and New Zealand Journal of Psychiatry, 34*(Suppl.), S185-S190.

Falloon, I., Boyd, J., McGill, C., Razani, J., Moss, H., & Gilderman, A. (1982). Family management in the prevention of exacerbations of schizophrenia. *The New England Journal of Medicine, 306*, 1437-1440.

Fawzy, F. I., Cousins, N., Fawzy, N. W., Kemeny, M. E., Elashoff, R., & Morton, D. (1990). A structured psychiatric intervention for cancer patients: I. Changes over time in methods of coping and affective disturbance. *Archives of General Psychiatry, 47*, 720-725.

Feinberg, E., Stein, R., Diaz-Linhart, Y., Egbert, L., Beradslee, W., Hegel, M. T., & Silverstein, M. (2012). Adaptation of problem-solving treatment for prevention of depression among low-income, culturally diverse mothers. *Family and Community Health, 35*, 57-67.

Ferguson, K. E. (2003). Relaxation. In W. O'Donohue, J. E. Fischer, & S. C. Hayes (Eds.), *Cognitive behavior therapy: Applying empirically supported techniques in your practice* (pp.

330–340). New York, NY: Wiley.

Fitzpatrick, K. K., Witte, T. K., & Schmidt, N. B. (2005). Randomized controlled trial of a brief problem-orientation intervention for suicidal ideation. *Behavior Therapy, 36,* 323–333.

Frankl, V. E. (1984). *Man's search for meaning.* New York, NY: Pocket Books.

Frye, A. A., & Goodman, S. H. (2000). Which social problem-solving components buffer depression in adolescent girls? *Cognitive Therapy and Research, 24,* 637–650.

Gallagher-Thompson, D., Lovett, S., Rose, J., McKibbin, C., Coon, D., Futterman, A., & Thompson, L. W. (2000). Impact of psychoeducational interventions on distressed caregivers. *Journal of Clinical Geropsychology, 6,* 91–110.

García-Vera, M. P., Labrador, F. J., & Sanz, J. (1997). Stress-management training for essential hypertension: A controlled study. *Applied Psychophysiology and Biofeedback, 22,* 261–283.

García-Vera, M. P., Sanz, J., & Labrador, F. J. (1998). Psychological changes accompanying and mediating stress-management training for essential hypertension. *Applied Psychophysiology and Biofeedback, 23,* 159–178.

Gatt, J. M., Nemeroff, C. B., Schofield, P. R., Paul, R. H., Clark, C. R., Gordon, E., & Williams, L. M. (2010). Early life stress combined with serotonin 3A receptor and brain-derived neurotrophic factor valine 66 to methionine genotypes impacts emotion brain and arousal correlates of risk for depression. *Biological Psychiatry, 68,* 818–824.

Gellis, Z. D., & Bruce, M. L. (2010). Problem solving therapy for subthreshold depression in home healthcare patients with cardiovascular disease. *American Journal of Geriatric Psychiatry, 18,* 464–474.

Gellis, Z. D., McGinty, J., Horowitz, A., Bruce, M., & Misener, E. (2007). Problem-solving therapy for late-life depression in home care: A randomized field trial. *American Journal of Geriatric Psychiatry, 15,* 968–978.

Gendron, C., Poitras, L., Dastoor, D. P., & Pérodeau, G. (1996). Cognitive-behavioral group intervention for spousal caregivers: Findings and clinical considerations. *Clinical Gerontologist, 17,* 3–19.

Gibbs, L. M., Dombrovski, A. Y., Morse, J., Siegle, G. J., Houck, P. R., & Szanto, K. (2009). When the solution is part of the problem: Problem solving in elderly suicide attempters. *International Journal of Geriatric Psychiatry, 24,* 1396-1404.

Given, C., Given, B., Rahbar, M., Jeon, S., McCorkle, R., Cimprich, B., . . . Bowie, E. (2004). Does a symptom management intervention affect depression among caner patients: Results from a clinical trial. *Psychooncology, 13,* 818-830.

Glasgow, R. E., Toobert, D. S., & Hampson, S. E. (1996). Effects of a brief office-based intervention to facilitate diabetes dietary self-management. *Diabetes Care, 19,* 835-842.

Glynn, S. M., Marder, S. R., Liberman, R. P., Blair, K., Wirshing, W. C., Wirshing, D. A., . . . Mintz, J. (2002). Supplementing clinic-based skills training with manual-based community support sessions: Effects on social adjustment of patients with schizophrenia. *American Journal of Psychiatry, 159,* 829-837.

Goodman, S. H., Gravitt, G. W., & Kaslow, N. J. (1995). Social problem solving: A moderator of the relation between negative life stress and depression symptoms in children. *Journal of Abnormal Child Psychology, 23,* 473-485.

Gouin, J. P., Glaser, R., Malarkey, W. B., Beversdorf, D., & Kiecolt-Glaser, J. (2012). Chronic stress, daily stressors, and circulating inflammatory markers. *Health Psychology, 31,* 264-268.

Graf, A. (2003). A psychometric test of a German version of the SPSI-R. Zeitschrift für. *Differentielle und Diagnostische Psychologie, 24,* 277-291.

Graham, J. E., Christian, L. M., & Kiecolt-Glaser, J. K. (2006). Stress, age, and immune function: Toward a lifespan approach. *Journal of Behavioral Medicine, 29,* 389-400.

Grant, J. S., Elliott, T. R., Weaver, M., Bartolucci, A. A., & Giger, J. N. (2002). Telephone intervention with family caregivers of stroke survivors after rehabilitation. *Stroke, 33,* 2060-2065.

Gross, J. J., & Thompson, R. A. (2007). Emotion regulation: Conceptual foundations. In J. J. Gross (Ed.), *Handbook of emotional regulation* (pp. 3-24). New York, NY: Guilford.

Grossman, P., Niemann, L., Schmidt, S., & Walach, H. (2004). Mindfulness-based stress reduction and health benefits: A meta-analysis. *Journal of Psychosomatic Research, 57,* 35-43.

Grover, K. E., Green, K. L., Pettit, J. W., Monteith, L. L., Garza, M. J., & Venta, A. (2009). Problem solving moderates the effects of life event stress and chronic stress on suicidal behaviors in adolescence. *Journal of Clinical Psychology, 65,* 1281-1290.

Gunnar, M. R,. Frenn, K., Wewerka, S. S., & Van Ryzin, M. J. (2009). Moderate versus severe early life stress: Associations with stress reactivity and regulation in 10-12 year-old children. *Psychoneuroendocrinology, 34,* 62-75.

Gutman, D. A., & Nemeroff, C. B. (2011). Stress and depression. In R. J. Contrada & A. Baum (Eds.), *The handbook of stress science: Biology, psychology, and health* (pp. 345-357). New York, NY: Springer Publishing.

Halford, W. K., Goodall, T. A., & Nicholson, J. M. (1997). Diet and diabetes (ii): A controlled trial of problem solving to improve dietary self-management in patients with insulin dependent diabetes. *Psychology and Health, 12,* 2310238.

Hammen, C., Kim, E. Y., Eberhart, N. K., & Brennan, P. A. (2009). Chronic and acute stress and the prediction of major depression in women. *Depression and Anxiety, 26,* 718-723.

Hansen, D. J., St. Lawrence, J. S., & Christoff, K. A. (1985). Effects of interpersonal problem-solving training with chronic aftercare patients on problem-solving component skills and effectiveness of solutions. *Journal of Consulting and Clinical Psychology, 53,* 167-174.

Hassink-Franke, L. J. A., van Weel-Baumgarten, E. M., Wierda, E., Engelen, M. W. M., Beek, M. M. L., Bor, H. H. J., . . . van Weel, C. (2011). Effectiveness of problem-solving treatment by general practice registrars for patients with emotional symptoms. *Journal of Primary Health Care, 3,* 181-189.

Havas, D. A., Glenberg, A. M., Gutowski, K. A., Lucarelli, M. J., & Davidson, R. J. (2010). Cosmetic use of botulinum toxin-A affects processing of emotional language. *Psychological Science, 21,* 895-900.

Hawkins, D., Sofronoff, K., & Sheffield, J. (2009). Psychometric properties if the Social Problem-Solving Inventory-Revised Short Form: Is the short form a valid and reliable measure for young adults? *Cognitive Therapy and Research, 33,* 462-470.

Heim, C., Mletzko, T., Purselle, D., Musselman, D. L., & Nemeroff, C. B. (2008). The dexamethasone/corticotropin-releasing factor test in men with major depression: Role of childhood trauma. *Biological Psychiatry, 63*, 398-405.

Heim, C., & Nemeroff, C. B. (2001). The role of childhood trauma in the neurobiology of mood and anxiety disorders: Preclinical and clinical studies. *Biological Psychiatry, 49*, 1023-1039.

Hill-Briggs, F., & Gemmell, L. (2007). Problem solving in diabetes self-management and control: A systematic review of the literature. *Diabetes Educator, 33*, 1032-1050.

Houts, P. S., Nezu, A. M., Nezu, C. M., & Bucher, J. A. (1996). A problem-solving model of family caregiving for cancer patients. *Patient Education and Counseling, 27*, 63-73.

Huband, N., McMurran, M., Evans, C., & Duggan, C. (2007). Social problem-solving plus psychoeducation for adults with personality disorder: Pragmatic randomized controlled trial. *The British Journal of Psychiatry, 190*, 307-313.

Jacobson, N. S., & Follette, W. C. (1985). Clinical significance of improvement resulting from two behavioral marital therapy components. *Behavior Therapy, 16*, 249-262.

Kaiser, A., Hahlweg, K., Fehm-Wolfsdorf, G., & Groth, T. (1998). The efficacy of a compact psychoeducational group training program for married couples. *Journal of Consulting and Clinical Psychology, 66*, 753-760.

Kant, G. L., D'Zurilla, T. J., & Maydeu-Olivares, A. (1997). Social problem solving as a mediatro of stress-related depression and anxiety in middle-aged and elderly community residents. *Cognitive Therapy and Research, 21*, 73-96.

Kasckow, J., Brown, C., Morse, J. Q., Karpov, I., Bensasi, S., Thomas, S. B., . . .Reynolds, C. (2010). Racial preferences for participation in a depression prevention trial involving problem-solving therapy. *Psychiatric Services, 61*, 722-724.

Katon, W. J., Von Korff, M., Lin, E. H. B., Simon, G., Ludman, E., Russo, J., . . .Bush, T. (2004). The pathways study: A randomized trial of collaborative care in patients with diabetes and depression. *Archives of General Psychiatry, 61*, 1042-1049.

Katon, W., Von Korff, M., Lin, E., Unützer, J., Simon, G., Walker, E., . . .Bush, T. (1997). Population-based care of depression: Effective disease management strategies to decrease prevalence. *General Hospital Psychiatry, 19*, 169-178.

Katon, W. J., Von Korff, M., Lin, E. H. B., Simon, G., Ludman, E., Russo, J., Ciechanowski, P.,

Walker, E., & Bush, T. (2004). The Pathways Study: A randomized trial of collaborative care in patients with diabetes and depression. *Archives of General Psychiatry, 61,* 1042-1049.

Keinan, G. (1987). Decision making under stress: Scanning of alternatives under controllable and uncontrollable threats. *Journal of Personality and Social Psychology, 52,* 639-644.

Kendler, K. S., Karkowski, L. M., & Prescott, C. A. (1999). Causal relationship between stressful life events and the onset of major depression. *American Journal of Psychiatry, 156,* 837-841.

Kendrick, T., Simons, L., Mynors-Wallis, L., Gray, A., Lathlean, J., Pickering, R., . . . Thompson, C. (2005). A trial of problem-solving by community mental health nurses for anxiety, depression and life difficulties among general practice patients. The CNP-GP study. *Health Technology Assessment, 9,* 1-104.

Kiecolt-Galser, J. K., & Glaser, R. (2001). Stress and immunity: Age enhances the risks. *Current Directions in Psychological Science, 10,* 18-21.

Kiecolt-Galser, J. K., McGuire, L., Robles, T. F., & Glaser, R. (2002). Emotions, morbidity, and mortality: New perspectives from psychoneuroimmunology. *Annual Review of Psychology, 53,* 83-107.

Ladouceur, R., Dugas, M. J., Freeston, M. H., Léger, E., Gagnon, F., & Thibodeau, N. (2000). Efficacy of a cognitive-behavioral treatment for generalized anxiety disorder: Evaluation in a controlled clinical trial. *Journal of Consulting and Clinical Psychology, 68,* 957-964.

Lang, A. J., Norman, G. J., & Casmar, P. V. (2006). A randomized trial of a brief mental health intervention for primary care patients. *Journal of Consulting and Clinical Psychology, 74,* 1173-1179.

Largo-Wight, E., Peterson, P. M., & Chen, W. (2005). Perceived problems solving, stress, and health among college students. *American Journal of Health Behavior, 29,* 360-370.

Lazarus, R. S. (1999). *Stress and emotion: A new synthesis.* New York, NY: Springer Publishing.

LeDoux, J. (1996). *The emotional brain.* New York, NY: Simon & Schuster.

LeDoux, J. (2002). *Synaptic self: How our brains become who we are.* New York, NY: Penguin Books.

Lerner, M. S., & Clum, G. A. (1990). Treatment of suicide ideators: A problem-solving approach.

Behavior Therapy, 21, 403–411.

Leykin, Y., Roberts, C. S., & DeRubeis, R. J. (2011). Decision-making and depressive symptomatology. *Cognitive Therapy and Research, 35,* 333–341.

Liberman, R. P., Eckman, T., & Marder, S. R. (2001). Training in social problem solving among persons with schizophrenia. *Psychiatric Services, 52,* 31–33.

Liberman, R. P., Falloon, I. R., & Aitchison, R. A. (1984). Multiple family therapy for schizophrenia: A behavioral, problem-solving approach. *Psychosocial Rehabilitation Journal, 7,* 60–77.

Liberman, R. P., Wallace, C. J., Falloon, I. R. H., & Vaughn, C. E. (1981). Interpersonal problem-solving therapy for schizophrenics and their families. *Comprehensive Psychiatry, 22,* 627–630.

Lin, E. H. B., Katon, W., Von Korff, M., Tang, L., Williams, J. W., Jr., Kroenke, K., . . . Unützer, J. for the IMPACT Investigators. (2003). Effect of improving depression care on pain and functional outcomes among older adults with arthritis: A randomized controlled trial. *JAMA, 290,* 2428–2429.

Loewe, B. K., Breining, S., Wilke, R., Wellman, S., Zipfel, S., & Eich, W. (2002). Quantitative and qualitative effects of Feldenkrais, progressive muscle relaxation, and standard medical treatment in patients after acute myocardial infarction. *Psychotherapy Research, 12,* 179–191.

Londahl, E. A., Tverskoy, A., & D'Zurilla, T. J. (2005). The relations of internalizing symptoms to conflict and interpersonal problem solving in close relationships. *Cognitive Therapy and Research, 29,* 445–462.

Loumidis, K. S., & Hill, A. (1997). Training social problem-solving skill to reduce maladaptive behaviours in intellectual disability groups: The influence of individual difference factors. *Journal of Applied Research in Intellectual Disabilities, 10,* 217–237.

Lynch, D. J., Tamburrino, M. B., & Nagel, R. (1997). Telephone counseling for patients with minor depression: Preliminary findings in a family practice setting. *Journal of Family Practice, 44,* 293–298.

Malouff, J. M., Thorsteinsson, E. B., & Schutte, N. S. (2007). The efficacy of problem solving therapy in reducing mental and physical health problems: A meta-analysis. *Clinical*

Psychology Review, 27, 46-57.

Marder, S. R., Wirshing, W. C., Mintz, J., McKensie, J., Johnston, K., Eckman, T. A., . . . Liberman, R. P. (1996). Two-year outcome of social skills training and group psychotherapy for outpatients with schizophrenia. *American Journal of Psychiatry, 153,* 1585-1592.

Maydeu-Olivares, A., & D'Zurilla, T. J. (1995). A factor analysis of the Social Problem-Solving Inventory using polychoric correlations. *European Journal of Psychological Assessment, 11,* 98-107.

Maydeu-Olivares, A., & D'Zurilla, T. J. (1996). A factor-analytic study of the Social Problem-Solving Inventory: An integration of theory and data. *Cognitive Therapy and Research, 20,* 115-133.

Maydeu-Olivares, A., Rodríguez-Fornells, A., Gómez-Benito, J., & D'Zurilla, T. J. (2000). Psychometric properties of the Spanish adaptation of the Social Problem-Solving Inventory-Revise (SPSI-R). *Personality and Individual Difference, 29,* 699-708.

McCraty, R. M., Atkinson, W. A., Tiller, G., Rein, E., & Watkins, A. (2003). The impact of a workplace stress reduction program on blood pressure and emotional health in hypertensive employees. *Journal of Alternative and Complementary Medicine, 9,* 355-369.

McDonagh, A., Friedman, M., McHugo, G., Ford, J., Sengupta, A., Mueser, K., . . . Descamps, M. (2005). Randomized trial of cognitive-behavioral therapy for chronic posttraumatic stress disorder in adult female survivors of childhood sexual abuse. *Journal of Consulting and Clinical Psychology, 73,* 515-524.

McGuire, J. (2005). The Think First programme. In M. McMurran & J. McGuire (Eds.), *Social problem solving and offending: Evidence, evaluation and evolution* (pp. 183-206). Chichester, England: Wiley.

McLeavey, B. C., Daly, R. J., Ludgate, J. W., & Murray, C. M. (1994). Interpersonal problem-solving skills training in the treatment of self-poisoning patients. *Suicide & Life-Threatening Behavior, 24,* 382-394.

McMurran, M., Nezu, A. M., & Nezu, C. M. (2008). Problem-solving therapy for people with personality disorders. *Mental Health Review, 13,* 35-39.

Melchior, M., Caspi, A., Milne, B. J., Danese, A., Poulton, R., & Moffitt, T. E. (2007). Work stress precipitates depression and anxiety in young, working women and men. *Psychological Medicine, 37,* 1119-1129.

Miner, R. C., & Dowd, E. T. (1996). An empirical test of the problem solving model of depression and its application to the prediction of anxiety and anger. *Counseling Psychology Quarterly, 9,* 163-176.

Mischel, W., & Shoda, Y. (1995). A cognitive-affective system theory of personality: Reconceptualizing situations, disposition, dynamics, and invariance in personality structure. *Psychological Review, 102,* 246-268.

Mishel, M. H., Belyea, M., Gemino, B. B., Stewart, J. L., Bailey, D. E., Robertson, C., & Mohler, J. (2002). Helping patients with localized prostate carcinoma manage uncertainty and treatment side effects: Nurse delivered psychoeducational intervention over the telephone. *Cancer, 94,* 1854-1866.

Monroe, S. M., Slavich, G. M., & Georgiades, K. (2009). The social environment and life stress in depression. In H. Gotlib & C. L. Hammen (Eds.), *Handbook of depression* (pp. 340-360). New York, NY: Guilford Press.

Monroe, S. M., Slavich, G. M., Torres, L. D., & Gotlib, I. H. (2007). Major life events and major chronic difficulties are differentially associated with history of major depression. *Journal of Abnormal Psychology, 116,* 116-124.

Monroe, S. M., Torres, L. D., Guillaumont, J., Harkness, K. L., Roberts, J. E., Frank, E., & Kupfer, D. (2006). Life stress and the long-term treatment course of recurrent depression: III. Nonsevere life events predict recurrence for medicated patients over 3 years. *Journal of Consulting and Clinical Psychology, 74,* 112-120.

Mooney, R. L., & Gordon, L. V. (1950). *The Mooney Manual: Problem Checklist.* New York, NY: Psychological Corporation.

Murawski, M. E., Milsom, V. A., Ross, K. M., Rickel, K. A., DeBraganza, N., Gibbons, L. M., & Perri, M. G. (2009). Problem solving, treatment adherence, and weight-loss outcome among women participating in lifestyle treatment for obesity. *Eating Behaviors, 10,* 146-151.

Muscara, F., Catroppa, C., & Anderson, V. (2008). Social problem-solving skills as a mediator between executive function and long-term social outcome following paediatric traumatic brain injury. *Journal of Neuropsychology, 2,* 445–461.

Mynors-Wallis, L., Davies, I., Gray, A., Barbour, F., & Gath, D. (1997). A randomized controlled trial and cost analysis of problem-solving treatment for emotional disorders given by community nurses in primary care. *British Journal of Psychiatry, 170,* 113–119.

Mynors-Wallis, L. M., Gath, D. H., Day, A., & Baker, F. (2000). Randomised controlled trial of problem solving treatment, antidepressant medication, and combined treatment for major depression in primary care. *British Medical Journal, 320,* 26–30.

Mynors-Wallis, L. M., Gath, D. H., Lloyd-Thomas, A. R., & Tomlinson, D. (1995). Randomised controlled trial comparing problem solving treatment with amitriptyline and placebo for major depression in primary care. *British Medical Journal, 310,* 441–445.

Newberg, A., & Waldman, M. R. (2009). *How God changes your brain.* New York, NY: Ballantine Books.

Newman, C. F. (2003). Cognitive restructuring: Identifying and modifying maladaptive schemas. In W. O'Donohue, J. E. Fisher, & S. C. Hayes (Eds.), *Cognitive behavior therapy: Applying empirically supported techniques in your practice* (pp. 89–95). New York, NY: Wiley.

Nezu, A. M. (1986a). Efficacy of a social problem solving therapy approach for unipolar depression. *Journal of Consulting and Clinical Psychology, 54,* 196–202.

Nezu, A. M. (1986b). Negative life stress and anxiety: Problem solving as a moderator variable. *Psychological Reports, 58,* 279–283.

Nezu, A. M. (1987). A problem-solving formulation of depression: A literature review and proposal of a pluralistic model. *Clinical Psychology Review, 7,* 121–144.

Nezu, A. M. (2004). Problem solving and behavior therapy revisited. *Behavior Therapy, 35,* 1–33.

Nezu, A. M. (2009, November). *Problem-solving skills training to enhance resilience.* Invited address presented at the 2nd Annual Warriors' Resilience Conference sponsored by the Department of Defense's Centers of Excellence for Psychological Health and Traumatic Brain Injury, Norfolk, VA.

Nezu, A., & D'Zurilla, T. J. (1979). An experimental evaluation of the decision-making process in social problem solving. *Cognitive Therapy and Research, 3,* 269–277.

Nezu, A., & D'Zurilla, T. J. (1981a). Effects of problem definition and formulation on decision making in the social problem-solving process. *Behavior Therapy, 12,* 100–106.

Nezu, A., & D'Zurilla, T. J. (1981b). Effects of problem definition and formuation on the generation of alternatives in the social problem-solving process. *Cognitive Therapy and Research, 6,* 265–271.

Nezu, A. M., & D'Zurilla, T. J. (1989). Social problem solving and negative affective conditions. In P. C. Kendall & D. Watson (Eds.), *Anxiety and depression: Distinctive and overlapping features* (pp. 285–315). New York, NY: Academic Press.

Nezu, A. M., & Nezu, C. M. (Eds.). (1989). *Clinical decision making in behavior therapy: A problem-solving perspective.* Champaign, IL: Research Press.

Nezu, A. M., & Nezu, C. M. (2009). *Problem-solving therapy.* APA DVD Series on Systems of Psychotherapy (J. Carlson, producer). Washington, DC: American Psychological Association.

Nezu, A. M., & Nezu, C. M. (2010a). Problem-solving therapy for relapse prevention in depression. In S. Richards & M. G. Perri (Eds.), *Relapse prevention for depression* (pp. 99–130). Washington, DC: American Psychological Association.

Nezu, A. M., & Nezu, C. M. (2010b, July). *Problem-solving training.* Paper presented at the Department of Veterans Affairs Mental Health Conference: Implementing a Public Health Model for Meeting the Mental Health Needs of Veterans, Baltimore, MD.

Nezu, A. M., & Nezu, C. M. (2012, April). *Moving forward: A problem-solving approach to achieving life's goals.* Workshop presented at the Department of Veterans Affairs Education/Training Conference, Philadelphia, PA.

Nezu, A. M., Nezu, C. M., & Cos, T. A. (2007). Case formulation for the behavioral and cognitive therapies: A problem-solving perspective. In T. D. Eells (Ed.), *Handbook of psychotherapy case formulation* (2nd ed., pp. 349–378). New York, NY: Guilford Press.

Nezu, A. M., Nezu, C. M., & D'Zurilla, T. J. (2007). *Solving life's problems: A 5-step guide to enhanced well-being.* New York, NY: Springer Publishing.

Nezu, A. M., Nezu, C. M., Faddis, S., DelliCarpini, L. A., & Houts, P. S. (1995, November). *Social problem solving as a moderator of cancer-related stress.* Paper presented at the Annual Convention of the Association for Advancement of Behavior Therapy, Washington, DC.

Nezu, A. M., Nezu, C. M., Felgoise, S. H., McClure, K. S., & Houts, P. S. (2003). Project Genesis: Assessing the efficacy of problem-solving therapy for distressed adult cancer patients. *Journal of Consulting and Clinical Psychology, 71,* 1036-1048.

Nezu, A. M., Nezu, C. M., Felgoise, S. H., & Zwick, M. L. (2003). Psychosocial oncology. In A. M. Nezu, C. M. Nezu, & P. A. Geller (Eds.), *Health psychology* (pp. 267-292). Volume 9 of the *Handbook of Psychology,* Editor-in-Chief: I. B. Weiner. New York, NY: Wiley.

Nezu, A. M., Nezu, C. M., Friedman, S. H., Faddis, S., & Houts, P. S. (1998). *Helping cancer patients cope: A problem-solving approach.* Washington, DC: American Psychological Association.

Nezu, A. M., Nezu, C. M., Friedman, S. H., Faddis, S., & Houts, P. S. (1997, November). *Problem-solving therapy for distressed cancer patients.* Paper presented at the Annual Convention of the Association for Advancement of Behavior Therapy, Miami, FL.

Nezu, A. M., Nezu, C. M., Houts, P. S., Friedman, S. H., & Faddis, S. (1999). Relevance of problem-solving therapy to psychosocial oncology. In J. A. Bucher (Ed.), *The application of problem-solving therapy to psychosocial oncology* (pp. 5-26). Binghamton, NY: Haworth Medical Press.

Nezu, A. M., Nezu, C. M., & Jain, D. (2005). *The emotional wellness way to cardiac health: How letting go of depression, anxiety, and anger can heal your heart.* Oakland, CA: New Harbinger.

Nezu, A. M., Nezu, C. M., & Jain, D. (2008). Social problem solving as a mediator of the stress-pain relationship among individuals with noncardiac chest pain. *Health Psychology, 27,* 829-832.

Nezu, A. M., Nezu, C. M., Lee, M., Haggerty, K., Salber, K. E., Greenberg, L. M., . . .Foster, E. (2011, November). *Social problem solving as a mediator of posttraumatic growth and quality of life among patients with heart failure.* Paper presented at the Annual Convention of the

Association of Behavioral and Cognitive Therapies, Toronto, Canada.

Nezu, A. M., Nezu, C. M., & Lombardo, E. R. (2001). Cognitive-behavior therapy for medically unexplained symptoms: A critical review of the treatment literature. *Behavior Therapy, 32,* 537-583.

Nezu, A. M., Nezu, C. M., & Lombardo, E. R. (2004). *Cognitive-behavioral case formulation and treatment design: A problem-solving approach.* New York, NY: Springer Publishing.

Nezu, A. M., Nezu, C. M., & Perri, M. G. (1989). *Problem-solving therapy for depression: Therapy, research, and clinical guidelines.* New York, NY: Wiley.

Nezu, A. M., Nezu, C. M., Saraydarian, L., Kalmar, K., & Ronan, G. F. (1986). Social problem solving as a moderator variable between negative life stress and depressive symptoms. *Cognitive Therapy and Research, 10,* 489-498.

Nezu, A. M., Nezu, C. M., Tenhula, W., Karlin, B., & Beaudreau, S. (2012). *Problem-solving training to enhance readjustment among returning veterans: Initial evaluation results.* Paper presented at the Annual Convention of the Association of Behavioral and Cognitive Therapies, National Harbor, MD.

Nezu, A. M., & Perri, M. G. (1989). Social problem solving therapy for unipolar depression: An initial dismantling investigation. *Journal of Consulting and Clinical Psychology, 57,* 408-413.

Nezu, A. M., Perri, M. G., & Nezu, C. M. (1987, August). *Validation of a problem-solving/stress model of depression.* Paper presented at the Annual Convention of the American Psychological Association, New York.

Nezu, A. M., Perri, M. G., Nezu, C. M., & Mahoney, D. (1987, November). *Social problem solving as a moderator of stressful events among clinically depressed individuals.* Paper presented at the Annual Convention of the Association for Advancement of Behavior Therapy, Boston.

Nezu, A. M., & Ronan, G. F. (1985). Life stress, current problems, problem solving, and depressive symptomatology: An integrative model. *Journal of Consulting and Clinical Psychology, 53,* 693-697.

Nezu, A. M., & Ronan, G. F. (1988). Stressful life events, problem solving, and depressive symptoms among university students: A prospective analysis. *Journal of Consulting*

Psychology, 35, 134-138.

Nezu, A. M., Wilkins, V. M., & Nezu, C. M. (2004). Social problem solving, stress, and negative affective conditions. In E. C. Chang, T. J. D'Zurilla, & L. J. Sanna (Eds.), *Social problem solving: Theory, research, and training* (pp. 49-65). Washington, DC: American Psychological Association.

Nezu, C. M., D'Zurilla, T. J., & Nezu, A. M. (2005). Problem-solving therapy: Theory, practice, and application to sex offenders. In M. McMurran & J. McGuire (Eds.), *Social problem solving and offenders: Evidence, evaluation and evolution* (pp. 103-123). Chichester, United Kingdom: Wiley.

Nezu, C. M., Fiore, A. A., & Nezu, A. M. (2006). Problem-solving treatment for intellectually disabled sex offenders. *International Journal of Behavioral Consultation and Therapy, 2,* 266-276.

Nezu, C. M., Nezu, A. M., & Areán, P. A. (1991). Assertiveness and problem-solving training for mildly mentally retarded persons with daul diagnosis. *Research in Developmental Disabilities, 12,* 371-386.

Nezu, C. M., Palmatier, A., & Nezu, A. M. (2004). Social problem-solving training for caregivers. In E. C. Chang, T. J. D'Zurilla, & L. J. Sanna (Eds.), *Social problem solving: Theory, research, and training* (pp. 223-238). Washington, DC: American Psychological Association.

Nock, M. K., & Mendes, W. B. (2008). Physiological arousal, distress tolerance, and social problem-solving deficits among adolescent self-injurers. *Journal of Consulting and Clinical Psychology, 76,* 28-38.

Nugent, N. R., Tyrka, A. R., Carpenter, L. L., & Price, L. H. (2011). Gene-environment interactions: Early life stress and risk for depressive and anxiety disorders. *Psychopharmacology, 214,* 175-196.

Olff, M. (1999). Stress, depression and immunity: The role of defense and coping styles. *Psychiatry Research, 85,* 7-15.

Pace, T. W. W., Mletzko, T. C., Alagbe, O., Musselman, D. L., Nemeroff, C. B., Miller, A. H., & Heim, C. M. (2006). Increased stress-induced inflammatory responses in male patients with major depression and increased early life stress. *American Journal of Psychiatry, 163,* 1630–1633.

Pandey, A., Quick, J. C., Rossi, A. M., Nelson, D. L., & Martin, W. (2011). Stress and the workplace. In R. J. Contrada & A. Baum (Eds.), *The handbook of stress science: Biology, psychology, and health* (pp. 137–149). New York, NY: Springer Publishing.

Parker, K. J., Buckmaster, C. L., Schatzberg, A. F., & Lyons, D. M. (2004). Prospective investigation of stress inoculation in young monkeys. *Archives of General Psychiatry, 61,* 933–941.

Pennebaker, J. W. (2004). Theories, therapies, and taxpayers: On the complexities of the expressive writing paradigm. *Clinical Psychology: Science and Practice, 11,* 138–142.

Perri, M. G., McAdoo, W. G., McAllister, D. A., Lauer, J. B., Jordan, R. C., Yancey, D. Z., & Nezu, A. M. (1987). Effects of peer support and therapist contact on long-term weight loss. *Journal of Consulting and Clinical Psychology, 55,* 615–617.

Perri, M. G., Nezu, A. M., McKelvey, W. F., Shermer, R. L., Renjilian, D. A., & Viegener, B. J. (2001). Relapse prevention training and problem-solving therapy in the long-term management of obesity. *Journal of Consulting and Clinical Psychology, 69,* 722–726.

Pessoa, L. (2010). Emotion and cognition and the amygdala: From "what is it?" to "what's to be done?" *Neuropsychologia, 48,* 3416–3429.

Post, R. M. (2007). Kindling and sensitization as models for affective episode recurrence, cyclicity, and tolerance phenomena. *Neuroscience and Biobehavioral Reviews, 31,* 858–873.

Priester, M., & Clum, G. A. (1993). Perceived problem-solving ability as a predictor of depression, hopelessness, and suicide ideation in a college population. *Journal of Counseling Psychology, 40,* 79–85.

Provencher, M. D., Dugas, M. J., & Ladouceur, R. (2004). Efficacy of problem-solving training and cognitive exposure in the treatment of generalized anxiety disorder: A case replication series. *Cognitive and Behavioral Practice, 11,* 404–414.

Radley, J. J., Rocher, A. B., Miller, M., Janssen, W. G., Liston, C., Hof, P. R., . . . Morrison, J. H. (2006). Repeated stress induces dendritic spine loss in the rat medial prefrontal cortex. *Cerebral Cortex, 16,* 313–320.

Rath, J. F., Simon, D., Langenbahn, D. M., Sheer, R. L., & Diller, L. (2003). Group treatment of problem-solving deficits in outpatients with traumatic brain injury: A randomised outcome study. *Neuropsychological Rehabilitation: An International Journal, 13*, 461-488.

Rivera, P. A., Elliott, T. R., Berry, J. W., & Grant, J. S. (2008). Problem-solving training for family caregivers of persons with traumatic brain injuries: A randomized controlled trial. *Archives of Physical Medicine and Rehabilitation, 89*, 931-941.

Robinson, R. G., Jorge, R. E., Moser, D. J., Acion, L., Solodkin, A., Small, S. L., . . . Arndt, S. (2008). Escitalopram and problem-solving therapy for prevention of post-stroke depression: A randomized controlled trial. *JAMA, 299*, 2391-2400.

Rogers, R., & Monsell, S. (1995). The costs of a predictable switch between simple cognitive tasks. *Journal of Experimental Psychology: General, 124*, 207-231.

Ross, R. R., Fabiano, E. A., & Ewles, C. D. (1988). Reasoning and rehabilitation. *International Journal of Offender Treatment and Comparative Criminology, 32*, 29-35.

Rovner, B. W., Casten, R. J., Hegel, M. T., Leiby, B. E., & Tasman, W. S. (2007). Preventing depression in age-related macular degeneration. *Archives of General Psychiatry, 64*, 886-892.

Rudd, M. D., Rajab, M. H., & Dahm, P. F. (1994). Problem-solving appraisal in suicide ideators and attempters. *American Journal of Orthopsychiatry, 64*, 136-149.

Sahler, O. J. Z., Varni, J. W., Fairclough, D. L., Butler, R. W., Noll, R. B., Dolgin, M. J., ...Mulhern, R. K. (2002). Problem-solving skills training for mothers of children with newly diagnosed cancer: A randomized trial. *Developmental and Behavioral Pediatrics, 23*, 77-86.

Salkovskis, P. M., Atha, C., & Storer, D. (1990). Cognitive-behavioral problem solving in the treatment of patients who repeatedly attempt suicide. A controlled trial. *British Journal of Psychiatry, 157*, 871-876.

Sato, H., Takahashi, F., Matsuo, M., Sakai, M., Shimada, H., Chen, J., . . . Sakano, Y. (2006). Development of the Japanese version of the Social Problem-Solving Inventory-Revised and examination of its reliability and validity. *Japanese Journal of Behavior Therapy, 32*, 15-30.

Scheier, M. F., Matthews, K., Owens, J., Magovern, G., Lefebvre, R., & Abbot, R. (2003).

Dispositional optimism; coronary artery bypass surgery; physical recovery; psychological well-being; physical well-being. *Social psychology of health*, 342–361.

Scholey, A., Haskell, C., Robertson, B., Kennedy, D., Milne, A., & Wetherell, M. (2009). Chewing gum alleviates negative mood and reduces cortisol during acute laboratory psychological stress. *Physiology & Behavior, 97*, 304–312.

Schreuders, B., van Marwijk, H., Smit, J., Rijmen, F., Stalman, W., & van Oppen, P. (2007). Primary care patients with mental health problems: Outcome of a randomised clinical trial. *British Journal of General Practice, 57*, 886–891.

Seery, M. D. (2011). Resilience: A silver lining to experiencing adverse life events. *Current Directions in Psychological Science, 20*, 390–394.

Shaw, W. S., Feuerstein, M., Haufler, A. J., Berkowitz, S. M., & Lopez, M. S. (2001). Working with low back pain: Problem–solving orientation and function. *Pain, 93*, 129–137.

Siu, A. M. H., & Shek, D. T. L. (2005). The Chinese version of the Social Problem Solving Inventory: Some initial results on reliability and validity. *Journal of Clinical Psychology, 61*, 347–360.

Slavich, G. M., Monroe, S. M., & Gotlib, I. H. (2011). Early parental loss and depression history: Associations with recent life stress in major depressive disorder. *Journal of Psychiatric Research, 45*, 1146–1152.

Snyder, C. R., Rand, K. L., & Sigman, D. R. (2002). Hope theory: A member of the positive psychology family. In C. R. Snyder & S. Lopez (Eds.), *Handbook of positive psychology* (pp. 257–276). New York: Oxford.

Spence, S. H., Sheffield, J. K., & Donovan, C. L. (2003). Preventing adolescent depression: An evaluation of the problem solving for life program. *Journal of Consulting and Clinical Psychology, 71*, 3–13.

Stanovich, K. E., & West, R. F. (2000). Individual differences in reasoning: Implications for the rationality debate? *Behavioral and Brain Sciences, 23*, 645–726.

Stetler, C., & Miller, G. E. (2011). Depression and hypothalamic–pituitary–adrenal activation: A quantitative summary of four decades of research. *Psychosomatic Medicine, 73*, 114–126.

Stillmaker, J., & Kasser, T. (2012). Instruction in problem-solving skills increases the hedonic balance of highly neurotic individuals. *Cognitive Therapy and Research.* Published on line June 16, 2012. doi:10.1007/s10608-012-9466-3

Tarrier, N., Yusupoff, L., Kinney, C., McCarthy, E., Gledhill, A., Haddock, G., & Morris, J. (1998). Randomised controlled trial of intensive cognitive behaviour therapy for patients with chronic schizophrenia. *British Medical Journal, 317,* 303-307.

Tenhula, W. N. (2010, Fall). Problem-solving training. *Health Power Prevention News,* 3-4.

Teri, L., Logsdon, R. G., Uomoto, J., & McCurry, S. M. (1997). Behavioral treatment of depression in dementia patients: A controlled clinical trial. *Journals of Gerontology, Series B: Psychological Sciences and Social Sciences, 52B,* 159-166.

Toobert, D. J., Strycker, L. A., Glasgow, R. E., Barrera, M., & Bagdade, J. D. (2002). Enhancing support for health behavior change among women at risk for heart disease: The Mediterranean Lifestyle Trial. *Health Education and Research, 17,* 574-585.

Tranel, D., & Hyman, B. T. (1990). Neuropsychological correlates of bilateral amygdala damage. *Archives of Neurology, 47,* 349-355.

Tymchuk, A. J., Andron, L., & Rahbar, B. (1988). Effective decision-making/problem-solving training with mothers who have mental retardation. *American Journal on Mental Retardation, 92,* 510-516.

Uchida, S., Hara, K., Kobayashi, A., Funato, H., Hobara, T., Otsuki, K., . . .Watanabe, Y. (2010). Early life stress enhances behavioral vulnerability to stress through the activation of REST-4-mediated gene transcription in the medial prefrontal cortex of rodents. *The Journal of Neuroscience, 30,* 15007-15018.

Unützer, J., Katon, W., Williams, J. W., Callahan, C., Harpole, L., Hunkeler, E. M., . . .Langston, C. A. (2001). Improving primary care for depression in late life: The design of a multicenter randomized trial. *Medical Care, 39,* 785-799.

van den Hout, J. H. C., Vlaeyen, J. W. S., Heuts, P. H. T., Stillen, W. J. T., & Willen, J. E. H. L. (2001). Functional disability in non-specific low back pain: The role of pain-related fear and problem-solving skills. *International Journal of Behavioural Medicine, 8,* 134-148.

van den Hout, J. H. C., Vlaeyen, J. W. S., Heuts, P. H. T., Zijlema, J. H. L., & Wijen, J. A. G. (2003). Secondary prevention of work-related disability in nonspecific low back pain: Does problem-solving therapy help? A randomized clinical trial. *The Clinical Journal of Pain, 19,* 87-96.

van Straten, A., Cuijpers, P., & Smits, N. (2008). Effectiveness of a web-based self-help intervention for symptoms of depression, anxiety, and stress: Randomized controlled trial. *Journal of Medical Internet Research, 10,* e7.

Wade, S. L., Walz, N. C., Carey, J., McMullen, K. M., Cass, J., Mark, E., & Yeates, K. O. (2011). Effect on behavior problems of teen online problem-solving for adolescent traumatic brain injury. *Pediatrics, 128,* e947-e953.

Wade, S. L., Wolfe, C., Brown, T. M., & Pestian, J. P. (2005). Putting the pieces together: Preliminary efficacy of a web-based family intervention for children with traumatic brain injury. *Journal of Pediatric Psychology, 30,* 437-442.

Wakeling, H. C. (2007). The psychometric validation of a the Social Problem-Solving Inventory-Revised with UK incarcerated sexual offenders. *Sex Abuse, 19,* 217-236.

Wallace, C. J., & Liberman, R. P. (1985). Social skills training for patients with schizophrenia: A controlled clinical trial. *Psychiatry Research, 15,* 239-247.

Walusinski, O. (2006). Yawning: An unsuspected avenue for a better understanding of arousal and interoception. *Medical Hypotheses, 67,* 6-14.

Warmerdam, L., van Straten, A., Twisk, J., Riper, H., & Cuijpers, P. (2008). Internet-based treatment for adults with depressive symptoms: Randomized controlled trial. *Journal of Medical Internet Research, 10,* e44.

Weinberger, M., Hiner, S. L., & Tierney, W. M. (1987). In support of hassles as a measure of stress in predicting health outcomes. *Journal of Behavioral Medicine, 10,* 19-31.

Wetherell, M. A., Hyland, M. E., & Harris, J. E. (2004). Secretory immunoglobin A reactivity to acute and cumulative acute multi-tasking stress: Relationships between reactivity and perceived workload. *Biological Psychology, 66,* 257-270.

Wichers, M., Jacobs, N., Kenis, G., Peeters, F., Derom, C., Thiery, E., . . . van Os, J. (2009).

Transition from stress sensitivity to a depressive state: longitudinal twin study. *The British Journal of Psychiatry, 195,* 498–503.

Wilhelm, K., Siegel, J. E., Finch, A. W., Hadzi-Pavlovic, D., Mitchell, P. B., Parker, G., & Schofield, P. R. (2007). The long and the short of it: Associations between 5-HTT genotypes and coping with stress. *Psychosomatic Medicine, 69,* 614–620.

Wilkinson, P., & Mynors-Wallis, L. (1994). Problem-solving therapy in the treatment of unexplained physical symptoms in primary care: A preliminary study. *Journal of Psychosomatic Research, 38,* 591–598.

Williams, J. M. G., Teasdale, J. D., Segal, Z. V., & Soulsby, J. (2000). Mindfulness-based cognitive therapy reduces overgeneral autobiographical memory in formerly depressed patients. *Journal of Abnormal Psychology, 109,* 150–155.

Williams, J. W., Barrett, J., Oxman, T., Frank, E., Katon, W., Sullivan, M., . . .Sengupta, A. (2000). Treatment of dysthymia and minor depression in primary care: A randomized controlled trial in older adults. *Journal of the American Medical Association, 284,* 1519–1526.

Williams, J. W., Katon, W., Lin, E. H., Noel, H., Worchel, J., Cornell, J., . . .Unützer, J. (2004). The effectiveness of depression care management on diabetes-related outcomes in older patients. *Annals of Internal Medicine, 140,* 1015–1024.

Xu, A., Liu, X., Xia, Y., Peng, M., & Zhou, R. (2010). Effect of chewing gum on emotion and cognitive tasks. *Chinese Journal of Clinical Psychology, 18,* 407–410.

Yang, B., & Clum, G. A. (1994). Life stress, social support, and problem-solving skills predictive of depressive symptoms, hopelessness, and suicide ideation in an Asian student population: A test of a model. *Suicide and Life-Threatening Behavior, 24,* 127–139.

PROBLEM SOLVING THERAPY

찾아보기

저자 소개

Arthur M. Nezu, Ph.D., ABPP.

미국 Drexel 대학교의 심리학과 교수이며, 의대 및 공중보건학과의 교수이자 영국 Nottingham 대학의 커뮤니티 건강과학과 명예교수다. Nezu 박사는 현재 *the Journal of Consulting and Clinical Psychology*의 편집자이며, *the Archives of Scientific Psychology*의 부편집자이고 심리학과 행동의학의 여러 과학적이고 전문적인 저널의 자문편집자다. Nezu 박사는 200편 이상의 전문적 출간물의 저자 또는 공동저자이며 the National Academies of Practice에 의해 탁월한 심리학자로 지명되었다.

Christine Maguth Nezu, Ph.D., ABPP.

미국 Drexel 대학교의 심리학과 교수이자 의대 교수이고, 영국 Nottingham 대학의 커뮤니티 건강과학과 명예교수다. 그녀는 the American Board of Professional Psychology의 회장을 역임했으며, the National Academies of Practice에 의해 탁월한 심리학자로 지명되었다. Maguth Nezu 박사는 학술활동과 강연을 통해 광범위한 기여를 하였고 미국과 몇몇 국가의 주요한 심리학 저널에서 편집위원회의 위원으로 활동했다. Maguth Nezu 박사는 인지 및 행동 심리학 분야에 대한 기여로 the American Board of Cognitive and Behavioral Psychology와 the American Academy of Cognitive and Behavioral Psychology가 후원하는 여러 상을 수상했다.

Thomas J. D'Zurilla, Ph.D.

미국 Stony Brook 대학교의 심리학과 교수다. 그는 40년 이상 인지행동치료로 전문화된 임상심리학자로 활동하고 있다. D'Zurilla 박사는 1960년대 후반과 1970년대 초에 임상심리학에서 발달한 인지행동 운동의 선구자 중 한 사람이다. 그는 최초로 행동적으로 지향된 임상심리학 수련 프로그램을 개발하는 데 참여했으며 Marvin R. Goldfried와 함께 보다 광범위하고 좀 더 지속적인 행동적 변화의 촉진을 목적으로 하는 문제해결치료를 개발했다. D'Zurilla 박사는 사회적 문제해결과 문제해결치료 영역에서 100편 이상의 이론 및 연구 논문을 저술한 저자이며 Arthur M. Nezu 및 Albert Maydeu-Olivares와 함께 사회적 문제해결척도-개정판(SPSI-R)을 개발했다. 이 척도는 사회적 문제해결과 문제해결치료의 과학적 연구에 가장 널리 유용하게 사용되고 있다.

역자 소개

이혜선(Lee Hyesun)
고려대학교 심리학박사(임상 및 상담심리학 전공)
임상심리전문가, 상담심리사 1급
전 고려대학교 학생상담센터 상담교수
현 한국외국어대학교 학생상담센터 상담교수

〈저서 및 역서〉
노인자살위기개입(공저, 학지사, 2011)
학교폭력의 평가와 개입(공역, 학지사, 2013)
말할 수 없는 고통의 치유(공역, 시그마프레스, 2010)
돌이킬 수 없는 결정, 자살(공역, 학지사, 2006)
자살심리치료의 실제(공역, 학지사, 2006)
자살의 인지치료(공역, 학지사, 2005) 외 다수

문제해결치료 매뉴얼

Problem-Solving Therapy: A Treatment Manual

2016년 2월 15일 1판 1쇄 인쇄
2016년 2월 25일 1판 1쇄 발행

지은이 • Arthur M. Nezu · Christine Maguth Nezu · Thomas J. D'Zurilla
옮긴이 • 이혜선
펴낸이 • 김진환
펴낸곳 • (주) **학지사**

04031 서울특별시 마포구 양화로 15길 20 마인드월드빌딩
대표전화 • 02-330-5114   팩스 • 02-324-2345
등록번호 • 제313-2006-000265호

홈페이지 • http://www.hakjisa.co.kr
커뮤니티 • https://www.facebook.com/hakjisa

ISBN 978-89-997-0868-8 93180

정가 18,000원

인터넷 학술논문 원문 서비스 **뉴논문** www.newnonmun.com

이 도서의 국립중앙도서관 출판시도서목록(CIP)은 서지정보유통지원
시스템 홈페이지(http://seoji.nl.go.kr)와 국가자료공동목록시스템
(http://www.nl.go.kr/kolisnet)에서 이용하실 수 있습니다.
(CIP 제어번호: CIP2016001132)